高等院校网络教育系列教材

西方经济学教程

（第二版）

杨继波　杨绪彪　编著

华东理工大学出版社
EAST CHINA UNIVERSITY OF SCIENCE AND TECHNOLOGY PRESS
·上海·

图书在版编目(CIP)数据

西方经济学教程/杨继波,杨绪彪编著.—2版.—上海:华东理工大学出版社,2014.2(2021.8重印)

ISBN 978-7-5628-3787-9

Ⅰ.①西… Ⅱ.①杨…②杨… Ⅲ.①西方经济学—高等学校—教材 Ⅳ.①F091.3

中国版本图书馆CIP数据核字(2013)第316886号

西方经济学教程(第二版)

编　　著/杨继波　杨绪彪
责任编辑/高　虹
责任校对/张　波
封面设计/裘幼华
出版发行/华东理工大学出版社有限公司
地　址:上海市梅陇路130号,200237
电　话:(021)64250306(营销部)
(021)64252749(编辑室)
传　真:(021)64252707
网　址:www.ecustpress.cn
印　　刷/江苏句容市排印厂
开　　本/787mm×1092mm　1/16
印　　张/22.25
字　　数/539千字
版　　次/2014年2月第2版
印　　次/2021年8月第7次
书　　号/ISBN 978-7-5628-3787-9
定　　价/42.00元

联系我们:电子邮箱 zongbianban@ecustpress.cn
官方微博 e.weibo.com/ecustpress
天猫旗舰店 http://hdlgdxcbs.tmall.com

華東理工大學出版社
客户端扫码进入天猫旗舰店

PREFACE 再版前言

与第一版相比，再版的《西方经济学教程》结合经济理论的发展趋势，在部分章节增加了相关知识点的拓展阅读材料；在体系上每章开头加入了"学习目标"，以问题导入的方式吸引读者求知的欲望；在写法上打破了常规，在某些重要知识点后及时插入提问，引导深入思考环节；对课后习题进行了修改、更新；在结构上更加紧凑，全书将第一版的十九章内容浓缩在第二版的十七章里，上篇微观经济学部分共九章内容，第一章的内容进行了重新改写，第四章删除了替代效应和收入效应，将第一版的第六章和第七章合并成了一章（第六章 市场结构），第六章删除了完全竞争行业的长期供给曲线，对其他章节的内容也进行了部分修改。下篇第一版宏观部分从第十一章到第十九章共九章，第二版宏观部分重新改写为从第十章到第十七章共八章。在第二版中，重新编写了第十章第一节和第二节的内容，部分删减与改写了第十一章、第十二章、第十三章和第十四章的内容；失业与通货膨胀两章理论内容合二为一，并对部分内容进行了调整和改写。

FOREWORD 前言

西方经济学理论体系相当完整，也十分庞杂，对于初学者而言，需要对其中一些最基本、最重要的原理和观点有所了解和掌握，本教程正好能满足这一需求。

本教程和传统的西方经济学教材相比，有如下一些特点：

其一，内容简明扼要，深入浅出。全书用较少的篇幅阐明了最主要的经济学理论，层次结构合理，各章后面附有本章小结，并附了适量的习题，全书后附有部分参考答案，便于读者加深了解内容。

其二，兼顾通俗性和趣味性。本教程在解释和说明经济学的关键概念及重要的经济思想时，力求文字通俗易懂，并在适当的章节引入西方经济学的困惑和悖论，为全书增加了可读性。

其三，注重案例的分析研究。本教程不仅有基础理论分析，更主要的是配有典型例题和图形详解，使晦涩难懂的理论知识具体化。另外在案例教学中，我们注重培养学生进一步运用理论知识分析具体问题的能力，将抽象的经济学原理通俗化，以方便学生理解掌握。

本教程编写体系完整，从无形的手到有形的手，从封闭经济到开放经济，清楚明白地告诉读者在微观经济中厂商和消费者的行为理论，以及宏观经济中政府是如何制定政策调控经济的。本教程既可作为大专院校学生学习西方经济学的教材，也可作为相关工作者的辅助读物。

目录 CONTENTS

上篇　微观经济学

目录
CONTENTS

目录 CONTENTS

目录 CONTENTS

上篇

微观经济学

第一章 导 论

学习目标：

- 经济学研究什么问题？
- 会计师口中的成本与经济师所说的成本是一样的概念吗？
- 政府为何要介入市场经济？
- 微观经济学和宏观经济学在研究内容上有什么区别？

经济学是一门显学。一方面它与人民大众的生活密切相关，不少经济学家都在尽力用最通俗的语言和案例解释经济学的基本原理，使它更贴近大众；另一方面它又是所有社会科学中距离自然科学最近的学科，不少经济学家都在尽力运用数学方式进行经济学研究，使经济学体系更贴近数学上的完美，从而使经济学渐渐远离大众。从经济学诞生的那一天起，经济学研究就是在这两条看上去矛盾的路线上运行，并且力图寻找到两者的最佳结合点。于是，经济学开始有了初级、中级、高级之分。这种区分的方式仅仅在于使用数学的多少和难度，其基本原理却是一致的。作为入门教材，本书力图从我们经常遇到的经济学问题入手，展示两百多年来经济学研究的成果，使读者对经济学原理有一个清晰的认识。

第一节/走进经济学

对于初学者来说，要深入了解经济学这门学科，有必要先了解一下它的起源和一些基本概念。

一、经济学的起源和定义

如果从1776年亚当·斯密的《国富论》①(The Wealth of Nations)出版算起，经济学的诞生也就两百余年的时间，在社会科学中算是一门非常年轻的学科。然而，就是这门年轻的学科，却对人类的进程起着不可估量的作用。正是由于这门学科的重要性，诺贝尔奖在原来五个奖项的基础上，于1969年设立了经济学奖。也正是由于这门学科的重要性和影响力，世界各国的大学都设立经济学科，从而吸引着众多的学子进入经济学王国。

① 见专栏1-1《亚当·斯密》。

尽管在斯密以前也有不少人研究经济学问题，但作为一门学科诞生在18世纪是有其必然性的。18世纪首先发生了英国的工业革命，使世界大多数国家都逐渐从农业经济转变为工业经济，也使世界财富以前所未有的速度增长，大多数国家开始摆脱贫穷走向富裕。20世纪末首先发生在美国的信息革命几乎从所有方面改变了我们的日常生活，从而使人们更为关注经济学的发展。尽管人们现在开始关注"幸福指数"，开始关注财富增长以外的人类生活，但有一点是毋庸置疑的，那就是只有人类普遍达到富裕社会，我们才真正有资格谈论幸福问题。

发生在人们经济生活中的许多事件是有悖于人们一般思维方式的，有许多问题不学习经济学原理很难找到答案。例如，为什么我们总是担心中华鲟的灭绝而不用担心绵羊的灭绝呢？为什么我们总是看到化妆品制造商在做广告，而不太看到农民或农场主做小麦的广告呢？为什么让一家超级大公司主宰一个产业不是一件好事而是一件坏事呢？为什么有时政府极力主张发展的产业没有发展起来，而一些被忽视的产业却"无心插柳柳成荫"呢？

要回答这些问题，我们首先应该了解经济学是一门怎样的学科，这一学科主要研究的问题是什么。只有系统地了解了这些，我们才能从经济学家的视角去看待这些问题。

经济学的定义是：它是一门研究稀缺资源合理配置的学科。这一定义给我们提供了以下几方面的信息：①经济学研究的对象是稀缺的资源。如果某种资源不是稀缺的，也就是人们可以随意获取，并且取之不尽、用之不竭，那么这种资源的配置就不会成为经济学研究的对象。②由于资源是稀缺的，就有一个对这些稀缺资源进行配置的问题，实际上也就是对稀缺资源的用途进行选择的问题，因此也可以把经济学看成是研究个人、厂商、政府和其他组织如何进行选择的学问。③由于资源是稀缺的，因此这些资源就有价格。由于不同资源的稀缺程度不一样，因此它们的比价也就不一样。④由于人们的选择是有成本的，因此人们对稀缺资源的配置既是一种价格的比较，也是一种成本的比较。

二、经济学的一些基本概念

为了对经济学有更深入的了解，我们有必要进一步了解一些经济学的基本概念。斯蒂格利茨在他的《经济学》一书中首先考察了五个重要概念：取舍、激励、交换、信息和分配。而曼昆则在他的《经济学原理》一书中提出了以下十大经济学原理：①人们面临权衡取舍；②某种东西的成本是为了得到它所放弃的东西；③理性人考虑边际量；④人们会对激励做出反应；⑤贸易能使每个人的状况更好；⑥市场通常是组织经济活动的一种好方法；⑦政府有时可以改善市场结果；⑧一国的生活水平取决于它生产物品与劳务的能力；⑨当政府发行过多货币时，物价上升；⑩社会面临通货膨胀与失业之间的短期权衡取舍。

尽管不同的经济学家其表述不一样，但他们所阐述的基本概念是一致的。对于一个初学者来说，有必要首先了解下面一些重要概念。

1. 权衡取舍

我们每个人都会面临权衡取舍（trade-off）问题。例如周末，我们是选择加班以赚取加班费呢，还是选择与家人出去旅游或休假，或是选择去学校进修以提高自己呢？尽管这些事情都是我们愿意做的，但你只能在同一时间内做一件事而放弃其他事，这是因为我们所面对的资源——时间是稀缺的。

对于社会而言，同样面临着不同的权衡取舍。当我们把国民收入更多地用于消费时，则意味着投资会减少,而投资的减少会使下一期的新增生产能力下降,从而会影响下一期的消费水平。如果我们将国民收入更多地用于投资,则会减少当期的消费,使当期消费水平得不到提高。因此,人们必须在当期消费和下期消费之间进行权衡取舍,寻找一个合理的分配方案。

我们现在经常讨论的效率与公平问题实际上也是一种权衡取舍。效率(efficiency)是指社会能从稀缺资源中得到更多的东西,而公平(equity)是指将这些资源的成果公平地分配给社会的全体成员。也就是说,效率决定蛋糕的大小,公平决定蛋糕的分割。这两种目标所产生的后果是不一样的。一般说来,如果过分注重效率,由于市场经济中个人的机会不一样,所以就容易拉大贫富差距,引起民怨。但如果实施非常平等的分配制度(例如计划经济时期的所谓"吃大锅饭"),或过高的失业保障,就会打击辛勤劳动者的积极性,从而损失效率。蛋糕变小了,人们分配到的部分也不会多起来。

2. 机会成本

人们面对权衡取舍是一回事,而面对权衡取舍时如何做出选择又是一回事。但有一点是不可回避的,那就是不管做出什么选择,我们都会为此付出代价,这个代价就叫作机会成本(opportunity cost)。

所谓机会成本,就是你在做出某种选择时所放弃的其他选择可能带给你的收益。例如一块土地可以建造居民住宅,也可以建造商业大楼和工厂,或用作绿化。当你选择建造居民住宅时,你所放弃的就是建造商业大楼或工厂可能带来的收益,而这个可能的收益就是你建造居民住宅的机会成本。

由此可见,机会成本实际上是做出决策选择时必须考虑的因素。但有时候,机会成本是难以精确估计的。例如上例中一块土地如果用作绿化,由于绿化对城市和居民带来的收益短期无法评估,即便可以评估也难以保证精确度,因此其机会成本只是一种观念上的判断。

又如,在知识经济时代,人们对知识更新的要求变得越来越迫切,即使已经有工作的人也会花费很多业余时间参加各类业务知识的学习和进修,如目前MBA和各类工程硕士等专业学位学习人数的猛增就是一例。人们从事这类学习的收益就是能够使自己的知识更加丰富,并且能够使自己的将来有一个更好的工作机会,获得更多的工作报酬。那么这种学习的机会成本是什么呢?

从表面上看,参加学习进修的直接成本是学费、购买书籍的费用、往返学校的交通费等,但这并不真正代表你参加学习进修所放弃的东西,你真正放弃的最大成本是你的时间。你把大部分业余时间用于听课、读书和做作业,就不能利用这些时间进行体育锻炼、旅游或其他休闲活动,但是这种闲暇时间的成本又是很难计算的。

因此,当我们不得不做出某种决策时,必须考虑随之而来的这种决策行动所伴随着的机会成本。有些决策的现期机会成本极高,但从长期看,这种机会成本所带来的收益也很大,这种决策就是一种好的决策。

3. 边际分析

人们在做决策时,考虑最多的因素是什么?经过大量的经验观察,经济学家认为最影响人们决策的是那些微量调整所能带来的影响。经济学家把这种微量变动称为边际变动(marginal change)。例如,当你临近考试时,你的决策肯定不是复习功课还是不复习功课,因为这个问题是不用考虑的，你的决策一定是一天中用多少时间来复习功课。当你做这个决定时，会很自然地考虑多花一个小时复习功课所能带来的效用。如果每增加一个小时的效用在递减，最后一个小时你已经变得疲惫不堪，那么你肯定会选择把这一个小时用来看电视或做其他事情。这时，你实际上已经尝试到了经济学上所说的边际效用递减规律，并且你正在运用这一规律调节自己的时间。

在很多情况下，人们都是通过考虑边际量来做出最优决策的。例如，假设一架拥有200个座位的飞机飞行一次的总成本是10万元，那么平均每个座位的成本是500元。从一般意义上理解，航空公司的票价不能低于500元，否则航空公司就会亏损。但是，如果飞机临飞前，机票并没有全部售完，例如还有10个空位。这时有一位乘客愿意花300元购买一张机票，航空公司应该卖给他吗？这时候，边际分析(marginal analysis)就大有用武之地了。如果飞机确有空位，多增加一位乘客的成本(边际成本)是微乎其微的，最多就是免费提供一顿饭和一些饮料的成本而已。只要乘客支付的钱大于边际成本，卖给他机票就会有利可图。

上述例子表明，边际分析可以用在各种场合，是一种十分有用的分析方法。对于任何一种投资或投入，理性的人往往都会考虑边际量，通过分析边际收益与边际成本之间的关系来判断决策的优劣。

4. 激励

既然我们都要面临权衡取舍，为什么不同的个人和不同的厂商会在相同的情况下做出不同的选择呢？

当人们面临选择时，一般都会对不同的选择进行正反两方面的评价。如，今晚是在家里吃饭呢还是出去吃？在家里吃饭节约成本，但做饭使人感觉比较累；去饭店吃饭虽然人比较轻松，但开销比较大。同样，一位厂商在决定是否投资时，也会根据不同的条件进行利弊得失的权衡，一般来说，未来收益大的投资风险也大，为了回避风险就要放弃一些收益。

因此，在对所选择的问题进行分析时，经济学家将注意力集中于激励(incentive)。在市场经济中，有许多因素都可能影响激励，但最为重要的因素是价格。例如，当汽油价格高居不下时，人们会考虑买节油型汽车。反过来，当某种商品的价格上升时，厂商就受到激励，从而会多生产这种产品以增加利润。如果生产过程中使用的某一种资源(如劳动力或某种原材料)的价格上升了，厂商就会有激励去寻找各种节约使用资源的新的生产方式，技术进步和组织创新在很大程度上就是在这种激励下形成的。

公共政策的制定者决不可以忘记激励，因为许多政策会改变人们所面临的成本和利益。例如对一项产品征税，就会使厂商减少这项产品的生产，消费者也会减少购买，如果这时资源是充足的，这种征税就会使资源得不到充分利用，破坏了资源的有效配置。因此，在分析任何一项政策时，我们不仅要考虑其直接影响，还必须考虑通过激励而产生的间接影响。如果政策改变了激励，人们就会改变自己的行为。

5. 交易

个人、家庭、厂商和政府所做出的各种决策以某种方式共同决定了经济体内包括土地、劳动、资本品及其他有限资源的使用。一个有趣的问题是，为什么在那片以前种植谷物的土地上现在要建设厂房？以前那些被用作生产马车的资源现在要用来生产汽车？世界上成千上万的消费者、生产者、投资者、政府官员的决策是如何相互作用并决定了社会稀缺资源的使用方式？是什么力量在疏导数以亿万计的商品从生产者手中到达需要它们的消费者手中？世界上的资源是那么的稀缺，是什么机制保证了这些资源的最合理利用？亚当·斯密（Adam Smith）在他1776年出版的经济学巨著《国富论》中就已经道出了其中的奥秘，那就是因为一只“看不见的手”——市场的力量，即市场上自愿交易的作用。

早在工业社会兴起之前，交易（interact）的好处就得到了很好的理解。那些拥有渔业资源的沿海地区的人们用他们的鱼与内地的人们交换他们所需要的肉和毛皮。由于资源稀缺程度上的差异，沿海地区的人们用鱼换来的肉和毛皮对他们来说其价值大于他们所放弃的鱼的价值；而内地的人们用肉和毛皮换来的鱼的价值对他们来说也大于他们所放弃的肉和毛皮的价值。这样，两地的人们都从自愿交易中获得了好处。

现代社会更是如此，交易数以亿计。很少有人生产他们自己要消费的商品和服务，所有人都用他们自己挣得的收入去交换由别人生产而他们需要消费的各种商品和服务。正因为如此，经济学认为自愿交换对交易双方都有利，不管这种自愿交换是在个人之间、个人与厂商之间，还是在两个不同的国家之间，交易可以改善双方的福利。

经济学家将任何发生交易的场所称为市场。数千年来，社会建立了各种有形的市场，人们在这些市场中能够对一种商品的价格讨价还价，从中获得交易的收益。现代社会也建立了各种无形市场，人们可以通过网络、电话、电传等现代通信方式完成交易。不管何种方式的交易，也不管交易对象是谁，所有的交易都包括在市场和市场经济（market economy）这两个概念中。

交易双方最终达成平衡的核心概念是价格。市场就是通过价格的波动来达到供需的平衡，与此同时也形成了最佳的资源配置。较为稀缺的或需要较多资源来生产的商品和服务其价格就高。汽车的价格可以不断下降，但永远不会下降到自行车的价格就是这个道理。劳动力的价格也是如此，一个医生的收入肯定会高过一个普通工人的收入。只有当价格是资源稀缺性的有效反映时，才能引导稀缺资源的合理配置。

由此可见，市场经济就是依靠市场交换来解决经济最基本的三个问题：生产什么？如何生产？为谁生产？生产什么就是决定稀缺的资源如何配置，市场通过价格波动把有限的资源配置到最需要、最合理的地方；如何生产就是决定资本和劳动的合理构成，从而使资源配置最有效率，制度保障在这里起到了重要作用；为谁生产就是决定生产成果的分配，各生产要素所获得的剩余产品索取权决定了收入分配的比例，不同的社会制度影响着这种分配比例，这是一个追求公平的过程。总体来说，市场经济可以确保社会资源配置达到有效。

关于看不见的手在市场经济中的作用问题有一个重要推论：当政府阻止价格根据供求关系自发地进行调整时，它就限制了看不见的手协调组成经济的无数个家庭和企业的能力。这个推论解释了为什么税收对资源配置有着不利的影响：这是因为税收扭曲了价格，因此也扭曲了家庭和企业的决策。这个推论还解释了租金控制这类直接控制价格的政策对市场所造成的更大伤害。计划经济之所以失败，一个重要原因就是政府在管理经济时把市场这只看不见的手给束缚起来了。

6. 市场失灵

市场肯定不是万能的。自20世纪20年代末30年代初世界性经济大危机始，经济学家就已经明显地意识到了这个问题。在某些领域，市场可能会导致一些不良的后果。例如企业一味追求利润而导致严重的环境污染，由于垄断力量的形成导致利益向少数人集中，市场一味追求利润而导致对教育、健康、安全的关心减少，分配不公而导致收入差距过大，经济波动过大而导致资源严重浪费等。我们把市场经济中出现的这种情况称为市场失灵（market failure）。

市场出现失灵的一种解释是存在外部性（externality），就是一个人的行为对旁观者福利的影响。污染的产生就是外部成本的一个典型例子。市场失灵的另一个可能原因就是市场势力的存在。市场势力（market power）是指一个人（或一群人）不适当地影响市场价格的能力，这种力量就是垄断力量。

在存在外部性和市场势力的情况下，良好的公共政策可以克服市场失灵所带来的弊病，以提高经济效率。而良好的公共政策就是政府在市场经济中所发挥的作用。首先，政府确定的法律结构规范着厂商和私人的活动。这些法律对工商业的活动进行管理，以确保他们不能够在生产经营活动中采取各类歧视性手段，使他们不会误导消费者，关心环境保护问题，关心雇员的安全与身心健康。市场经济正常运行的一个重要保证是产权的界定。如果一个农民的谷物经常被偷走，而偷窃者却不受法律制裁，那么这个农民就不会再种庄稼。其次，政府通过出台各类经济政策以保证经济持续、稳定、健康地发展，通过扩张或紧缩性的财政政策和货币政策来抑制经济过度波动，以确保资源的利用率，使资源的浪费减至最少。再次，政府可以提供私人部门不能提供的商品和服务，我们把这种商品和服务称为公共产品，如建造公路和桥梁、提供绿化、提供义务教育机会。政府也可以通过社会保障和医疗保障方案为公众提供福利。政府还可以通过转移支付手段向遭受经济困难的人发放补助，通过失业保险帮助暂时失业的人，通过伤残保险帮助那些失去劳动能力的人，也可以通过各种福利计划为穷人提供各类帮助。

当然，政府也可以像私人厂商一样直接进行经济运作，国有企业就是一个例子。国家将企业收归国有有很多原因，其中一个重要的原因就是一些提供公共产品的部门，或提供需求弹性很小的产品的部门，如果由私人部门掌控，就会形成垄断力量，从而损害市场经济的正常运作。此外，在剩余劳动力过多的国家和地区，国有企业还承担着吸纳剩余劳动力的职能，这种职能与根据政策发放失业救济金的功能是一致的。

从市场与政府的比较中，我们可以看出，市场力量已经被证明有利于新技术和新产品的开发和市场拓展，政府过多地干预市场，则会造成资源配置关系的扭曲。因此，市场是保证资源有效配置的重要力量，政府只是在市场出现失灵时才能体现自身的价值。

7. 信息

做任何选择都需要信息（information）。在没有任何信息的条件下做出的选择叫作碰运气，不能叫作决策。做决策时如果没有信息，你就无法对其成本和收益进行权衡判断。正是由于信息的稀缺，信息也就成了一种商品。厂商和个人可以通过购买信息来增加选择的可靠性，因此就会出现很多专业机构开发并出售各种信息的现象。

进入信息革命时代，互联网已成为大多数厂商和个人的主要信息来源。我们之所以认为互联网的建立是经济学的一次革命性进步，是因为互联网使绝大多数厂商和消费者搜索信息的成本大大降低，信息开始具有对称性，从而使一些以前是垄断的市场趋向竞争。

然而，就一种商品来说，信息与其他商品存在着某些根本性的差异。许多商品在出售前可以让消费者先行尝试，例如汽车销售商可以让你在买车前试驾，食品销售商可以让你先尝后买，但信息出售者则不会让你看了再买，因为如果一旦你看到了信息，你就没有了为了解信息而付费的激励。这是因为与一般商品不同，信息是可以共享的。就一般商品而言，如果我把某件商品卖给了你，我就失去了这件商品，而信息则不同，当我把某个信息告诉你时，我并不会减少对这一信息的了解(可能会减少我从该信息中能够获得的好处)。

信息的重要性有时会在某些领域中得到充分体现。例如在旧车市场中，由于买卖双方对旧车的质量拥有完全不同的信息，因此其成交价格与旧车质量之间会存在一定的偏差。一般来说，卖主对旧车的质量拥有更多的信息，但他也有尽量隐瞒车况的激励，因为旧车的质量越好，可以索取的价格就越高。由于买主并不拥有卖主那么多的信息，因此买主一般就不太相信卖主的承诺，他能够做的就是尽量压低旧车价格。这样，由于价格被压得太低，那些质量比较好的旧车就渐渐退出市场，旧车市场上就会充斥着质量差的旧车。这就是典型的由于信息偏差而导致的差车驱逐好车的案例。在这种情况下，政府就必须进行干预，要求厂商提供更多的信息，或者由中介机构提供准确的信息。

总之，信息在决定市场形态以及在稀缺资源的有效配置方面起着非常关键的作用。

8. 分配

由于资源是稀缺的，因此如何有效配置(distribution)资源就成为经济学研究的主线。这样，经济学家就会关注以下三个问题：一是生产什么(即对有限的资源进行选择性配置)；二是如何生产(即如何配置资本与劳动，以及处理两者之间的关系)；三是为谁生产(即如何分配剩余价值)。如果说前两个问题可以认为是纯经济问题，那么第三个问题一定会涉及政治问题。

收入分配的差异似乎是市场经济的直接后果。由于人的技能天生有差异，在市场交易中有很多人的技能不被市场认同，从而导致这些人的收入非常低，甚至低到无法养家糊口的地步。这时，政府对他们提供援助以提高他们的收入水平，这是减少收入差异的最重要途径。

当然，为了缩小收入分配的差异而采取的社会福利政策有可能挫伤各类经济激励。一方面，为穷人提供资助需要增加税收，而税收的增加有可能会挫伤纳税人的工作和储蓄积极性；另一方面，过高的福利会提供一种反激励，使人们不愿工作而享受福利。这样，往往会使政府的福利政策陷入两难窘境：要使收入分配差异缩小，就必须以牺牲经济效率为代价。因此，政府在这方面必须做出权衡取舍。

9. 通货膨胀与失业

在现代社会，通货膨胀(inflation)似乎已经是一种司空见惯的经济现象。我们把通货膨胀定义为价格总水平持续上涨，一般用消费者价格指数(CPI)表示。通货膨胀表明货币的内在价值减少。历史上不少国家都曾发生过恶性通货膨胀，使资产价值严重缩水，从而严重阻碍了经济增长的步伐。为什么会产生通货膨胀？在大多数情况下其罪魁祸首就是货币发行过量。当一个政府过量发行本国货币时，货币的价值就会下降，其表现形式就是物价上涨。

一般来说，当政府增加经济中的货币数量时，尽管会产生通货膨胀，但同时也会在短期内降低失业(unemployment)水平。这表明通货膨胀与失业之间存在着一种负相关关系，它们之间的关系被称为菲利普斯曲线(Phillips curve)。菲利普斯曲线的存在表明通货膨胀与失业之间也存在着权衡取舍，这种权衡取舍往往会使政府的宏观经济调控政策陷入两难境地。

尽管经济学家对菲利普斯曲线有着激烈的争论，但大多数经济学家都认可在短期内是存在通货膨胀与失业之间的交替关系的。这就是说，在短期内(一年或两年)降低通货膨胀的政策会导致失业率的上升，而提高就业率的政策则可能刺激通货膨胀。决策者必须面临这种权衡取舍。

尽管菲利普斯曲线只能提供通货膨胀和失业之间短期交替关系,但它却是理解经济周期(business cycle)短期性波动的一个重要途径。这是因为经济周期中的高涨和衰退的经典表现形式就是通货膨胀和失业。因此各国政府的经济决策者就可以通过改变政府支出量、税收量和所发行的货币量来影响经济中通货膨胀和失业的组合。

专栏1-1 亚当·斯密

亚当·斯密(Adam Smith,1723—1790)是经济学的主要创立者。他于1723年出生在苏格兰的克科底,青年时就读于牛津大学。1751到1764年在格拉斯哥大学担任哲学教授。在此期间发表了他的第一部著作《道德情操论》,确立了他在知识界的威望。但是他的不朽名声主要在于他在1776年发表的伟大著作《国民财富的性质和原因的研究》(简称《国富论》)。该书一举成功,使他在余生中享受着荣誉和爱戴。他于1790年在克科底去世。斯密一生未娶,没有子女。他首次提出了全面系统的经济学说,为该领域的发展打下了良好的基础。因此完全可以说《国富论》是现代政治经济学研究的起点。

该书的伟大成就之一是摒弃了许多过去的错误概念。斯密驳斥了旧的重商学说。这种学说片面强调国家贮备大量金币的重要性。他否决了重农主义者的土地是价值的主要来源的观点,提出了劳动的基本重要性。斯密重点强调劳动分工会引起生产的大量增长,抨击了阻碍工业发展的一整套腐朽的、武断的政治限制。《国富论》的中心思想是看起来似乎杂乱无章的自由市场而实际上是一个自行调整机制,自动倾向于生产社会最迫切需要的货品种类的数量。例如,如果某种需要的产品供应短缺,其价格自然上升,价格上升会使生产商获得较高的利润,由于利润高,其他生产商也想要生产这种产品。生产增加的结果会缓和原来的供应短缺,而且随着各个生产商之间的竞争,供应增长会使商品的价格降到"自然价格"即其生产成本。谁都不是有目的地通过消除短缺来帮助社会,但是问题却解决了。用斯密的话来说,每个人"只想得到自己的利益",但是又好像"被一只无形的手牵着去实现一种他根本无意要实现的目的……他们促进社会的利益,其效果往往比他们真正想要实现的还要好"(《国富论》,第四卷第二章)。但是如果自由竞争受到阻碍,那只"无形的手"就不会把工作做得恰到好处。因而斯密相信自由贸易,为坚决反对高关税而申辩。事实上他坚决反对政府对商业和自由市场的干涉。他声言这样的干涉几乎总要降低经济效率,最终使公众付出较高的代价。斯密虽然没有发明"放任政策"这个术语,但是他为建立这个概念所做的工作比任何其他人都多。

除了斯密观点的正确性及对后来理论家的影响之外就是他对立法和政府政策的影响。《国富论》一书技巧高超,文笔清晰,拥有广泛的读者。斯密反对政府干涉商业和商业事务、赞成低关税和自由贸易的观点在整个19世纪对政府政策都有决定性的影响。事实上他对这些政策的影响,直到今天人们仍能感觉到。

自从斯密以来经济学有了突飞猛进的发展,以致他的一些思想已被搁置一边,因而人们容易低估他的重要性。但实际上他是使经济学说成为一门系统科学的主要创立人,因而是人类思想史上的重要人物。

第二节/像经济学家那样思考

人们只要生活在这个世界上，就会碰到许多经济问题。例如，你要去买东西，就会碰到价格问题，那么价格到底是怎样形成的？为什么会上下波动？这种波动有什么规律？再如，买东西时需要用钱支付，那么钱是什么？钱为什么有时会升值，有时会贬值？对于类似的问题，每个人都会有自己的解释，但通过本书的学习，你会了解作为一个经济学家是如何思考这些问题的。

经济学是一门科学，因此经济学家努力以科学家的客观性来探讨所研究的主题，他们所选择的方法与其他科学家的研究方法是一样的，即先提出理论假设，再通过收集数据、分析数据，以证明或证伪他们的理论假设。同时，为了使这些研究更有说服力，经济学家通常也用经济模型来解释世界，这些模型通常是由图形和方程式组成的。

一、基本经济模型：循环流程图

经济学家认为，个人（家庭）与企业（厂商）是构成市场经济体系的基本参与者。个人作为资源的所有者，通过要素市场将劳动、资本、土地和其他自然资源以及企业家才能提供给企业，同时获得要素报酬，包括工资、利息、租金和利润，从而构成其货币收入；企业使用各种要素组织生产，生产的最终产品包括商品与劳务，通过产品市场出售给家庭部门以供其消费，同时获得利润。图 1-1 说明了市场经济中收入、产出、资源和生产要素支付的循环流动关系，这个模型称为循环流程图（circular-flow diagram）。

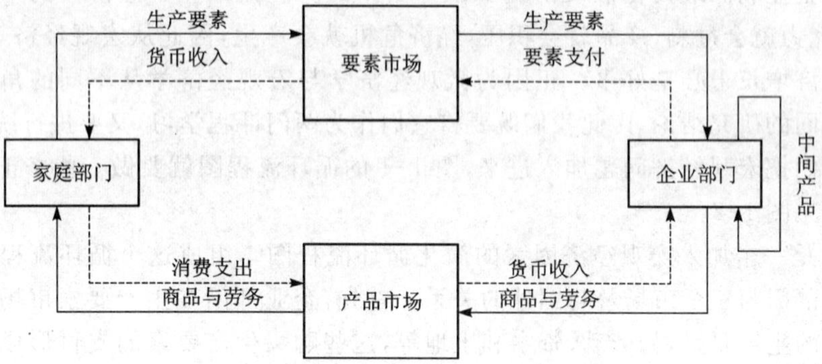

图 1-1　收入、产出、资源和生产要素支付的循环流程

在图 1-1 的上部，显示出生产要素从家庭部门（消费者）向企业部门（生产者）的流动方向，通过要素市场，它们之间达成交易。企业部门获得其需要的要素，要素支付以货币形式从企业部门流向家庭部门，构成家庭部门的货币收入。在要素市场里，要素的价格（工资、利息和租金等）由要素的供给和需求决定。在图 1-1 的下部，显示出最终产品从企业部门向家庭部门的流动方向，通过产品市场，它们之间达成交易。家庭部门获得其需要的商品与劳务，消费支出从家庭部门流向企业部门，构成企业部门的货币收入。在产品市场里，商品和劳务的价格由供给和需求决定。

价格和利润是要素市场中调节货币和资源流动以及产品市场中货币和物品流动的信号。例如,20世纪80年代PC机行业较高的价格和利润引导生产者增加产量,以更多的产品供给市场。为增加产品生产,需要更多的劳动力和资本。为此,生产企业提高了要素市场上资源的价格,从而向资源拥有者发出信号,让他们了解到现在有可能获得更多的利润。这样,资源就会从其他行业中转移过来,导致了PC机行业的迅速发展。20世纪90年代初,PC机市场竞争更为激烈,价格大幅下降。尽管总销量还在增加,但每台PC机的利润减少了,有的企业只能力求把总利润维持在可接受的水平。消费者因此得到质量越来越好、价格越来越低的PC机。

二、微观经济学与宏观经济学

我们可在不同的层次上对经济学进行研究。一般把研究家庭和企业如何进行经济决策、如何在市场上进行交易的经济学称为微观经济学(microeconomics);把研究经济总量变化和政府经济行为的经济学称为宏观经济学(macroeconomics)。经济学家可以从微观上研究租金控制对住房的影响,市场竞争对某类企业的影响,或者工资水平对劳动力供需的影响等;经济学家也可以从宏观上分析政府举债对经济增长的影响,经济增长对就业的影响,或者货币政策对物价的影响等。

微观经济学与宏观经济学是密切相关的。一个国家或地区的整体经济的变动实际上是在成千上万的个人决策共同作用下形成的,所以不考虑微观经济决策的过程就难以理解宏观经济的变化。反过来,尽管微观经济学与宏观经济学之间存在着千丝万缕的联系,但这两个领域研究的内容和对问题的认识毕竟是不同的。有些问题在微观经济学中认为是可行的,但从宏观经济学角度看就不一定可行。例如,微观经济学讲究节约,这是从个人效用最大化和企业利润最大化假设前提下推导出来的。但如果一个经济体的个体都非常节约,其生产能力就会过剩,产品就会积压,经济危机就会产生,因此从宏观经济学角度看,过度节约对经济增长未必是好事。正因为微观经济学与宏观经济学从不同的角度看问题会导致出现不同的研究结论,因此我们既要将它们作为两门课程学习,又要进行统一的分析。

如果我们把宏观经济问题加入进来,图1-1的循环流程图就要做一些修正。修正后的循环流程图见图1-2。

图1-2是一个加入宏观经济因素的简化循环流程图。组成这个循环流程的基本内容是三个制度部门与三个市场及与国外的关系。首先,企业部门在生产要素市场上购买企业生产所必需的生产要素,如劳动、资本和土地等,这些购买生产要素的支付形成了家庭部门的收入。家庭部门的收入大致有四个去向:其一是向政府缴纳税金;其二是购买国内的商品与服务,形成消费支出;其三是购买进口产品,形成对外国人的支付;其四是将余额作为私人储蓄。家庭部门缴纳的税金成为政府部门的收入来源,而政府部门购买商品与服务的消费性支出形成企业部门的收入来源。私人储蓄则通过金融市场成为投资的资金来源。政府部门的收入来源除了税收外,其财政赤字主要通过发行国债和向银行借款来弥补,而政府购买的商品和服务也成为企业部门的收入。家庭部门和政府部门通过金融市场融资后所进行的投资也形成企业部门的收入。除此之外,企业部门的出口产品通过商品与服务市场的中介也形成企业部门的收入。如果一个国家的资本市场是开放的,那么在政府与私人融资过程中也包含了对国外资金的运用。

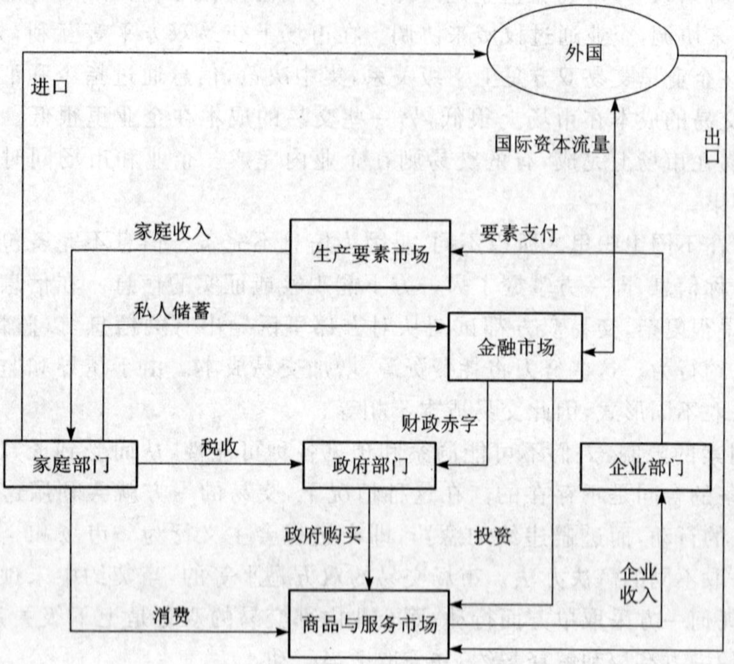

图 1-2 一个简化的加入宏观经济因素的循环流程

上述循环流程模型既描述了收入在家庭部门和企业部门之间的流动情况，也说明了政府、外资和金融部门对这种流量的影响。可以看出，家庭部门的收入会以支出的方式流回企业部门，但在这种流回过程中，会出现三个漏出(leakages)，这就是储蓄、向政府部门纳税和进口支出。与此同时，也有三个注入(injections)加入到这一循环流程中来，这在某种程度上抵消了漏出的影响。这些注入是：政府的商品和服务购买支出、私人和政府的投资支出、外国人购买出口产品的支出。从循环流程图中也可以看出，在这些流程中任何一个环节出现问题，都会使经济流程受阻，从而形成经济波动和经济周期(business cycles)。

三、对企业的理解

微观经济学也称为价格理论，它是以市场为研究对象，主要讨论价格在资源配置中的实现机制。传统的微观经济学将企业简化为追求利润最大化的“黑箱子”，但事实上市场交易和自由价格制度只是人类经济活动的一种组织形式，交易也可以通过其他组织形式来实现。人们注意到同样一笔交易既可以通过价格制度实现，也可以通过企业组织在其内部实现。例如，一家公司既可以通过市场交易购买运输服务，也可以有自备的运输系统。经济学研究资源配置，传统上主要研究市场机制，既然企业作为组织也具有这一功能，经济学就必须研究企业理论。因此近几十年来企业理论的研究取得了非常重要的进展。

美国经济学家罗纳德·科斯(Ronald H. Coase)1937 年发表了名为“企业的性质”的论文，第一次提出了以交易成本分析市场和企业的研究方法。所谓交易成本是指仅与交易有关的机会成本，它是在交易之中耗费的稀缺资源，这些资源的耗费既不创造产品也不提高产品的效用。例如在商场里购物，营业员在验货收款、开具发票过程中耗费的人力物力就是交易成本。科斯认为，市场和企业是两种不同的但可以相互替代的资源配置机制。市场通过价格制度来协调，企业通过权威来协调。在市场上交易双方平等互利，分散决策，信息由价格传递；在企业里交易双方是上下级关系，集中决策，信息通过指令和汇报传递。科斯认为，有一些交易的成本在市场上很低，另一些交易的成本在企业里很低。为使交易成本最小，有的交易在市场上完成，有的交易则在企业内完成。企业和市场同时并存是交易成本最小化的结果。

交易成本在不同组织里之所以不同，是因为信息不完备。信息不完备包括纯粹不确定因素以及不对称信息，即一方掌握了另一方不能观察或证实的信息。在信息不完备的条件下，合同会变得很复杂，交易双方都试图从对方那里诱导出有关信息，以监督对方，约束和惩罚对方的违约行为。这些努力将耗费资源，增加交易成本。由于诱导和监督的行为在市场和企业里采取不同形式，因此交易成本不相等。

受智力因素的限制，人们不可能洞察和预见各种可能性，从而受到谈判和履行合同费用的约束，完备的合同是不存在的。在这种情况下，交易的一方就会利用这样的一些机会采取损人利己的行动，而逃避违约的惩罚，即产生机会主义行为。市场和企业对这种投机行为的出现采取不同的解决办法。市场交易的双方是平等的，当契约中未预料的事件发生时，交易允许任何一方采取单方面行动；而企业内部交易的双方是上下级关系，当意外事件发生时，权威的一方有权利解释契约，并采取适当行动。

那么在何种条件下企业内部交易成本低于市场交易成本呢？威廉姆森（Williamson）指出，如果某交易要求一方或双方参与专业化投资，那么这种交易的成本在企业组织里比较低。因为在市场交易里，交易成本不仅包括了谈判签约的费用，还包括了投资不足或交易不成功所引起的效率损失。如果交易通过企业组织来完成，就会避免机会主义行为发生，从而降低交易成本。如果与市场上唯一或少量的生产者打交道，市场交易成本就会很高，在交易涉及不对称信息的情况下，交易成本往往很高。在这种情况下，通过企业组织进行交易是比较恰当的。但这并不意味着在企业组织内部不发生交易费用，企业交易活动也需要监督和激励，交易活动越复杂，监督和激励的成本就越高。只是企业内部的交易费用低于市场的交易费用。

企业内部决策是计划决策。决策者不一定拥有必要的信息，而拥有信息的人不一定有决策权。因此，上级决策者必须通过汇报制度从下级那里得到其不具备的信息。这样，在信息传递方面，就产生了两种交易成本：一是扭曲的信息导致了不正确决策发生的效率损失；二是企业和社会的稀缺资源被浪费在其他活动上。例如，花费在请客吃饭、旅游观光上的资源以及为防止和惩处谎报、隐瞒、贿赂所耗费的资源。企业越大，隶属的层级越多，逐级影响上级的因素就越多，信息和决策的扭曲就越严重，因此交易的效率就越低。

因此，企业规模越大，层级组织越复杂，企业在信息处理、监督和激励方面难度就越大，克服这些困难的交易成本就越高。随着企业规模的扩大，交易在企业组织内部发生的成本最终会超过在市场上交易的成本。总之，企业不能无限制地扩大以取代市场，即企业是有边界的。根据科斯的理论，当最后一笔在企业内完成的交易成本与市场上交易的成本相等时，企业就达到了最优状态。

企业的目标依据企业所在的经济政治环境确定。市场经济中的企业往往以利润最大化为目标，公有制企业的目标因公有制的性质、所处的政治经济环境以及考核奖励制度的不同而不同。在计划经济中，国有企业在很长一段时期里，追求的是产量和产值的最大化，集体所有制企业追求职工人均收入最大化。在私有制市场经济中，公营企业可以追求社会效益最大化，也可以追求预算最大化。市场经济中的私营企业追求利润最大化是经济学利己假设的自然延伸，虽然企业并不完全受到利润动机驱使，按照利润最大化的原则行动，而且也不一定能成功做出利润最大化的决策。大企业有时追求销售量、增长率、市场份额、公司市值等，甚至赞助社会福利、环境保护等公益事业，从长期看，这些活动与利润最大化目标并不矛盾。

在激烈的竞争环境中，利润最大化或价值最大化就具有重要意义。例如，1982 年，有人就“企业经营目标是什么”这一问题，对美国几百家大企业的高级经理进行抽样调查。其结果表明，企业在组织经营行为中通常依据多种目标，调查问卷中被企业经理确认的各项目标频率分别是：利润 96.9%，增长 86.2%，成本效率 81.5%，长期生存 74.5%，短期生存 55.4%，管理乐趣 53.8%。该调查结果表明，现代企业经营目标是多样的，但利润仍然是最重要的目标，虽然它不是唯一的目标。

四、不同概念的利润和成本

一般说来，经济学中的利润指的是经济利润。利润可以被定义为总收益与总成本的差额，但对经济学家和会计师来说，成本的定义是有差别的。假如一个已经获得经济学学位的毕业生，打算在一家零售商店投资 20 万元，并由自己来管理。会计师编制的预期的年度损益表如下：

销售收入(元)			90 000
减：销售成本			40 000
	销售利润		50 000
减：广告		10 000	
	折旧	10 000	
	水、电、煤气	3 000	
	税收	2 000	
	杂费	5 000	30 000
	净利润		20 000

这一会计利润就是每年或每季度企业财务报表上的利润。将这一概念用到经济学上可能会引起某些错误的决策。

经济学所使用的成本概念中用得最多的是机会成本。它是由于放弃某种机会而引发的成本。这种成本不包括在会计报表里，但任何理性的决策都需要考虑它。在本例中，有两笔机会成本需要考虑。

一是企业所有者投资的 20 万元，如果用这笔钱来购买债券，假定年利率为 5%，那么这笔投资每年回报为 1 万元。这 1 万元就是放弃债券投资、开设零售商店的机会成本。二是经理的时间和才能的支出。如果一个具有经济学学位的毕业生年薪平均为 6 万元，现在他没有被他人雇用而工作，而是自己经营商店，这 6 万元就是他自己经营商店的机会成本。那么，包括机会成本以后的经济利润损益表如下：

销售收入(元)		90 000
减:销售成本		40 000
销售利润		50 000
减:广告	10 000	
折旧	10 000	
水、电、煤气	3 000	
财产税	2 000	
杂费	5 000	30 000
会计利润		20 000
减:机会成本		
投资的回报	10 000	
放弃的薪水	60 000	70 000
净经济利润		−50 000

显然,不同的财务报告对是否要投资这家商店的决策是不同的。从经济学角度看,投资时必须考虑机会成本,这样做出的决策才能实现资源的最优配置。

市场体系中的利润作为信号有两方面作用:一是利润对生产者而言,是一种改变产量和进入或退出一个行业的信号;二是利润是鼓励企业家进行“创新”并承担风险的回报。

一个行业的高利润反映了这样一个信号,即消费者对企业生产的产品有更多的需求。这些利润将激励现有企业生产更多的产品,也激励新企业进入该行业。同样,低利润是企业减产或退出该行业的信号。如果低利润是由于生产效率而不是需求不足引起的,管理人员就要改进生产运作,降低成本。对利润的追求是经济学中对人类自利行为假设的一个自然延伸。企业要在市场中获得竞争优势,必须不断地进行创新活动,这些创新活动包括开发新产品、采用新的生产方法、开辟新市场、控制原材料供应的新来源、实现企业的新组织。动态的经济中,未来是不确定的,企业一般不会将资源投入有风险的活动中,除非回报期望值比较高。利润就是对承担风险的回报。

有时企业获得超额利润是由于其在市场上有垄断势力。由于这个原因,其他企业无法提供同样的产品或劳务,这使该企业得以保持较高的价格和利润,这些超额利润对社会来说是不利的。事实上具有垄断地位的企业,在降低价格和生产成本、开发新产品或为顾客提供优质服务方面,与竞争行业的企业相比,其积极性要低得多。但有些行业,其生产成本很低,这是因为该行业里只有一家具有规模经济特征的企业,如公用事业部门的自来水公司。但政府必须对其进行价格管制,以保证合理的价格和公平的利润。

五、基本市场结构

市场结构是决定企业经营所在经济环境的市场特点的集合。市场结构决定了经营者在短期和长期内拥有定价权的程度。了解市场结构对于理解经济学家思考问题的方式至为重要。为了理解市场结构的差异,我们可以从以下几方面来观察:

(1) 市场上企业的数量和规模。经理人员提高企业产品的价格,又不致失去大多数或全部客户的能力,部分地取决于市场中卖方的数量和规模。如果市场中有非常多的卖方,每一家企业只生产全部销量的一小部分,就没有一家企业能够通过改变产量水平来影响价格。在另一种情况下,如果市场的全部产品由一家或几家占较大市场份额的企业提供,那么单个的卖方就能够通过限制自己的产量来提高价格，或通过增加自己的产量使价格降低。

(2) 产品的差异化程度。如果卖方提供给消费者认可的相同产品，买方就不必为某一企业的特定产品支付高于其他企业的价格。产品的差异化往往表现在：一是产品内在质量上的差异，例如由于生产技术或原材料不同而导致产品功效不同；二是产品外观形象上的差异，例如产品设计、商标和包装的差异；三是产品经济空间上的差异，例如产品产销地的地理位置不同；四是产品销售方式上的差异，例如广告效应、售后服务等；此外，消费者对客观上完全相同的产品也存在着不同的主观评价。只要消费者发现产品的差异值得付出更高的价格时，一个企业就能够把价格提到高于其他竞争者的水平。

(3) 新企业进入市场的难易程度。如果在市场中一个企业能赚取经济利润，其他企业就会知道这个超过机会成本的回报，并试图进入市场。一旦足够多的企业进入市场，价格就会降到足够低的程度，从而消除所有的经济利润。当进入相对容易时，即使有一定垄断势力的企业也不能长期保持高于机会成本的价格和利润。

(4) 信息的完备性和对称性。在理论上经济学家总是假定市场参与者都具有完备的和对称的信息，或者说买卖双方可以不费任何成本获得相关信息，这使得市场参与者总是能够找到对他们最有利的交易对象和交易条件，因而保证了竞争的完全性。然而，在现实经济生活中，普遍存在着不同程度上的信息不完备和不对称情况。经济学对于信息不完备和不对称问题及其意义的研究是从 20 世纪 70 年代发展起来的。信息不是经济生活中某一特定侧面的问题，而是市场经济以及其他经济形态运行所面临的普遍性问题。

经济学家根据上述不同的特征，把市场结构分为以下四种类型的市场，它们是完全竞争市场、完全垄断市场、垄断竞争市场和寡头垄断市场。

在完全竞争市场中，很多规模较小的生产者提供无差异的产品，新的厂商没有进入障碍。市场中所有的厂商被动接受价格，决定生产多少以使利润最大化。由于没有进入障碍，在市场决定的价格下任何经济利润都会使得新企业进入，使价格回落到平均成本水平。在现实经济中，农产品市场接近于完全竞争市场，特别是期货市场，其更接近于完全竞争市场。

在完全垄断市场中，单个企业受到进入障碍的保护，生产一种没有相近替代品的产品。垄断者单方面制订产品价格，其所具有的垄断势力由多方面因素决定，例如，对原材料的控制、拥有的专利权和版权、政府的特许以及规模经济等。进入障碍的存在使垄断者在提高价格时，不必担心经济利润会吸引新厂商进入。在现实中，由于反垄断法律的存在，完全垄断的例子比较少见。

在垄断竞争市场中，存在着许多规模较小的厂商，在没有进入障碍的情况下生产有差异的产品。完全竞争与垄断竞争的不同点在于产品的差异性，这使得垄断竞争厂商具有一定程度的垄断势力，在一定程度上，厂商是价格制订者，而不是接受者。像完全竞争市场一样，厂商可以自由进入行业，这使得经济利润最终变为零。现实中零售行业等很多产业比较接近这一市场。

在寡头垄断市场中，只有少数几家企业生产绝大多数或全部市场的产品，因此，任何企业的定价决策将会对其他企业的销量产生影响。这种寡头企业间的相互依存意味着市场中任何一家企业采取的措施将会影响其他企业的销量。寡头垄断市场结构根据竞争程度、产品差异程度和进入障碍，会有很大的区别。在现实中，汽车制造商、飞机制造商等是典型的寡头垄断企业。

理解不同的市场类型及其运行规律是非常重要的，这是因为不同的市场类型其运行效率和分配模式是不一样的。只有认识了这些市场类型的真正含义，我们才能理解市场结构对经济增长的重要性。

第三节/西方经济学的研究方法

一、实证经济学与规范经济学

研究经济学的方法有实证分析与规范分析之分。用实证方法研究经济学称为实证经济学，用规范方法研究经济学称为规范经济学。

1. 实证经济学

经济学中的实证分析是指排除了主观价值判断，只对经济现象、经济行为或经济活动及其发展趋势做客观分析，它只考虑经济事物间的相互联系的规律，并根据这些规律来分析和预测人们经济行为的效果。它要回答的只是客观事物"是什么"。例如，现在的失业率是多少？失业率如何影响通货膨胀？汽油税会怎样影响汽油的消费量？这些问题只有通过诉诸事实才能解决。这些问题可能比较容易，也可能很难，但是它们都属于实证经济学的范畴。

运用实证分析方法研究经济问题就是要形成一套理论，所以实证分析方法也就是形成理论的方法。具体来说，在运用实证分析法来形成理论时有四个步骤：①确定经济变量的含义。经济学研究的许多经济现象都是可以用数量来表示的。②提出假设。假设是理论适用的条件。③假说。假说是对两个或更多经济变量之间关系的阐述，也就是未经证明的理论。④对假说的校验。

2. 规范经济学

规范经济学以一定的价值判断为基础，提出某些标准作为分析和处理经济问题的标准、树立经济理论的前提，作为制定经济政策的依据，并研究如何才能符合这些标准。它要回答"应该是什么"的问题。规范分析是从一定的价值判断出发，说明某一具体经济事物是好还是坏，是否符合某种价值标准，它涉及伦理和价值判断。例如，通货膨胀的容忍限度应该是多少？是否应当向富人课以重税以帮助穷人？国防开支每年应当增长3%，还是5%或是10%？这些问题涉及根深蒂固的价值和道德判断。对它们可以进行争论，但是它们绝不可能通过科学或诉诸事实加以解决。对于通货膨胀应该多高、什么程度的贫穷是合乎正义的以及我们需要多少国防开支的问题，根本就不存在正确或者错误的答案。这些问题是由政治上的抉择来解决的。

实证经济学具有客观性，即实证命题有正确和错误之分，其检验标准是客观事实，与客观事实相符者为真理，否则就是谬论；它研究经济运行规律，不涉及评价问题。规范经济学不具有客观性，即规范命题没有正误之分，不同的经济学家会得出不同的结论，它只对经济运行进行评价。两者是在经济目标的不同层次上进行研究的，具有相互补充、功效各异、构成整体的效果。

二、个量分析和总量分析

个量分析研究单个商品的效用、供求量、价格等如何决定，单个企业的各种生产要素的投入量、产出量、成本、收益和利润等如何决定，以及这些个量之间的相互关系，它是微观经济学采用的数量分析方法。

总量分析研究社会总供求、均衡的国民收入、总就业量、物价水平、经济增长率等如何决定，总消费、总储蓄、总投资、货币供求量、利息率、汇率等如何决定，以及它们的相互依存关系。它是宏观经济学采用的数量分析方法。

个量分析和总量分析作为一种数量分析的具体形式，都广泛地采用边际增量分析方法。所谓边际增量分析，是指分析自变量每增加一单位或增加最后一单位的量值会如何影响和决定因变量的量值。现代西方经济学的产生和发展，是与边际分析方法的广泛应用分不开的。正是边际增量分析方法的深入应用，使得完整的微观经济学体系在 20 世纪 30 年代建立起来。可以说，没有边际增量分析方法，便没有现代西方经济学。

三、静态分析和动态分析

静态分析也称均衡分析，它是指对经济运行的一种短期分析。它主要研究什么是均衡状态，以及达到均衡状态所需要的条件，但它不论及达到均衡状态的过程和所需的时间。如果把时间因素导入经济分析，具体分析当自变量发生变化后，原来的均衡点怎样过渡到新的均衡点的实际变化过程，这就是动态分析。由于动态分析的重点是研究实际变化的过程，因此，它也被称为过程分析。

四、局部均衡和一般均衡

局部均衡是指某一时间、某一市场的某种商品（或生产要素）的价格或供求量所达到的均衡，是一个市场上的均衡。如果假定某一市场对其他市场不产生影响，其他市场对这一市场也不产生影响，即孤立地考察某一市场的某种商品（或生产要素）的价格或供求量达到均衡的情况，就是局部均衡分析，或称局部均衡论。马歇尔是局部均衡论的代表人物，他在其价值论和分配论中广泛运用了局部均衡分析方法。例如，他的均衡价格论，就是假定其他条件不变，即假定某一商品的价格只取决于该商品本身的供求状况，而不受其他商品价格、供求状况等因素的影响，这一商品的价格如何由供给和需求两种相反力量的作用而达到均衡。

同局部均衡论相反，一般均衡论是研究整个经济体系的价格和产量结构如何实现均衡的一种经济理论，所以也称为总均衡分析。它由里昂·瓦尔拉斯在 19 世纪末提出。一般均衡分析把整个经济体系视为一个整体，从市场上所有商品的价格、供求是相互影响及相互依存的前提出发，考察各种商品的价格、供求同时达到均衡状态条件下的价格决定问题。也就是说，一种商品的价格不仅取决于它本身的供求，而且受其他商品的价格和供求的影响，因而一种商品的价格和供求的均衡，只有在所有的商品的价格和供求都达到均衡时才能决定。

一般均衡分析重视不同市场中的商品的产量和价格的关系，强调经济体系中各部门、各市场的相互作用，是一种比较全面的分析方法。但由于一般均衡分析涉及的经济变量太多，而这些经济变量又是错综复杂和瞬息万变的，因而使用起来十分复杂和困难。所以，在西方经济学中，大多采用局部均衡分析方法。

五、其他研究方法

1. 内生变量和外生变量

宏观经济学和微观经济学在进行数量分析时，把经济变量区分为内生变量（内在变量）和外生变量（外在变量）。内生变量是指由经济模型内部结构决定的变量；外生变量是指不是由经济模型中的变量决定的，而是由外部因素（如政治、自然）决定的变量。

2. 流量和存量

宏观经济学在进行总量分析时，还把相关的经济变量区分为流量和存量。存量是一定时点上存在的变量的数值，流量是一定时期内发生的变量变动的数值。存量与流量之间有着密切的关系。流量来自存量，流量又归于存量之中。流量分析是指对一定时间内有关经济总量的产出、投入（或收入、支出）的变动及其对其他经济总量的影响进行分析。存量分析是指对一定时点上已有的经济总量的数值对其他有关经济变量的影响进行分析。存量与流量既有区别又有联系。其区别是：流量是在一定的时期内测度的，其大小有时间维度；而存量则是在某一时点上测度的，其大小没有维度。其联系是：流量来自存量，如一定的国民收入来自一定的国民财富；流量又归于存量之中，即存量只能经由流量而发生变化，如新增加的国民财富是靠新创造的国民收入来计算的。

本章小结

1. 经济学是一门研究稀缺资源合理配置的学科。它的研究对象是稀缺的资源，由于资源是稀缺的，就有一个对这些稀缺资源进行配置的问题，实际上也就是对稀缺资源的用途进行选择的问题；由于资源是稀缺的，因此这些资源就有价格，不同资源的稀缺程度不一样，因此它们的比价也就不一样。人们的选择是有成本的，因此人们对稀缺资源的配置既是一种价格的比较，也是一种成本的比较。

2. 人们在生活中面临权衡取舍的问题，不管我们做出什么选择，都会为此付出代价，这个代价叫作机会成本。

3. 经济学家认为最影响人们决策的是那些微量调整所能带来的影响。经济学家把这种微量变动称为边际变动，边际分析会用在各种场合，是一种十分有用的分析方法。对于任何一种投资或投入，理性的人往往都会考虑边际量，通过分析边际收益与边际成本之间的关系来判断决策的优劣。

4. 在对选择问题进行分析时，经济学家将注意力集中于激励。公共政策的制定者决不可以忘记激励，因为许多政策会改变人们所面临的成本和利益。在分析任何一项政策时，我们不仅要考虑直接影响，还必须考虑通过激励而产生的间接影响。如果政策改变了激励，人们就会改变自己的行为。

5. 现代社会中很少有人生产他们自己要消费的商品和服务，所有人都用他们自己挣得的收入去交换由别人生产而他们需要消费的各种商品和服务。正因为如此，经济学认为自愿交换对交易双方都有利，不管这种自愿交换是在个人之间、个人与厂商之间，还是在两个不同的国家之间，交易都可以改善双方的福利。

6. 经济学家将任何发生交易的场所称为市场。市场经济就是依靠市场交换来解决经济最基本的三个问题：生产什么？如何生产？为谁生产？市场力量已经被证明有利于新技术和新产品的开发和市场拓展，政府过多地干预市场，则会出现资源配置关系的扭曲。因此，市场是保证资源有效配置的重要力量，政府只是在市场出现失灵时才能体现自身的价值。

7. 可在不同的层次上对经济学进行研究。一般把研究家庭和企业如何进行经济决策，如何在市场上进行交易的经济学称为微观经济学，把研究经济总量变化和政府经济行为的经济学称为宏观经济学。

8. 经济学常用的研究方法是实证和规范研究、个体与总量分析、静态和动态以及局部均衡和一般均衡。在进行数量分析时，常将经济变量区分为内生变量和外生变量；而在宏观研究时，把相关的经济变量区分为流量和存量。

关键概念

取舍　激励　交换　信息　分配　交易成本　效率　公平　机会成本　市场失灵　外部性　市场势力　微观经济学　宏观经济学　经济利润　会计利润

复习思考题

一、单项选择题

1. 经济学可定义为（　　）。

A. 政府对市场制度的干预

B. 企业取得利润的活动

C. 研究如何最合理地配置稀缺资源于诸多用途

D. 人们靠收入生活

2. 说资源是稀缺的，是指（　　）。

A. 世界上大多数人生活在贫困中

B. 相对于需求而言，资源总是不足的

C. 资源必须留给下一代

D. 世界上资源最终将由于生产更多的物品和劳动而消耗光

3. 经济学研究的基本问题是（　　）。

A. 怎样生产　　B. 生产什么，生产多少

C. 为谁生产　　D. 以上都包括

4. 以下问题中哪一个不是微观经济学所考察的问题？（　　）

A. 一个厂商的产出水平。

B. 失业率的上升或下降。

C. 联邦货物税的高税率对货物销售的影响。

D. 某一行业中雇用工人的数量。

5. 下列哪种情况涉及权衡取舍？（　　）

A. 购买一辆新汽车。　　B. 睡午觉。

C. 星期天下午看一场足球比赛。　　D. 以上各项都涉及。

二、分析论述题

1. 什么是经济学？为什么要研究经济学？

2. 当代经济学研究的对象和方法是什么？如何理解资源的有限性和人类欲望的无限性？

3. 经济学研究哪些问题？你怎样理解？

4. 什么是微观经济学和宏观经济学？两者各有哪些基本内容？

5. 经济学家根据一系列的特征，将市场划分为四种市场结构，请你罗列出这些特征，并简单比较四种市场结构。

第二章 需求、供给及市场均衡

学习目标：

- 影响需求的因素有哪些？
- 影响供给的因素有哪些？
- 供给与需求如何决定物品出售的价格与数量？
- 影响供给与需求的因素如何影响市场价格与数量？

市场是我们日常生活中经常提到的名词，那么市场上的价格是怎样形成的呢？价格是市场经济的关键变量，能够起到资源配置的作用。供给与需求是使市场经济运行的力量，它们决定了每种物品的产量以及出售的价格。如果你想知道，任何一个事件或一项政策将如何影响经济，你就要首先考虑它将如何影响供给和需求。

第一节/需求和需求的变动

我们对市场的研究从考察买者的行为开始。在这里我们要考虑哪些因素决定了一种物品的需求量。

一、需求及影响需求的因素

1. 需求的概念

我们把消费者一段时期内在各个可能价格下愿意购买并且能够购买的商品或服务的数量，称作消费者对该商品或服务的需求。这里有两个关键点需要指出：一是消费者对于商品或服务必须要有购买意愿；二是消费者对于商品或者服务必须具有购买能力。显然这两者缺一不可。如果没有购买意愿，换句话说就是消费者对商品或服务没有内在需要，也就谈不上所谓"需求"；如果仅有购买意愿而没有购买能力，消费者仅仅停留在"需要"的层面上，那么这种"需要"在经济学上不具备研究价值。所以需求必须是消费者既有购买意愿又有购买能力的一种有效"需要"。

我们可以将需求分为个人需求和市场需求。所谓个人需求，就是指单个消费者在各个可能价格下愿意购买并且能够购买的商品或服务的数量。市场需求指的是市场上所有的消费者在各个可能价格下愿意购买并且能够购买的商品或服务的数量总和。

2. 影响需求的因素

一种商品或者服务的需求数量不是一成不变的，它是由很多因素共同决定的。影响一

种商品或服务需求数量的因素主要有:

(1) 该商品或服务的自身价格(P)。一般来说,一种商品的当前价格越高,该商品的需求数量就越小。反过来,该商品的当前价格越低,其需求数量就越大。

(2) 相关商品和服务的价格。当一种商品或服务的价格不变,而相关商品或服务的价格发生变化时,该商品或服务的需求数量也会发生相应变化。这里就涉及两种商品之间的关系,如果两种商品必须搭配使用才能发挥作用,一种商品的价格上涨引起另一种商品的销售量或需求量下降;反之则反,则称这两种商品是互补品。例如,当汽车价格不变而汽油价格上升时,汽车的需求数量往往会下降,那么汽车和汽油就是一组互补品。生活中男士用的剃须刀刀架和刀片、录音机和磁带等,都是互补品。而两种商品如果其中一种价格上涨引起另一种的销售量或者需求量增加,则这两种商品是替代品。比如,当电影光碟租赁价格不变时,电影票价格上涨往往会导致电影光碟需求数量提高。还有如苹果和梨、包子和馒头等都是替代品。

• **思考:**请试着举出几组替代品和互补品的例子。

(3) 该商品或服务的预期价格。消费者对商品或服务的价格预期,会在一定程度上影响当前需求数量。如果该商品或服务的行情看涨,当前需求数量可能会激增;如果行情看跌,当前需求数量可能会减少。

(4) 消费者的收入水平。一般来说,消费者的收入水平提高,正常商品或服务的需求数量会有所提高;反之,消费者就会减少对正常商品或服务的需求数量。如果是低档品(或称之为劣等品),例如20元一套的化妆品,则随收入的上升需求量下降(本教材中若无特别说明,一般指的是正常商品)。

• **思考:**你能想出更多的低档品吗?

(5) 消费者的偏好。消费者个人对于商品或服务的偏好,也会直接对需求数量产生影响。即使价格不变,只是消费者对于商品或服务的偏好程度发生改变,需求数量也会相应地发生变动。

另外还有诸如人口数量等都会在一定程度上影响商品的需求量。

二、需求函数、需求表与需求曲线

1. 需求函数

一种商品或服务的需求数量会受到很多因素的影响,我们把需求数量与这些因素之间的对应关系称作需求函数。在影响需求的众多因素中,显然商品或服务的价格是关键因素。我们通常假定其他因素不变,这样需求函数就成为价格的一元函数。如果以 Q_d 表示商品或服务的需求数量,以 P 表示价格,则需求函数可以表示为:$Q_d=f(P)$。

一般而言,变量间函数关系的表示方法有两种:表格法和图示法。需求函数也可以由表格或曲线图来表示:我们把描述商品或服务的价格与需求数量之间的对应关系的表格,称作需求表;把显示商品或服务的价格与需求数量之间对应关系的二维曲线,称作需求曲线。

2. 需求表

假设表2-1显示的是某商品的需求表。

表 2-1 某商品的需求表

价格 P(元)	1	2	3	4	5	6	7	8
需求量 Q_d(单位数)	1 000	875	750	625	500	375	250	125

表 2-1 显示了某商品在八种不同价格水平下的需求量。当价格为 1 元时,需求量为 1 000单位;当价格上升为 2 元时,需求量减少为 875 单位;随着价格的不断上升,需求量也不断减少。这样的需求表比较明确地展现了该商品价格和需求量之间的函数关系,同时也反映出了价格与需求量反向变动的需求规律。

3. 需求曲线

以表 2-1 提供的数据为例,可以勾画出该商品需求函数的二维曲线图,如图 2-1。和数学中的习惯相反,在经济学分析中常常以纵轴表示自变量,而以横轴表示因变量。图 2-1 中纵轴表示商品的价格 P,横轴表示商品的需求量 Q。根据表 2-1 中价格—需求量的组合,在平面坐标图中画出对应点 A、B、C、D、E、F、G、H,顺次连接这些点,就得到了如图2-1 所示的向右下方倾斜的曲线 AH,AH 上的每一点都反映了不同价格水平下消费者愿意购买而且能够购买的商品数量,也就是说曲线 AH 实际上更为直观地反映出了商品的价格和需求量之间的函数关系,即 $Q_d = f(P)$。如果假定该商品的价格和需求量可以无限细分,也就是说商品价格和需求量的变化可以细微到无穷小,那么在图 2-1 中就可以添加无数类似于 A—H 的点,连接所有的点,就可以得到一条平滑的曲线。

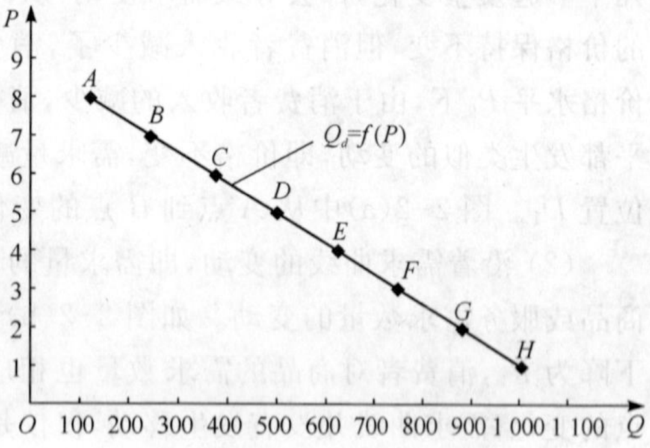

图 2-1 某商品的需求曲线

图 2-1 中显示的需求曲线是一条直线。但并非所有的需求曲线都是直线,实际上需求曲线还可以是曲线。需求曲线的形状取决于商品价格和需求量之间的对应关系,即需求函数。如果需求函数是线性的,需求曲线就是一条直线;如果需求函数是非线性的,需求曲线就呈现为一条曲线。由于直线是曲线的一种特殊情况,所以我们把反映价格与需求量之间对应关系的曲线统称为需求曲线。

像图 2-1 这样的线性需求函数通常可以表示为:$Q_d = \alpha - \beta \times P$;其中 α 和 β 都是大于零的常数。

如图 2-1 所示,向右下方倾斜的需求曲线同样也揭示出了价格与需求量反向变动的需求规律。

三、需求规律及需求曲线的移动

当我们假设其他影响因素不变,仅仅考虑商品自身的价格和需求量之间的关系时,会发现存在着一般规律。

1. 需求规律

我们发现,在其他条件不变的情况下,对大多数的商品或服务而言,存在着这样的规律:当商品或服务的价格上升时,消费者对该商品或服务的需求数量就会减少;反之,当商品或服务的价格下降时,消费者对该商品或服务的需求数量就会增加。其他条件不变时,商品或服务的需求数量与价格呈反向变动的规律,我们称之为需求规律。在现实生活中,需求规律发生作用的例子很多。例如,在炎热的夏天,如果冰淇淋的价格上升,我们通常会减少冰淇淋的购买量；如果西瓜的价格下降，我们会增加西瓜的购买量。

2. 两种不同性质的需求变动

根据影响因素的不同，需求的变动可区分为两种不同性质的变动：需求曲线的移动和沿着需求曲线的变动。

(1) 需求曲线的移动，又称需求变动。是指在价格不变的情况下，由其他因素（价格以外的因素）导致商品或服务需求数量的变动。这里的其他因素，就是前面提到的影响需求的因素，包括消费者收入、消费者偏好、相关商品价格等。这些因素其中一个发生变化或者几个一起发生变化，都会导致需求变动，从而引起需求曲线的移动。如图 2-2(a)，如果商品的价格保持不变，但消费者收入减少了，消费者对商品的需求数量可能减少。假设在某个价格水平 P_0 下，由于消费者收入的减少，消费者的需求量从 Q_0 降低为 Q_1。如果每个价格水平都发生类似的变动，即价格不变，需求量减少，那么需求曲线就会由原来的 D_0 移动到新的位置 D_1。图 2-2(a)中从 A 点到 B 点的变化，体现了需求曲线的移动。

(2) 沿着需求曲线的变动，即需求量的变动。是指其他因素不变，仅仅由价格因素导致商品或服务需求数量的变动。如图 2-2(b)，影响需求的其他因素保持不变，如果价格由 P_0 下降为 P_1，消费者对商品的需求数量也相应地从 Q_0 增加为 Q_1。图 2-2(b)中从 A 点到 B 点的变化，需求曲线并没有发生移动，仅仅是沿着需求曲线的变动。

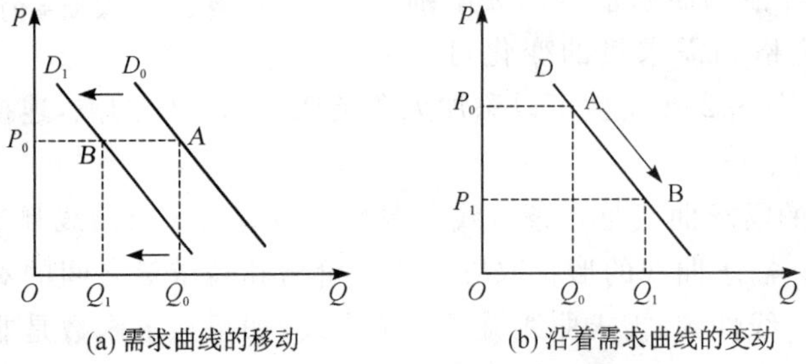

图 2-2　需求曲线的移动与沿着需求曲线的变动

可见，在所有需求的影响因素中，如果是产品自身价格发生变化，则需求曲线不变，表现为曲线上点的移动；而除了自身价格以外的因素（包括预期价格、替代品价格、互补品价格等）发生变化，则需求曲线一定会平行移动，若影响因素使得需求量增加，则需求曲线平行右移，反之则反。

[例 2-1]　假设商品 1 和商品 2 是替代品，则商品 1 的价格上升会引起以下什么变化？（　　）

A. 商品 1 的需求曲线平行右移。

B. 商品 1 的需求曲线平行左移。

C. 商品 2 的需求曲线平行右移。

D. 商品 2 的需求曲线平行左移。

分析：本题中的影响因素是商品 1 的价格上升，也就是说，对于商品 1 而言，是自身价格的变化，所以商品 1 的需求曲线不会发生平移，答案 A 和 B 就被排除了；但对于商品 2 来讲，商品 1 的价格是它自身价格以外的因素，所以能肯定的是商品 2 的需求曲线一定要平行移动，由于两者是替代关系，所以当商品涨价时，更多的人会选择购买替代品即商品 2，可见，商品2的需求量上升了，它的需求曲线右移。故正确答案是C。

思考：如果上例中商品1和商品2是互补品，其他条件不变，则答案又如何呢？（正确答案为D）

案例研究：减少香烟需求量的两种方法①

公共政策制定者经常想减少人们吸烟的数量。政策可以努力达到这一目标的方法有两种。第一种方法是使香烟或其他烟草产品的需求曲线移动。公益广告、香烟盒上有害健康的警示以及禁止在电视上做香烟广告，都是旨在任何一种既定价格水平时减少香烟需求量的政策。如果成功了，这些政策就使香烟的需求曲线向左移动。第二种方法是政策制定者可以试着提高香烟的价格。例如，当政府对香烟制造商征税时，烟草公司就会以高价格的形式把这种税的一部分转嫁给消费者。较高的价格鼓励吸烟者减少他们吸烟的数量。在这种情况下，吸烟量的减少就不表现为需求曲线的移动。相反，它表现为沿着同一条需求曲线移动到价格更高而数量较少的一点上。吸烟量对香烟价格变动会有多大反应呢？经济学家试图通过研究香烟税变动时出现的情况来回答这个问题。他们发现，香烟价格上升10%会引起需求量减少4%。还发现青少年对香烟价格特别敏感：香烟价格上升10%使青少年的吸烟量减少12%。

第二节/供给和供给的变动

本节依次介绍了供给、供给规律、供给函数和供给函数的表示方法、影响供给的因素以及两种不同性质的供给变动。

一、供给及影响供给的因素

1. 供给的概念

供给是指生产者在一定时期内各个价格下愿意出售并且能够卖出的商品或服务的数量。供给应具备两个必要条件：一是生产者对于商品或服务必须有出售意愿；二是生产者对于商品或者服务必须有供应能力。显然两者缺一不可。没有出售意愿，就意味着商品或服务不可能进入市场，在经济学上毫无意义；如果仅有出售的意愿而没有供应能力，生产者也不可能形成商品或服务的供给。所以供给必须是生产者既有出售意愿又有供应能力的一种有效供给。

我们可以将供给分为个人供给和市场供给。所谓个人供给，就是指单个生产者在各个价格下愿意出售并且能够卖出的商品或服务的数量；而市场供给指的是市场中所有的生产者在各个价格下愿意出售并且能够卖出的商品或服务的数量总和。

2. 影响供给的因素

一种商品或者服务的供给数量受到很多因素的影响，这些因素主要有：

(1) 该商品或服务的当前价格。一般来说，一种商品的当前价格越高，该商品的供给数量就越大。反过来，该商品的当前价格越低，其供给数量就越小。

(2) 该商品或服务的预期价格。生产者对商品或服务未来价格的预期，会在一定程度上影响当前供给数量。如果该商品或服务的行情看涨，当前供给数量可能会激增；如果行

① 资料来源：曼昆：《经济学原理》，北京大学出版社2010年版。

情看跌,当前供给数量可能会减少。例如,你预期未来冰淇淋的价格会上升,你将会把你现在生产的一些冰淇淋贮存起来,并减少了现在的市场供给。

(3) 生产成本。在商品或服务的价格不变的情况下,生产成本增加意味着生产者的利润会下降,从而使得生产者减少商品或服务的供给数量。反过来,生产成本减少,导致利润增加,会促使生产者增加商品或服务的供给数量。

(4) 生产者的技术水平。一般来说,生产者的技术水平提高,会降低产品的成本,增加生产者利润,生产者就会增加商品或服务的供给数量。例如,冰淇淋机的发明减少了生产冰淇淋必需的劳动量,技术进步通过减少企业的成本增加了冰淇淋的供给量。

二、供给函数、供给表和供给曲线

1. 供给函数

一种商品或者服务的供给数量是由很多因素共同决定的,我们把供给数量和影响供给数量的各种因素之间的对应关系称作供给函数。在影响供给的众多因素中,毫无疑问价格是一个关键因素。如果假定其他因素不变,那么供给函数可以写成价格的一元函数。如果用 Q_s 表示商品或服务的供给数量,以 P 表示价格,那么供给函数可以记作:$Q_s=f(P)$。

2. 供给表

供给函数也可以用表格法和图示法表示:我们把描述商品或服务的价格与供给数量之间的对应关系的表格,称作供给表。表 2-2 显示的是某商品的供给表。

表 2-2 某商品的供给表

价格(元)	1	2	3	4	5	6	7	8
供给量(单位数)	0	125	250	375	500	625	750	875

表 2-2 显示了该商品在八种不同价格水平下的供给量。当价格为 1 元时,供给量为 0 单位;价格上升为 2 元时,供给量增加到 125 单位;随着价格的不断上升,供给量也不断增加。与需求表类似,这样的供给表比较明确地展现了该商品价格和供给量之间的对应关系,同时也揭示了供给量与价格同方向变动的供给规律。

3. 供给曲线

我们把显示商品或服务的价格与供给数量之间对应关系的二维曲线,称作供给曲线。

以表 2-2 提供的数据为例,可以勾画出该商品的供给价格函数的二维曲线图(见图 2-3)。图 2-3 中纵轴表示商品的价格 P,横轴表示商品的供给量 Q。根据表 2-2 中价格—需求量的组合,在平面坐标图中画出对应点 A、B、C、D、E、F、G、H,顺次连接这些点,就得到了如图 2-3 所示的向右上倾斜的曲线 AH。曲线 AH 上的每一点都反映了不同价格水平下生产者愿意出售而且能够出售的商品数量;更为直观地反映出了商品的价格和

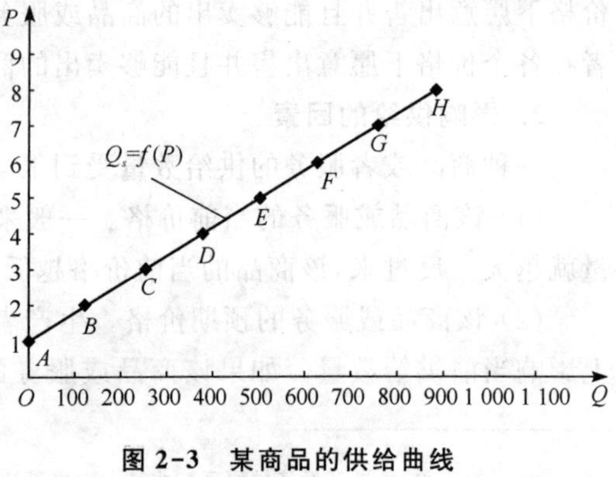

图 2-3 某商品的供给曲线

供给量之间的函数关系，即 $Q_s=f(P)$。与商品的需求曲线一样，如果商品的价格和供给量可以无限细分，那么在图 2-3 中就可以添加无数类似于 A—H 的点，连接所有的点，就可以得到一条平滑的供给曲线。

和需求曲线一样，供给曲线是直线还是曲线，也取决于供给函数的性质。若供给函数为线性函数，供给曲线就是直线；若供给函数是非线性函数，供给曲线就是曲线。我们把反映价格与供给量关系的曲线统称为供给曲线。

像图 2-3 这样的线性供给函数通常可以表示为如下形式：$Q_s=-\delta+\gamma\times P$；其中 δ 和 γ 都是大于零的常数。

如图 2-3 所示的供给曲线也反映出供给量与价格同方向变动的供给规律。

三、供给规律及其供给曲线的移动

我们同样能够发现，在其他条件不变的情况下，对大多数的商品或服务而言，存在着一定的规律。

1. 供给规律

当商品或服务的价格上升时，生产者对该商品或服务的供给数量就会增加；反过来，当商品或服务的价格下降时，生产者对该商品或服务的供给数量就会减少。其他条件不变时，商品或服务的供给数量与价格呈同方向变动的规律，我们称之为供给规律。在现实生活中，同样可以找到供给规律发生作用的例子。例如，在夏季，如果冰淇淋的价格上升，厂商通常会增加冰淇淋的供应量；相反，如果冰淇淋的价格下降，厂商往往会减少冰淇淋的供应量。

2. 两种不同性质的供给变动

和需求的变动类似，根据影响因素的不同，供给的变动也可区分为两种不同性质的变动：供给曲线的移动和沿着供给曲线的变动。

(1) 供给曲线的移动，即供给变动。是指在价格不变的情况下，由其他因素导致的商品供给数量的变动。这里的其他因素，指的就是前面提到的包括生产成本、生产者技术水平、相关商品价格等在内的因素。这些因素其中一个发生变化或者几个一起发生变化，都会导致供给变动，从而引起供给曲线的移动。如图 2-4(a)，如果商品的价格保持不变，但生产成本降低了，生产者对商品的供给数量可能增加。假设在某个价格水平 P_0 下，由于生产的减少，生产者的供给量从 Q_0 提高到 Q_1。如果每个价格水平都发生类似的变动，即价格不变，供给量增加，那么供给曲线就会由原来的 S_0 移动到新的位置 S_1。图 2-4(a) 中从 A 点到 B 点的变化，体现了供给曲线的移动。

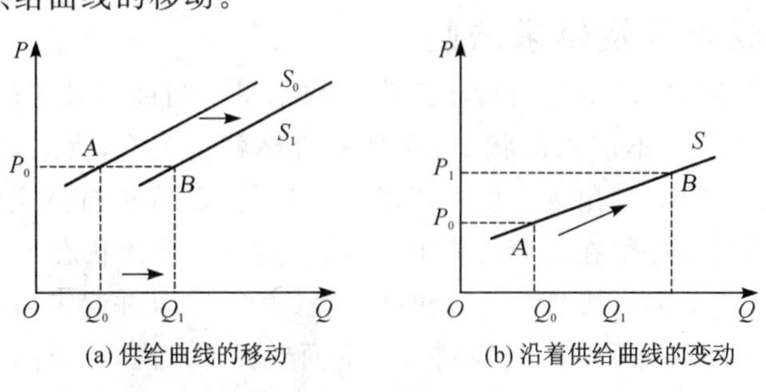

图 2-4　供给曲线的移动与沿着供给曲线的变动

(2) 沿着供给曲线的变动,即供给量的变动。是指其他因素不变,由价格因素导致的商品供给数量的变动,具体表现为供给量沿着供给曲线移动。如图 2-4(b),影响商品供给的其他因素保持不变,如果价格由 P_0 上升为 P_1,生产者对商品的供给数量也相应地从 Q_0 增加到 Q_1。图 2-4(b)中从 A 点到 B 点的变化,供给曲线并没有发生移动,仅仅是沿着供给曲线的变动。

可见,在所有商品及服务供给的影响因素中,如果是产品自身价格发生变化,则供给曲线不变,表现为曲线上点的移动;而除了自身价格以外的因素(包括生产技术、生产成本等)发生变化,则供给曲线一定会平行移动,若影响因素使得供给量增加,则供给曲线平行右移;反之则反。

第三节/均衡价格与均衡产量

前两节分别阐述了需求理论与供给理论,本节将讨论需求和供给如何相互作用,并共同决定价格和产量。

一、均衡价格和均衡产量

经济学中均衡是经常被使用的名词,因而理解均衡这一概念相当重要。一般意义上的均衡(equilibrium)指的是经济中的相关变量相互作用、相互制约,最终达到相对静止的一种状态。在均衡的状态下,不存在改变当前状态的内部因素。

就某个商品市场而言,均衡就是市场价格使得该商品的供给量和需求量恰好相等的状态,即消费者正好买到该价格下愿意购买的商品数量,生产者也正好卖出该价格下自己愿意售出的商品数量。在这样的均衡状态下,消费者和生产者都不愿意改变价格、消费量或产量。这种均衡状态又被称为市场出清。

当商品市场供给和需求双方力量相互作用达到均衡状态时,即市场上供给量恰好等于需求量时,此时的市场价格就被称为均衡价格,又称市场出清价格。在均衡价格水平下,市场供给量与市场需求量相等,这时的供给量被称作均衡产量。

均衡价格和均衡产量反映在几何图形上,被称为均衡点,一般用 E 表示。实际上,均衡点就是需求曲线和供给曲线的交点。

二、均衡形成过程及供求法则

均衡是市场上供给和需求双方力量相互作用的结果。当商品处于较低的价格水平时,需求大于供给,就出现了供不应求的状况,商品的价格就会上升;反之,如果商品处于较高的价格水平,供给大于需求,就出现了供过于求的状况,商品价格自然会回落。最终供求双方的作用会使得市场价格停留在均衡价格上,市场就达到了均衡状态。

可以把前面两节中的需求表(表 2-1)和供给表(表 2-2)合并起来形成表 2-3,同时把需求曲线(图 2-1)、供给曲线(图 2-2)放到同一个平面坐标体系内,形成图 2-5,由此可以说明该商品的市场均衡状态的形成过程,即均衡价格和均衡产量的决定过程。

表 2-3 某商品的需求表和供给表

价格 P(元)	1	2	3	4	5	6	7	8
需求量 Q_d(单位数)	1 000	875	750	625	500	375	250	125
供给量 Q_s(单位数)	0	125	250	375	500	625	750	875

在图 2-5 中,D 为市场需求曲线,S 为市场供给曲线,两者相交于 E 点,E 点即为均衡点。于是,均衡价格 $P_0=5$ 元,均衡产量 $Q_0=500$。

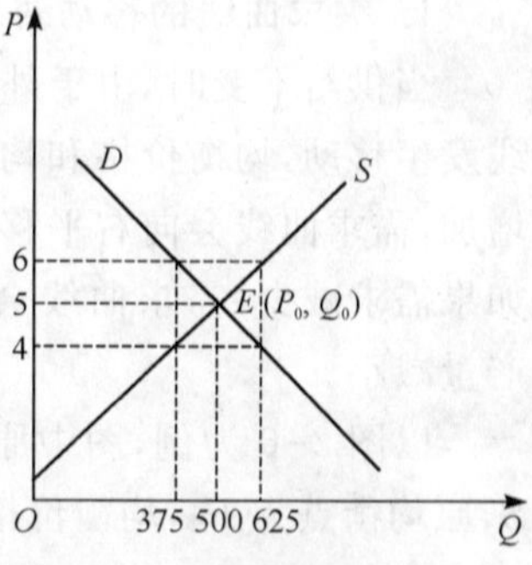

图 2-5 均衡价格和均衡产量的决定

当市场实际价格高于均衡价格,例如为 6 元时,商品需求量为 375 单位,供给量为 625 单位,这就出现了商品过剩的状况,生产者不能卖出所有想卖出的商品,存在着超额供给。此时,生产者试图通过降价来吸引消费者,同时降低产量以使得自己的商品全部售出。这样一来,价格就会降低,消费者的需求量就会增加,同时也会使得生产者的供给量减少。这个过程会持续到消费者的需求量正好等于生产者的供给量,此时市场达到了均衡状态即 E 点,价格便不再下降,保持在均衡价格 5 元的水平,市场需求量和供给量也保持在均衡产量 500 单位。

基于同样的道理,当市场实际价格低于均衡价格,例如为 4 元时,商品需求量为 625 单位,供给量为 375 单位,这就出现了商品短缺的状况,消费者不能买到所有想买的商品,存在着超额需求。此时,一部分消费者为了达到令自己满意的需求量,就会考虑提高价格,以买到更多数量的商品,同时这也激励了生产者提供更多的商品。这样一来,价格就会提升,需求量会减少,同时也会使得供给量增加。这个过程会持续到消费者的需求量正好等于生产者的供给量,此时市场达到了均衡状态即 E 点,价格便不再上升,保持在均衡价格 5 元的水平,市场需求量和供给量也保持在均衡产量 500 单位。

可见,市场供求双方的相互作用最终形成了市场均衡状态,同时使市场实际价格最终趋向于均衡价格,需求量和供给量也最终趋于相等。我们将这样的结论称为供求法则,即市场上商品价格的调整,最终会使得供给与需求相等,使得实际价格趋于均衡价格。

[例 2-2] 假定棉布的需求函数为 $Q_d=10-2P$,棉布的供给函数为 $Q_s=1/2P$(价格单位为元/米,数量单位为万米)。问:

(1) 棉布的均衡价格是多少?

(2) 棉布的均衡销售量是多少?

分析:本题求解均衡价格和均衡产量,通过以上分析我们知道,当市场达到均衡以后,需求量和供给量相等,都等于均衡产量,所以可以利用 $Q_d=Q_s$ 求解。

解:(1) $Q_d=Q_s$

即

$$10-2P=1/2P$$

$$P=4(\text{元/米})$$

(2) $Q=Q_d=Q_s=1/2P=2$(万米)

三、均衡价格和均衡产量的变动

由上面的分析可见,商品的均衡价格和均衡产量由需求曲线和供给曲线的交点所决定,因而需求曲线或供给曲线的变动自然会影响均衡价格和均衡产量,导致均衡价格和均衡产量发生相应的变动。下面分别介绍需求曲线和供给曲线的变动对均衡价格和均衡产量的影响。

1. 需求曲线的移动对均衡价格和均衡产量的影响

当供给不变时,由于外部因素(非价格因素)使得需求曲线发生移动,均衡价格和均衡产量都会发生变化。如果需求增加,需求曲线会向右平移,会使均衡价格和均衡产量增大;如果需求减少,需求曲线会向左平移,会使均衡价格和均衡产量减小。

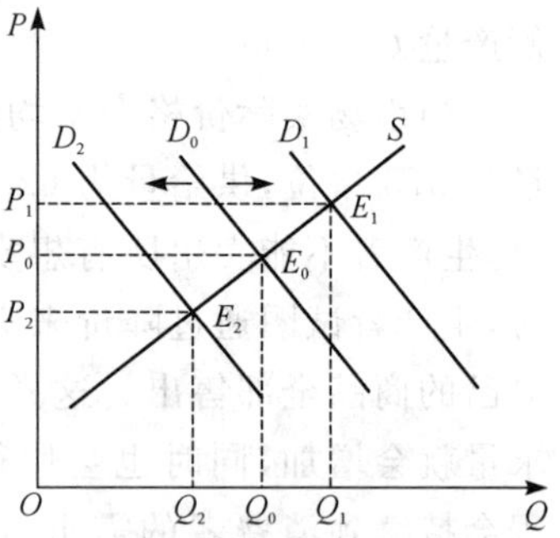

图 2-6 需求曲线的移动对均衡的影响

以图 2-6 为例,图中原有的需求曲线为 D_0,供给曲线为 S,原均衡点为 E_0,均衡价格为 P_0,均衡产量为 Q_0。

在商品价格不变的情况下,如果其他因素(如消费者偏好增强)使得需求增加,需求曲线会向右平移,图中的需求曲线 D_0 平移到曲线 D_1 的位置。如果供给曲线不变,则新的需求曲线 D_1 与供给曲线 S 相交于 E_1,显然新的均衡点上对应的均衡价格由 P_0 提高到了 P_1,均衡产量由 Q_0 提高到了 Q_1。

反过来,在商品价格不变的情况下,如果其他因素(如消费者偏好减弱)使得需求曲线向左平移,图中的需求曲线 D_0 平移到曲线 D_2 的位置。如果供给曲线不变,则新的需求曲线 D_2 与供给曲线 S 相交于 E_2,显然新的均衡点上对应的均衡价格由 P_0 下降为 P_2,均衡产量由 Q_0 下降为 Q_2。

2. 供给曲线的移动对均衡价格和均衡产量的影响

当需求不变时,由于外部因素(非价格因素)使得供给曲线发生移动,均衡价格和均衡产量也会发生变化。如果供给增加,供给曲线会向右平移,会使均衡价格减小,均衡产量增大;如果供给减少,供给曲线会向左平移,会使均衡价格增大,均衡产量减小。

以图 2-7 为例,图中原有的供给曲线为 S_0,需求曲线为 D,原均衡点为 E_0,均衡价格为 P_0,均衡产量为 Q_0。

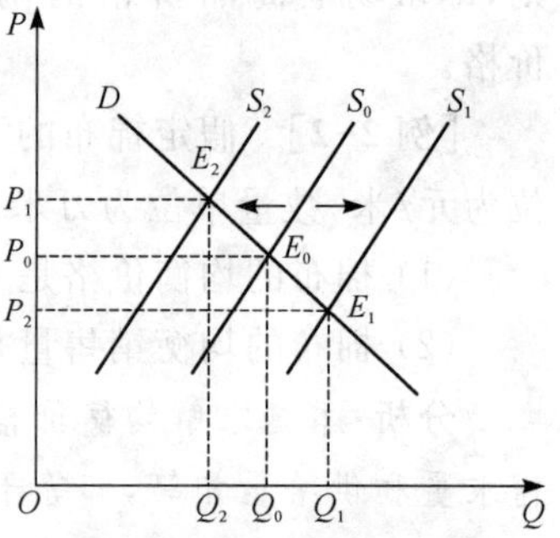

图 2-7 供给曲线的移动对均衡的影响

在商品价格不变的情况下,如果其他因素(如生产成本降低)使得供给曲线向右平移,图中的供给曲线 S_0 平移到曲线 S_1 的位置。如果需求曲线不变,则新的供给曲线 S_1 与需求曲线 D 相交于 E_1,显然新的均衡点上对应的均衡价格由 P_0 下降为 P_2,均衡产量由 Q_0 提高到了 Q_1。

反过来,在商品价格不变的情况下,如果其他因素(如生产成本提高)使得供给曲线向左平移,图中的供给曲线 S_0 平移到曲线 S_2 的位置。如果需求曲线不变,则新的供给曲线 S_2 与供给曲线 D 相交于 E_2,显然新的均衡点上对应的均衡价格由 P_0 上升到 P_1,均衡产量由 Q_0 降为 Q_2。

如果需求曲线和供给曲线同时发生移动，情况将变得复杂起来。碰到具体问题我们再具体分析。

从上述均衡变动的分析中，可以得出这样一条规律：在其他条件不变的情况下，需求变动使得均衡价格和均衡产量同方向变动；在其他条件不变的情况下，供给变动使得均衡价格反方向变动，使得均衡产量同方向变动。我们将需求曲线和供给曲线的变动对均衡产生的影响归纳为表 2-4：

表 2-4 均衡价格、均衡产量随需求曲线、供给曲线变动的一般规律

		供给曲线		
		不变	左移	右移
需求曲线	不变	均衡价格不变 均衡产量不变	均衡价格上升 均衡产量下降	均衡价格下降 均衡产量上升
	左移	均衡价格下降 均衡产量下降	均衡价格不定 均衡产量下降	均衡价格下降 均衡产量不定
	右移	均衡价格上升 均衡产量上升	均衡价格上升 均衡产量不定	均衡价格不定 均衡产量上升

在以上分析中我们说明了供给与需求如何共同决定市场均衡，市场均衡又决定了物品价格，以及买者所购买和卖者所生产的该物品数量。当然，均衡价格和数量取决于供给和需求曲线的位置。当某些事件使这些曲线中的一种移动时，市场上的均衡就改变了。当分析某个事件如何影响一个市场时，我们按三个步骤进行：第一，确定该事件是使供给曲线移动、需求曲线移动，还是在一些情况下，使两种曲线都移动。第二，确定曲线是向右移动，还是向左移动。第三，用供求曲线图来考察这种移动如何影响均衡价格和数量。

例如：假设某一年夏季天气特别热，这种情况如何影响冰淇淋市场呢？为了分析这个问题，我们遵循三个步骤进行。首先，天气热通过改变人们对冰淇淋的嗜好而影响需求曲线。这就是说，天气改变了人们在任何一种既定价格时想购买的冰淇淋数量。供给曲线不变，因为天气并不直接影响销售冰淇淋的企业。其次，由于天气热使人们想吃更多的冰淇淋，所以需求曲线向右移动，需求增加了。这种移动表明，在每种价格下，人们对冰淇淋的需求量更多了。再次，这样移动的结果是：天气热提高了冰淇淋的价格，增加了冰淇淋的销售量。

第四节/价格政策

通过前面几节的介绍，我们已经知道价格在市场体系中起着极其重要的作用：价格调节着供需关系，使得市场达到均衡状态。政府常常围绕价格制定一系列政策来调节经济生活。这些政策大体上分为两类：一是价格控制；二是税收。本节我们将重点讨论价格控制的市场影响。

政府对商品或服务的市场价格设定限制，我们称之为价格控制或价格管制。价格控制有两种：一是设定价格上限；二是设定价格下限。下面我们分别介绍这两种价格政策对市场活动的影响。

一、价格上限

政府为了限制某些物品的价格而对其规定一个低于市场均衡价格的最高限价，往往是在战争或出现重大自然灾害时对居民生活必需品规定最高限价，又称限制价格。因为如果价格上限高于均衡价格，则政府制定的这一价格上限起不到任何限制作用，就没有任何实施的意义了。

下面以图 2-8 说明设定价格上限后的市场情况。开始时，需求曲线 D 与供给曲线 S 相交于 E 点，市场均衡价格为 P_0，均衡产量为 Q_0。由于实施价格上限 P_1，使得市场需求量上升为 Q_2，而市场供给量下降为 Q_1，市场上就出现了供不应求的状况，存在着超额需求或者供给缺口 Q_2-Q_1。因此，在价格上限 P_1 下，就会有部分消费者买不到想要的商品。

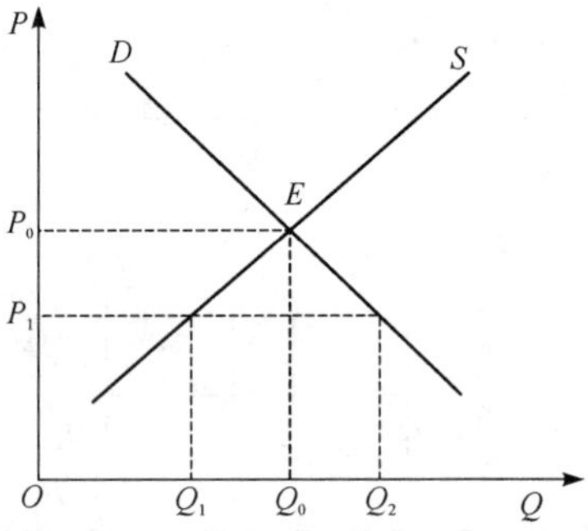

图 2-8　价格上限的政策影响

政府制定价格上限的目的大多是为了抑制某些商品价格的上涨，或者是基于保护消费者的考虑。但是这一做法直接导致了商品供给的缺口，容易导致消费者的排队问题和黑市交易的盛行。实际上，价格上限并不能收到满意的效果，反而造成了对消费者的伤害。

二、价格下限

政府为了扶植某一行业的发展或某一产品的生产而对该产品规定一个高于市场均衡价格的最低限价，又称支持价格。因为如果价格下限低于均衡价格，则政府制定的这一价格下限将起不到任何限制作用，就没有必要实施限制政策了。

下面以图 2-9 说明设定价格下限后的市场情况。开始时，需求曲线 D 与供给曲线 S 相交于 E 点，市场均衡价格为 P_0，均衡产量为 Q_0。由于实施价格下限 P_1，使得市场需求量下降为 Q_1，而市场供给量上升为 Q_2，市场上就出现了供过于求的状况，存在着超额供给或者需求缺口 Q_2-Q_1。因此，在价格下限 P_1 下，就会有商品过剩，必然会有部分生产者的商品卖不出去。

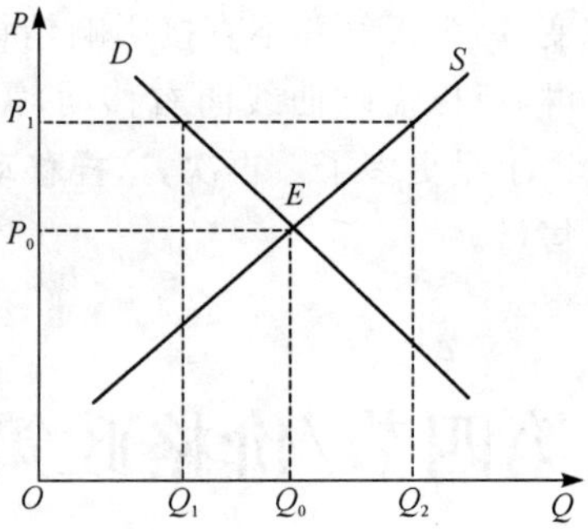

图 2-9　价格下限的政策影响

政府制定价格下限的目的大多是为了扶持某些行业的发展，或者是基于保护生产者的考虑。但是这一做法导致了商品供给的过剩，实施这一政策，政府通常要为过剩的产品买单，与此同时生产者的利益也受到了损害。

综上所述，就价格控制政策而言，政府无论是设定价格上限还是设定价格下限，都未必能够达到满意的效果。

第五节/均衡价格理论的应用

政府的税收政策通过影响消费者或生产者,进而影响需求或供给,对市场均衡产生相应的调节作用。下面分别介绍对消费者征税和对生产者征税的政策影响。

一、向消费者征税的政策影响

如果政府向商品或服务的购买者即消费者征税,这实际上意味着消费者购买每单位商品或服务的花费增加了,也就是说向消费者征税使得需求曲线向下移动了。在供给曲线不变的情况下,根据前面的介绍,我们可以推论:向消费者征税使得市场均衡价格和均衡产量都减小了,因而消费和生产都缩减了。向消费者征税的政策毫无疑问抑制了消费和生产活动。

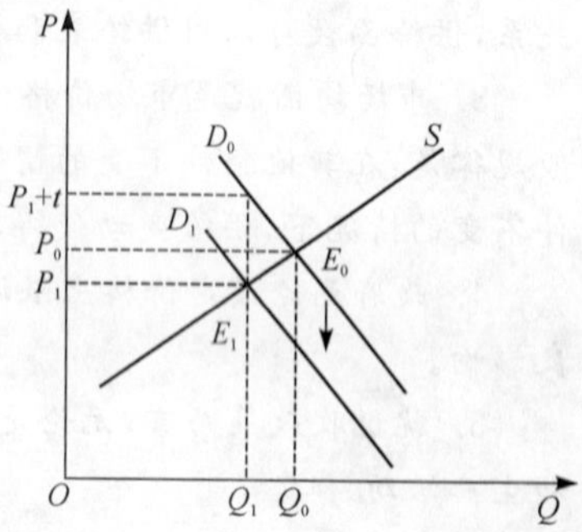

图 2-10 向消费者征税的政策影响

下面以图 2-10 说明向消费者征税对市场活动的影响。假定开始时,需求曲线 D_0 与供给曲线 S 相交于 E_0 点,市场均衡价格为 P_0,均衡产量为 Q_0。由于政府向消费者征税 t,使得需求曲线 D_0 向下平移到 D_1(平移的垂直距离即为税收金额 t),而供给曲线不变,于是市场均衡点由 E_0 移动到 E_1,新的均衡价格和均衡产量分别为 P_1 和 Q_1。新的均衡产量 Q_1 既是消费量也是产量,与原先的均衡产量相比,减少了 Q_0-Q_1。可见,向消费者征税的政策确实抑制了消费和生产活动。

二、向生产者征税的政策影响

如果政府向商品或服务的提供者即生产者征税,就意味着生产者提供每单位商品或服务的成本增加了,换句话说就是向生产者征税使得供给曲线向上移动了。在需求曲线不变的情况下,我们同样可以得到:向生产者征税使得市场均衡价格上升,均衡产量减小,因而消费量和生产量也都缩减了。向消费者征税的政策同样抑制了消费和生产活动。

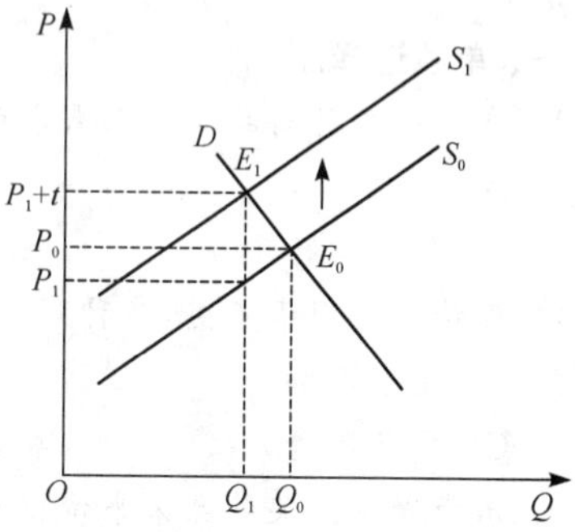

图 2-11 向生产者征税的政策影响

下面以图 2-11 说明向生产者征税对市场活动的影响。假定开始时,需求曲线 D 与供给曲线 S_0 相交于 E_0 点,市场均衡价格为 P_0,均衡产量为 Q_0。由于政府向消费者征税 t,使得需求曲线 S_0 向上平移到 S_1(平移的垂直距离即为税收金额 t),而需求曲线不变,于是市场均衡点由 E_0 移动到 E_1,新的均衡价格和均衡产量分别为 P_1+t 和 Q_1。新的均衡产量 Q_1 与原先的均衡产量相比,减少了 Q_0-Q_1。可见,向生产者征税的政策同样抑制了消费和生产活动。

综上所述,就税收政策而言,无论是向消费者征税还是向生产者征税,最终都会抑制市场上的消费和生产活动。

本章小结

1. 需求是消费者在各个可能价格下愿意购买并且能够购买的商品或服务的数量。需求函数是一种商品或服务的需求数量与其影响因素之间的对应关系,需求函数可以用需求表和需求曲线来表示,需求规律就是需求量与价格呈反向运动。

2. 供给是生产者在各个价格下愿意出售并且能够卖出的商品或服务的数量。供给规律就是供给量与价格呈同向运动,供给函数是一种商品或服务的供给数量与其影响因素之间的对应关系,供给函数可以用供给表和供给曲线来表示。

3. 市场均衡就是市场价格使得该商品的供给量和需求量恰好相等的状态。均衡变动的一般规律是:在其他条件不变的情况下,需求变动使得均衡价格和均衡产量同方向变动;在其他条件不变的情况下,供给变动使得均衡价格反方向变动,使得均衡产量同方向变动。

4. 政府无论设定价格上限还是设定价格下限,都未必能够达到满意的效果,甚至会产生不良影响。

5. 就税收政策而言,无论是向消费者征税还是向生产者征税,最终都会抑制市场上的消费和生产活动。

关键概念

需求　需求函数　需求规律　需求曲线　供给　供给函数　供给规律　供给曲线　均衡　均衡价格　均衡产量　价格上限　价格下限

复习思考题

一、单项选择题

1. 在得出某种商品的个人需求曲线时,下列因素除哪一种之外均保持为常数?(　　)

A. 个人收入　　B. 其余商品的价格

C. 个人偏好　　D. 所考虑商品的价格

2. 保持其他因素不变,某种商品的价格下降,将导致(　　)。

A. 需求增加　　B. 需求减少

C. 需求量增加　　D. 需求量减少

3. 消费者预期某物品未来价格要上升,则对该物品当前需求会(　　)。

A. 减少　　B. 增加

C. 不变　　D. 上述三种情况都可能

4. 所有下列因素中除哪一种以外都会使需求曲线移动?( )

A. 购买者(消费者)收入变化　　B. 商品价格下降

C. 其他有关商品价格下降　　D. 消费者偏好变化

5. 如果商品A和商品B是互补的,则A的价格下降将造成( )。

A. A的需求曲线向右移动　　B. A的需求曲线向左移动

C. B的需求曲线向右移动　　D. B的需求曲线向左移动

6. 一个商品价格下降对其互补品最直接的影响是( )。

A. 互补品的需求曲线向右移动　　B. 互补品的需求曲线向左移动

C. 互补品的供给曲线向右移动　　D. 互补品的价格上升

7. 生产者预期某物品未来价格要下降,则对该物品当前的供给会( )。

A. 增加　　B. 减少

C. 不变　　D. 上述三种情况都可能

8. 假如生产某种物品所需原料价格上升了,则这种商品的( )。

A. 需求曲线向左方移动　　B. 供给曲线向左方移动

C. 需求曲线向右方移动　　D. 供给曲线向右方移动

二、分析论述题

1. 请区分需求量的变动与需求的变动。

2. 请问下列事件对产品B的需求会产生什么样的影响?并用图形说明。

(1) 产品B变得更为时兴;

(2) 预计居民收入将下降;

(3) 预计人口数量将有一个较大的增长。

3. 什么是供给表和供给曲线?它们都揭示了什么样的规律?

4. 画图说明供给变动和供给量的变动。

5. 画图说明政府规定食盐最高价格的影响。

6. 画图说明政府规定农产品最低价格的影响。

三、计算题

假定某商品的需求函数为 $Q_d=60-3P$,供给函数为 $Q_s=-5+2P$。

(1) 求均衡价格和均衡产量。

(2) 如果供给函数不变,需求函数受外在因素影响变为 $Q_d=70-3P$。求出新的均衡价格和均衡产量,并绘图说明。

(3) 如果需求函数不变,供给函数受外在因素影响变为 $Q_s=-10+2P$。求出新的均衡价格和均衡产量,并绘图说明。

第三章 弹性理论

学习目标：

- 什么是需求弹性？需求弹性如何分类？
- 需求弹性和厂商的销售收益之间有何联系？
- 什么是供给弹性？决定供给弹性的因素是什么？
- 如何应用收入弹性判别商品是正常品还是劣等品？
- 如何应用交叉价格弹性判别两种商品之间是替代品还是互补品？

除了上一章提到的商品价格的变动会引起该商品需求量和供给量发生变动之外，还有很多因素诸如消费者收入水平、替代品（或互补品）的价格等同样可以引起需求量和供给量的变化。如何衡量这些因素对需求量和供给量的敏感度呢？本章引入弹性理论，可以很好地解决上述疑问。弹性的种类有很多，包括需求的价格弹性、供给弹性、收入弹性、交叉价格弹性等，其中最重要的是需求的价格弹性。本章将对以上提到的弹性逐一展开分析。

第一节/需求的价格弹性

一、弹性的概念

弹性的概念在经济学中有着广泛的应用。那么究竟什么是弹性呢？只要两个经济变量之间存在函数关系，则弹性表示的是因变量对自变量变化的反应程度。简而言之，弹性就是一个经济变量变动1%，所引起的另一个经济变量变动的百分比。因而经济学中弹性的一般公式是：弹性＝因变量的相对变动/自变量的相对变动。根据变量变化的连续性，弹性又可以分为点弹性和弧弹性。

假设两个经济变量之间的函数关系为 $y=f(x)$，e 表示弹性。

弧弹性的计算公式可以表示为：$e=\dfrac{\Delta y/y}{\Delta x/x}$，其中和 Δx 和 Δy 分别表示 x 和 y 的变动量。

点弹性就是当经济变量的变动量趋于无穷小时计算出的弹性，其计算公式可以表示为：

$$e=\lim_{\Delta x\to 0}\frac{\dfrac{\Delta y}{y}}{\dfrac{\Delta x}{x}}=\frac{\dfrac{\mathrm{d}y}{y}}{\dfrac{\mathrm{d}x}{x}}=\frac{\mathrm{d}y}{\mathrm{d}x}\times\frac{x}{y}$$

由上述弹性计算公式可以看出，弹性是两个变量变动比例之间的比值，与变量的度量单位无关。

本节重点讨论需求的价格弹性，其他弹性如收入弹性、交叉价格弹性等将在以后的章节讨论。

二、需求的价格弹性

1. 需求价格弹性的基本公式

需求价格弹性简称为需求弹性，它表示的是某个商品的需求量对其自身价格变化的反应程度。需求弹性等于需求量的变化率与价格变化率之间的比值。由于商品的价格和需求量之间呈现反向变动关系，所以弹性系数是一个负数，为了以后研究方便，我们在弹性系数前面加一个负号，使其变为正值。即需求弹性系数(E_d)＝－需求量变动率/价格变动率。

$$E_d = -\frac{\Delta Q/Q}{\Delta P/P} = -\frac{\Delta Q}{\Delta P} \times \frac{P}{Q}$$

- **思考：**需求曲线的价格弹性和需求曲线斜率有什么联系？

［例 3-1］ 假定冰淇淋的价格上升了 10%，使你购买的冰淇淋量减少了 20%。我们计算出需求弹性为：

$$E_d = -(-20\%)/10\% = 2$$

［例 3-2］ 某商品价格由 4 元下降到 3 元，需求量则从 10 单位上升到 15 单位，则此时的需求弹性为：

$$E_d = -\frac{\frac{15-10}{10}}{\frac{3-4}{4}} = 2$$

需求弹性也可分为需求弧弹性和需求点弹性。需求弧弹性表示需求曲线上两点之间的弹性，即两点之间需求量变化对价格变化的反应程度。需求点弹性表示需求曲线上某一点的弹性，即在这一点上，当价格变化趋于无穷小时需求量变化对价格变化的反应程度。

2. 需求价格点弹性的计算

(1) 代数法。需求价格点弹性衡量需求曲线某一点上需求量的无穷小的变动率对于价格的无穷小的变动率的反应程度。

假设 P 代表价格，Q 代表需求量，E_d 为需求的价格弹性，则需求的价格点弹性的一般公式是：

$$E_d = -\frac{\frac{\mathrm{d}Q}{Q}}{\frac{\mathrm{d}P}{P}} = -\frac{\mathrm{d}Q}{\mathrm{d}P} \times \frac{P}{Q}$$

上述公式中的 ΔP 和 ΔQ 引入了高等数学中无穷小的概念，在点弹性中用 dP 和 dQ 表示。

［例 3-3］ 某产品需求函数为 $Q_d = 2\,400 - 400P$，分别计算 $P=5$ 和 $P=4$ 时的需求点弹性。

解：

$$E_d = -\frac{dQ}{dP} \times \frac{P}{Q} = -(-400) \times P/Q = 400 \times P/Q$$

当 $P=5$ 时，$Q=2\,400-400\times5=400$，故 $E_d=(400\times5)/400=5$

当 $P=4$ 时，$Q=2\,400-400\times4=800$，故 $E_d=(400\times4)/800=2$

(2) 几何法。根据不同的形状特征，需求曲线可分为直线型和非直线型两类。我们主要讨论直线型需求曲线上点弹性的几何求法。以图 3-1 为例说明。

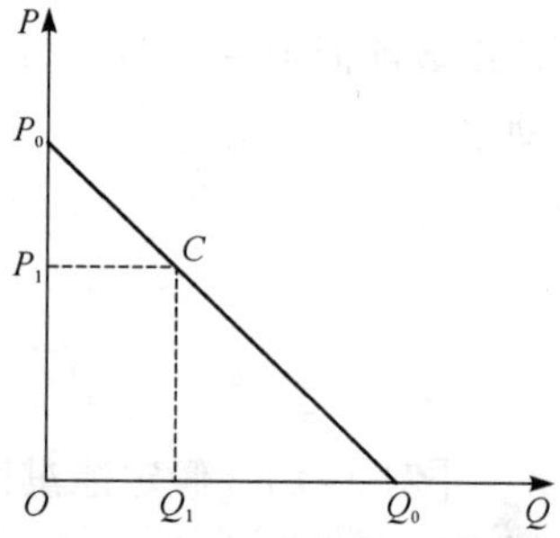

图 3-1 直线型需求曲线价格点弹性的几何求法

图 3-1 中，需求曲线与纵轴及横轴分别相交于 P_0、Q_0，令点 C 为需求曲线上任意一点，C 点的坐标为(Q_1, P_1)，则点 C 处的需求弹性可以表示为：

$$E_d = -\frac{dQ}{dP} \times \frac{P}{Q} = \frac{OQ_0}{OP_0} \times \frac{OP_1}{OQ_1} = \frac{Q_1Q_0}{Q_1C} \times \frac{Q_1C}{OQ_1}$$
$$= \frac{Q_1Q_0}{OQ_1} = \frac{Q_1C}{P_0C} = \frac{OP_1}{P_0P_1}$$

在图中，令点 C 为需求曲线上任意一点，过 C 点向纵轴和横轴引垂线，分别相交于 P_1、Q_1，过 C 点引需求曲线的切线，与纵轴和横轴分别相交于 P_0、Q_0，则点 C 处的需求弹性同样可以表示为：

$$E_d = -\frac{dQ}{dP} \times \frac{P}{Q} = \frac{OQ_0}{OP_0} \times \frac{OP_1}{OQ_1} = \frac{Q_1Q_0}{Q_1C} \times \frac{Q_1C}{OQ_1} = \frac{Q_1Q_0}{OQ_1} = \frac{Q_1C}{P_0C} = \frac{OP_1}{P_0P_1}$$

结论：线性需求曲线上任一点的点弹性，都可以通过由该点分别向价格轴或数量轴引垂线的方法求得。且曲线上点的位置越高，点弹性系数就越大。

［例 3-4］ 如图 3-2 所示，有两条为直线的需求曲线 EA 和 EB。(1) 试比较 Ea 和 Eb 的大小；(2) 试比较 Ea 和 Ec 的大小。

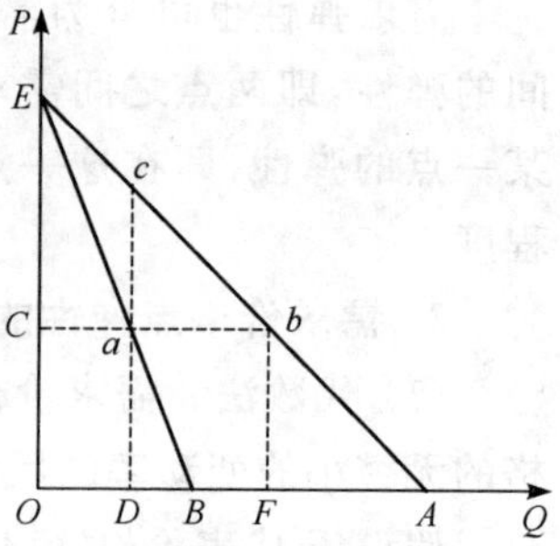

图 3-2 直线型需求曲线的点弹性大小比较

解：(1) $Ea=DB/DO=CO/CE$

$Eb=FA/FO=CO/CE$

所以 $Ea=Eb$

(2) $Ec=Ac/cE=DA/DO$

因 $DA>DB$

故 $Ec>Ea$

3. 需求价格弧弹性的计算

由需求价格弹性的一般公式可知，需求的价格弧弹性计算关键在于 P、Q 值的选取。

下面我们以需求函数 $Q_d=100-10P$ 为例，分析一下需求弧弹性的计算公式，参见图 3-3，求需求曲线上 A、B 两点之间的需求价格弧弹性。

在 A 点，$P_1=2$，$Q_1=100-2\times10=80$。

在 B 点，$P_2=8$，$Q_2=100-8\times10=20$。

由 A 点到 B 点，即涨价时：

$$E_d=-\frac{\Delta Q}{\Delta P}\times\frac{P}{Q}=-\frac{20-80}{8-2}\times\frac{2}{80}=0.25$$

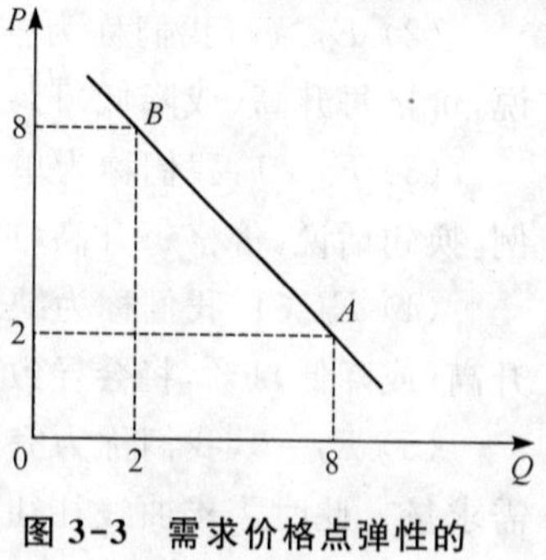

图 3-3 需求价格点弹性的代数求法

由 B 点到 A 点，即降价时：

$$E_d=-\frac{\Delta Q}{\Delta P}\times\frac{P}{Q}=-\frac{80-20}{2-8}\times\frac{8}{20}=4$$

可见，P、Q 取值的不同，使得弹性值差异较大。为了避免不同的计算结果，通常采用中值法，以弧的两个端点坐标的算术平均值 $\frac{P_1+P_2}{2}$ 和 $\frac{Q_1+Q_2}{2}$ 作为计算依据，分别代入 P 和 Q。于是 A、B 两点之间的弧弹性可以表示为：

$$E_d=-\frac{\Delta Q}{\Delta P}\times\frac{\frac{P_1+P_2}{2}}{\frac{Q_1+Q_2}{2}}=-\frac{20-80}{(8-2)}\times\frac{\frac{2+8}{2}}{\frac{80+20}{2}}=1$$

所以，需求价格弧弹性的计算用中点法求解：

$$E_d=-\frac{\Delta Q}{\Delta P}\times\frac{\frac{(P_1+P_2)}{2}}{\frac{(Q_1+Q_2)}{2}}=-\frac{(Q_2-Q_1)}{P_2-P_1}\times\frac{(P_1+P_2)}{(Q_1+Q_2)}$$

三、需求价格弹性的分类及影响因素

1. 需求价格弹性的分类

根据需求价格弹性系数的大小，可以将需求价格弹性分为以下五类：

$$E_d\begin{cases}\rightarrow\infty:\text{完全弹性}\\>1:\text{富有弹性}\\=1:\text{单一弹性}\\<1:\text{缺乏弹性}\\=0:\text{完全无弹性}\end{cases}$$

以上分类适用于弧弹性和点弹性。但是关于弧弹性，需要补充的是，一般平坦的曲线则为富有弹性，陡峭的曲线则为缺乏弹性。（读者可以自行作图论证，在此从略）

(1) $E_d\rightarrow\infty$，我们称为完全弹性或无穷弹性，也就是说只要价格有微小的上涨，需求量将从无穷大变为零；反过来，如果价格有微小的下调，那么需求量也会增到无穷大。此时需求曲线往往呈水平直线，需求函数的表现形式为 $P=C$（C 为大于零的常数）。

(2) $E_d>1$,我们称为富有弹性,这说明需求量变动比例超过了价格变动比例,换句话说,价格每升高(或降低)1%,将会导致超过1%的需求量降低(或升高)。

(3) $E_d=1$,我们称为单一弹性或者单元弹性,即需求量变动比例恰好等于价格变动比例,换句话说,价格每升高(或降低)1%,将会导致需求量降低(或升高)1%。

(4) $E_d<1$,我们称为缺乏弹性,即需求量变动比例小于价格变动比例,或者说,价格每升高(或降低)1%,将会导致小于1%的需求量降低(或升高)。

(5) $E_d=0$,我们称为完全无弹性或零弹性,这说明无论价格升高或是降低,都不会改变需求量。此时需求曲线往往呈一条垂直线,需求函数的表现形式为 $Q=C$(C 为大于零的常数)。

2. 影响需求价格弹性的因素

影响需求价格弹性的因素有很多,其中主要的因素有以下几类:

(1) 商品的可替代性。一般而言,商品的可替代性越强,它的需求价格弹性就越大;反过来,商品的可替代性越弱,它的需求价格弹性就越小。商品的可替代性体现在商品替代品的数量、可获得性等方面。商品的替代品越多,替代品越容易获得,则商品的可替代性就越强;反之,商品的可替代性就越弱。

(2) 商品的用途。一般而言,商品的用途越广泛,它的需求价格弹性就越大;用途越少,商品的需求价格弹性就越小。因为如果一种商品同时具备多种用途,当价格较高时,消费者会尽量购买较少的数量,将商品使用在自己最为需要的用途上;而当价格较低时,消费者便会大量购买,以便发挥该商品所有的用途。

(3) 商品在消费者生活中的必要程度。一般来说,生活必需品的需求价格弹性较小,而非必需品的需求价格弹性较大。例如,大米的需求价格弹性总是较小的,因为即便价格上升,还是需要保障基本的需求量;巧克力的需求价格弹性相对而言就较大,因为一旦价格上升,人们会转而消费其他替代品或者减少需求量。

(4) 消费商品的支出在消费者总支出中的占比。一般说来,在消费支出中占比越大的商品,其需求价格弹性就越大;在消费支出中占比越小的商品,其需求价格弹性就越小。例如,住宅在消费者总支出中占有很大比重,当住宅价格下跌时,需求量会有较大增加;而食盐、火柴等小日用品在消费总支出中占比很小,它们的需求价格弹性往往也比较小。

(5) 时间因素。一般而言,商品的长期需求弹性要大于短期需求弹性。这是因为,在短期内不易找到替代品,或者说短期内使用替代品的成本较大;相反,在长期内,寻找替代品或者降低替代品的成本,就变得比较容易。

表3-1列出了部分商品的价格需求弹性。

表3-1 部分商品的价格需求弹性①

商品名称	短期	长期
盐	—	0.1
烟	—	0.35

① 资料来源:Hendrik S. Houthakker 与 Lester D. Taylor 合著:《美国的消费需求 1929—1970》,哈佛大学出版社1970年版。

续 表

商品名称	短期	长期
水	—	0.4
啤酒	—	0.8
住房	—	1.0
医疗服务	0.6	—
汽油	0.2	0.5
汽车	—	1.5
雪佛兰汽车	—	4.0
家用电器	0.1	1.9
家用煤气	0.1	10.7
公共汽车	0.2	2.2
飞机旅行	0.1	2.4
电影	0.9	3.7

四、商品的需求弹性和厂商的销售收入

现实生活中有些厂商通过提高价格来增加收入，另外一些厂商则通过降价来提高收入水平。为什么他们采取完全相反的措施，却得到了相同的结果呢？这同样要从价格弹性与厂商销售收入之间的关系来解释。

我们知道厂商的销售收入是商品价格和销售量的乘积。如果假定销售量等于市场需求量，根据需求曲线向右下方倾斜的特征，价格上升时，需求量会下降，所以价格与需求量(即销售量)的乘积如何变化是不确定的。假设市场需求量为 Q，而商品价格为 P，所以 Q 为 P 的函数。厂商的销售量即为市场需求量 Q，厂商的销售收入 $TR=P\times Q$。

我们通过表 3-2 来研究各种需求价格弹性和厂商销售收入的关系。

表 3-2 需求价格弹性与厂商的销售收入

P(元/单位)	Q(单位)	E_d	TR(元)
10	1	—	10
9	2	6.33	18
8	3	3.40	24
7	4	2.14	28
6	5	1.44	30
5	6	1.00	30
4	7	0.69	28
3	8	0.46	24
2	9	0.29	18
1	10	0.15	10

从表 3-2 可以得到如下结论：

(1) 对于富有弹性的商品，降低价格会增加厂商的销售收入，提高价格则反之；

(2) 对于缺乏弹性的商品，降低价格会减少厂商的销售收入，提高价格则反之；

(3) 对于单一弹性的商品，降低价格或提高价格对厂商的销售收入都没有影响。

案例:利用价格弹性分析"谷贱伤农"

在我国一直有着"谷贱伤农"的说法。所谓"谷贱伤农",是指在谷物丰收的年份里,农民的收入非但没有增加,反而减少了。为什么农民丰收反而成为坏事了呢?这是因为农产品的需求往往是缺乏弹性的(如图 3-4,图中表现为需求曲线 D 比较陡峭),农产品供给的增加,就会导致农产品价格大幅下跌,超过了农产品产量增加的幅度,进而使得农民出售农产品的总收入减少。相反,如果农产品供给减少,反而会带来收入的增加。如此一来,农民的歉收未必就一定是坏事。这种关系可以通过图 3-4 来体现。

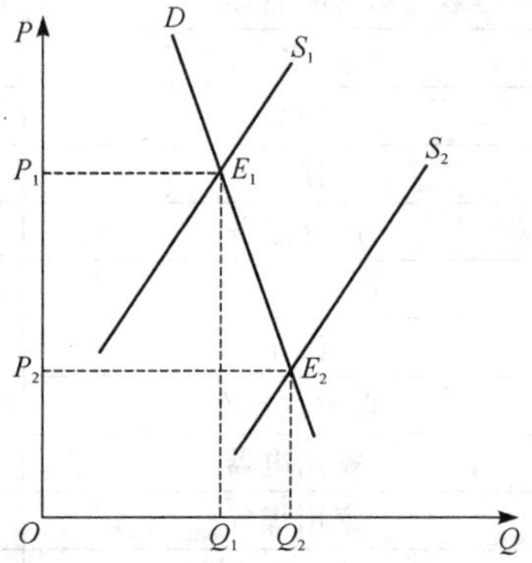

图 3-4 谷贱伤农的图例分析

分析:由于粮食丰收,使供给曲线 S_1 向右平移至 S_2,均衡价格从 P_1 下降到 P_2,又因为粮食是必需品,$E_d<1$,价格下降导致农民收入从原来的矩形面积 $OP_1E_1Q_1$ 降低至 $OP_2E_2Q_2$。

第二节/供给弹性

与前面介绍的需求弹性类似,本节开始着重讨论供给的价格弹性。

一、供给价格弹性的含义

供给价格弹性简称为供给弹性,它表示的是某个商品的供给量对其自身价格变化的反应程度。供给弹性等于供给量的变化率与价格变化率之间的比值。

供给弹性也可分为供给的价格弧弹性和供给的价格点弹性。

供给的价格弧弹性表示供给曲线上两点之间的弹性,即两点之间供给量变化对价格变化的反应程度。

供给的价格点弹性表示供给曲线上某一点的弹性,即在这一点上,当价格变化趋于无穷小时供给量变化对价格变化的反应程度。

二、供给价格弹性的计算

1. 供给价格弹性的一般计算方法

供给价格弹性的一般计算公式为:

供给价格弹性=供给量的变动比例/价格的变动比例

假设 P 代表价格,Q 代表供给量,E_s 为供给价格弹性,则供给价格点弹性的一般公式是:

$$E_s=\frac{\frac{\Delta Q}{Q}}{\frac{\Delta P}{P}}=\frac{\Delta Q}{\Delta P}\times\frac{P}{Q}$$

例如，某商品的价格上升了20%，供给量上升了40%，这时供给弹性=40%÷20%=2。再如，某商品价格由5元下降到4元，供给量则从200单位下降到150单位，则该商品的供给弹性 $=\dfrac{\frac{150-200}{200}}{\frac{4-5}{5}}=1.25$。

2. 供给价格点弹性的计算

(1) 代数求法。假设 P 代表价格，Q 代表供给量，E_s 为供给价格弹性，则供给价格点弹性的一般公式是：

$$E_s=\lim_{\Delta P\to 0}\frac{\frac{\Delta Q}{Q}}{\frac{\Delta P}{P}}=\frac{dQ}{dP}\times\frac{P}{Q}$$

以供给函数 $Q_s=-15+5P$ 为例，如图3-5所示。

根据公式，由 $Q_s=-15+5P$，可得：

$$E_s=\frac{dQ}{dP}\times\frac{P}{Q}=5\times\frac{P}{Q}$$

在 A 点时，$P=4$，由供给函数可得 $Q_s=-15+5\times4=5$，代入上式，可得：

$$E_s=5\times\frac{P}{Q}=5\times\frac{4}{5}=4$$

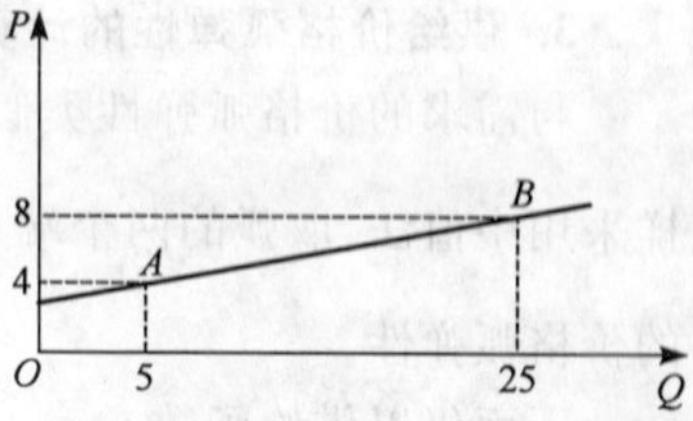

图3-5 供给价格点弹性的代数求法

即图3-5所示的供给曲线上 A 点的供给弹性为4。

在 B 点时，$P=8$，由供给函数可得 $Q_s=-15+5\times8=25$，代入公式，可得：

$$E_s=5\times\frac{P}{Q}=5\times\frac{8}{25}=1.6$$

即图3-5所示的供给曲线上 B 点的供给弹性为1.6。

(2) 几何求法。与需求曲线类似，供给曲线也可分为直线型和非直线型两类。

首先来看直线型供给曲线上点弹性的几何求法，以图3-6为例。

在图3-6中，供给曲线与纵轴及横轴分别相交于 P_0、Q_0，令点 C 为供给曲线上任意一点，C 点的坐标为 (Q_1, P_1)，则点 C 处的供给弹性可以表示为：

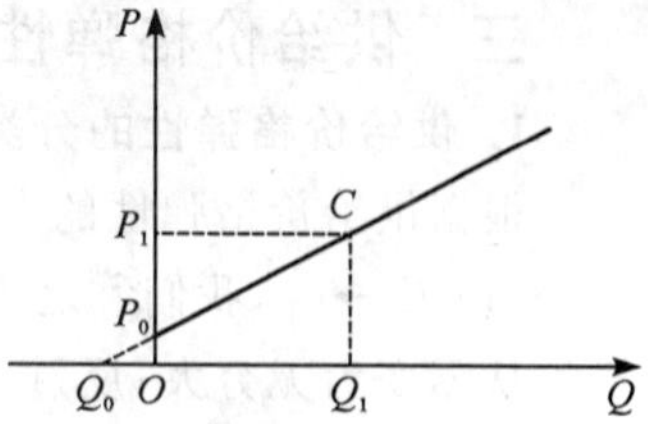

图3-6 直线型供给曲线点弹性的几何求法

$$E_s=\frac{dQ}{dP}\times\frac{P}{Q}=\frac{OQ_0}{OP_0}\times\frac{OP_1}{OQ_1}=\frac{Q_1Q_0}{Q_1C}\times\frac{Q_1C}{OQ_1}=\frac{Q_1Q_0}{OQ_1}=\frac{Q_0C}{P_0C}=\frac{OP_1}{P_0P_1}$$

供给点弹性的求解方法小结：

先将线性供给曲线延长与坐标横轴相交，如果：

- 交点位于坐标原点的左边，则该供给曲线上所有的点弹性都大于1；

• 交点位于坐标原点的右边,则该供给曲线上所有的点弹性都小于1;

• 交点正好是坐标原点,则该供给曲线上所有的点弹性都等于1。

下面仍然以 $Q_s=-15+5P$ 为例,如图3-7,供给曲线与纵轴及横轴分别交于 $P_0(P=3, Q=0)$、$Q_0(P=0, Q=-15)$。

过 A 点($P=4$, $Q=5$)分别向纵轴和横轴引垂线,交点分别为 P_1、Q_1,则代入公式可得:$E_s=\frac{OP_1}{P_0P_1}=\frac{4}{4-3}=4$。

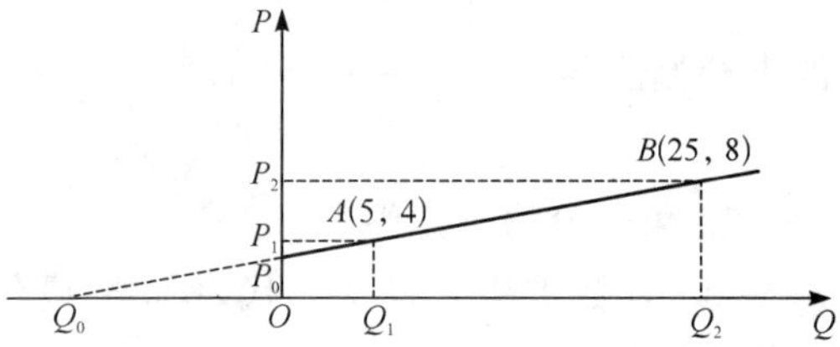

图 3-7 供给点弹性的几何求法示例

同样,过 B 点($P=8$, $Q=25$)分别向纵轴和横轴引垂线,交点分别为 P_2、Q_2,则代入公式可得:$E_s=\frac{OP_2}{P_0P_2}=\frac{8}{8-3}=1.6$。

对比前面的代数法,可以发现,两种方法得到的 A、B 两点的供给弹性值完全一致。

3. 供给价格弧弹性的计算

与需求的价格弧弹性类似,计算供给的价格弧弹性的关键也在于 P、Q 值的选取。同样采用中值法,取弧的两个端点坐标的算术平均值 $\frac{P_1+P_2}{2}$ 和 $\frac{Q_1+Q_2}{2}$ 代入公式,即可得供给的价格弧弹性。

下面仍以供给函数 $Q_s=-15+5P$ 为例,如图3-7所示。

在 A 点,$P_1=4$,$Q_1=-15+5\times4=5$。

在 B 点,$P_2=8$,$Q_2=-15+5\times8=25$。

此时,A、B 两点之间的弧弹性可以表示为:

$$E_s=\frac{\Delta Q}{\Delta P}\times\frac{\frac{P_1+P_2}{2}}{\frac{Q_1+Q_2}{2}}=\frac{25-5}{8-4}\times\frac{\frac{4+8}{2}}{\frac{5+25}{2}}=2$$

三、供给价格弹性的分类及影响供给价格弹性的因素

1. 供给价格弹性的分类

根据供给价格弹性的大小,也可以将供给价格弹性分为以下五类:

(1) $E_s\to\infty$,我们称之为完全弹性或无穷弹性。也就是说只要价格有微小的上涨,供给量将从零变为无穷大;反过来,如果价格有微小的下调,那么供给量也会降为零。此时供给曲线往往呈水平直线,供给函数的表现形式为 $P=C$(C 为大于零的常数)。

(2) $E_s>1$,我们称之为富有弹性。这说明供给量变动比例超过了价格变动比例,换句话说,价格每升高(或降低)1%,将会导致超过1%的供给量升高(或降低)。

(3) $E_s=1$,我们称之为单一弹性或者单元弹性。即供给量与价格成同比例变动,换句话说,价格每升高(或降低)1%,将会导致供给量升高(或降低)1%。

(4) $E_s<1$,我们称之为缺乏弹性。即供给量变动比例小于价格变动比例,或者说,价格每升高(或降低)1%,将会导致小于1%的供给量升高(或降低)。

(5) $E_s=0$,我们称之为完全缺乏弹性或零弹性。这说明无论价格升高或是降低,都不

会改变供给量。此时供给曲线往往呈一条垂直线,供给函数的表现形式为 $Q=C$(C 为大于零的常数)。

2. 影响供给价格弹性的因素

供给的价格弹性主要取决于生产者调整生产规模或产量的难易程度。生产者越难调整生产规模或产量,则供给的价格弹性越小;反之,供给的价格弹性越大。

在影响生产者调整产量或生产规模的因素中,时间是很重要的因素。一般而言,生产者在短期内难以调整产量和生产规模,因而短期的供给价格弹性较小;而在长期内,生产者可以根据商品价格随意调整生产规模,甚至转而生产其他产品,因而长期的供给价格弹性较大。

还有其他一些因素可以影响供给价格弹性:

(1) 商品的生产周期。一般而言,生产周期较短的商品,其供给价格弹性较大;反过来,商品的生产周期越长,它的供给价格弹性就越小。例如,农产品的生产周期一般较长,生产者很难在短时间内调整产量和规模,所以农产品的供给价格弹性会比较小。

(2) 商品的生产成本。一般而言,如果随着产量增加而单位成本递增,就比较难调整产量,它的供给价格弹性就会比较小;如果随着产量增加而单位成本降低,就比较容易调整产量,它的供给价格弹性就会比较大。此外,生产成本中如果固定成本占比很大,往往导致难以调整产量,产品的供给价格弹性就比较小;而生产成本中流动成本比重很大时,生产者易于调整生产规模和产量,产品的供给价格弹性就比较大。

第三节/收入弹性及交叉价格弹性

前面两节所讲的需求弹性和供给弹性,讨论的都是商品价格因素对供求数量的影响,本节将讨论其他因素对供求数量的影响,并将弹性概念扩展开来。

一、收入弹性

我们这里讲的收入弹性,是需求的收入弹性的简称,考察的是需求量变动与收入变动之间的关系。

1. 收入弹性的含义及计算

根据弹性的一般定义,收入弹性表示的是某个商品的需求量对消费者收入变化的反应程度。收入弹性等于需求量的变化率与消费者收入变化率之间的比值,或者说收入弹性表示收入变化百分之一引起的需求量变化的百分比。需求的收入弹性也可定义为一定时期内消费者对某种商品的需求量的变动对于消费者收入量的变动率。

收入弹性也可分为收入的价格弧弹性和收入的价格点弹性。

假设 M 代表消费者收入,Q 代表需求量,E_m 为收入弹性,则收入弧弹性的一般公式是:

$$E_m=\frac{\frac{\Delta Q}{Q}}{\frac{\Delta M}{M}}=\frac{\Delta Q}{\Delta M}\times\frac{M}{Q}$$

收入点弹性的一般公式是:

$$E_m = \frac{\frac{dQ}{Q}}{\frac{dM}{M}} = \frac{dQ}{dM} \times \frac{M}{Q}$$

2. 收入弹性的应用

根据收入弹性系数值的大小,可以对商品进行简单分类:

(1) 正常品:$E_m>0$。通常正常品的收入弹性大于零,正常品的需求量随着收入的增加(或减少)而增加(或减少),即正常品的需求量与收入同方向变动。

正常品又可分为必需品和奢侈品。

当 $0<E_m<1$ 时,这类商品被称为必需品,因为这类商品需求量虽然与收入同方向变动,但是缺乏弹性,需求量的变化幅度不如收入变化幅度大。

当 $E_m>1$ 时,这类商品被称为奢侈品,因为这类商品的需求量变动富有弹性,其需求量变动比例超过了收入变动的比例。

(2) 劣等品:$E_m<0$。这类商品随着消费者收入的增加,其需求量反而减少了。

- **思考:**你能想出一些劣等品和奢侈品吗?

案例:恩格尔定律和恩格尔系数

19 世纪德国统计学家恩格尔根据对统计资料的研究,发现了消费结构的变化规律:一个家庭收入越少,家庭收入中(或总支出中)用来购买食物的支出所占的比例就越大,随着家庭收入的增加,家庭收入中(或总支出中)用来购买食物的支出则会下降。推而广之,一个国家越穷,每个国民的平均收入中(或平均支出中)用于购买食物的支出所占比例就越大,随着国家的富裕,这个比例呈下降趋势。

恩格尔定律的公式:

食物支出对总支出的比例(R_1) = 食物支出变动百分比/总支出变动百分比;

或者　食物支出对收入的比例(R_2) = 食物支出变动百分比/收入变动百分比

R_2 就是食物支出的收入弹性。

恩格尔系数是根据恩格尔定律得出的比例数,是表示生活水平高低的一个指标。其计算公式是:恩格尔系数=食物支出金额/总支出金额。

- 恩格尔定律:在一个家庭或一个国家中,食物支出在收入中所占的比例随着收入的增加而减少。
- 用弹性表述恩格尔定律:对于一个国家或家庭而言,富裕程度越高,则食物支出的收入弹性就越小;反之则越大。

二、交叉价格弹性

第一节所讲的需求价格弹性,考察的是商品需求量对自身价格变动的反应程度,这里所要讨论的交叉价格弹性则是从相关商品的角度,讨论商品需求量与相关产品价格变化的关系。

1. 交叉价格弹性的含义及计算

交叉价格弹性表示的是某种商品的需求量对相关商品价格变化的反应程度。交叉价格弹性等于需求量的变化率与相关产品价格变化率之间的比值,或者说交叉价格弹性就是相关产品价格变化百分之一引起的需求量变化的百分比。与需求的价格弹性类似，交叉价格弹性也可分为交叉价格弧弹性和交叉价格点弹性。

假设 X 商品的需求量 Q_X 为 Y 商品价格 P_Y 的函数，E_{XY} 为交叉价格弹性，则交叉价格弧弹性的一般公式是：

$$E_{XY}=\frac{\frac{\Delta Q_X}{Q_X}}{\frac{\Delta P_Y}{P_Y}}=\frac{\Delta Q_X}{\Delta P_Y}\times\frac{P_Y}{Q_X}$$

其中 ΔQ_X 是 X 商品的需求量变化量，ΔP_Y 是 Y 商品的价格变化量。

交叉价格点弹性的一般公式是：

$$E_{XY}=\lim_{\Delta P_Y\to 0}\frac{\frac{\Delta Q_X}{Q_X}}{\frac{\Delta P_Y}{P_Y}}=\frac{\partial Q_X}{\partial P_Y}\times\frac{P_Y}{Q_X}$$

2. 交叉价格弹性的应用

依据交叉价格弹性对商品之间的关系进行分类：

(1) 替代品：$E_{XY}>0$。交叉价格弹性为正值，说明一种商品价格上涨，另一种商品的需求量随之增加，这两种商品在一定程度上有相互替代的关系。如苹果和梨。

(2) 互补品：$E_{XY}<0$。交叉价格弹性为负值，说明一种商品价格上涨，另一种商品的需求量随之减少，这两种商品在一定程度上有互补的关系。如收音机与磁带。

(3) 不相关品：$E_{XY}=0$。交叉价格弹性为零，说明无论一种商品价格如何变化，另一种商品的需求量都不变，这两种商品不相关，既没有互补性，也没有相互替代性。

• **思考：**你是否能用一组熟悉的替代品和互补品来验证以上的交叉价格弹性符号问题？

本章小结

1. 需求价格弹性表示的是某种商品的需求量对其自身价格变化的反应程度。需求价格弹性可分为弧弹性和点弹性。利用公式可以分别计算弧弹性和点弹性，其中点弹性还可以利用几何图形来求解。

2. 需求价格弹性根据弹性系数的大小可以分为五类：完全弹性、富有弹性、单一弹性、缺乏弹性和完全无弹性。

3. 影响需求价格弹性的因素有商品的可替代性、用途、在消费者生活中的必要程度、消费商品支出在消费者总支出中的占比以及时间因素等。

4. 对于富有弹性的商品，降低价格会增加厂商的销售收入，提高价格则反之；对于缺乏弹性的商品，降价会减少厂商的销售收入，提价则反之；对于单一弹性的商品，降价或提价对厂商的销售收入都没有影响。

5. 供给价格弹性表示的是某种商品的供给量对其自身价格变化的反应程度。影响供给价格弹性的主要因素是生产者调整生产规模或产量的难易程度,时间、商品的生产周期和生产成本也能影响供给价格弹性。

6. 收入弹性表示的是某种商品的需求量对消费者收入变化的反应程度。依据收入弹性大小,可以将商品分为正常品和劣等品。正常品又可以分为奢侈品和必需品。

7. 交叉价格弹性表示的是某种商品的需求量对相关商品价格变化的反应程度。依据交叉价格弹性大小,可以将商品之间的关系分为替代品、互补品和不相关品。

关键概念

弹性　需求价格弹性　弧弹性　点弹性　供给价格弹性　完全弹性　富有弹性　单一弹性　缺乏弹性　完全无弹性　收入弹性　交叉价格弹性

复习思考题

一、单项选择题

1. 如果价格下降10%能使买者总支出增加1%,则这种商品的需求量对价格(　　)。

A. 富有弹性　　B. 具有单一弹性

C. 缺乏弹性　　D. 其弹性不能确定

2. 如果某商品富有需求的价格弹性,则该商品价格上升(　　)。

A. 会使该商品销售收益增加　　B. 该商品销售收益不变

C. 会使该商品销售收益下降　　D. 销售收益可能增加也可能下降

3. 如果人们的收入水平提高了,则食物支出在总支出中的比例将(　　)。

A. 大大增加　　B. 稍有增加　　C. 下降　　D. 不变

4. “薄利多销”的销售策略适应于需求价格弹性范围是(　　)。

A. $E_d>1$　　B. $E_d<1$　　C. $E_d=1$　　D. $E_d=0$

5. 某商品缺乏弹性,若价格上升5%,则供给量可能(　　)。

A. 增加50%　　B. 增加25%　　C. 增加5%　　D. 增加1%

6. 已知两种商品的交叉弹性为−0.1,则这两种商品的关系是(　　)。

A. 无关品　　B. 替代品　　C. 互补品　　D. 不能确定

二、分析题

1. 影响需求价格弹性和供给价格弹性的因素分别是什么?它们之间有没有相同之处?

2. 需求曲线的斜率和需求曲线价格弹性有什么区别?

3. 收入弹性的含义是什么?试举出几种熟悉的劣等品和奢侈品。

4. 交叉价格弹性的含义是什么?试举出几对熟悉的替代品和互补品。

5. $Q=5\,000-1.6P$ 这一需求函数中的价格弹性是否为常数?为什么?假设某城市大量运输的需求价格弹性为1.6，为了增加大量运输的收入，运输价格应该增加还是降低？为什么？

6. 讨论：短期与长期的租金控制。

政府为帮助穷人能租得起房子，向房东规定了租金上限，请分析对租房实行价格上限的短期和长期影响。如果政府通过给予租房者一定比例的补贴来刺激租房需求，结果会怎样？

三、计算题

1. 某人消费商品X的数量与其收入的函数关系是：$M=1\,000Q^2$，计算当收入$M=6\,400$时的点收入弹性。
2. 在英国，对新汽车需求的价格弹性$E_d=-1.2$，需求的收入弹性$E_y=3.0$，请计算：

(1) 其他条件不变，价格提高3%对需求的影响；

(2) 其他条件不变，收入增加2%对需求的影响。

3. 假定某商品的需求函数为$Q_d=200-25P$，P为商品价格，单位为元：

(1) 分别求出价格为4元和6元之间的需求价格弧弹性；

(2) 分别用代数法和几何法求出价格为4元时的需求价格点弹性，并验证是否一致。

4. 假定某商品的供给函数为$Q_s=-100+25P$，P为商品价格，单位为元：

(1) 求出8元和24元之间的供给价格弧弹性；

(2) 分别用代数法和几何法求出价格为8元时的供给价格点弹性，并验证是否一致。

第四章 消费者行为理论

学习目标：

- 如何度量消费者对商品的主观评价？
- 理解边际效用递减规律和边际替代率递减规律。
- 了解需求曲线和恩格尔曲线的推导。
- 区分不同种类商品的替代效应和收入效应。

商品的效用是和消费者的感受相联系的，我们将消费者从消费的商品中感受到的满意程度称为商品的效用。一种商品是否具有效用，首先应该看消费者是否有消费该商品的意愿，然后还要看该商品是否具备满足消费者欲求的条件。因此，商品的效用是消费者对商品的一种主观评价。在西方经济学的发展过程中，对消费者消费原则的确定，采用了不同的分析方法，本章将分别介绍基数效用论和序数效用论以及它们运用的边际效用分析法和无差异曲线法，且从消费者行为的角度来推导出消费者的需求曲线并解释需求曲线向右下方倾斜的原因。

案例：世界上什么东西最好吃？①

兔子和猫争论，世界上什么东西最好吃。兔子说："世界上萝卜最好吃。萝卜又甜又脆又解渴，我一想起萝卜就要流口水。"猫不同意，说："世界上最好吃的东西是老鼠。老鼠的肉非常嫩，嚼起来又酥又松，味道美极了！"兔子和猫争论不休、相持不下，跑去请猴子评理。猴子听了，不由得大笑起来："瞧你们这两个傻瓜蛋，连这点儿常识都不懂！世界上最好吃的东西是什么？是桃子！桃子不但美味可口，而且长得漂亮。我每天做梦都梦见吃桃子。"

兔子和猫听了，全都直摇头。那么，世界上到底什么东西最好吃？

经济学解释：效用完全是个人的心理感觉，不同的偏好决定了人们对同一种商品效用大小的不同评价。

既然效用表示的是消费者消费商品时的偏好程度，这就产生了一个问题：这种程度如何来度量呢？西方学者对此进行了深入研究，先后提出了基数效用论和序数效用论。

基数和序数是数学中的术语。基数是指 1，2，3…它们是可以进行求和等算术运算的。例如 5 加上 6 等于 11，3 乘以 7 等于 21 等。序数是指第一、第二、第三……它们只能表示等级或者顺序，不能进行算术运算。例如，第一、第三、第五，只表示等级，第一大于第三，第

① 资料来源：http://wenku.baidu.com/view/c34a8c8383d049649b665864.html。

三大于第五，但是第一、第三、第五各自代表多少数量，这是没有意义的。

19 世纪和 20 世纪初，基数效用的概念比较盛行。基数效用论者认为，效用是可以具体衡量并加总求和的，具体效用量之间可以比较大小，他们将表示效用大小的单位称为效用单位。举例说明，对某人而言，吃 1 块大排的效用为 10 个效用单位，吃 2 个鸡蛋的效用也为 10 个效用单位，那么吃 2 个鸡蛋的效用就等于吃 1 块大排的效用。

到了 20 世纪 30 年代，序数效用的理念逐渐被大多数西方经济学家接受。序数效用论者认为，效用是人的主观感受，具体大小是无法衡量的，不同的效用之间只能用顺序或者等级来区分。例如，消费者不用区分看一场球赛和听一场音乐会的具体效用大小是多少，只需判断自己更为喜好哪一个，如果喜好看一场球赛，那么看球赛就排第一，听音乐会就排第二，而无须计较听多少场音乐会等于看一场球赛。

第一节/基数效用论

基数效用论除了提出效用可以用数值来度量外，还提出了其他的一系列假设和理论，本节将一一介绍基数效用论的相关内容。

一、边际效用递减规律

基数效用论认为，效用分为总效用和边际效用。所谓总效用，就是指消费者在一定时间内消费一定数量的商品所获得的全部效用的总和。边际效用就是指消费者在一定时间内增加消费一单位商品所获得的效用增加值。例如，某一消费者消费某种商品数量为 Q，TU 表示总效用，MU 表示边际效用，则总效用函数可以表示为 $TU=f(Q)$，相应的 $MU=\Delta TU(Q)/\Delta Q$，当商品增量趋于零时，$MU=\mathrm{d}TU(Q)/\mathrm{d}Q$。

基数效用论者认为存在着边际效用递减规律。所谓边际效用递减规律，就是指在一定时间内，在其他商品的消费数量保持不变的条件下，随着消费者对某种商品消费量的增加，消费者从该商品连续增加的每一消费单位中所得到的效用增量即边际效用是递减的。可以这样理解，消费者刚开始消费某商品时，其消费欲望很强烈，于是初始每单位商品带来的效用比较大，但是随着商品数量的增加，每单位商品对消费者产生的满足程度就会减弱，于是边际效用便会逐步减少，最终降为零甚至为负数。

我们可以举个简单的例子来说明总效用和边际效用之间的关系。假设某人买包子吃，第一个包子的效用是 12，第二个包子的效用减少为 9，第三个包子的效用为 6，当他吃到第四个包子的时候，已经很饱没有食欲了，于是效用为 0。如果再吃第五个包子的话，将会感到恶心，会产生负效用(－3)。将上述例子中的商品数量和效用数据列表，如表 4-1 所示：

表 4-1 包子的总效用和边际效用

包子数量(个)	总效用	边际效用
0	0	0
1	12	12

续 表

包子数量(个)	总效用	边际效用
2	21	9
3	27	6
4	27	0
5	24	−3

由表 4-1 可以清楚地看到,当商品数量小于 4 时,总效用一直在增加,边际效用始终为正值;当商品数量为 4 时,边际效用为 0,总效用不再递增;当商品数量增加到 5 时,边际效用为负值,总效用出现了递减的情况。

可以根据表 4-1 中的数据绘制总效用和边际效用曲线,如图 4-1 和图 4-2 所示。图 4-2中,边际效用曲线 *MU* 是向右下方倾斜的,反映了边际效用递减的规律。这同样是符合我们日常生活中对普通商品消费的直观感受的。

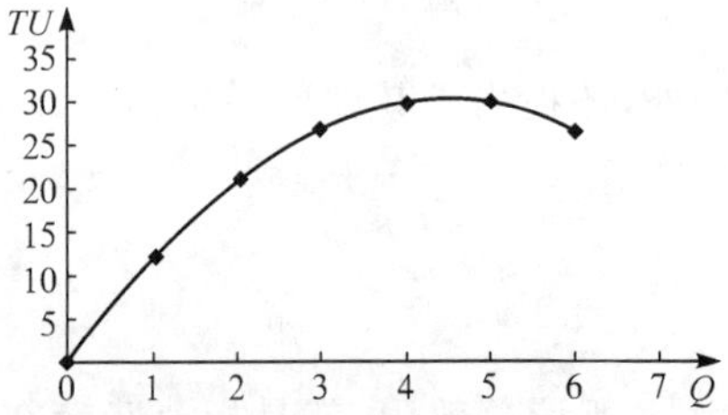

图 4-1　包子的总效用曲线

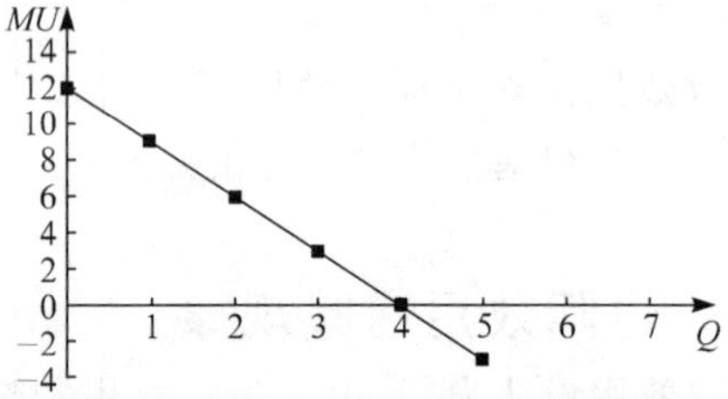

图 4-2　包子的边际效用曲线

案例:吃三个面包的感觉①

美国总统罗斯福连任三届后,曾有记者问他有何感想,总统一言不发,只是拿出一块三明治面包让记者吃,这位记者不明白总统的用意,又不便问,只好吃了。然后总统拿出第二块面包,记者还是勉强吃了。紧接着总统又拿出第三块面包,记者为了不撑破肚皮,赶紧婉言谢绝。这时罗斯福总统微微一笑,说:"现在你知道我连任三届总统的滋味了吧。"

• **思考**:现实生活中是否存在边际效用递增的商品?你能举出 1—2 种边际效用递增的商品吗?

二、消费者均衡

所谓消费者均衡,是指单个消费者在收入和商品价格不变的情况下,实现自身效用最大化的状态。即单个消费者如何把有限的货币收入分配在各种商品购买中,以获得最大的效用。前面已经讲到,均衡就是一种相对静止的状态,这里的消费者均衡同样如此,指的是消费者既不想增加商品的消费也不愿减少商品的消费的效用最大的状态。

1. 消费者均衡的必要条件

消费者实现效用最大化从而达到均衡的条件是:消费者所选择的消费组合应当使自己

① 资料来源:http://blog.sina.com.cn/s/blog_723c07740100tycb.html。

在所有商品上花费的每一单位货币所带来的边际效用都相等，且等于货币的边际效用。这里的货币也是商品，就像我们发工资或拿到压岁钱时会感到高兴一样，这就是货币的效用。

下面以消费者购买两种商品为例来说明上述均衡条件。

假定消费者收入恒定为 I，P_x、P_y 分别为两种商品的价格且保持不变，λ 为货币的边际效用。X、Y 分别为两种商品的数量，MU_x、MU_y 分别为消费者购买两种商品获得的边际效用，TU_x、TU_y 分别为两种商品的总效用，TU 为消费者总效用。那么实现消费者均衡的问题就成了求解条件极值的问题。求解如下（假设货币的边际效用 λ 不变）：

消费者均衡的必要条件是：

$$\frac{MU_x}{P_x}=\frac{MU_y}{P_y}=\lambda$$

即消费者应使自己花费在各种商品购买上的最后一元钱所带来的边际效用相等。

我们先讨论一下关于消费者均衡的必要条件，假设两种商品 1 和 2 的价格分别为 P_1、P_2，则消费者均衡条件是 $\frac{MU_1}{P_1}=\frac{MU_2}{P_2}$。

(1) 当 $\frac{MU_1}{P_1}<\frac{MU_2}{P_2}$ 时，说明每单位货币所买到的商品 1 的边际效用小于每单位货币买到的商品 2 的边际效用。这样一来，任何一个理性的消费者都会增加商品 2 的购买量，而减少商品 1 的购买量，因为用 1 单位货币购买的商品 2 替换 1 单位货币购买的商品 1，消费者总效用仍然是增加的，与此同时商品 1 的边际效用随着购买量的减少而增加，商品 2 的边际效用随着购买量的增加而减少。这个过程不断反复，直到 $\frac{MU_1}{P_1}=\frac{MU_2}{P_2}$ 成立，消费者便不会再增加商品 2 的购买，减少商品 1 的购买，从而达到了效用最大化的均衡状态，即消费者均衡。

(2) 当 $\frac{MU_1}{P_1}>\frac{MU_2}{P_2}$ 时，说明每单位货币所买到的商品 1 的边际效用大于每单位货币买到的商品 2 的边际效用。这样一来，任何一个理性的消费者都会增加商品 1 的购买量，而减少商品 2 的购买量，因为用 1 单位货币购买的商品 1 替换 1 单位货币购买的商品 2，消费者总效用仍然是增加的，与此同时商品 2 的边际效用随着购买量的减少而增加，商品 1 的边际效用随着购买量的增加而减少。这个过程不断反复，直到 $\frac{MU_1}{P_1}=\frac{MU_2}{P_2}$ 成立，消费者便不会再增加商品 1 的购买，减少商品 2 的购买，从而也达到了消费者均衡。

以上结论可以进行推广：$\frac{MU_i}{P_i}=\lambda$，$i=1, 2, \cdots$

公式左边表示的是每单位货币购买商品 i 带来的边际效用。理性的消费者总是会使每单位货币购买商品所带来的边际效用等于单位货币的边际效用。

如果 $\frac{MU_i}{P_i}<\lambda$，消费者势必会减少对商品 i 的购买，因为购买该商品所得到的边际效用还不如持有货币，那么商品 i 的边际效用会随着购买量的减少而增加。这一过程持续下去，最终会使得 $\frac{MU_i}{P_i}=\lambda$ 成立。

如果$\frac{MU_i}{P_i}>\lambda$，消费者势必会增加对商品 i 的购买，因为购买该商品所得到的边际效用超过了持有货币的边际效用，那么商品 i 的边际效用会随着购买量的增加而减少。这个过程持续下去，最终也会使得$\frac{MU_i}{P_i}=\lambda$成立。

2. 消费者均衡的约束条件

先考虑只有两种商品的情况，消费者用既定的收入 I 购买价格为 P_1 和 P_2 的商品 1 及商品 2，数量分别用 X_1 和 X_2 表示。那么消费者能购买到的最大商品组合条件是：

$$P_1 \times X_1 + P_2 \times X_2 = I$$

这就是消费者达到效用最大化的约束条件。

有了上述分析，就不难得到 n 种商品的消费者均衡条件了。假定消费者收入恒定为 I，购买了 n 种商品，P_1，P_2，…，P_n 分别为 n 种商品的价格且保持不变，λ 为货币的边际效用。X_1，X_2，…，X_n 分别为 n 种商品的数量，MU_1，MU_2，…，MU_n 分别为 n 种商品的边际效用。

那么依照两种商品的推导过程，n 种商品的消费者均衡条件是：

$$\frac{MU_1}{P_1} = \frac{MU_2}{P_2} = \cdots = \frac{MU_n}{P_n} = \lambda$$

$$P_1 \times X_1 + P_2 \times X_2 + \cdots + P_n \times X_n = I$$

将以上两式联立求解即可得到消费者均衡的商品数量。

［例 4-1］ 若总效用函数 $TU=x\times y$，$P_x=20$ 元，$P_y=30$ 元，问在总收入 $I=1\ 200$ 元的固定情况下，如何配置商品 x 和 y，才能使总效用 TU 最大？

解：

$$MU_x = \frac{\partial TU}{\partial x} = y$$

$$MU_y = \frac{\partial TU}{\partial y} = x$$

$$\frac{MU_x}{P_x} = \frac{MU_y}{P_y} \Rightarrow \frac{y}{20} = \frac{x}{30}$$

且 $$x \times P_x + y \times P_y = I \Rightarrow 20x + 30y = 1\ 200$$

上述联立求解得：

$$x = 30,\ y = 20$$

$$\therefore TU = x \times y = 30 \times 20 = 600$$

案例：水与钻石的价值之谜

作为生活本身基础的水价格并不高，但与水相比，生活中毫无用处的钻石却十分昂贵。这是为什么？

分析:利用总效用与边际效用来讨论。生活中用的水如此之多,以至于它的边际效用——我们从多得到的一杯水中获得的利益——递减到极小的值。而钻石相对于水的总效用虽然很小,但因为我们购买的钻石量很少,所以它的边际效用高。钻石有高边际效用和高价格,水有低边际效用和低价格。消费者的均衡条件是钻石的高边际效用除以高价格等于水的低边际效用除以低价格,因此,每1元钱支出的边际效用对钻石和水都是相同的。即:

$$\frac{MU_{水}}{P_{水}}=\frac{MU_{钻石}}{P_{钻石}}$$

三、需求曲线的推导

现在我们通过边际效用递减规律和消费者均衡来推导需求曲线。

首先我们需要了解什么是商品的需求价格。商品的需求价格就是指消费者购买一定数量的该商品所愿意支付的最高价格。基数效用论者认为,每单位商品的边际效用决定了它的需求价格。原因是每单位商品的边际效用越大,消费者为购买该单位商品愿意支付的价格就越高;相反,则愿意支付的价格就越低。由于边际效用递减规律的作用,消费者购买该物品的数量越多,每单位的边际效用就越低,因而消费者愿意支付的价格就越低。

然后我们就可以联系刚刚讨论过的消费者均衡条件,来考虑仅购买一种商品时的情况。如果 P 表示商品的需求价格,MU 表示商品的边际效用,λ 表示货币的边际效用,那么消费者均衡条件可以表示为:$\frac{MU}{P}=\lambda$。前面已经分析过,这个式子表示消费者购买商品付出的每单位货币,其所带来的边际效用等于单位货币的边际效用。在货币边际效用不变的前提下,这个均衡条件就表示商品的需求价格正比于商品的边际效用,而商品的边际效用是递减的,所以商品的需求价格也必然是递减的。因为边际效用 MU 是商品数量的函数,所以需求价格也可写成商品数量的函数形式,将均衡条件变形,就可以得出:$P=\frac{MU(Q)}{\lambda}$。这就是从消费者均衡条件推导出的需求函数,只要将价格 P 作为纵轴,数量 Q 作为横轴,需求曲线便可轻松绘制出来了。

下面是某人消费矿泉水的情况,假定 $\lambda=3$。为了满足消费者均衡条件,每一消费数量所对应的需求价格应该等于边际效用除以 λ,这样可以得到矿泉水的数量、边际效用及需求价格之间的对应关系,如表4-2所示。

表4-2 矿泉水的边际效用及需求价格

矿泉水数量(瓶)	边际效用	需求价格(元)
1	12	4
2	9	3
3	6	2
4	3	1
5	0	0

可见,当矿泉水数量为1时,边际效用为12,此时消费者愿意支付的最高价格为4元;当矿泉水数量增加到2时,边际效用下降为9,消费者愿意支付的最高价格下降为3元;随着矿泉水数量的增加,边际效用不断下降,消费者愿意支付的最高价格也在同比例下降。

如果从价格变化的角度来看，价格为 4 元时，满足消费者均衡条件的矿泉水数量是 1，这就是此时消费者的最优购买数量；价格下降为 3 元时，消费者最优购买数量是 2；依此类推不难发现，随着价格的下降，消费者的最优购买数量是递增的。

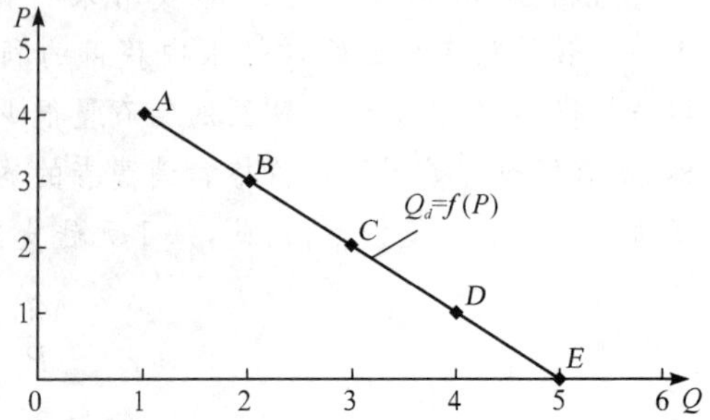

图 4-3　某人的矿泉水需求曲线

表 4-2 中每一个需求价格和数量的组合都可以绘制在平面坐标系中，如图 4-3 所示，分别为点 A—E。将点 A—E 逐次连接起来，就形成了该消费者对矿泉水的需求曲线。图 4-3 中纵轴为商品价格 P，横轴为商品数量 Q，需求曲线是向右下方倾斜的，这表示随着价格的增加，需求量逐渐减少，这也验证了边际效用递减的规律。

四、消费者剩余

我们知道不同的消费者在购买商品时，对每单位商品都有一个愿意支付的最高价格即需求价格，但购买一定数量商品时实际支付的价格是同一个市场价格，这个实际支付的市场价格往往小于消费者愿意支付的最高价格。我们把消费者购买一定数量商品实际支付的价格与愿意支付的最高价格之间的差额，称为消费者剩余。

消费者购买每单位商品愿意支付的价格都存在着差异，这取决于这一单位商品所带来的边际效用。由于边际效用递减规律的作用，从而使得每单位商品消费者愿意支付的价格也逐步递减。

案例：专辑拍卖会①

假设在拍卖会上，有一张崭新的猫王首张专辑进行拍卖，你和三个猫王迷（张三、李四、王五）出现在拍卖会上。你们每个人都想拥有这张专辑，但每个人为此付出的价格都有限。你们四个人的支付意愿如下：你愿意出 1 000 元，张三愿意出 750 元，李四愿意出 700 元，王五愿意出 500 元。

卖者为了卖出这张专辑，从 100 元开始叫价。由于你们四个买者愿意支付的价格要比 100 元多得多，价格很快上升。当卖者报出 800 元时，你得到了这张专辑。要注意的是，这张专辑将归对该专辑评价最高的买者所有。你用 800 元买到这张专辑，得到什么收益呢？你本来愿意为这张专辑出 1 000 元，但实际只付出 800 元。你得到了 200 元的消费者剩余。而其余的三个人在参与拍卖中没有得到消费者剩余，因为他们没有得到专辑，也没有花一分钱。

消费者剩余可以用图形表示出来，实际上就是商品需求曲线、市场价格曲线以及纵轴（价格轴）所围成区域的面积。如图 4-4 所示的阴影区域三角形 P_0AB 的面积即为消费者剩余。假定需求函数为 $Q_d=f(P)$，可以将价格 P 写为需求量的反函数，即 $P=f^{-1}(Q_d)$。当市场价格为 P_0 时，消费者剩余以英文缩写 CS（consumer surplus）来表示，其计算公式为：

① 资料来源：曼昆：《经济学原理》，梁小民译，北京大学出版社 1999 年版。

$CS=\int_0^{Q_0} f^{-1}(Q)\mathrm{d}Q-P_0\times Q_0$。

尽管图 4-4 所示的需求函数为线性函数，但是上述计算公式对非线性的需求函数同样适用。

至此，我们已经成功推导出单个消费者的需求曲线，将单个消费者的需求曲线叠加即可得到市场需求曲线，同样可以通过市场需求曲线得到整个市场的消费者剩余。

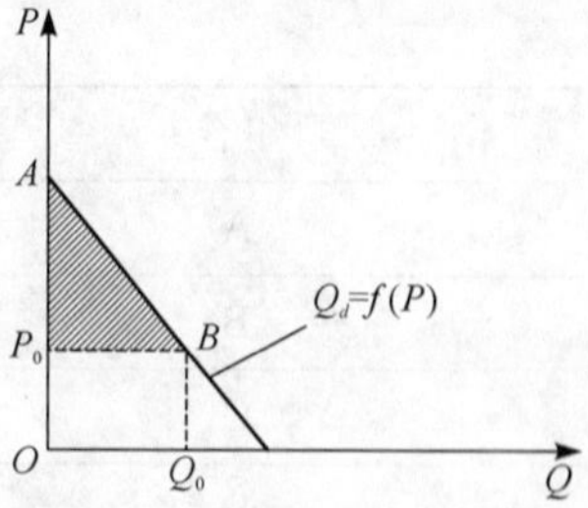

图 4-4 消费者剩余

第二节/序数效用论

本节讨论序数效用论的相关内容，并通过无差异曲线分析消费者行为，从而推导出消费者需求曲线。

一、消费者偏好的假定

序数效用论者摒弃了基数效用论对效用可度量的论调，认为效用不能衡量大小，但是可以排定顺序或等级。他们随即提出了偏好的概念。偏好其实就是喜好的意思。序数效用论认为，消费者可以排定对不同商品组合的偏好程度。例如，某人认为消费 1 个苹果、2 个西瓜要好于消费 3 个苹果、1 个西瓜。

当然，序数效用论针对消费者偏好也提出了三个基本假定：

(1) 可比性。偏好的可比性是指，消费者总能比较任意给出的两种商品组合 A 和 B，要么对 A 的偏好大于对 B 的偏好，要么对 A 的偏好小于对 B 的偏好，要么对 A 的偏好等于对 B 的偏好。

(2) 传导性。这是指对于任意三个商品组合 A、B、C，如果消费者认为 A 好于 B，B 好于 C，那么对于同一个消费者而言，一定有 A 好于 C。这就保障了消费者都是理性的，不会出现前后不一致的偏好。

(3) 多比少好。若商品组合的区别仅在于数量的不同，则消费者总是偏好于含有商品数量较多的那个组合，即越多越好。

二、无差异曲线

1. 无差异曲线的定义

假定消费者只消费两种商品，那么使消费者形成相同偏好的两种商品的不同组合在二维平面图上构成的曲线，我们就称之为无差异曲线。换句话说，无差异曲线表示的是能够给消费者带来相同效用水平的两种商品的所有组合。无差异曲线只体现相同的偏好程度或者效用水平，不能表示效用的数值。

假定某商品组合 A—D，代表能够给消费者带来相同总效用的梨和苹果的组合，如表 4-3所示。A、B、C、D 代表同一种效用水平。那么可以根据表 4-3 绘制出一条无差异曲线 U，如图 4-5 所示。

表 4-3　某消费者的无差异表

组合	梨(Y)	苹果(X)
A	10	1
B	6	2
C	4	3
D	2.5	4

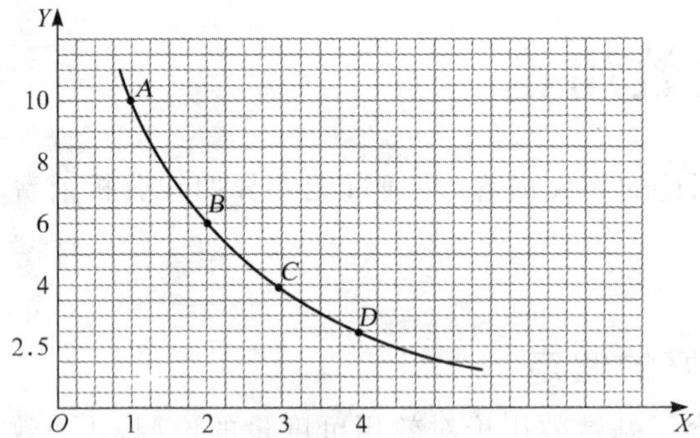

图 4-5　某消费者的无差异曲线

2. 无差异曲线的特点

首先，在同一个坐标平面上无差异曲线有无限条，越靠近原点的无差异曲线所表示的效用水平越低。我们通常假定效用函数为 $U=f(X_1, X_2)$，且效用函数是连续的，所以不仅同一个坐标平面上有无数条无差异曲线，两条无差异曲线之间也有无数条无差异曲线。由于前面假定了消费者总是认为某种商品越多越好，所以越是远离原点，商品数量越大，商品组合代表的效用水平就越高；相反，越是靠近原点，无差异曲线所代表的效用水平就越低。

其次，对同一个消费者而言，任意两条不同的无差异曲线是不相交的。既然两条无差异曲线代表不同的效用水平，就不可能相交，否则就会自相矛盾了。

最后，无差异曲线是凸向原点的。这表明无差异曲线的斜率为负值，而且绝对值是不断减小的。关于这一点，将在下面给予解释。

三、边际替代率

1. 边际替代率的定义

在同一条无差异曲线上，商品组合中两种商品的数量不断变化，但是效用水平保持不变。这就意味着，消费者在保持效用水平的同时，要增加消费一种商品，就必须放弃消费一部分另一种商品，这似乎预示着两种商品存在着某种替代关系。我们把这种维持相同效用水平或者保持相同满意程度，消费者每增加一单位一种商品消费量而必须放弃的另一种商品消费量称作边际替代率，英文缩写为 MRS(Marginal rate of substitution)。

商品 X 对商品 Y 的边际替代率可以表示为：

$MRS_{XY}=-\dfrac{\Delta Y}{\Delta X}$，其中 ΔY 为商品 Y 的变化量，ΔX 为商品 X 的变化量（负号是人为添

加的，主要是想把边际替代率变成正数，此处符号并不影响边际替代率在经济学中的意义，以下的 MRS 不再讨论符号问题）。在连续的情况下，如果商品数量的变化趋于无穷小时，商品的边际替代率也可以表示为：$MRS_{xy}=-\mathrm{d}Y/\mathrm{d}X$

从上面的公式可以看到，边际替代率实际上就是无差异曲线的斜率。如图 4-6 商品的边际替代率。

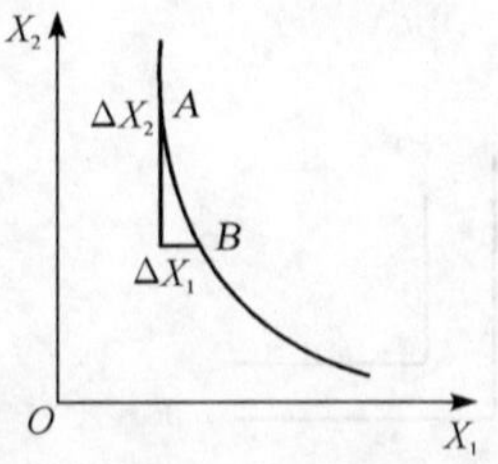

当 $\Delta X_1 \to 0$ 时
则 $MRS_{12}=-\mathrm{d}X_2/\mathrm{d}X_1$
结论：无差异曲线上任何一点的 MRS 等于无差异曲线在该点切线斜率的绝对值。

图 4-6 商品的边际替代率

此外，边际替代率还可以用其他公式表示。

假设效用水平 TU 为商品 X 和商品 Y 数量的函数，则 $TU=f(X,Y)$。

如果以 ΔTU 表示效用水平的总体变化，MU_X 表示商品 X 的边际效用，MU_Y 表示商品 Y 的边际效用，当商品组合数量发生变化时，效用水平的总体变化应该为商品 X 数量变化导致的效用变动加上商品 Y 数量变化导致的效用变动，那么可以得到：$\Delta TU=|MU_X\times\Delta X+MU_Y\times\Delta Y|$。

根据边际替代率的定义，保持相同的满意程度或相同的效用水平，即效用水平变化为零，所以令 $\Delta TU=|MU_X\times\Delta X+MU_Y\times\Delta Y|=0$，于是就得到 $\frac{\Delta Y}{\Delta X}=-\frac{MU_X}{MU_Y}$，可以推出 $MRS_{XY}=-\frac{\Delta Y}{\Delta X}=\frac{MU_X}{MU_Y}$；当数量变化趋向于无穷小时，可以得到 $\lim\limits_{\Delta X\to 0}-\frac{\Delta Y}{\Delta X}=-\frac{\mathrm{d}Y}{\mathrm{d}X}=\frac{MU_X}{MU_Y}$，依然可以得到 $MRS_{XY}=-\frac{\mathrm{d}Y}{\mathrm{d}X}=\frac{MU_X}{MU_Y}$。

所以边际替代率的另一种表示方式是 $MRS_{XY}=\frac{MU_X}{MU_Y}$。

2. 边际替代率递减规律

序数效用论者认为，在两种商品的替代过程中，存在着边际替代率递减的规律。也就是说，为了保持相同的效用水平，一种商品的消费数量增加的同时，消费者为了得到一单位的这种商品而放弃的另一种商品数量是不断减少的。

边际替代率之所以会递减，这和边际效用递减规律是密不可分的。因为随着一种商品数量的增加，消费这种商品带来的边际效用会越来越低，消费者想要得到这种商品的欲望越来越弱，消费者想要得到一单位这种商品而放弃另一种商品的数量就会越来越少。

正是边际替代率递减的规律决定了无差异曲线的斜率绝对值是递减的，也就是说无差异曲线是凸向原点的。

3. 两种特殊形状的无差异曲线

边际替代率代表了两种不同商品之间的替代程度。

如果边际替代率为固定的常数，这就表示在同等效用水平下，两种商品可以按照不变的比例完全相互替代,例如一张十元面钞(X)和两张五元面钞(Y)。此时的无差异曲线斜率不变,呈现为向右下方倾斜的直线。如图4-7(a)所示。

如果边际替代率为零或为无穷大,这就表示两种商品不能相互替代,只能按照固定的搭配关系来消费,例如一只左脚鞋(X)和一只右脚鞋(Y)。此时的无差异曲线呈现为凸向原点的折线,如图 4-7(b)所示。

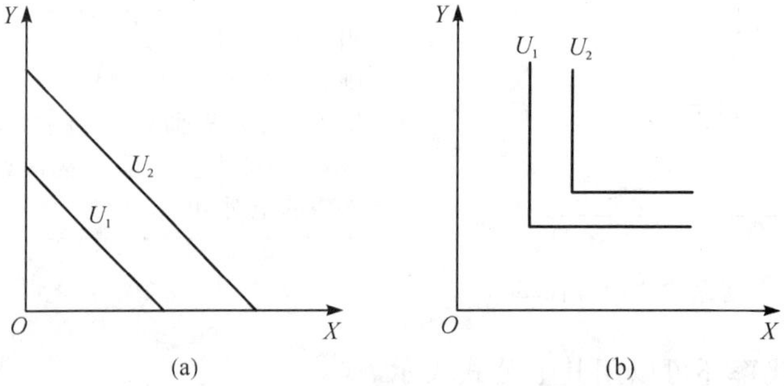

图 4-7 直线及折线型无差异曲线

四、预算约束

1. 预算约束及预算线的含义

预算线表示在消费者收入和商品价格既定的条件下,消费者的全部收入所能购买到的两种商品的不同数量的各种组合。又称为预算约束线、消费可能线或价格线。

预算线的方程(假定为两种商品)为:

$$I = P_1 X_1 + P_2 X_2$$

或者

$$X_2 = - P_1/P_2 \times X_1 + I/P_2$$

如图 4-8 所示,纵轴代表商品 Y 的数量,横轴代表商品 X 的数量,预算线与纵轴相交于 A 点,与横轴相交于 B 点。由图 4-8 可知,A 点坐标即预算线在横轴的截距为$\frac{I}{P_X}$,B 点坐标即预算线在纵轴的截距为$\frac{I}{P_Y}$,斜率为$-\frac{P_X}{P_Y}$。预算线与纵轴及横轴所围成的区域 OAB 代表了所有消费者能够买到的商品组合,这个区域被称为预算空间(Budget Space)。预算空间以外的所有点代表的商品组合,都是消费者没有能力购买的。

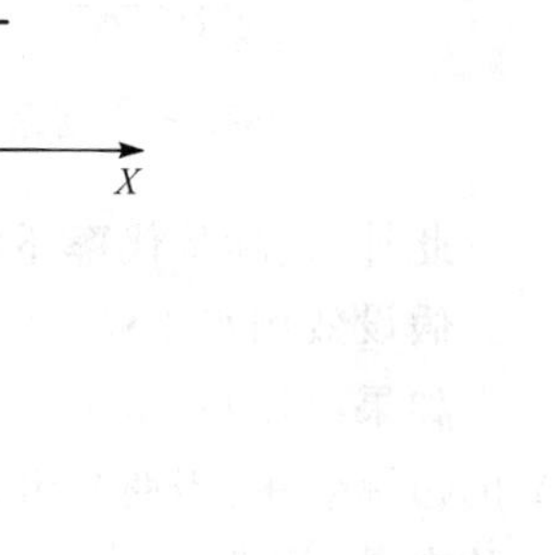

图 4-8 预算线及预算空间

2. 预算约束及预算线的变动

预算约束的变化体现在两个方面:一是消费者收入(I)的变动;二是商品价格(P_X和P_Y)的变动。预算约束的变化会导致预算线的移动,消费者收入的变化会使得预算线发生平移,而商品价格的变化往往会使得预算线发生转动。

由图 4-8 可知,预算线在横轴的截距为$\frac{I}{P_X}$,在纵轴的截距为$\frac{I}{P_Y}$,斜率为$-\frac{P_X}{P_Y}$。其中 I、P_X和 P_Y发生变化都会影响预算线的位置和形状。下面我们结合图形来分析预算线的几种变动情况：

第一种情况：预算线发生平移。商品价格不变而收入变化，或者是两种商品价格同比例变化，再或者这两种情况同时发生，都有可能导致预算线平移。

(1) 如果两种商品价格均不变，则预算线的斜率$-\frac{P_X}{P_Y}$不变，若消费者收入增加，$\frac{I}{P_Y}$和$\frac{I}{P_X}$同时增大，则预算线将会向右平移；若消费者收入减少，则预算线向左平移。如图4-9(a)所示，当P_X和P_Y保持不变时，若I增加，则预算线由AB向右平移至A_1B_1；若I减少，则预算线由AB向左平移至A_2B_2。

(2) 如果两种商品价格同比例变化，则预算线的斜率$-\frac{P_X}{P_Y}$也不变。若消费者收入不变，且两种商品价格同比例减小，则预算线将会向右平移；若消费者收入不变，两种商品价格同比例增加，则预算线将会向左平移。如图 4-9(a)，I不变，若P_X、P_Y同比例减小，则预算线由AB向右平移至A_1B_1；若P_X、P_Y同比例增加，则预算线由AB向左平移至A_2B_2。

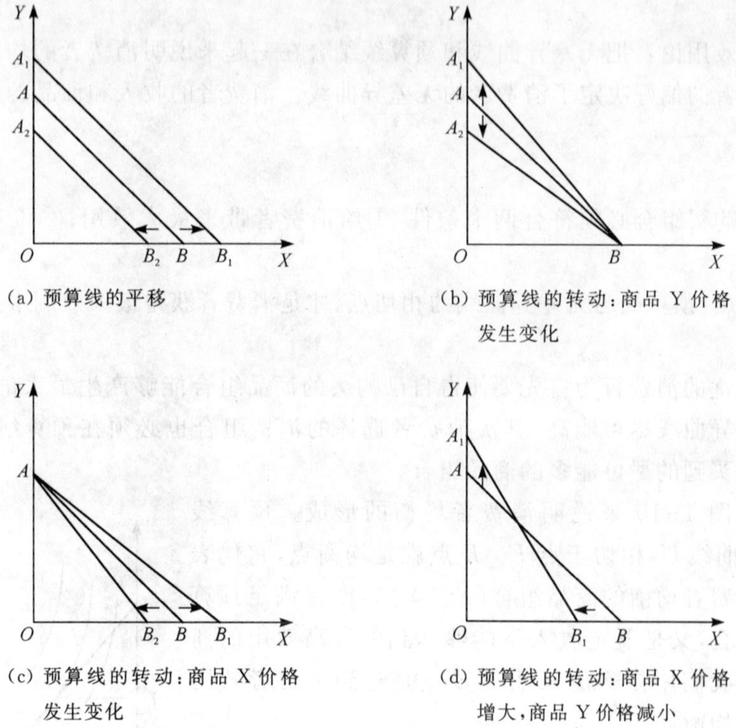

图 4-9 预算线的移动

第二种情况：预算线发生转动。消费者收入不变，两种商品价格发生不同比例变动，或者一种商品价格不变，而另一种商品价格发生变动，可能导致预算线发生转动。

(1) 如果消费者收入不变，一种商品价格不变，另一种商品价格发生变化，则预算线的斜率$-\frac{P_X}{P_Y}$发生改变，预算线将发生转动。如图 4-9(b)，若I、P_X不变，P_Y减小，则预算线由AB转动至A_1B；若I、P_X不变，P_Y增大，则预算线由AB转动至A_2B。如图 4-9(c)，若I、

P_Y不变,P_X减小,则预算线由 AB 转动至 AB_1;若 I、P_Y不变,P_X增大,则预算线由 AB 转动至 AB_2。

(2) 如果消费者收入不变,两种商品价格发生不同比例变动,则预算线的斜率 $-\frac{P_X}{P_Y}$ 发生改变,预算线也将发生转动。如图 4-9(d),若 I 不变,P_X增大,P_Y减小,则预算线由 AB 转动至 A_1B_1。

第三种情况:预算线不变。如果消费者收入、两种商品的价格都发生同等比例且同方向变动,预算线就不会发生改变,因为无论是预算线的斜率 $-\frac{P_X}{P_Y}$,还是纵横轴的截距 $\frac{I}{P_X}$、$\frac{I}{P_Y}$ 都没有变。

五、消费者均衡

如果已知消费者的偏好和预算约束,我们就可以结合无差异曲线和预算线,来考察消费者的最优消费选择。

前提条件:

(1) 序数效用论者把无差异曲线和预算线结合在一起来说明消费者的均衡。

(2) 消费者的偏好决定了消费者的无差异曲线。消费者的收入和商品的价格决定了消费者的预算线。

均衡点:

(1) 最优购买组合必须符合两个条件:①给消费者带来最大效用;②位于给定的预算线上。

(2) 均衡点:预算线与无差异曲线的相切点,才是消费者获得最大效用水平或满足程度的均衡点。

消费者最优的消费行为首先要使得自己购买的商品组合能够产生最大的效用水平,也就是使得无差异曲线尽可能高,其次消费者选择的消费组合也必须在预算线上,即消费者必须选择能够买到的尽可能多的商品组合。

下面结合图 4-10 来说明消费者均衡的形成。预算线 AB 与无差异曲线 U_2 相切于点 E。E 点就是均衡点,它代表的就是达到消费者均衡的商品组合(X^*, Y^*),既是满足预算约束的商品组合,又是既定收入下能够达到的最高效用的商品组合。下面我们用排除法来证明 E 点是达到消费者效用最大化的唯一均衡点。

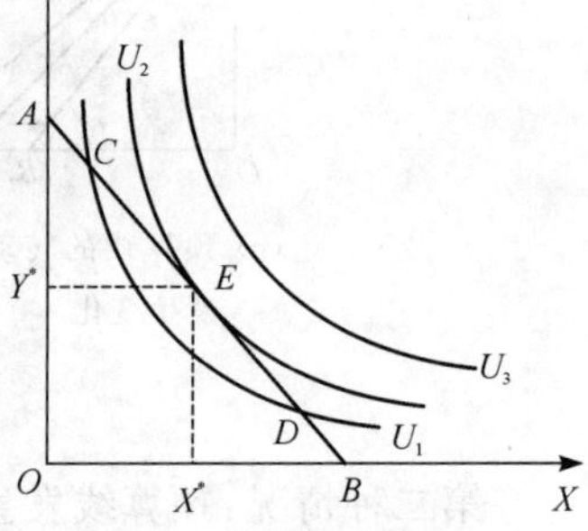

图 4-10　消费者均衡

首先,无差异曲线 U_3 与预算线无交点也无切点,就 U_3 上的点而言,虽然有更高的效用水平,但是在预算空间之外,消费者在既定的收入水平下无法购买 U_3 上所有点代表的商品组合。

其次,无差异曲线 U_1 与预算线有两个交点 C、D,虽然这两点消费者在既定收入条件下也能购买相应的商品组合,但是 C 或 D 上所代表的效用水平低于无差异曲线 U_2,因此追求效用最大化的消费者不会购买 C、D 两点的商品组合。实际上,消费者如果选择线段 CD

上任意一点，都能够达到比 U_1 更高的效用水平。

所以只有当无差异曲线和预算线相切时，消费者才能在预算约束下获得最高的效用水平，因而仅有切点才是唯一的均衡点。

通过上面的分析，我们知道无差异曲线和预算线的切点就是均衡点，所以均衡条件就是均衡点的无差异曲线斜率等于预算线斜率，无差异曲线的斜率就等于边际替代率，进而我们得到均衡条件是边际替代率等于预算线斜率，以公式表示就是：$MRS_{XY}=\frac{P_X}{P_Y}$。

上面我们曾提到 $MRS_{XY}=\frac{MU_X}{MU_Y}$，因此可以得到均衡条件的另外一种表示方式：$\frac{MU_X}{MU_Y}=\frac{P_X}{P_Y}$或$\frac{MU_X}{P_X}=\frac{MU_Y}{P_Y}$。可以发现，后一种表达方式和上一节基数效用论阐述的消费者均衡条件在形式上完全一致。消费者均衡条件表示在一定的预算约束下，为了实现最大的效用，消费者应该选择最优的商品组合，使得两种商品的边际替代率等于商品的价格之比。序数效用论的消费者均衡条件同样可以扩展到多种商品的场合。

下面我们具体分析一下为什么必须是 $MRS_{XY}=\frac{P_X}{P_Y}$ 才能达到消费者的效用最大化水平。

假定 $P_1=P_2=1$ 元，分析：

(1) 当 $MRS_{12}=-\mathrm{d}X_2/\mathrm{d}X_1=0.5/1$，$P_1/P_2=1/1$，$MRS_{12}<P_1/P_2$，如图 4-10 中的 D 点，从不等式的左右两边来看有：

右：减少 1 单位商品 1 的购买，可增加 1 单位商品 2 的购买；

左：减少 1 单位商品 1 的购买，只需增加 0.5 单位商品 2 的购买便可维持原效用。则理性的消费者会增加商品 2 的购买，直至 E 点。

(2) 当 $MRS_{12}=-\mathrm{d}X_2/\mathrm{d}X_1=1/0.5$，$MRS_{12}>P_1/P_2$，如图 4-10 中的 C 点，从不等式的左右两边来看有：

右：减少 1 单位商品 1 的购买，可增加 1 单位商品 2 的购买；

左：减少 1 单位商品 2 的购买，只需增加 0.5 单位商品 1 的购买便可维持原效用。则理性的消费者会增加商品 1 的购买，直至 E 点。

[例 4-2] 若某消费者效用函数为 $U=xy^4$，他会把收入的多少用于商品 Y 上？

解：假设商品 x 的价格为 P_x，商品 y 的价格为 P_y，收入为 M。

$$MU_x=\frac{\partial U}{\partial X}=y^4,\ MU_y=\frac{\partial U}{\partial Y}=4xy^3$$

而最佳购买条件是：$\frac{MU_x}{P_x}=\frac{MU_y}{P_y}$

即：$\frac{y^4}{P_x}=\frac{4xy^3}{P_y}$

变形为：$P_x\times x=\frac{1}{4}P_y\times y$

将上式代入预算线方程：$P_x\times x+P_y\times y=M$

$$\frac{1}{4}P_y \times y + P_y \times y = M$$

$$P_y \times y = \frac{4}{5}M$$

所以收入中有 4/5 用于购买商品 y。

第三节/价格和收入变动对消费者均衡的影响

本节采用比较静态分析的方法，着重考察价格变动和收入变动对消费者均衡的影响，从而推导出消费者的需求曲线和恩格尔曲线。

一、价格变动对消费者均衡的影响

1. 价格—消费曲线

通过上一节的介绍，我们知道当其他条件不变，而一种商品价格变动时，预算线会发生移动，从而导致消费者均衡点发生移动。价格连续变动，均衡点就会连续发生位移，均衡点移动的轨迹就形成了一条曲线，我们称之为价格—消费曲线。价格—消费曲线上的每一点所代表的消费组合，都是在消费者偏好、收入以及其他商品价格不变的情况下，与某商品的价格水平相对应的满足消费者效用最大化的商品组合。下面以图 4-11(a)来说明价格—消费曲线的形成过程。

图 4-11(a)中，假定商品 X 的初始价格为 P_X^0，相应的预算线为 AB，AB 与无差异曲线 U_0 相切于均衡点 E_0。若商品 X 的价格上升到 P_X^1，预算线则由 AB 移动到 AB_1，AB_1 与较低的无差异曲线相切于新的均衡点 E_1。若商品 X 的价格上升到 P_X^2，预算线则由 AB 移动到 AB_2，AB_2 与更低的无差异曲线相切于新的均衡点 E_2。如此反复，随着商品 X 价格的不断变动，可以找到无数个新的均衡点，将这些均衡点连接起来，就形成了商品 X 的价格—消费曲线，如图 4-11(a)所示。

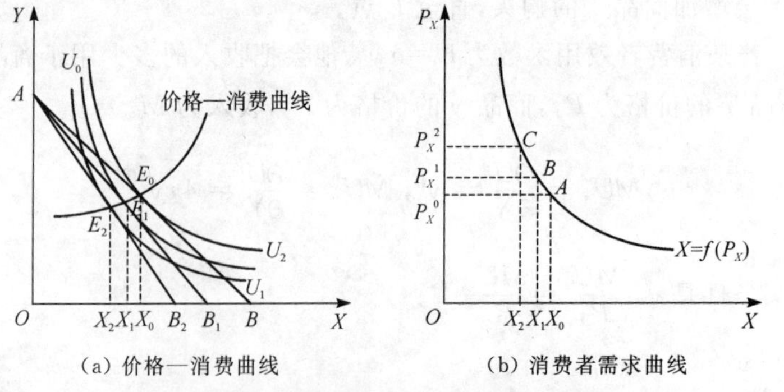

图 4-11　价格—消费曲线与消费者需求曲线的推导

2. 消费者需求曲线的推导

有了价格—消费曲线，只需要将每一价格所对应的商品 X 的消费量连同商品 X 的价格映射到同一个平面坐标系内，就可以推导出消费者关于商品 X 的需求曲线了。

图 4-11(a)中的三个均衡点 E_0、E_1、E_2 都包含着商品 X 的价格和商品 X 的数量的一一对应关系。将这三个均衡点 E_0、E_1、E_2 对应的商品 X 的价格(P_X^0、P_X^1、P_X^2)和商品 X 的数量(X_0、X_1、X_2)放到同一个坐标系中，就形成了点 A、B、C。实际上将价格—消费曲线上所有点对应的价格和商品数量放到同一个坐标系中，就可以形成图 4-11(b)所示的需求曲线。这样，我们就从价格—消费曲线成功地推导出消费者的需求曲线了。

序数效用论从消费者偏好开始，结合无差异曲线和预算约束分析形成消费者均衡，再利用价格—消费曲线，推导出需求曲线。由此看出，序数效用论推导出的需求曲线和基数效用论一样，向右下方倾斜。

二、收入变动对消费者均衡的影响

1. 收入—消费曲线

在其他条件不变的情况下，收入变动同样会引起预算线的移动，从而导致消费者均衡点发生移动。收入连续变动，均衡点就会连续发生位移，均衡点移动的轨迹就形成了一条曲线，我们称之为收入—消费曲线。收入—消费曲线上的每一点所代表的消费组合，都是在消费者偏好、收入以及其他商品价格不变的情况下，与某商品的收入水平相对应的满足消费者效用最大化的商品组合。下面以图 4-12(a)来说明收入—消费曲线的形成过程。

在图 4-12(a)中，假定消费者初始收入为 I_0，相应的预算线为 AB，AB 与无差异曲线 U_0 相切于均衡点 E_0。随着收入水平由 I_0 提高到 I_1，预算线由 AB 平移到 A_1B_1，与较高的无差异曲线 U_1 相切于新的均衡点 E_1。收入水平再提高到 I_2，预算线再平移到 A_2B_2，与更高的无差异曲线 U_2 相切于新的均衡点 E_2。如此反复，随着商品 X 价格的不断变动，总可以找到新的均衡点，将这些均衡点连接起来，就形成了收入—消费曲线，如图 4-12(a)所示。

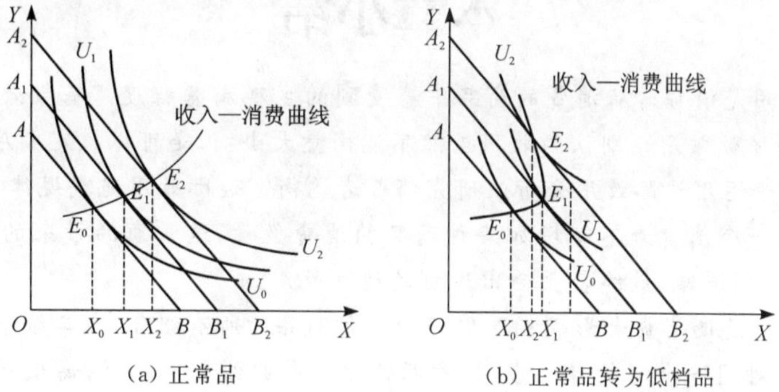

图 4-12 收入—消费曲线

收入—消费曲线一般是向右上方倾斜的，这表明大部分商品都是正常品。但是也有例外，某些商品开始时，随着收入的增加，需求量会增加，但收入增加到一定程度时，需求量便会减少。例如，人们在持有少量货币时，包子是一种正常品，但突然由于中彩票等原因暴富后，便不再每天以包子作为午餐，而是改用更高档的鲍鱼，此时对这个消费者而言，包子就变成了低档品。

这说明收入达到一定程度时某些正常品也会转为低档品，如图 4-12(b)所示，当消费者

收入由 I_0 提高到为 I_1，商品 X 的消费量从 X_0 提高到 X_1，但是当收入水平进一步提高到 I_2 时，商品 X 的消费量反而降低到 X_2。

2. 恩格尔曲线的推导

有了收入—消费曲线，同样可以推导出相应的恩格尔曲线。

所谓恩格尔曲线(Engel's Curve)，就是指消费者的收入水平和对某商品需求量一一对应的曲线。实际上，恩格尔曲线反映的是消费者收入和商品需求量之间的一种函数关系。

如果将图 4-12 中所有均衡点对应的收入和商品量组合，描绘在同一个坐标系中，就可以得到恩格尔曲线，如图 4-13(a)。不过图 4-13(a)反映的是正常品，其需求量随着收入的增加而增加，图 4-13(b)反映的则是某些商品由正常品转为低档品的过程。

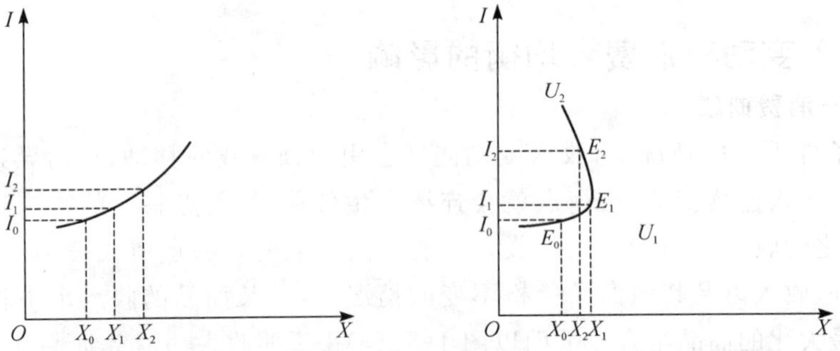

(a) 正常品　　(b) 正常品转为低档品

图 4-13　恩格尔曲线

本章小结

1. 商品的效用是消费者从消费的商品中感受到的主观满意程度。基数效用论认为效用可以用数值来度量;序数效用论则认为效用虽然不能衡量大小，但是可以排定顺序或等级。

2. 基数效用论运用边际效用分析法研究消费者均衡。边际效用递减规律，就是指在其他条件不变的情况下，一个消费者不断增加某种商品的消费数量，这种商品带来的边际效用随着消费数量的增加会不断递减，最终甚至会出现负的边际效用。

3. 无差异曲线是使消费者形成相同偏好的两种商品的所有组合，在二维平面图上构成的曲线。它的特点是：对同一个消费者而言，任意两条无差异曲线都不相交；离坐标原点越远代表的效用水平越高；无差异曲线向右下方倾斜，凸向原点。

4. 边际替代率是维持相同效用水平时消费者每增加一单位一种商品的消费量而必须放弃的另一种商品的消费量。边际替代率递减规律决定了无差异曲线不仅斜率为负数，且凸向原点。

5. 消费者均衡是指消费者在收入、商品价格以及消费偏好不变的情况下，实现自身效用最大化的状态。基数效用论和序数效用论得到的消费者均衡条件是一致的，即商品边际效用之比等于商品的价格比。

6. 消费者剩余是消费者购买一定数量商品愿意支付的最高价格总和与实际支付的价格之

间的差额。

7. 价格变动和收入变动都会影响消费者均衡。价格变动形成了价格—消费曲线，由此可以推导出消费者的需求曲线；收入变动形成了收入—消费曲线，由此可以推导出恩格尔曲线。

关键概念

效用　总效用　边际效用　边际效用递减规律　消费者剩余　无差异曲线　边际替代率　边际替代率递减规律　预算线　消费者均衡

复习思考题

一、单项选择题

1. 对于一种商品，消费者想要有的数量都已有了，这时，(　　)。

A. 边际效用最大　B. 边际效用为零　C. 总效用为零　D. 边际效用为负

2. 如果商品 X 对于商品 Y 的边际替代率 MRS_{XY} 小于 X 和 Y 的价格之比 $P(X)/P(Y)$，则(　　)。

A. 该消费者获得了最大效用

B. 该消费者应该增加 X 的消费，减少 Y 的消费

C. 应该调整 X 和 Y 的价格

D. 该消费者应该减少 X 的消费，增加 Y 的消费

3. 序数效用论认为，商品效用的大小(　　)。

A. 取决于它的使用价值　B. 取决于它的价格

C. 不可比较　D. 可以比较

4. 无差异曲线的形状取决于(　　)。

A. 消费者偏好　B. 消费者收入

C. 所购商品的价格　D. 商品效用水平的大小

5. 某消费者的无差异曲线图包含无数条无差异曲线，因为(　　)。

A. 收入有时高，有时低　B. 欲望是无限的

C. 消费者人数是无限的　D. 商品的数量是无限的

6. 无差异曲线上任一点的商品 X 和 Y 的边际替代率等于它们的(　　)。

A. 价格之比　B. 数量之比

C. 边际效用之比　D. 边际成本之比

7. 商品 X 和 Y 的价格按相同的比率上升，而收入不变，则预算线(　　)。

A. 向左下方平行移动　B. 向右上方平行移动

C. 也不变动　D. 移动的方向不确定

8. 预算线反映了(　　)。

A. 消费者的收入约束　　　　　B. 消费者的偏好

C. 消费者的人数　　　　　　　D. 货币的购买力

9. 在均衡的条件下，消费者购买的商品的总效用一定(　　)他所支付的货币的总效用。

A. 小于　　　B. 等于　　　C. 大于

10. 消费品价格变化时，连接消费者均衡点的线称为(　　)。

A. 收入—消费曲线　　　　　B. 需求曲线

C. 价格—消费曲线　　　　　D. 恩格尔曲线

二、分析题

1. 如何理解边际效用递减规律？试举出现实生活中的例子。
2. 无差异曲线有哪些特点？所有的无差异曲线都是向下倾斜的吗？
3. 无差异曲线的意义、性质及无差异曲线与边际替代率的关系是什么？
4. 请说明为什么一段时间内消费的商品减少，其边际效用会增加？
5. 我国许多大城市，由于水源不足，自来水供应紧张，政府往往用提高自来水使用价格的措施来缓解这个问题。请问这种措施对消费者剩余有何影响？

三、计算题

1. 已知某商品的需求函数为 $Q_d=50-5P$，初始均衡价格为 8 元，如果市场供给增加，新的均衡价格为 4 元，消费者剩余增加了多少？
2. 假设某人每月收入为 3 000 元，如果他仅仅消费两种商品 X 和 Y，商品 X 的价格为 30 元，商品 Y 的价格为 50 元。

(1) 画出预算线；

(2) 如果商品 X 涨价 20%，商品 Y 涨价 10%，预算线将如何变动？

(3) 如果商品 X 涨价 50%，商品 Y 降价 10%，而月收入涨到 4 000 元，预算线将如何变动？

3. 已知某消费者的效用函数为 $U=x^{0.4}y^{0.6}=9$，商品 X 和 Y 的价格分别为 $P_X=2$ 元，$P_Y=3$ 元，试求：

(1) 均衡消费量 x、y；

(2) 效用为 9 时的消费支出。

4. 已知某消费者每年用于商品 1 和商品 2 的支出为 540 元，两种商品的价格分别为 $P_1=20$ 元和 $P_2=30$ 元，该消费者的效用函数为 $U=3X_1X_2^2$，该消费者每年购买这两种商品的数量各应是多少？每年从中获得的总效用是多少？
5. 某消费者消费商品 X 和商品 Y 的无差异曲线为 $Y=20-2X^{0.5}$，试求：(1)组合(4, 16)点的斜率是多少？(2)组合(9, 14)点的斜率是多少？(3)边际替代率是递减的吗？
6. 某消费者的效用函数和预算线分别为 $U=X^{1.5}Y$，$3X+4Y=100$，试求其对商品的最优购买数量。

第五章 企业生产及成本理论

学习目标：

- 掌握短期生产函数和边际产量递减规律。
- 掌握长期生产函数、等产量曲线和边际技术替代率。
- 会分析长期生产过程中生产要素的最优组合条件。
- 理解规模报酬递增、递减、不变分别对应的经济含义。
- 掌握短期和长期成本曲线的区别和联系。

厂商是生产行为的主体，厂商进行生产活动的过程，就是将生产要素投入转变为产品的过程。生产要素一般分为四类：劳动、土地、资本和企业家才能。劳动是指人在生产过程中提供的体力和脑力的总和。土地实际上指的是自然资源，包括地上的和地下的，例如江河湖海、森林、矿产等。资本就是能够带来利润的一切物品，包括实物资本和货币资本，实物资本可以是厂房、机器、原材料等。企业家才能指的是企业家创建和经营企业的才能。

第一节/生产函数的基本类型

所谓生产函数，就是指在一定时期内，在技术条件不变的情况下，厂商投入生产要素数量和最大产出数量之间的关系。假定 X_1，X_2，…，X_n表示生产过程中需要投入的 n 种生产要素的数量，Q 为最大产出数量，则生产函数可以表示为：$Q=f(X_1, X_2, \cdots, X_n)$。

生产函数总是以一定的生产技术水平或技术条件为基础的，一旦技术水平或技术条件发生改变，生产函数所体现的生产要素数量和最大产出量之间的关系也随之改变，即产生了新的生产函数。为了简化分析，我们通常假定生产过程中只使用两种生产要素：劳动和资本。如果 L 表示劳动，K 表示资本，那么生产函数可以简化为 $Q=F(L, K)$。常见的生产函数类型有里昂惕夫生产函数和柯布—道格拉斯生产函数。

一、里昂惕夫生产函数

里昂惕夫生产函数又称固定投入比例生产函数，它是指在生产过程中使用的各种生产要素的数量比例是固定不变的。假定生产过程中仅使用劳动和资本这两种要素，那么里昂惕夫生产函数可以表示为：$Q=\min\left(\frac{L}{\alpha}, \frac{K}{\beta}\right)$，其中 Q 为产量，L、K 分别表示劳动和资本的投入量,α 和 β 为常数,是劳动和资本的生产技术系数,分别表示生产一个单位产品所需要的劳动投入量和资本投入量。min 函数表示取$\frac{L}{\alpha}$,$\frac{K}{\beta}$中较小的值,即便其中一个数值再大,也不影响总产量。因而生产必须按照劳动和资本之间的固定比例来进行。所以最小生产要素投入量必须满足下面的式子:$Q=\frac{L}{\alpha}=\frac{K}{\beta}$,从而得到$\frac{L}{K}=\frac{\alpha}{\beta}$。当产量变动时,需要使用的各个生产要素的最小投入量也应该以相同比例变动,而两种要素最小投入量之间的比例固定为$\frac{L}{K}=\frac{\alpha}{\beta}$。

下面以图 5-1 来说明里昂惕夫生产函数的性质。横轴和纵轴分别表示劳动和资本的投入量。以 A、B、C 为顶点的三条直角折线,依次表示能够生产产量 Q_1、Q_2、Q_3 的所有要素组合。D、E 为生产产量 Q_2 的两个不同组合。显然,与 B 点比较,D 点对应的劳动投入量过多,而 E 点对应的资本投入量过多,都不是产量 Q_2 下的最小要素投入组合。所以仅有 A、B、C 三点表示生产产量 Q_1、Q_2、Q_3 所需的最小要素投入组合。如果产量由 Q_2 上升到 Q_3,那么最小要素投入量组合由 B 点转移到 C 点;如果产量由 Q_2 下降到 Q_1,那么最小要素投入量组合由 B 点转移到 A 点。根据 A、B、C 三点的数量关系,我们可以得到两种要素最小投入量满足:$\frac{L_1}{K_1}=\frac{L_2}{K_2}=\frac{L_3}{K_3}=\frac{\alpha}{\beta}$。

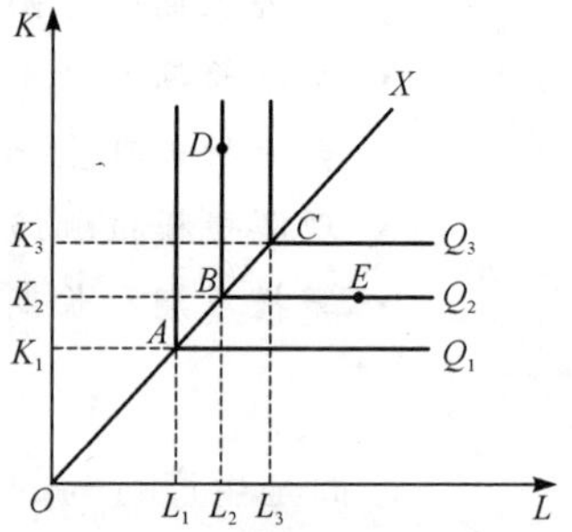

图 5-1 里昂惕夫生产函数

我们可以发现从原点出发经过 A、B、C 三点的射线 OX 其实代表了所有产量水平下的最小要素投入组合。

假如 x_1 代表电力,x_2 代表劳动力人数,如果 $x_1<x_2$,那么产出量 $y=x_1$,即 y 只取决于短缺的这一种生产要素的量,x_2 再多也没有用。

案例:短板效应

盛水的木桶是由许多块木板箍成的,盛水量也是由这些木板共同决定的。若其中一块木板很短,则此木桶的盛水量就被短板所限制。这块短板就成了这个木桶盛水量的“限制因素”(或称“短板效应”)。若要使此木桶盛水量增加,只有换掉短板或将短板加长才成。人们把这一规律总结为“木桶原理”或“木桶定律”,又称“短板理论”。

二、柯布—道格拉斯生产函数

柯布—道格拉斯生产函数是由数学家柯布和经济学家道格拉斯一起提出的,因而得名。柯布—道格拉斯生产函数的一般形式为:$Q=AL^{\alpha}K^{\beta}$,其中 Q 为产量,L、K 分别为劳动和资本的投入量,A、α、β 为三个常数参数,$0<\alpha<1$,$0<\beta<1$。20 世纪 30 年代,柯布和道格拉斯根据美国 1899—1922 年的工业生产统计资料,计算出 A 为 1.01、α 为 0.75、β 为 0.25,因此,美国这一时期的柯布—道格拉斯生产函数为:$Q=1.01L^{0.75}K^{0.25}$。

柯布—道格拉斯生产函数中的参数 α 和 β 是有经济学意义的,当 $\alpha+\beta=1$ 时,α 和 β 分

别代表着劳动和资本这两种生产要素在生产中的相对重要性，α 表示劳动产出在总产出中的比重，β 表示资本产出在总产出中的比重。

此外，根据柯布—道格拉斯生产函数中参数 α 和 β 之和，还可以判断规模报酬的情况。若 $\alpha+\beta>1$，则规模报酬递增；若 $\alpha+\beta=1$，则规模报酬不变；若 $\alpha+\beta<1$，则规模报酬递减。在后面的章节中，我们讲到规模报酬时，还会再次用到柯布—道格拉斯生产函数。

第二节/短期生产函数

上一节已经介绍了厂商和生产函数的基本概念，从本节开始，我们将正式介绍生产理论。本节首先介绍短期生产函数以及厂商的短期生产决策。

经济学中对于短期和长期的区分，往往在于经济变量是否有时间进行调整，如果经济变量在一段时间内无法调整数值或状态，这段时间可称为短期；如果经济变量在一段时间内可以调整数值或状态，这段时间便称为长期。

生产函数的划分同样可以采用类似的概念。由于生产函数包含的变量是各种生产要素的投入量，生产要素投入量是否全部可变，就成为划分短期生产函数和长期生产函数的依据。所谓短期生产函数，是指至少有一种要素投入不变的生产函数；而长期生产函数则是指所有要素投入都可变的生产函数。也就是说长短期的划分是以生产者是否能变动全部要素投入的数量作为标准的。

一、短期生产函数的相关概念

为了简化分析，假定生产函数只包括两种要素投入：劳动和资本。短期内，资本往往是难以改变的。假定资本投入不变，而劳动投入可变。短期生产函数就简化为一种可变生产因素的生产函数，可以表示为：$Q=f(L,\ \overline{K})$，其中 L 为劳动投入量，$\overline{K}$为既定的资本投入量，Q 为产量。短期生产函数表示在资本投入固定的情况下，各种劳动投入水平对应的最大产量。

1. 总产量、平均产量和边际产量的定义

在短期生产函数中，由于只有一种要素为可变要素，如果资本投入固定，则总产量是指每一劳动投入量对应的最大产量。平均产量也是指平均一单位劳动投入所产生的产量。边际产量就是指每增加一单位劳动投入所增加的产量。

假定 TP_L、AP_L、MP_L 分别表示总产量、平均产量和边际产量。根据短期生产函数的定义有：

$$TP_L = f(L,\ \overline{K})$$

$$AP_L = \frac{TP_L}{L} = \frac{f(L,\ \overline{K})}{L}$$

$$MP_L = \frac{\Delta TP_L}{\Delta L} = \frac{\Delta f(L,\ \overline{K})}{\Delta L} \quad 或 \quad MP_L = \lim_{\Delta L \to 0} \frac{\Delta TP_L}{\Delta L} = \frac{\mathrm{d} f(L,\ \overline{K})}{\mathrm{d}L}$$

如果短期生产函数中假定劳动投入固定，则同样可以得到资本的总产量、平均产量和

边际产量,可以用下面的式子表示:

$$TP_K = f(\overline{L},\ K)$$

$$AP_K = \frac{TP_K}{K} = \frac{f(\overline{L},\ K)}{K}$$

$$MP_K = \frac{\Delta TP_K}{\Delta K} = \frac{\Delta f(\overline{L},\ K)}{\Delta K} \quad 或 \quad MP_K = \lim_{\Delta K \to 0} \frac{\Delta TP_K}{\Delta K} = \frac{\mathrm{d}f(\overline{L},\ K)}{\mathrm{d}K}$$

2. 总产量曲线、平均产量曲线和边际产量曲线

首先我们通过具体的例子来考察总产量曲线、平均产量曲线和边际产量曲线的特征。

假设某短期生产函数为 $Q=f(L,\ \overline{K})=48L+9L^2-L^3$,那么

劳动的平均产量为:$AP=\frac{Q}{L}=\frac{48L+9L^2-L^3}{L}=48+9L-L^2$;

劳动的边际产量为:$MP=\frac{\mathrm{d}Q}{\mathrm{d}L}=\frac{\mathrm{d}(48L+9L^2-L^3)}{\mathrm{d}L}=48+18L-3L^2$。

如果考察劳动投入从1单位逐渐增加到9单位的过程,可以得到一个数据表如表5-1所示。

表5-1 总产量、平均产量和边际产量

劳动投入	总产量	平均产量	边际产量
1	56	56	63
2	124	62	72
3	198	66	75
4	272	68	72
4.5	307.125	68.25	68.25
5	340	68	63
6	396	66	48
7	434	62	27
8	448	56	0
9	432	48	−33

根据表5-1中的数据,可以绘制出相应的总产量曲线 TP_L、平均产量曲线 AP_L 和边际产量曲线 MP_L,如图5-2所示。纵轴表示产量 Q,横轴表示劳动投入量 L。可以看到,三条曲线具有相同的形状特征,都是先上升,达到最大值后开始下降。

由边际产量的另一个定义公式 $MP_L=\lim_{\Delta L \to 0}\frac{\Delta TP_L}{\Delta L}=\frac{\mathrm{d}f(L,\ \overline{K})}{\mathrm{d}L}$,我们知道实际上边际产量就是总产量曲线的斜率。通过观察图5-2,我们可以发现,MP_L 曲线的最高点 A 对应着 TP_L 曲线的斜率最大处 A_1 点,此时边际产量达到最大值,总产量出现拐点;MP_L 曲线与横轴的交点 D 对应着总产量曲线的切线斜率为零处 D_1,此时边际产量为零,总产量达到最大值。在 D 点之后,MP_L 曲线位于横轴以下,TP_L 曲线呈现出下降趋势,此时边际产量小于零,总产量出现递减。

可以将总产量与边际产量的关系归纳为:边际产量为正时,总产量增加;边际产量为负

时，总产量减少；边际产量为零时，总产量最大。

其次来考察总产量与平均产量的关系。同样，根据平均产量的定义，我们知道 TP_L 曲线上每一点与原点的连线的斜率就是平均产量，因而在 TP_L 曲线上 C_1 点，与原点连线的斜率达到最大值，平均产量也达到最大值。在 C_1 点之后虽然总产量是增加的，但平均产量是递减的。

最后来看边际产量和平均产量的关系。从图 5-2 中可以观察到，当 MP_L 曲线位于 AP_L 曲线上端时，AP_L 曲线呈上升趋势；当 MP_L 曲线位于 AP_L 曲线下端时，AP_L 曲线呈下降趋势；MP_L 曲线与 AP_L 曲线的交点 C 就是 AP_L 曲线的最高点。同时不管上升还是下降，MP_L 曲线的变动都快于 AP_L 曲线。我们可以得出这样的结论：当边际产量大于平均产量时，平均产量递增；当边际产量小于平均产量时，平均产量递减；当边际产量等于平均产量时，平均产量达到最大值；边际产量的变动快于平均产量。

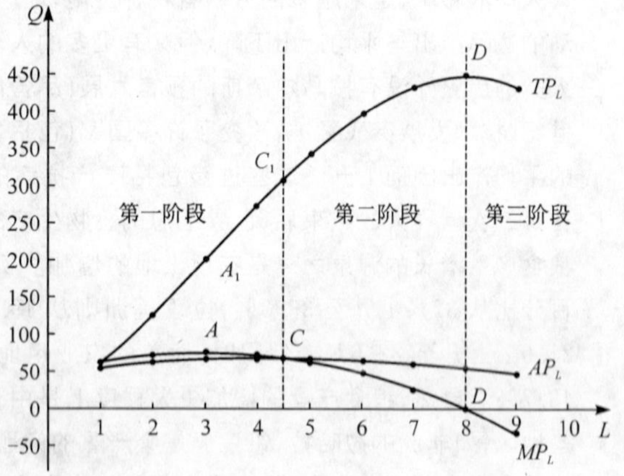

图 5-2 总产量、平均产量和边际产量

可见总产量曲线和平均产量曲线之间有如下的关系：

(1) 总产量曲线和平均产量曲线之间的关系：连接 TP_L 曲线上任何一点和坐标原点的线段的斜率都可以表示为该点上的 AP_L 值。

(2) 关于总产量曲线和边际产量曲线之间的关系：

过 TP_L 曲线上任何一点的切线的斜率，都可以表示为该点上的 MP_L 值。

(3) 关于平均产量曲线和边际产量曲线之间的关系：两条曲线相交于 AP_L 曲线的最高点，MP_L 曲线的变动快于 AP_L 曲线的变动。

二、边际产量递减规律

通过观察边际产量曲线，我们不难发现这样的现象：边际产量开始时会递增，但是达到一定高度后就会下降，直到降为负数。其实这样的现象并不仅仅是我们列举的短期生产函数的特例，而是带有普遍性的，我们称之为边际产量（报酬）递减规律。具体地说，边际产量递减规律就是指在技术水平不变的情况下，其他要素投入不变，连续增加一种要素投入，这种要素投入的边际产量最终会逐渐递减。请注意，这里强调的是，要素投入量超过某个特定值以后，该要素的边际产量才会出现递减；当要素投入量还小于这个特定值时，边际产量往往处于递增的阶段。

边际产量递减规律的一种解释是，一旦技术水平既定，短期生产函数实际上暗含着一种最优的要素投入组合，这种最优的要素投入组合规定了不变要素投入和可变要素投入之间的比例。当可变要素投入量较小的时候，还没有达到最优要素投入组合，因而边际产量是递增的；当可变要素投入量增加到最优要素投入组合的要求时，可变要素的边际产量就达到最大值，如果再增加可变要素投入，要素投入量就会偏离最优要素投入组合，边际产量就会出现递减,甚至会出现负产出。

由于边际产量递减规律的作用,边际产量曲线就呈现出先上升后下降的特征。

案例:马尔萨斯人口论与边际报酬递减规律①

经济学家马尔萨斯(1766—1834)的人口论的一个主要依据便是报酬递减规律。他认为,随着人口的膨胀,越来越多的劳动者耕种土地,地球上有限的土地将无法提供足够的食物,最终劳动的边际产出与平均产出下降,但又有更多的人需要食物,因而会产生严重的饥荒。幸运的是,人类的历史并没有按马尔萨斯的预言发展(尽管他正确地指出了"劳动边际报酬"递减)。在20世纪,技术发展突飞猛进,改变了许多国家(包括发展中国家,如印度)的食物的生产方式,劳动的平均产出因而上升。这些进步包括高产抗病的良种、更高效的化肥、更先进的收割机械等。在第二次世界大战结束后,世界上总的食物生产的增幅总是或多或少地高于同期人口的增长。粮食产量增长的源泉之一是农用土地的增加。例如,从1961至1975年,非洲农业用地所占的百分比从32%上升至33.3%,拉丁美洲则从19.6%上升至22.4%,在远东地区,该比值则从21.9%上升至22.6%。但同时,北美的农业用地则从26.1%降至25.5%,西欧由46.3%降至43.7%。显然,粮食产量的增加更大程度上是由于技术的改进,而不是农业用地的增加。在一些地区,如非洲的撒哈拉,饥荒仍是个严重的问题。劳动生产率低下是原因之一。虽然其他一些国家存在着农业剩余,但由于食物从生产率高的地区向生产率低的地区的再分配的困难和生产率低的地区收入也低的缘故,饥荒仍威胁着部分人群。

思考题:

(1) 什么是边际报酬递减规律? 其发生作用的条件是什么?

(2) 人类历史为什么没有按照马尔萨斯的预言发展?

(3) 既然马尔萨斯的预言失败,你认为边际报酬递减规律还起作用吗?

(4) 请你谈谈"中国人口太多,将来需要世界来养活中国"或"谁来养活中国?"的问题。

三、短期生产的阶段划分

根据前面分析的总产量、平均产量、边际产量之间的关系,我们可以把短期生产分为三个阶段,如图5-2所示。

第一阶段:平均产量和总产量均递增的阶段。从图形上看,就是平均产量曲线上升到最高点之前的阶段,此时边际产量一直大于平均产量,且边际产量为正值,也就是说总产量是持续递增的。在这个阶段,厂商只要不断增加可变要素的投入,总产量总是增加的,所以理性的厂商不可能在这个阶段停止生产。

第二阶段:平均产量递减,但总产量仍递增的阶段。从图形上看,就是平均产量持续递减、总产量上升到最高点之前的阶段,此时边际产量一直小于平均产量,且边际产量处于递减阶段,但边际产量仍为正值,也就是说总产量仍然是递增的。在这个阶段,厂商增加可变要素的投入,仍然可以提高总产量。

第三阶段:总产量下降的阶段。从图形上看,就是边际产量曲线下降到横轴以下的阶段,此时边际产量小于零,总产量是递减的。在这个阶段,厂商往往会减少可变要素的投

① 资料来源:平狄克、鲁宾费尔德:《微观经济学》,经济科学出版社2002年版。

入，以便回到总产量递增的阶段。

综合来看，第二阶段是比较理想的生产阶段，也是厂商进行生产决策的关键阶段，因为究竟选取哪一个产量才能使得厂商利润最大化，还需要取决于其他因素，我们将会在后面的章节进行分析。

第三节/长期生产函数

假定生产函数只包括两种要素投入：劳动和资本。这样长期生产函数就简化为两种可变生产因素的生产函数，可以表示为：$Q=f(L, K)$，其中 L 为可变要素劳动投入量，K 为可变要素资本投入量，Q 为产量。

一、等产量曲线

1. 等产量曲线的概念及特点

当技术水平或条件不变时，生产相同产量的两种要素的所有组合构成的曲线，我们称之为等产量曲线。如果以常数 C 表示固定的产量，那么借助前面两种可变要素的生产函数，等产量曲线可以表示为：$f(L, K)=C$。

如图 5-3 所示，等产量曲线和前面章节所讲的无差异曲线有着很多相似的地方。等产量曲线的特点有：

(1) 离原点越近的等产量曲线代表的产量水平越低，越远，则越高。

(2) 同一坐标平面上的任意两条等产量曲线不会相交。

(3) 等产量曲线是凸向原点的。

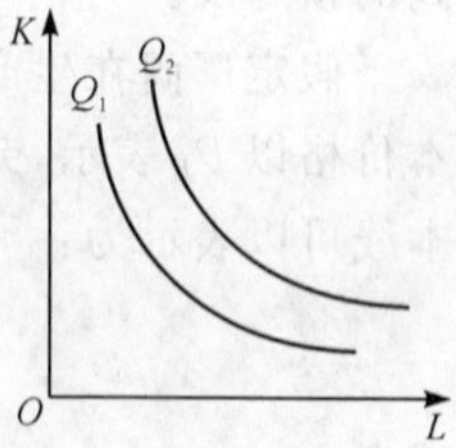

图 5-3 等产量曲线

2. 边际技术替代率

当技术水平不变时，为了保持相同产量，增加一单位某种要素投入必须减少的另一种要素投入量，我们称之为边际技术替代率，英文缩写为 $MRTS$。例如劳动对资本的边际替代率可以表示为：$MRTS_{LK}=-\Delta K/\Delta L$（加负号是为了使 $MRTS$ 值在一般情况下为正）。当 ΔL 趋于 0 时，$MRTS_{LK}=-\mathrm{d}K/\mathrm{d}L$，同理，等产量曲线上某一点的边际技术替代率就是等产量曲线在该点切线斜率的绝对值。（证明过程同上一章的边际替代率，此处略。）

此外，根据边际技术替代率的定义，保持相同的产量水平，即产量变化为零时，$MRTS_{LK}$ 的另一公式为：

$$|MP_L \times \Delta L| = |MP_K \times \Delta K|$$

$$-\Delta K/\Delta L = MP_L / MP_K$$

$$MRTS_{LK} = -\Delta K/\Delta L = MP_L/MP_K$$

或

$$MRTS_{LK} = -\mathrm{d}K/\mathrm{d}L = MP_L/MP_K$$

即边际替代率的另一种表示方式是 $MRTS_{LK}=-\dfrac{MP_L}{MP_K}$。这就意味着边际技术替代率可以表示为两种要素的边际产量之比。

3. 边际技术替代率递减规律

在产量不变的情况下,一种要素投入增加,每单位该要素能够替代的另一种要素的数量是减少的。我们将这种现象称为边际技术替代率递减规律。

边际技术替代率之所以会递减,一种解释是:任何生产技术都要求所使用的生产要素有适当的比例关系,这就限制了要素之间的相互替代,也决定了要素之间不可能无限制、无止境地相互替代。以劳动和资本两种要素为例,当劳动投入很多、资本投入很少时,要维持原有的产量水平,很难通过增加劳动来替代资本;反过来,要维持原有的产量,增加一点资本投入则可以替代很多的劳动。

边际技术替代率递减的规律,决定了等产量曲线是凸向原点的。因为边际技术替代率递减,由边际技术替代率的定义公式可知,等产量曲线每一点切线的斜率等于边际技术替代率,所以在每一点等产量曲线的切线斜率是递减的,等产量曲线也就是凸向原点的。

二、等成本线

厂商购买生产要素,就形成了生产成本。在成本和要素价格不变的情况下,厂商能够买到的两种要素的所有组合所形成的曲线,我们称之为等成本线。等成本线类似于前面讲到的预算线。

假定厂商在生产过程中只使用两种生产要素:劳动和资本。若劳动价格以 P_L 表示,资本价格以 P_K 表示,劳动数量以 L 表示,资本数量以 K 表示,厂商的成本以 C 表示,那么等成本线可以表示为:

$$C = P_L L + P_K K$$

或者

$$K = -P_L / P_K \times L + C / P_K$$

图 5-4 中的 AB 就是等成本线,其中纵轴为资本数量,横轴为劳动数量。

通过上述方程,可以得知等成本线的斜率为 $-\frac{P_L}{P_K}$,横轴截距为 $\frac{C}{P_L}$,纵轴截距为 $\frac{C}{P_K}$。

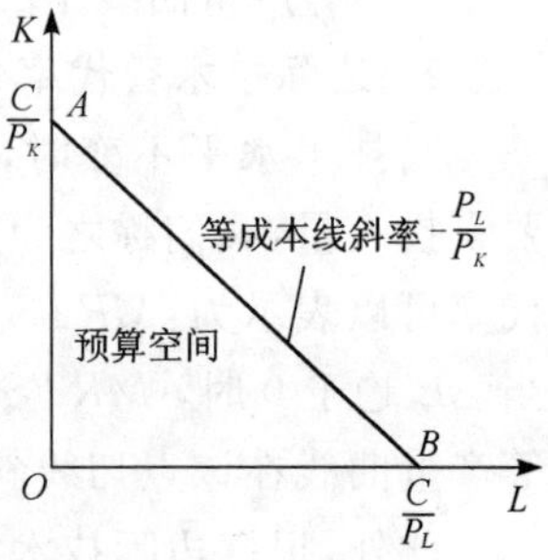

图 5-4　等成本线

等成本线与横轴以及纵轴围成的封闭区域代表了厂商能够买到的所有要素组合,这个区域以外所有点代表的要素组合,都是厂商没有能力购买到的。

等成本线的变动和预算线的变动是十分类似的,这里不再赘述。

三、最优要素投入组合的选择

由于长期内,所有的生产要素投入量都是可以改变的,所以厂商都会选择一个最优的要素投入组合,以实现产量一定成本最小或者成本一定产量最大。

1. 产量一定成本最小时的最优要素组合

假定技术水平不变,厂商使用劳动和资本两种要素生产产品,且劳动和资本价格不变,

分别为 P_L、P_K，若产量固定在 Q_0，选择怎样的要素投入组合才能使得厂商的生产成本最小呢？

下面以图 5-5 进行说明。图中等产量曲线 Q 代表的产量水平为 Q_0，AB、A_1B_1、A_2B_2 分别代表不同的等成本线（成本依次增加），三条等成本线斜率相同。等产量曲线 Q 与 A_1B_1 相切于 E 点，E 点代表的要素组合（L^*，K^*）就是最优要素投入组合点，也称作生产均衡点。事实上 E 点也是唯一的均衡点。

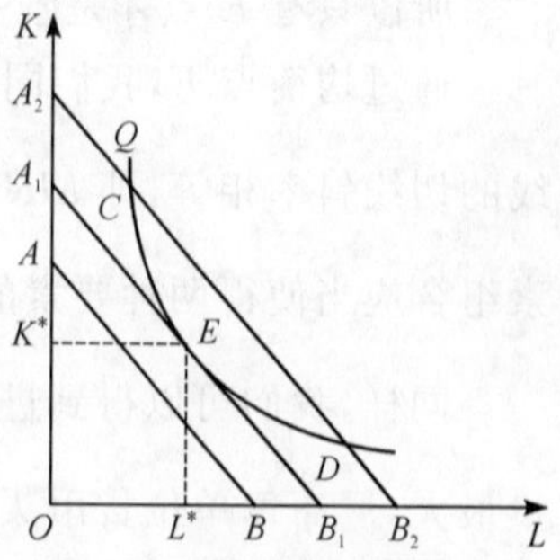

图 5-5　产量一定成本最小的最优要素组合

首先，等成本线 AB 虽然代表的成本较低，但是与等产量曲线既没有交点也没有切点，说明 AB 所表示的所有要素组合都不能生产等产量曲线 Q_0 代表的产量。

其次，等成本线 A_2B_2 与等产量曲线 Q 相交于 C、D 点，虽然 C、D 代表的要素组合也能生产等产量线 Q 所代表的产量 Q_0，但是由于 A_2B_2 代表的成本较高，厂商也不会选择在 C 点和 D 点进行生产。

因而 E 点是唯一的均衡点，因为它既满足了产量的要求，也使得成本最小。

由于均衡点 E 是等成本线和等产量曲线的切点，在 E 点等成本线的斜率和等产量曲线的切线斜率相等，这就是产量既定成本最小时实现最优要素组合的条件。我们知道等成本线的斜率是 $-\frac{P_L}{P_K}$，等产量曲线的切线斜率是边际技术替代率 $MRTS_{LK}$，所以实现最优要素组合的条件可以写成 $MRTS_{LK}=-\frac{P_L}{P_K}$。这说明厂商为了实现产量一定成本最小，最优要素组合应当使得两种要素的边际技术替代率等于两种要素的价格比。

前面我们已经知道 $MRTS_{LK}=-\frac{MP_L}{MP_K}$，可以得到进一步的结论：$MRTS_{LK}=-\frac{MP_L}{MP_K}=-\frac{P_L}{P_K}$。由此可以推出：$\frac{MP_L}{P_L}=\frac{MP_K}{P_K}$。这个公式表明，为了实现产量一定成本最小，厂商每单位货币买到的两种要素的边际产量应该相等。这就是产量一定成本最小的最优要素组合实现条件。

2. 成本一定产量最大时的最优要素组合

同样我们假定技术水平不变，厂商使用劳动和资本两种要素生产产品，且劳动和资本价格不变，分别为 P_L、P_K，若成本固定在 C_0，选择怎样的要素投入组合才能使得厂商的产量最大呢？

下面以图 5-6 进行说明。图中等成本线 AB 代表的成本为 C_0，Q_1、Q_2、Q_3 分别代表不同的等产量曲线（产量依次增加）。等产量曲线 Q_2 与 AB 相切于 E 点，E 点就是生产均衡点，其代表的要素组合（L^*，K^*）也就是成本一定产量最大时的最优要素投入组合。可以证明 E 点是唯一的均衡点。

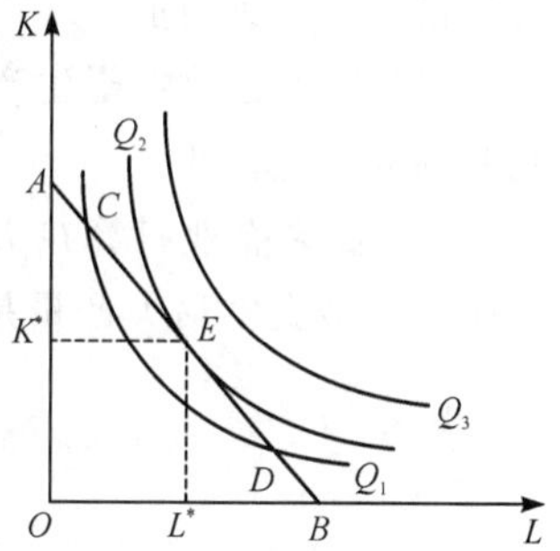

图 5-6　成本一定产量最大的最优要素组合

首先，等产量曲线 Q_3 虽然代表的产量水平较高，但是与等成本线既没有交点也没有切点，说明 Q_3 所表示的产量在成本为 C_0 的情况下不能实现。

其次,等产量曲线 Q_1 与等成本线 AB 相交于 C、D,虽然 C、D 代表的要素组合满足成本为 C_0 的条件,但是由于 Q_1 代表的产量水平较低,厂商也不会选在 C 和 D 进行生产。

所以只有 E 点才是唯一的均衡点,因为它既满足了成本要求,也达到了产量最大。

通过均衡点 E,我们同样可以得到最优要素组合的条件是等成本线的斜率和等产量曲线的切线斜率相等,即 $MRTS_{LK}=-\dfrac{P_L}{P_K}$。这说明厂商为了实现成本一定产量最大,最优要素组合应当使得两种要素的边际技术替代率等于两种要素的价格比。

同样,我们可以得到进一步的结论:$\dfrac{MP_L}{P_L}=\dfrac{MP_K}{P_K}$。这个公式表明,为了实现成本一定产量最大,厂商每单位货币买到的两种要素的边际产量应该相等。这就是产量一定成本最小的最优要素组合实现条件。

3. 追求利润最大化可以使厂商得到最优要素组合

厂商的首要目标是利润最大化。那么厂商在追求利润最大化的过程中是否能够得到最优要素组合,从而实现生产均衡呢?

假定厂商处于完全竞争市场,生产函数为 $Q=f(L, K)$,商品价格不变,为 P,劳动和资本价格也不变,分别为 P_L、P_K,如果用 π 表示厂商利润,那么利润函数可以表示为:$\pi=P\times f(L, K)-(L\times P_L+K\times P_K)$。

现在可以通过数学方法来证明,要使利润最大化,必须满足的条件是:

$$\frac{\partial\pi}{\partial L}=P\frac{\partial f}{\partial L}-P_L=0$$

$$\frac{\partial\pi}{\partial K}=P\frac{\partial f}{\partial K}-P_K=0$$

整理上面两个式子可以得到:$\dfrac{\dfrac{\partial f}{\partial L}}{\dfrac{\partial f}{\partial K}}=\dfrac{MP_L}{MP_K}=\dfrac{P_L}{P_K}$

这就是前面我们所推导出的最优要素组合条件。由此可见,厂商追求利润最大化的同时可以得到最优要素组合。

[例 5-1] 假定某企业的生产函数为 $Q=8L^{0.5}K^{0.5}$,劳动力 L 的价格为 90 元,资本 K 的价格为 160 元,问:

(1) 如果企业希望生产 1 920 个单位的产品,应投入 L 和 K 各多少才能使成本最低?此时的成本是多少?

(2) 如果企业打算在 L 和 K 上总共投入 72 000 元,那么应在 L 和 K 上各投入多少才能使产量最大?最大产量是多少?

解:(1)
$$MP_L=\frac{\mathrm{d}(8L^{0.5}K^{0.5})}{\mathrm{d}L}=4L^{-0.5}K^{0.5}$$

$$MP_K=\frac{\mathrm{d}(8L^{0.5}K^{0.5})}{\mathrm{d}K}=4L^{0.5}K^{-0.5}$$

$$P_L=90,\ P_K=160$$

最优组合条件：$\frac{MP_L}{P_L}=\frac{MP_K}{P_K}$

即：$\frac{4L^{-0.5}K^{0.5}}{90}=\frac{4L^{0.5}K^{-0.5}}{160}$

得：$16K=9L$

又知：$1\,920=8L^{0.5}K^{0.5}$

两式联立求解，得：$K=180$，$L=320$

成本 $C=90\times320+160\times180=57\,600$(元)

(2) 解方程组

$$\begin{cases}16K=9L\\90L+160K=72\,000\end{cases}$$

得：$L=400$，$K=225$

代入：$Q=8L^{0.5}K^{0.5}=2\,400$

第四节/规模报酬

企业的生产规模是个整体概念，生产规模的变化通常都是以企业所有生产要素的数量同比例变化来衡量的。由于企业只有在长期内才能调整生产规模，所以规模报酬属于长期生产理论的范畴。

规模报酬也称作规模收益，是指在技术水平和要素价格不变的前提下，所有要素都按照同比例变化时，产量的变动状况。当企业的生产规模发生改变时，规模报酬可能递增，可能递减，也可能不变。下面我们结合图例分别讨论这三种情况。

一、规模报酬递增

规模报酬递增，就是指其他条件不变，企业产量的变动比例大于各种生产要素变动的比例。例如当所有的生产要素都增加 50%时，企业的产量增加了 100%。产生规模报酬递增的原因可能是，生产规模的扩大带来了生产效率的提高，如内部分工更为合理、管理更为完善等。规模报酬递增的情况可见图 5-7。

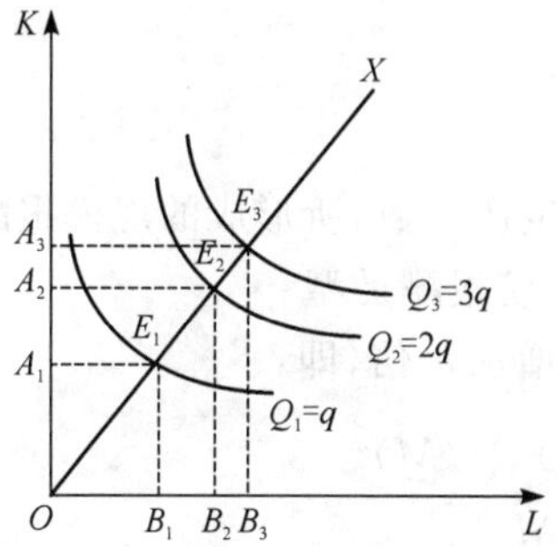

图 5-7 中 OX 为扩展线，$OA_1>A_1A_2>A_2A_3$，$OB_1>B_1B_2>B_2B_3$，$q>0$。从 E_1 到 E_2，要素 K、L 增加的比例 $\frac{A_1A_2}{OA_1}=\frac{B_1B_2}{OB_1}<1$，而产量增加了一倍。要素增加的比例小于产量增加的比例，这就是规模报酬递增的情形。

图 5-7　规模报酬递增

二、规模报酬不变

规模报酬不变，就是指其他条件不变，企业产量的变动比例等于各种生产要素变动的比例。例如当所有的生产要素都增加50%时，企业的产量也增加了50%。规模报酬不变的情况可见图5-8。

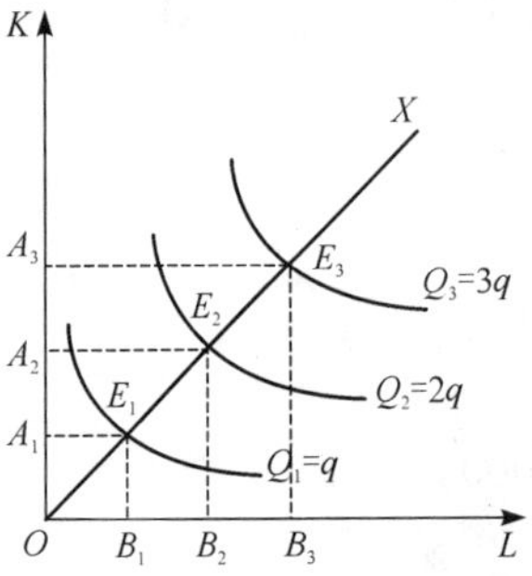

图5-8中 OX 为扩展线，$OA_1=A_1A_2=A_2A_3$，$OB_1=B_1B_2=B_2B_3$，$q>0$。从 E_1 到 E_2，要素 K、L 增加的比例 $\frac{A_1A_2}{OA_1}=\frac{B_1B_2}{OB_1}=1$，产量增加比例也是100%。要素增加的比例等于产量增加的比例，这就是规模报酬不变的情形。

图5-8　规模报酬不变

三、规模报酬递减

规模报酬递减，就是指其他条件不变，企业产量的变动比例小于各种生产要素变动的比例。例如当所有的生产要素都增加50%时，企业的产量却只增加了25%。规模报酬递减的情况可见图5-9。

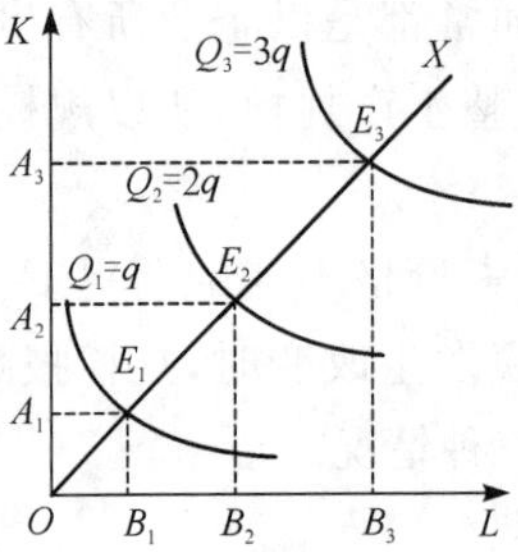

图5-9中 OX 为扩展线，$OA_1<A_1A_2<A_2A_3$，$OB_1<B_1B_2<B_2B_3$，$q>0$。从 E_1 到 E_2，要素 K、L 增加的比例 $\frac{A_1A_2}{OA_1}=\frac{B_1B_2}{OB_1}>1$，产量增加比例是100%。要素增加的比例大于产量增加的比例，这就是规模报酬递减的情形。

图5-9　规模报酬递减

规模报酬与企业的生产函数大有关系，生产函数的性质往往决定了规模报酬状况。

假定某企业的生产函数为 $Q=AL^{\alpha}K^{\beta}$，其中 A、α、β 为常数。

若 L、K 同比例增加 m 倍，

则
$$Q(mL, mK)=A(mL)^{\alpha}(mK)^{\beta}=Am^{\alpha+\beta}L^{\alpha}K^{\beta}=m^{\alpha+\beta}Q(L, K),$$

可见产量增加了 $m^{\alpha+\beta}$ 倍。

如果 $\alpha+\beta>1$，就是规模报酬递增；

如果 $\alpha+\beta<1$，就是规模报酬递减；

如果 $\alpha+\beta=1$，就是前面讲过的柯布—道格拉斯生产函数，所形成的规模报酬不变。

[例5-2]　判定生产函数 $Q=5L^{0.2}K^{0.3}M^{0.4}$ 的规模报酬类型。

解：将所有的投入要素都增加 k 倍，会使产量 Q 增加 h 倍，即：

$$\begin{aligned}hQ&=5(kL)^{0.2}(kK)^{0.3}(kM)^{0.4}\\&=5k^{0.9}L^{0.2}K^{0.3}M^{0.4}\\&=k^{0.9}Q\end{aligned}$$

因为 $$h=k^{0.9}$$

所以 $$h<k$$

生产函数 $Q=5L^{0.2}K^{0.3}M^{0.4}$ 属于规模报酬递减。

第五节/短期成本

前面两节介绍了生产理论，从本节开始介绍成本理论。本节首先介绍成本的一般概念，进而介绍厂商如何根据产量决定短期成本。

一、企业成本与机会成本

一般意义上的企业成本是指企业为了进行生产经营活动而购买或使用各种生产要素的货币支出。然而经济学意义上的企业成本带有更为广泛的含义。

经济学是以资源的稀缺性作为前提的。企业在使用一种资源生产产品的同时，必然会放弃这种资源的其他用途，同时也放弃了利用其他用途可获得的收益。我们将生产某商品的要素用于其他用途所能产生的最大收益，称为生产该商品的机会成本。

这样我们就可以从机会成本的角度对企业成本进一步加以理解。从机会成本的角度看，企业的成本可以分为显性成本和隐性成本。显性成本是指企业为了进行生产购买所有的生产要素所形成的实际支出。例如企业雇用工人的花费、购买原材料和机器设备的支出，都构成了企业的显性成本。隐性成本是指企业自有的被用于生产过程未得到补偿的生产要素的价格。例如企业主自己经营企业，并未给自己开列报酬，那么企业主的薪酬也应该计入成本，这就形成了企业的隐性成本。

案例：经济成本和会计成本的区别①

为了说明这个问题我们假设一例。假设王先生用自己的银行存款 30 万元收购了一家小企业，如果不支取这 30 万元，在市场利率 5%的情况下他每年可以赚到 1.5 万元的利息。王先生为了拥有自己的工厂，每年放弃了 1.5 万元的利息收入。这 1.5 万元就是王先生开办企业的机会成本之一。经济学家和会计师以不同的方法来看待成本。经济学家把王先生放弃的 1.5 万元也作为他企业的成本，尽管这是一种隐性成本。但是会计师并不把这1.5万元作为成本表示，因为在会计的账面上并没有货币流出企业去进行支付。

为了进一步说明经济学家和会计师之间的差别，我们换一个角度分析。假设王先生没有 30 万元，而是用自己的储蓄 10 万元，并以 5%的利率从银行借了 20 万元。王先生的会计师只衡量显性成本，将把每年为银行贷款支付的 1 万元利息作为成本，因为这是从企业流出的货币量。与此相比，根据经济学家的看法，拥有的机会成本仍然是 1.5 万元。

根据不同性质，我们还可以将企业成本分为总成本、平均成本和边际成本。总成本，是

① 资料来源：http://blog.sina.com.cn/s/blog_723c07740100tycb.html。

指企业在一定时间内生产一定数量的产品所产生的所有成本，通常缩写为 TC。平均成本，是指企业生产一单位产品所产生的成本，通常缩写为 AC。边际成本，是指企业增加一单位产量所带来的成本增加值，通常缩写为 MC。

企业成本总是和企业的生产过程紧密联系的。通过前面的介绍，我们已经知道企业生产函数分为短期生产函数和长期生产函数，与此相对应，企业成本同样可分为短期成本和长期成本。短期成本和企业短期内的生产过程相联系，长期成本则和企业长期的生产过程相联系。为了区分短期成本和长期成本，我们在短期成本的英文缩写前面添加“S”，以表示短期；而在长期成本的英文缩写前面添加“L”，表示长期。下面先介绍短期成本。

二、短期成本及其分类

短期成本是指企业在短期生产中产生的各种成本。我们知道，企业在短期生产中不能调整所有的生产要素投入量，因而可以将短期成本分为不变成本和可变成本。

不变成本，指的是企业在短期生产中因不变生产要素的投入而产生的成本，英文简写为 SFC。不变成本是不随企业短期产量的变化而变动的成本，如机器厂房的折旧费等。

可变成本，指的是企业在短期生产中因可变生产要素的投入而产生的成本，英文简写为 SVC。可变成本是随着企业短期产量变化而变动的成本，如工人工资、原材料费用、燃料电力费用等。

短期总成本，指的是企业在短期生产中所有生产要素投入所产生的全部成本，英文简写为 STC。显然，短期总成本包括可变成本和不变成本两大部分。

再引入平均成本和边际成本的概念，短期成本可以进一步划分为七大类：①总成本，记作 STC；②总不变成本，记作 $STFC$；③总可变成本，记作 $STVC$；④平均成本，记作 SAC；⑤平均不变成本，记作 $SAFC$；⑥平均可变成本，记作 $SAVC$；⑦边际成本，记作 SMC。

例如，某企业要生产汽水，要考虑两个问题：第一，生产一杯汽水需要多少成本？第二，多生产一杯汽水需要多少成本？第一个问题即为平均成本问题，第二个问题即为边际成本问题。如每小时生产 2 杯汽水，成本一共 3.8 元，则每一杯汽水的成本为 1.9 元。如果在一小时内生产 3 杯汽水，总成本从 3.8 元上升到 4.5 元，则第三杯汽水的边际成本为 0.7 元。

三、短期成本函数与短期成本曲线

1. 短期总成本函数与短期总成本曲线

由于企业的短期成本和短期生产过程相联系，所以可以直接由企业的短期生产函数推导出短期总成本函数。

如果厂商短期内只使用两种生产要素——劳动和资本，且生产一种商品。假设劳动投入是可变的，以 L 表示；资本投入是固定的，以 $\overline{K}$ 表示。短期生产函数可以表示为：$Q=f(L,\overline{K})$。这也可以理解成厂商根据不同的产量确定劳动投入量，于是可以将劳动投入量 L 表示为产量 Q 的函数，记作 $L(Q)$。如果劳动的价格为 P_L，资本价格为 P_K，那么厂商的短期总成本函数可以表示为：$STC(Q)=P_L\times L(Q)+P_K\times\overline{K}$。

假设劳动价格 P_L、资本价格 P_K 以及资本投入量 $\overline{K}$ 均为固定常数，那么可以把短期总成本函数进一步改写为：$STC(Q)=\phi(Q)+c$，其中 c 为固定常数。在总成本函数中 $\phi(Q)$ 表示总可变成本，c 表示总固定成本，因而短期总可变成本函数可以写作 $STVC(Q)=\phi(Q)$，短期总不变成本函数可以写作 $STFC(Q)=c$。

通过已经求得的短期总成本函数、短期总不变成本函数和短期总可变成本函数，可以绘制出相应的总成本曲线 STC、不变成本曲线 $STFC$ 和总可变成本曲线 $STVC$。

总成本曲线 STC（如图 5-10(a)）是向右上方倾斜的曲线，它表示随着产量的增加，总成本不断递增，每一产量上的总成本都等于不变成本和可变成本之和。

总不变成本曲线 $STFC$（如图 5-10(b)）是一条水平的直线，它表示短期生产中不变要素投入的总成本不随产量的增加而变动，始终保持同一个值。

总可变成本曲线 $STVC$（如图 5-10(c)）是一条经过原点的向右上方倾斜的曲线，它表示产量为零时，总可变成本也为零，随着产量的增加，总可变成本将不断递增。总可变成本曲线 $STVC$ 和总成本曲线 STC 的基本形状完全一致，仅仅是和纵轴的交点位置有所差别。

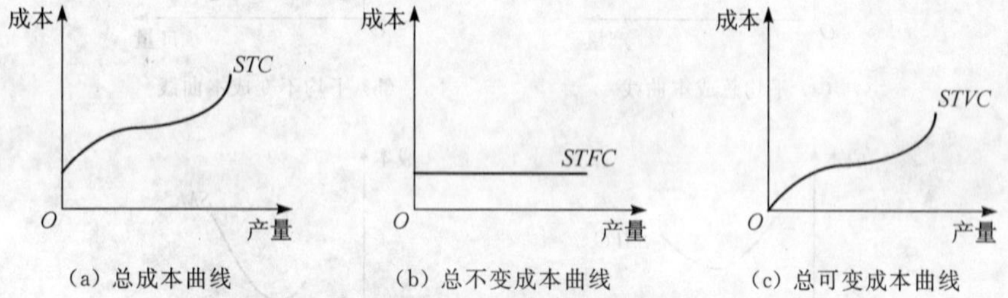

图 5-10 总成本曲线、总不变成本曲线和总可变成本曲线

2. 短期平均成本函数与短期平均成本曲线

根据平均成本的定义，可以知道 $SAC=\dfrac{STC}{Q}$，因而平均成本函数可以由总成本函数推导得到：$SAC(Q)=\dfrac{STC(Q)}{Q}$，即 $SAC(Q)=\dfrac{STC(Q)}{Q}=\dfrac{\phi(Q)+c}{Q}=\dfrac{\phi(Q)}{Q}+\dfrac{c}{Q}$。

可以看到，$\dfrac{\phi(Q)}{Q}$ 表示平均可变成本，$\dfrac{c}{Q}$ 表示平均不变成本。所以短期平均可变成本函数可以写作 $SAVC(Q)=\dfrac{\phi(Q)}{Q}$，短期平均不变成本可以写作 $SAFC(Q)=\dfrac{c}{Q}$。

$$SAC(Q)=\frac{STC(Q)}{Q}=\frac{P_L\times L(Q)+P_K\times\overline{K}}{Q}=\frac{P_L}{\dfrac{Q}{L(Q)}}+\frac{P_K\times\overline{K}}{Q}=\frac{P_L}{AP_L(Q)}+\frac{P_K\times\overline{K}}{Q}$$

不难发现 $SAVC(Q)=\dfrac{P_L}{AP_L(Q)}$，$SAFC(Q)=\dfrac{P_K\times\overline{K}}{Q}$。可见，平均可变成本函数与平均产量函数成反比例关系。

同样，可以根据平均成本函数绘制出相应的平均成本曲线。

平均总成本曲线 SAC 是一条呈"U"形的曲线，即先下降后上升，它表示随着产量的增加，单位产量产生的成本先递减后递增。如图 5-11(a)。

平均不变成本曲线 $SAFC$ 是一条向两轴趋近的双曲线，它表示随着产量的增加，单位产量分摊的不变成本越来越小，不断趋近于零。如图 5-11(b)。

平均可变成本曲线 $SAVC$ 也是一条先下降后上升的"U"形曲线，它表示随着产量的增加,单位产量产生的可变成本先递减后递增。如图 5-11(c)。

3. 短期边际成本函数与短期边际成本曲线

同样由边际成本的定义,可以推导出短期边际成本函数。

可以看到短期边际成本函数既是产量 Q 的函数,同时也是边际产量 MP_L 的函数,而且和边际产量 MP_L 成反比例关系。

根据边际成本函数,边际成本曲线 SMC 也呈现出先下降后上升的"U"形特征,它表示随着产量的增加,每增加一单位产量导致的成本增加值先递减后递增。如图 5-11(d)。

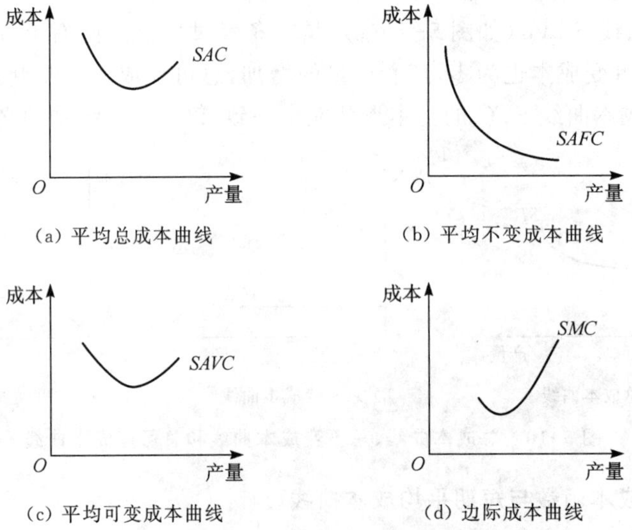

图 5-11　平均成本曲线和边际成本曲线

四、短期成本之间的关系

可以通过将各个短期成本函数绘制在同一个坐标轴内,对比分析各短期成本之间的关系。下面以图 5-12 说明各种短期成本曲线的特征及相互关系。

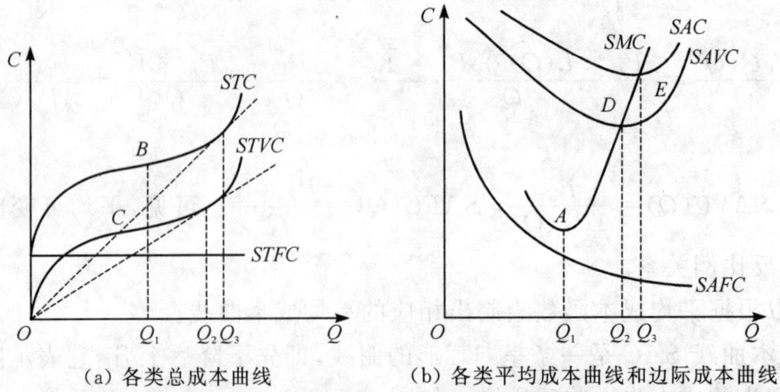

图 5-12　各种短期成本曲线的综合图

1. "U"形边际成本曲线与边际产量(报酬)递减规律

本章我们介绍过边际产量(报酬)递减的规律,即在短期生产过程中,在其他条件不变的情况下，随着一种生产要素投入量的不断增加，这种要素的边际产量首先是递增的，但是达到最大值后，边际产量将持续递减。在边际产量（报酬）递减规律的作用下，边际产量曲线先上升，到达最高点后一直下降，呈现倒“U”形。为什么边际产量递减规律会使得边际成本曲线呈现出“U”形呢？我们可以这样考虑：在边际产量递增的阶段，每增加一单位可变要素投入，边际产出是递增的，反过来说，此时每增加一单位产量所需要的可变要素投入是递减的，由于可变要素价格既定不变，也就是说此时每增加一单位产量，所产生的成本是递减的；同理，在边际产量递减的阶段，每增加一单位可变要素的产出是递减的，而此时每增加一单位产量所需要的可变要素投入是递增的，也即此时边际成本是递增的。可见，边际产量和边际成本之间存在着一种负相关关系：边际产量递增对应着边际成本递减，边际产量递减对应着边际成本递增。所以边际成本曲线就呈现出与边际产量曲线相反的特征，即“U”形。

2. 边际成本与总成本的关系

从总成本函数和边际成本函数的关系出发，我们可以知道，边际成本曲线实际上描述的是总成本曲线切线斜率变化的轨迹。通过上面的分析，边际成本曲线呈现先降后升的“U”形特征，就表示总成本曲线的斜率将先递减，达到最小值后开始一直递增，那么总成本曲线将呈现反“S”形，如图 5-12(b)，而且边际成本曲线 *SMC* 的最低点 *A* 对应着总成本曲线 *STC* 和总可变成本曲线 *STFC* 的拐点 *B*、*C*，如图 5-12(a)。

同时，我们也不难发现，总成本曲线 *STC* 和总可变成本曲线 *STFC* 的切线斜率是一致的，都反映在边际成本曲线的每一点上，因而总成本曲线和总可变成本曲线形状是相同的，只是位置有差异，这个位移就是总不变成本。

3. 边际成本与平均成本的关系

由于平均总成本等于平均可变成本与平均不变成本之和，所以平均总成本曲线 *SAC* 总是位于平均可变成本曲线 *SAVC* 和平均不变成本曲线 *SAFC* 之上。而且由于平均不变成本曲线 *SAFC* 是不断下降的，平均总成本曲线 *SAC* 总是慢于平均可变成本曲线 *SAVC* 的变化，如图 5-12(b)，平均可变成本曲线 *SAVC* 先达到最低点 *D*，平均总成本曲线 *SAC* 后达到最低点 *E*。

通过前面第二节的分析，我们知道只要边际量大于平均量，那么总量的增加必然会导致平均量增大；反过来，如果边际量小于平均量，那么总量的增加则会导致平均量降低。这种规律同样适用于边际成本和平均成本之间的关系：当边际成本小于平均成本时，平均成本不断下降；当边际成本大于平均成本时，平均成本不断递增。如图 5-12(b)，可见边际成本曲线 *SMC* 与平均总成本曲线 *SAC* 及平均可变成本曲线 *SAVC* 分别交于最低点 *D*、*E*。同时不难发现，边际成本曲线 *SMC* 的变化要快于平均成本曲线 *SAC* 和 *SAVC*。

第六节/长期成本

前面一节介绍了短期成本以及各短期成本曲线，本节将在短期成本理论的基础上，分析长期成本是如何形成的，以及短期成本与长期成本之间的关系。

一、长期成本的概念及分类

长期成本是厂商在长期生产过程中所产生的成本。在长期内,厂商可以调整所有的生产要素投入量,甚至于进入新的行业或者推出原有行业,因而所有生产要素都是可变的,厂商所有的成本也是可变的,不存在不变成本。

这样一来,长期成本就仅分为长期总成本、长期平均成本和长期边际成本。

长期总成本是指厂商在长期生产过程中某一产量水平上,通过调整生产规模达到的最低总成本,英文缩写为 LTC。

长期平均成本是指厂商在长期生产过程中某一产量水平上,通过调整生产规模达到的按产量平均计算的最低总成本,英文缩写为 LAC。

长期边际成本是指厂商在长期生产过程中某一产量水平上,通过调整生产规模达到的,增加一单位产量引起的最低总成本增量,英文缩写为 LMC。

二、长期成本函数及长期成本曲线

1. 长期总成本函数及长期总成本曲线

厂商在长期内总可以通过调整生产规模,找到每个产量水平所对应的最优生产要素配置。所以长期总成本函数反映的是每一产量水平所对应的最优生产规模,也就是该产量水平下所有生产要素的最低总成本。

通常将长期总成本函数表示如下:

$$LTC = LTC(Q)$$

长期总成本曲线可以由短期总成本曲线推导出来,如图 5-13。假设短期总成本曲线 STC_0、STC_1 和 STC_2 分别代表三个不同的生产规模,由三条曲线与纵轴的截距可知,短期总成本曲线 STC_0、STC_1 和 STC_2 代表的生产规模依次增大。

如果厂商的产量预定为 Q_1,由图 5-13 可知,在这一产量水平上,厂商可以在 A、B、C 三点进行生产,但是很明显,A 点的总成本最小,在可以调整生产规模的情况下,厂商一定会选择曲线 STC_1 代表的规模进行生产,因为此时的总成本已经尽可能降到了最低。尽管图5-13中仅画出了三条短期总成本曲线,但是理论上可以有无数条短期总成本曲线,在每一个产量水平下,厂商都可以找到对应的最优生产规模,使得总成本降到最低,也就是说对于每个产量水平都可以找到类似于 A 的点,所有这些点形成的轨迹,就是长期总成本曲线。长期总成本曲线 LTC 实际上是所有短期总成本曲线的包络线,每个产量水平都对应着长期总成本曲线和某一条短期总成本曲线的切点,如图 5-13 中 A、D、E 三点,这些切点对应的总成本就是不同产量水平下的最低总成本。

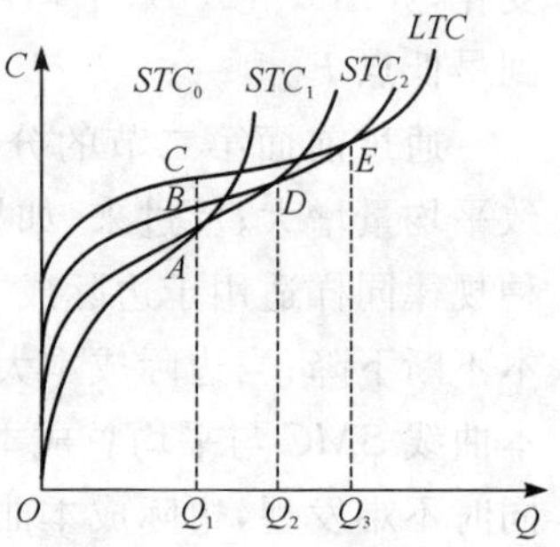

图 5-13　长期总成本曲线

长期总成本曲线 LTC 是从原点出发向右上方倾斜的曲线,其形状类似于短期总成本曲线,其斜率先递减后递增。

2. 长期平均成本函数及长期平均成本曲线

长期平均成本函数表示的是长期内产量和平均最低总成本之间的对应关系。长期平均成本函数可以表示为：$LAC(Q)=\frac{LTC(Q)}{Q}$。

长期平均成本曲线可以由短期平均成本曲线推导出来，如图 5-14。假设短期平均成本曲线 SAC_0 和 SAC_1 分别代表两个不同的生产规模。在长期内，厂商可以根据不同的产量水平，调整生产规模，达到最低平均成本。

如果厂商的产量预定为 Q_0，由图 5-14 可知，在这一产量水平上，厂商可以选择平均成本曲线 SAC_0 或 SAC_1 代表的生产规模 A、B 两点进行生产，但是 A 点的平均成本较小，在可以调整生产规模的情况下，厂商一定会选择曲线 SAC_1 代表的规模进行生产，因为此时的平均成本已经尽可能降到了最低。

如果厂商的产量预定为 Q_1，由图 5-14(a)可知，在这一产量水平上，厂商既可以选择平均成本曲线 SAC_0 代表的生产规模，也可以选择平均成本曲线 SAC_1 代表的生产规模，因为这两种生产规模在 C 点都可以达到最小平均成本。此时，厂商有可能选择生产规模较小的 SAC_0，这样可以投资少一点；也有可能选择 SAC_1，如果厂商考虑到今后会扩大产量的话。

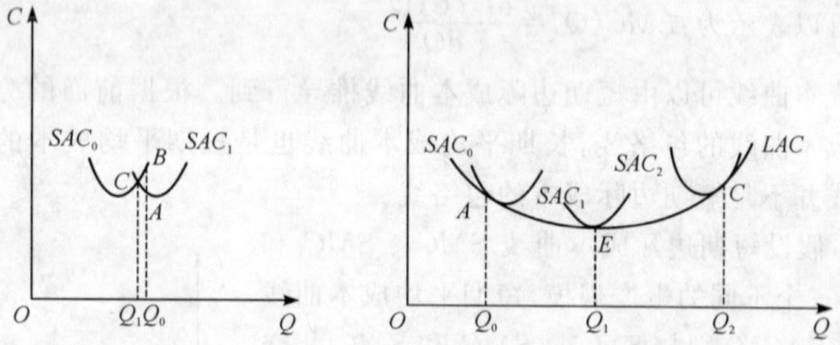

(a) 短期平均成本曲线的相交　　(b) 长期平均成本曲线的形成

图 5-14　长期平均成本曲线的形成

尽管图 5-14(a)中只画了两条短期平均成本曲线，但是理论上可以有无数条短期平均成本曲线，于是在每一个产量水平下，厂商都可以找到对应的最优生产规模，使得平均成本降到最低，也就是说厂商可以找到一系列的点，所有这些点对应着每一个产量水平下的最低平均成本，这些点形成的轨迹就是长期总成本曲线。长期总成本曲线是所有短期平均成本曲线的包络线，每个产量水平都对应着长期平均成本曲线和某一条短期平均成本曲线的切点，这些切点对应的总成本就是不同产量水平下的最低总成本。

如图 5-14(b)，长期平均成本曲线的形状类似于短期平均成本曲线，呈“U”形，即先下降后上升。在长期平均成本曲线 LAC 的下降阶段，LAC 与短期平均成本曲线相切于其最低点的左侧；在长期平均成本曲线 LAC 的上升阶段，LAC 与短期平均成本曲线相切于其最低点的右侧；在长期平均成本曲线 LAC 的最低点，LAC 相切于短期平均成本曲线 SAC 的最低点。

为什么长期平均成本曲线会呈“U”形呢？这就需要引入规模经济和规模不经济的概念了。所谓规模经济，指的是企业扩大生产规模，导致的收益增加幅度超过成本增加幅度。反过来，如果企业扩大生产规模，导致收益增加幅度低于成本增加幅度，那么就称作规模不经济。在长期生产过程中，由于企业扩大生产规模，首先会产生规模经济的情况，即产量增加的倍数超过成本增加的倍数，于是整体经济效益增加，平均成本就会下降，所以长期平均成本曲线的前半段向右下方倾斜。但是,随着生产规模进一步扩大,又出现了规模不经济的情况,也就是说生产规模扩大带来的产量增加倍数小于成本增加倍数,整体经济效益下降,于是平均成本增加,所以长期平均成本曲线在达到最低点后,又会向右上方倾斜。

长期平均成本曲线最低点左侧相切于相应的短期平均成本曲线最低点左侧,而长期平均成本曲线最低点右侧相切于相应的短期平均成本曲线最低点右侧。这个特征也很好解释。因为长期平均成本曲线最低点右侧所有点的斜率为正数,而短期平均成本曲线最低点斜率为零,最低点左侧所有点斜率小于零,所以切点只可能位于短期平均成本曲线最低点右侧,即斜率大于零的一侧。同理,长期平均成本曲线最低点左侧也只能相切于相应的短期平均成本曲线最低点左侧,而且长期平均成本曲线相切于短期平均成本曲线 SAC 的最低点,同时也是长期平均成本曲线的最低点。

3. 长期边际成本函数及长期边际成本曲线

长期边际成本函数表示的是长期内厂商增加一单位产量导致的总成本的增量。长期边际成本函数可以表示为:$LMC(Q)=\frac{\mathrm{d}LTC(Q)}{\mathrm{d}Q}$。

长期边际成本曲线可以由短期边际成本曲线推导得到。根据前面的分析,长期总成本曲线是短期总成本曲线的包络线,长期平均成本曲线也是短期平均成本的包络线,但是长期边际成本曲线并不是短期边际成本的包络线。

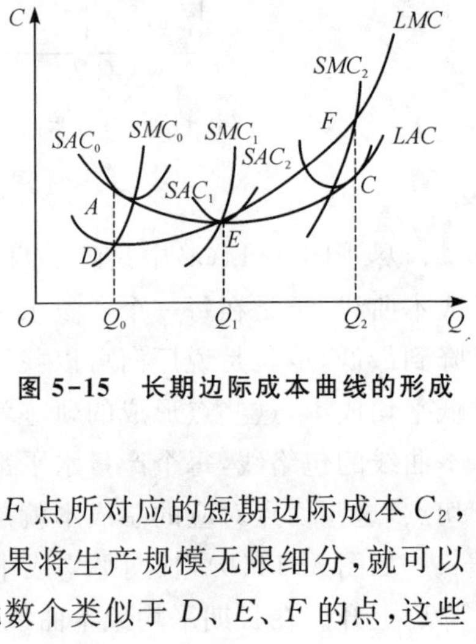

图 5-15　长期边际成本曲线的形成

如图 5-15,假设短期边际成本曲线 SMC_0、SMC_1 和 SMC_2 分别代表三个不同的生产规模,短期平均成本曲线 SAC_0、SAC_1 和 SAC_2 分别与 SMC_0、SMC_1 和 SMC_2 相交于最低点,长期平均成本曲线 LAC 与 SAC_0、SAC_1 和 SAC_2 分别相切于 A、E、C,长期边际成本曲线 LMC 与 SMC_0、SMC_1 和 SMC_2 分别相交于 D、E、F。若厂商的产量设定为 Q_0,则此时短期平均成本曲线 SAC_0 代表最优生产规模,D 点所对应的短期边际成本 C_0,既是最优的短期边际成本,也是最优的长期边际成本。同理,当产量为 Q_1 时,E 点所对应的短期边际成本 C_1,既是最优的短期边际成本,也是最优的长期边际成本;当产量为 Q_2 时,F 点所对应的短期边际成本 C_2,既是最优的短期边际成本,也是最优的长期边际成本。如果将生产规模无限细分,就可以得到无数条短期成本曲线,重复上面的过程,就可以得到无数个类似于 D、E、F 的点,这些点形成的轨迹就是长期边际成本曲线 LMC。

长期边际成本曲线也呈现先降后升的"U"形,并且和长期平均成本曲线相交于长期平均成本曲线的最低点。

三、长期成本之间的关系

1. 长期边际成本与长期总成本

长期边际成本与长期总成本之间的关系,类似于短期边际成本与短期总成本的关系。长期边际成本曲线描述的也是长期总成本曲线的斜率变动轨迹。在长期边际成本下降的阶段，长期总成本保持递增，但是递增的速度逐步减慢，直到出现拐点；在长期边际成本上升的阶段，长期总成本还是保持递增，但是递增的速度逐步加快。

2. 长期边际成本与长期平均成本

长期边际成本与长期平均成本之间的关系，也可以用前面讲到的边际量和平均量之间的规律来加以说明。当长期边际成本低于长期平均成本时，随着产量的增加，长期平均成本处于递减阶段；当长期边际成本等于长期平均成本时，长期平均成本降到最小值；当长期边际成本高于长期平均成本时，随着产量的增加，长期平均成本处于递增阶段。而且长期边际成本的变化要快于长期平均成本的变化。

本章小结

1. 生产函数是在一定时期内，在技术条件不变的情况下，厂商投入生产要素数量和最大产出数量之间的关系。短期生产函数表示在资本投入固定的情况下，各种劳动投入水平对应的最大产量。长期生产函数反映的是技术水平不变时多种可变生产要素投入量与最大产量之间的关系。

2. 短期生产可以分为三个阶段。平均产量递减，但总产量仍递增的第二阶段是厂商进行短期生产决策的关键阶段。

3. 长期生产的最优要素组合隐含着既定成本下的产量最大化和既定产量下的成本最小化，其实现条件是一致的，即厂商每单位货币买到的两种要素的边际产量应该相等。利润最大化可以使厂商得到最优要素组合。规模报酬是一个长期生产的问题，分为规模报酬递增、规模报酬递减和规模报酬不变三种情况。

4. 短期边际成本曲线之所以呈现倒"U"形，主要原因是边际产量递减规律，就是指在技术水平不变的情况下，其他要素投入不变，连续增加一种要素投入，这种要素投入的边际产量最终会逐渐递减。长期平均成本曲线会呈现"U"形是因为规模经济和规模不经济的作用。

5. 不论是长期成本还是短期成本，其边际成本的变动都快于平均成本，当边际成本小于平均成本时，平均成本不断下降；当边际成本大于平均成本时，平均成本不断递增。

6. 长期总成本曲线是短期总成本曲线的包络线；长期平均成本曲线是短期平均成本曲线的包络线；而长期边际成本曲线不是短期边际成本曲线的包络线，它是每一产量上短期边际成本交点的连线。

关键概念

生产函数　短期生产函数　长期生产函数　边际产量递减规律　等产量线　边际技术替代率　规模报酬　机会成本　显性成本　隐性成本　不变成本　可变成本　规模经济　规模不经济

复习思考题

一、单项选择题

1. 当 AP 为正但递减时,MP 是(　　)。
   A. 递减的　　B. 负的　　C. 零　　D. 上述任何一种
2. 等成本线平行向外移动表明(　　)。
   A. 产量提高了　　B. 成本增加了
   C. 生产要素的价格按相同比例提高了　　D. 生产要素的价格按不同比例提高了
3. 经济学中短期与长期的划分取决于(　　)。
   A. 时间长短　　B. 可否调整产量
   C. 可否调整产品价格　　D. 可否调整生产规模
4. 不随产量变动而变动的成本称为(　　)。
   A. 平均成本　　B. 固定成本
   C. 长期成本　　D. 总成本
5. 在长期中,下列成本中哪一项是不存在的?(　　)
   A. 可变成本　　B. 平均成本　　C. 机会成本　　D. 隐性成本
6. 边际成本低于平均成本时(　　)。
   A. 平均成本上升　　B. 平均可变成本可能上升也可能下降
   C. 总成本下降　　D. 平均可变成本上升
7. 短期平均成本曲线呈"U"形的原因与(　　)。
   A. 规模报酬有关　　B. 外部经济与不经济有关
   C. 要素的边际生产率有关　　D. 固定成本与可变成本所占比重有关
8. 长期平均成本曲线呈"U"形的原因与(　　)。
   A. 规模报酬有关　　B. 外部经济与不经济有关
   C. 要素的边际生产率有关　　D. 固定成本与可变成本所占比重有关
9. 等成本曲线平行向外移动表明(　　)。
   A. 产量提高了　　B. 成本增加了
   C. 生产要素的价格按相同比例提高了　　D. 生产要素的价格按不同比例提高了
10. 边际技术替代率递减规律表明:当每增加1单位劳动,(　　)。
    A. 保持产量不变时,资本量减少较多
    B. 保持产量不变时,资本量减少较少
    C. 如果资本量保持不变,产量就会增加得更多
    D. 如果资本量保持不变,产量的增加会更少

二、简答题

1. 为什么短期平均成本曲线和长期平均成本曲线都是"U"形曲线?
2. 什么是边际收益递减规律?如何理解这一规律?
3. 等产量线有什么特点?等产量线会不会出现斜率为正值的情况?

4. 长期边际成本曲线为什么不能是短期边际成本曲线的包络线？

5. 用图示说明总产量、边际产量和平均产量之间的关系。

三、计算题

1. 已知生产函数为 $Q=f(K, L)=KL-0.5L^2-0.32K^2$，$Q$ 表示产量，K 表示资本，L 表示劳动。令上式的 $K=10$。

(1) 写出劳动的平均产量(AP)函数和边际产量(MP)函数。

(2) 分别计算当总产量、平均产量和边际产量达到极大值时厂商雇用的劳动。

2. 某公司的短期总成本函数为 $STC=200+30Q$，目前其产量为 500。求：

(1) 该公司的不变成本；

(2) 生产时的边际成本；

(3) 生产时的平均不变成本。

3. 某混凝土公司目前由两名工人操作一台混凝土搅拌机，每小时可配料 30 m^3，如果再增加一名工人，可使配料速度提高到 40 m^3/小时，若不增加工人，而对搅拌机进行技术改造，可使配料速度提高到 48 m^3/小时。该搅拌机进行技术改造后，会使公司成本每年增加 8 000 元。工人每小时的工资为 3.2 元。该公司每年有 300 个工作日，每个工作日按 8 小时计。问该公司是增加工人合算，还是实行技术改造合算？

4. 企业总固定成本为 10 000 元，平均成本为 500 元，平均可变成本为 100 元，求企业现在的产量。

第六章　市场结构

学习目标：

- 掌握完全竞争市场、完全垄断市场的收益曲线和均衡条件。
- 理解生产者剩余的概念和价格歧视的概念。
- 掌握垄断竞争厂商的竞争策略。
- 了解寡头厂商的策略模型。

厂商在各种市场结构中如何决定产品价格和产量的理论通常称为厂商理论或市场理论。

市场一般是指从事商品买卖的交易场所或接触点。一个市场通常不是一个单一的地点，它可能有固定场所，也可能通过电话、传真等方式使买卖成交。西方经济学通常按如下所描述的市场竞争程度的不同将市场结构划分为四种类型：完全竞争市场、垄断竞争市场、寡头垄断市场和完全垄断市场，如表 6-1 所示。在不同的市场结构条件下，市场运行是不同的，对经济效率的影响也不一样。一般而言，影响市场竞争程度的具体因素有如下一些：

(1) 厂商数目。如果厂商的数目很多，单一厂商对市场中产品的价格影响很小或者根本没有影响，我们就认为市场是竞争性的；相反，如果一个企业可以影响它出售的物品的市场价格，我们就认为该企业有市场势力。

(2) 产品的差别程度。市场中每个企业生产的产品如果完全一致或者稍有差别，则这个市场是竞争性的，否则市场存在市场势力。

(3) 单个厂商对市场控制的程度。这一点较容易理解，如果一个企业对市场没有或者有很小的控制程度，则这个市场是竞争性的，否则我们就认为该企业有市场势力。

(4) 厂商进出行业的难易程度。一般而言，如果一个企业进出该行业较容易，则市场具有竞争性，否则市场存在市场势力。

表 6-1　市场类型的划分和特征

市场类型	厂商数目	产品差别程度	对价格控制程度	进出行业的难易程度	接近的商品市场
完全竞争	很多	完全无差别	没有	很容易	农产品
垄断竞争	很多	有差别	有一些	比较容易	零售业
寡头垄断	几个	有、无差别	一定程度	比较困难	钢铁
完全垄断	唯一	无差别	很大程度	非常困难	水电

第一节/完全竞争市场

完全竞争也称纯粹竞争，是指竞争完全，不受任何阻碍和干扰的市场结构。从前面的市场划分情况看，该结构是无数家企业生产完全相同的产品。

一、完全竞争市场的假定

在完全竞争市场，既没有政府的干预，也没有厂商的集体勾结行动对市场机制作用的阻碍。形成完全竞争市场，必须满足如下几个基本假定：

(1) 市场上存在大量的小规模卖者和买者。相对于市场需求而言，存在大量的卖者，每一个卖者的供应数量在总的市场供应量中所占比例足够小，以致没有一个卖者可以以高于现行市场价格的水平出售其商品；同样，相对于市场供给，存在大量买者，每一个买者的规模足够小，使得其不能以低于市场价格的水平进行购买。显然，完全竞争市场上的每一个买者和卖者都只能是市场价格的被动接受者(price taker)。只有在众多小卖者和买者联合行动影响市场供给或需求时，市场的均衡才会被打破。

(2) 市场上的商品具有同质性。商品的同质性意味着消费者对不同厂商的同类商品具有中性偏好，任何一个生产者的产品都完全可以用另一个生产者的产品替代。商品的同质性决定了买者对任一生产者的产品所愿意支付的最高价格即是商品的现行市场价格。在所有卖者的产品价格相同时，买者最终购买哪一家的产品完全是随机的。

(3) 企业进入或退出该行业的自由不存在重要限制。在完全竞争的市场结构下，各种类型的资源都可以随需求变化很容易地从一种用途移至另一种用途。新厂商进入该行业与原有厂商退出该行业都不存在任何重要的法律、社会及经济成本方面的障碍。

(4) 市场上的任一卖者或买者都具备完全的信息和知识。生产者确切了解产品的销售收入函数和成本函数，以及各种资源投入的价格和可用来生产产品的各种选择性技术。消费者知道其他企业产品的价格。资源所有者知道企业对资源投入的支付价格和各种有关的机会成本。决策是在确定性条件下做出的。

很显然，过于严格的限制条件使完全竞争市场在现实世界中很难存在。少数市场近似地满足前三个条件，比如农产品市场及某些证券市场，但没有一个市场能符合完备信息的第四个条件。

例如粮食市场，它拥有成千上万家厂商——农户或农场，厂商数量众多。每一家厂商面临的需求曲线几乎是平直的，产品品质上没有太大的差异，进出市场的成本也不高(承包一块土地生产粮食似乎不需要太多的本钱)，所需要的信息不多(别人知道的信息，你要想知道也不难)。因此，在微观经济学中，我们将农产品市场作为完全竞争市场来研究。其他许多市场诸如面包市场、玩具市场、服装市场等，都与完全竞争市场接近，但都不完全满足，所以这些市场不属于完全竞争市场。然而，完全竞争市场模型的“不现实性”并不能抹杀这一模型的“有用性”。通过对这一模型的研究，我们可以把握数目众多、出售相同产品、规模较小的企业的市场本质，还可以得出有关企业决策行为的若干基本原则。

二、完全竞争市场及厂商的需求曲线

完全竞争市场的需求曲线与前面第二章所述内容一致,即产品市场的需求与价格成反比,需求曲线是一条向右下方倾斜的直线。而就单个厂商需求来说,在完全竞争条件下,每个厂商只能按照市场决定的价格销售产品,它无法影响和改变市场价格,因此,厂商的需求曲线为平行于横轴的一条直线,它到横轴的距离等于整个产品市场的供求决定的价格水平。如图 6-1 所示,图 6-1(a)中,整个市场的需求 D 和供给 S 决定了市场的均衡点为 E,均衡价格是 P_e,图 6-1(b)表示的是单个厂商的需求曲线,它是一条平行于横轴、垂直距离等于市场均衡价格 P_e 的水平线,用 d 表示。

水平的需求曲线意味着厂商只能被动地接受给定的市场价格,且厂商既不会也没有必要去改变这一价格水平。值得注意的是,在完全竞争市场中,单个消费者和单个厂商无力影响市场价格,他们中的每一个人都是被动地接受既定的市场价格,但这些并不意味着完全竞争市场的价格是固定不变的。某些因素,诸如消费者的收入水平提高、厂商生产技术水平的提高以及政府政策改变等都会使供求曲线移动,使市场建立新的均衡,确立新的市场均衡价格。在这种情况下,我们就会得到由新的均衡价格水平出发的一条水平线,即单个厂商的需求曲线。

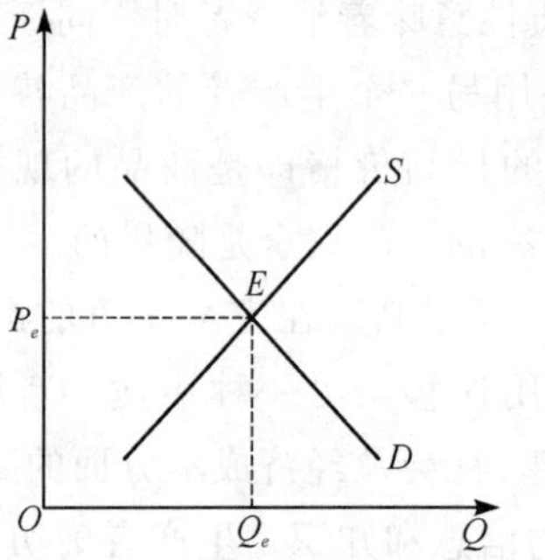

(a) 市场的需求曲线

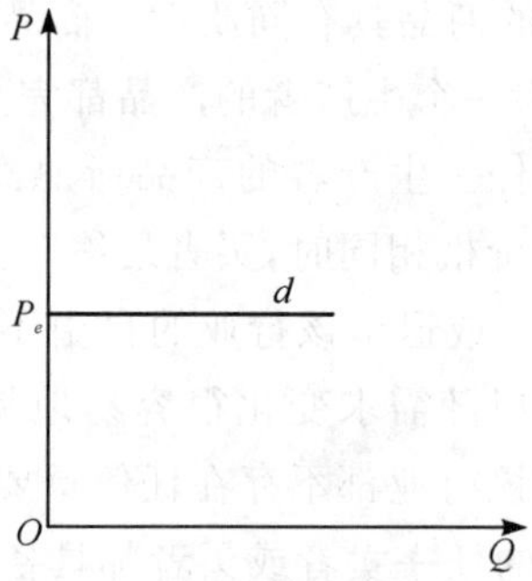

(b) 厂商的需求曲线

图 6-1　完全竞争市场及厂商的需求曲线

三、完全竞争厂商的收益曲线

厂商收益是指厂商销售其产品所取得的货币收入。以下三个基本的收益概念应加以区分。

(1) 总收益(以 TR 表示)。指厂商出售一定数量产品后所得到的全部收入,它等于产品价格乘以销售数量,可用公式表示为:

$$TR(Q) = P \times Q$$

(2) 平均收益(以 AR 表示)。指厂商销售每单位产品所得到的平均收入,它等于总收益除以总销售量,也就是单位产品的销售价格。平均收益可以用公式表示为:

$$AR(Q) = TR(Q)/Q$$

(3) 边际收益(以 MR 表示)。指每增加或减少一单位产品的销售所引起的总收益的变动量。可以表示为：

$$MR(Q)=\Delta TR(Q)/\Delta Q \quad 或者 \quad MR(Q)=\mathrm{d}TR(Q)/\mathrm{d}Q$$

由上式可知,每一销售量水平上的边际收益就是相应的总收益曲线的斜率。

厂商的销售收入即收益,它与市场上消费者对该厂商所生产的产品的需求状况有着直接的联系,所以,分析厂商收益曲线必须以该厂商所面临的需求曲线为依据。在完全竞争条件下,厂商所面临的需求曲线是一条水平线。它表示单个厂商无法通过改变销售量来影响市场价格,只能被动地接受市场价格。在这样的前提下,假定某厂商所面临的既定的市场价格为 $P_e=2$ 元,并由此编制的该厂商的收益表如表 6-2 所示。

表 6-2 某完全竞争厂商的收益表

价格 P	销售量 Q	总收益 $TR=P\times Q$	平均收益 $AR=TR/Q$	边际收益 $MR=\Delta TR/\Delta Q$
2	100	200	2	2
2	200	400	2	2
2	300	600	2	2
2	400	800	2	2
2	500	1 000	2	2

从表 6-2 可见,在每一个商品销售量水平,厂商都按既定的市场价格 $P=2$ 元出售商品。随着商品销售量的增加,厂商的总收益 TR 是不断增加的。但由于商品的单位销售价格是固定不变的,这就不仅使得厂商的平均收益 AR 必然保持不变,即等于商品的单位价格 2 元,而且使得厂商每增加一单位商品的销售所获得的边际收益 MR 也必然保持不变,且等于商品的单位价格 2 元。这表明完全竞争厂商在任何商品销售量水平上都有：

$$AR=MR=P$$

假定市场上消费者的需求量总能得到满足,单个厂商的销售量总是等于其所面临的市场上对其产品的需求量,且商品的数量和价格可以无限分割,则可以根据表 6-2 绘制出相应的完全竞争厂商的收益曲线,如图 6-2 所示。

图 6-2 中的横轴表示厂商所面临的商品需求量即销售量 Q,纵轴表示商品的价格 P。图中的收益曲线具有以下的特征:第一,完全竞争厂商的总收益 TR 曲线是一条由原点出发的呈上升趋势的直线。其之所以呈斜率不变直线形,是因为每一销售量上的边际收益值是相应的总收益曲线的斜率,即 $MR=\mathrm{d}TR/\mathrm{d}Q$,而完全竞争厂商的边际收益是不变的,它等于既定的市场价格。第二,完全竞争厂商的平均收益 AR 曲线、边际收益 MR 曲线和需求曲线 d 这三条线是重叠的,它们是用同一条水平线 d 来表示的,见图 6-3。这是因为,对于完全竞争厂商来说,在既定市场价格下的任何需求量上都有 $AR=MR=P$,而完全竞争厂商所面临的需求曲线本身就是一条由既定的市场价格水平出发的水平线。

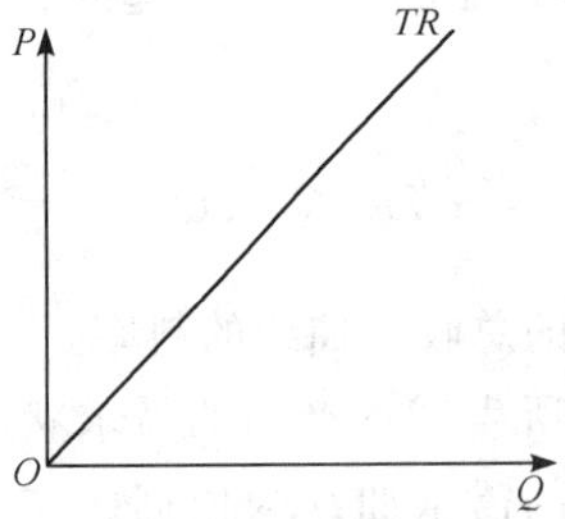

图 6-2　完全竞争厂商的总收益曲线

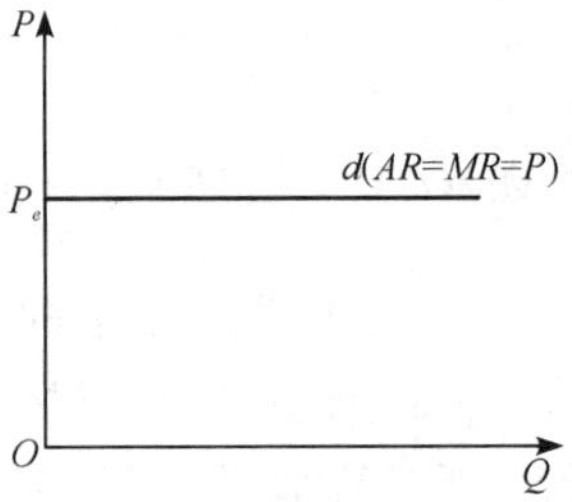

图 6-3　完全竞争厂商的平均收益及边际收益曲线

四、完全竞争厂商的均衡

在短期内，完全竞争厂商只能通过对产量的调整来实现最大利润。厂商实现最大利润所要遵循的原则是什么呢？

1. 实现最大利润的均衡条件：*MR*＝*MC*

它可以表述为：在其他条件不变的情况下，厂商应该选择最优的产量，使得最后一单位产品所带来的边际收益等于所付出的边际成本。或者简单地说，厂商实现最大利润的均衡条件是边际收益等于边际成本，即：$MR=MC$。

为什么只有当 $MR=MC$ 时，厂商才能实现最大利润呢？

下面用图 6-4 加以说明：

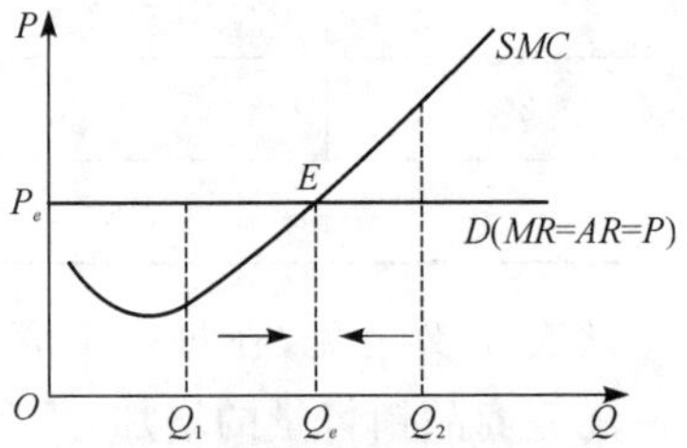

图 6-4　厂商实现最大利润的均衡条件

图 6-4 中的横轴代表产量 Q，纵轴代表价格 P。厂商经营活动中的生产成本状况可以用短期边际成本 SMC 曲线和短期平均成本 SAC 曲线来表示，厂商的销售收益状况用厂商所面临的水平形状的需求曲线 D 表示。根据 $MR=MC$ 的均衡条件，SMR 曲线和 MR 曲线的交点 E 便是厂商实现最大利润的均衡点，相应的最优产量为 Q_e。

如果厂商选择的产量是在小于 Q_e 的产量范围内，如图中的 Q_1，那么，厂商便处于 $MR>MC$ 的阶段。这表明厂商此时每增加一单位产量所得到的收益增量大于所付出的成本增量。权衡得失，厂商会在这一阶段上继续增加产量，以增加利润。由图 6-4 还可见，只要厂商沿着箭头方向扩大产量，边际收益 MR 始终保持不变，边际成本 MC 是不断增加的。也就是说，随着产量的不断增加，$MR>MC$ 的状况会逐步转化为 $MR=MC$ 的状况。而在这一过程中，厂商会得到由扩大产量所带来的全部经济上的好处，获得其所能得到的最大利润。

相反，如果厂商选择的产量是在大于 Q_e 的产量范围内，如图中的 Q_2，于是，厂商便处于 $MR<MC$ 的阶段。这意味着厂商此时每增加一单位产量所得到的收益增量小于所付出的成本增量。在这一阶段上，厂商会不断地减少产量，以增加利润。由图 6-4 还可见，只要厂商沿着箭头方向缩减产量，边际收益 MR 和边际成本 MC 之间的差额就会逐步缩小，直至实现 $MR=MC$。而在这一过程中，厂商得到了其所能得到的最大利润。

由此可见，不管是增加产量还是减少产量，厂商都是在寻找一个最优的产量点。只要厂商实现了这一最优的产量点，其必然能够从产量的调整过程中，既得到可能的利润增加的全部好处，又避免可能的利润减少的全部损失。这个最优的产量点只能是使 $MR=MC$ 的均衡产量点。所以，实现最大利润的均衡条件为 $MR=MC$。

2. 完全竞争厂商的短期均衡

在短期，完全竞争厂商只能通过对产量的调整来实现最大利润。但短期中许多事情可以改变，企业必须对这种变动做出反应，这种反应包括：

(1) 是生产还是停产？

(2) 如果决定生产，生产多少？

在完全竞争市场条件下的短期生产中，不仅产品市场的价格是既定的，而且生产中的不变要素投入量是无法改变的，即厂商只能用给定的生产规模进行生产，所以，厂商只有通过对产量的调整来实现 $MR=MC$ 的利润最大化的均衡条件。厂商短期均衡时的盈亏状况可以用图 6-5 来说明。

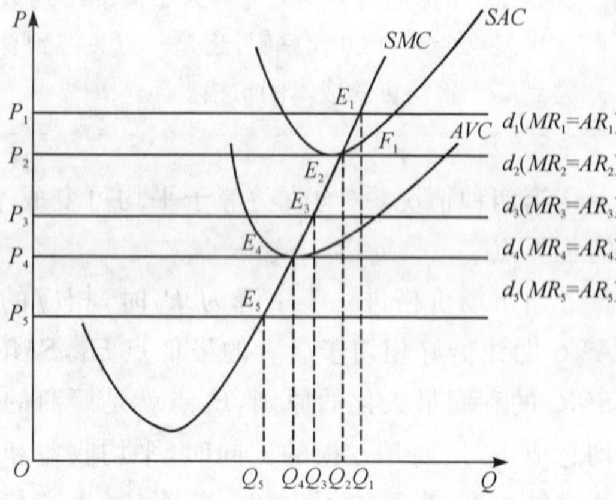

图 6-5 完全竞争厂商的短期均衡

图 6-5 中的三条成本曲线 SMC、SAC 和 AVC 共同代表厂商的既定的短期生产规模；厂商所面临的五条需求曲线 d_1、d_2、d_3、d_4 和 d_5 分别代表在五个不同市场价格水平下的厂商的收益状况。下面的分析将表明，对于厂商的一个既定的生产规模来说，不同的市场价格水平将直接影响厂商的短期均衡的盈亏状况。厂商的短期均衡可以分为以下五种情况。

第一种情况：平均收益大于平均总成本，即 $AR>SAC$，厂商获得利润。当市场价格较高（为 P_1），相应的厂商所面临的需求曲线为 d_1 时，根据 $MR=SMC$ 的利润最大化的均衡条件，厂商选择的最优产量为 Q_1。在 Q_1 的产量上，SMC 曲线和 MR_1 曲线相交于 E_1 点，E_1 点是厂商的短期均衡点。这时，厂商的平均收益为 E_1Q_1，平均总成本为 F_1Q_1。平均收益大于平均总成本，厂商在单位产品上所获得平均利润为 E_1F_1，利润总量为 $E_1F_1\times OQ_1$。

第二情况：平均收益等于平均总成本，即 $AR=SAC$，厂商的利润刚好为零。相对于第一种情况，市场价格由 P_1 下降为 P_2，厂商所面临的需求曲线相应地向下平移为 d_2 曲线，而且，厂商所面临的需求曲线 d_2 恰好与短期平均总成本 SAC 曲线相切于后者的最低点 E_2，短期边际成本 SMC 曲线也经过该点。由于该点就是 SMC 曲线和 MR_2 曲线的交点，所以，E_2 点就是厂商的短期均衡点，相应的均衡产量为 Q_2。在 Q_2 的产量水平，平均收益为 E_2Q_2，平均总成本也为 E_2Q_2，厂商的利润为零，但厂商的正常利润全都实现了。由于在这一点上，厂商既无利润又无亏损，所以，SMC 曲线与 SAC 曲线的交点也被称为厂商的收支相抵点。

第三种情况：平均收益小于平均总成本，但仍大于平均可变成本，即 $AVC<AR<SAC$，厂商亏损，但继续生产。

当市场价格继续降为 P_3，相应的厂商所面临的需求曲线为 d_3 时，SMC 曲线和 MR 曲线相交所决定的短期均衡点为 E_3,均衡产量为 Q_3。在 Q_3 的产量水平,平均收益为 E_3Q_3。平均收益小于平均总成本(AR 曲线位于 SAC 曲线以下),厂商是亏损的,但平均收益大于平均可变成本。此时,厂商虽然亏损,但仍继续生产。因为只有这样,厂商才能在用全部收益弥补全部可变成本之后,还能弥补在短期内总是存在的不变成本的一部分。所以,在这种情况下,生产要比不生产强。下面的案例可以帮助你理解这一点。

案例:海滩的汽车旅馆每晚应该只收20元的房费吗?

某海滩直线排列着多家性质相同的汽车旅馆。夏天的晚上,住宿费用为每晚 100 元。冬天,人们可以享受到一个房间每晚 20 元的低廉价格。假设每天晚上房间的平均固定成本等于 50 元,一个房间每天晚上与客人相关的平均成本等于 15 元。那么,这些汽车旅馆究竟在淡季将房屋租金定为 20 元好呢,还是一直关门到夏季再开业好呢?答案是应该继续营业,因为能够得到高于平均可变成本的价格。

第四种情况:平均收益等于平均可变成本,即 $AR=AVC$,厂商亏损,处于生产与不生产的临界点。

当市场价格进一步下降为 P_4 时,相应的厂商所面临的需求曲线为 d_4,而且 d_4 曲线与 AVC 曲线恰好相切于后者的最低点 E_4,SMC 曲线也经过该点。在这种情况下,根据 $MR=SMC$ 的利润最大化的原则,E_4 点就是厂商的短期均衡点。在均衡点 E_4 上,平均收益小于平均总成本,厂商是亏损的。同时,平均收益和平均可变成本相等,都为 E_4Q_4。于是,厂商可能继续生产,也可能不生产。或者说,生产与不生产的结果对厂商来说都是一样的。因为,若继续生产,厂商的全部收益只够弥补全部的可变成本,而不能弥补任何的不变成本。若不生产,厂商虽不必支付可变成本,但不变成本仍然是存在的。所以,SMC 曲线与 AVC 曲线的交点是厂商生产与不生产的临界点,通常称该点(E_4)为停止营业点或关闭点。

第五种情况:平均收益小于平均可变成本,即 $AR<AVC$,厂商亏损,停止生产。

当市场价格下降为更低的 P_5,相应的厂商所面临的需求曲线为 d_5 时,$MR_5=SMC$ 的短期均衡点为 E_5,均衡产量为 Q_5。这时,平均收益为 E_5Q_5,它小于平均可变成本,厂商亏损,停止生产。因为,倘若厂商继续生产的话,其全部收益连可变成本都无法全部弥补,就更谈不上对不变成本的弥补了。而事实上,厂商只要停止生产,可变成本就降为零。显然,此时不生产要比生产强。

综上所述,完全竞争厂商短期均衡的条件是:

$$MR = SMC$$

其中 $MR=AR=P$。在短期均衡时,厂商可以获得最大利润,可以利润为零,也可以蒙受最小亏损。

厂商在 $MR=MC$ 的均衡点上获得了最大的利润,但这并不是说,在任何情况下,只要厂商实现了 $MR=MC$ 的均衡条件,厂商就一定能获得利润。对 $MR=MC$ 时的均衡状态的全面理解应该是:在 $MR=MC$ 的均衡点上,厂商可能是盈利的,也可能是亏损的。如果厂商是盈利的,那么,这时的利润就一定是相对最大的利润;如果厂商是亏损的,那么,这时的亏损就一定是相对最小的亏损。总之,当厂商实现 $MR=MC$ 的均衡条件时,不管是盈利还是亏损，厂商都处在由既定的收益曲线和成本曲线所能产生的最好的结果之中。这也就是 $MR=MC$ 的利润最大化的均衡条件有时也被称作利润最大或亏损最小的均衡条件的原因。

3. 完全竞争厂商和行业的短期供给曲线

我们再讨论完全竞争厂商和行业的短期供给曲线。首先讨论厂商的短期供给曲线，从完全竞争厂商的短期均衡分析中，我们可以得到完全竞争厂商的短期供给曲线。完全竞争厂商的短期均衡条件为 $MR=SMC$，由于 $AR=MR=P$，所以该均衡条件也可以写为：

$$P = SMC$$

上式说明：完全竞争厂商为了获得短期的最大利润，应该选择最优的产量 Q，使得商品的价格 P 和边际成本 SMC 相等。这就是说，在每一个短期均衡点上，厂商的产量与商品的价格之间都存在着一种对应的关系。这种对应关系在图 6-5 中得到充分的体现：根据 $P=SMC$ 或 $MR=SMC$ 的短期均衡条件，当市场的商品价格为 P_1 时，厂商所选择的最优产量为 Q_1，当商品价格为 P_2 时，厂商所选择的最优产量为 Q_2，等等。因为每一个商品价格水平都是由市场给定的，所以，在短期均衡点上商品价格和厂商的最优产量之间的对应关系可以明确地表示为以下的函数关系：

$$Q^s = f(P)$$

其中，P 表示商品的市场价格，且 $P=SMC$，Q^s 表示厂商的最优产量或供给量。显然，上式是完全竞争厂商的短期供给函数。

此外，在图 6-5 中还可以清楚地看到：根据 $P=SMC$ 或 $MR=SMC$ 的利润最大化的短期均衡条件，商品的价格和厂商的最优产量的组合（如 E_1、E_2、E_3、E_4）都出现在厂商的边际成本 SMC 曲线上。更严格地讲，商品的价格和厂商所愿意提供的（能使其获得最大利润或最小亏损的）产量的组合，都出现在 SMC 曲线上等于和高于 AVC 曲线最低点的部分，即 SMC 曲线上等于和高于停止营业点的部分。在这一部分的曲线体现了式 $Q^s=f(P)$ 的函数关系。

由此可以得到这样的结论：完全竞争厂商的短期边际成本 SMC 曲线上等于和高于平均可变成本 AVC 曲线最低点的部分，就是完全竞争厂商的短期供给曲线。显然，完全竞争厂商的短期供给曲线必定是向右上方倾斜的。从以上对完全竞争厂商的短期供给曲线的推导过程中，可以清楚地看到供给曲线背后的生产者追求最大利润的经济行为。所谓供给曲线，是表示在其他条件不变的情况下生产者在每一价格水平愿意而且能够提供的产品的数量。更重要的是，生产者所提供的产品数量是在既定价格水平下能够给其带来最大利润或最小亏损的产品数量。

任何一个行业的供给量都是该行业中所有厂商供给量的总和，完全竞争行业也同样如此。据此，假定生产要素的价格是不变的，那么，完全竞争行业短期供给曲线就是由行业内所有厂商的短期供给曲线的水平加总而构成的。或者说，把完全竞争行业内所有厂商的 SMC 曲线上等于和高于 AVC 曲线最低点的部分相加，便构成该行业的短期供给曲线。

假定某完全竞争行业中只有两个相同的厂商，每一个厂商的短期供给曲线，即 SMC 曲线等于或高于 AVC 曲线最低点的部分，如图 6-6(a)所示。那么，将这两个厂商的相同的短期供给曲线水平相加，便可以得到行业的短期供给曲线，即图 6-6(b)中的直虚线。从图 6-6(a)和图 6-6(b)中可见，在每一个价格水平，行业的供给量都等于这两个厂商的供给量之

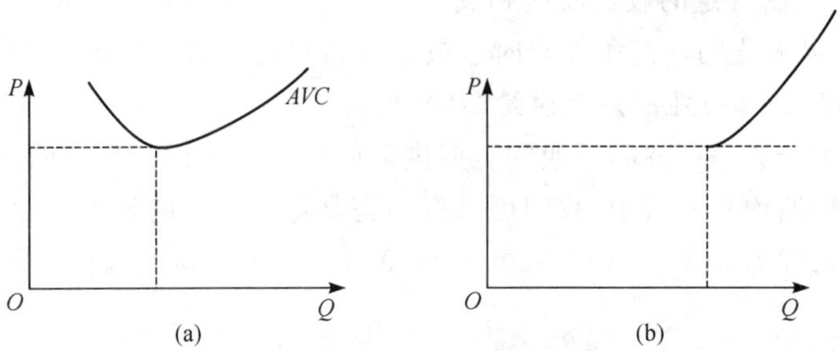

图 6-6　完全竞争行业的短期供给曲线

和。例如,当价格为 P_1时,行业供给量为 40,它等于两厂商的供给量之和,即 20×2=40;当价格为 P_2时,行业供给量为 70,它同样等于两厂商的供给量之和,即 35×2=70。

由于行业的短期供给曲线是单个厂商的短期供给曲线的水平相加,所以,行业的短期供给曲线也是向右上方倾斜的。而且,行业短期供给曲线上的每一点都表示在相应价格水平下能够使全体厂商获得最大利润(或最小亏损)的行业短期供给量。

结论:完全竞争厂商的短期边际成本 *SMC* 曲线上等于和高于平均可变成本 *AVC* 曲线最低点的部分,就是完全竞争厂商的短期供给曲线。将所有厂商的短期供给曲线水平相加,可得到行业的短期供给曲线。

4. 生产者剩余

根据厂商的短期供给曲线,可以引申出生产者剩余的概念。生产者剩余(producer surplus)指的是厂商在提供一定数量的某种产品时实际接受的总支付和愿意接受的最小总支付之间的差额(如图 6-7 中阴影部分所示)。

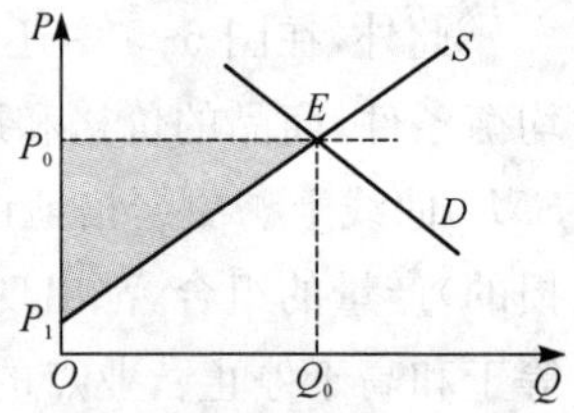

图 6-7　生产者剩余

简单地说,生产者剩余就是指卖者出售一种物品或服务得到的价格减去卖者的成本。如电影公司提供一部电影的成本是 10 元,可票价是 40 元,那么生产者剩余就是 30 元。因此,生产者剩余可以用厂商的收益和总可变成本的差额来定义,也就是图 6-7 中表示的总收益 OP_0EQ_0减去总可变成本 OP_1EQ_0。生产者剩余和我们前面讨论的消费者剩余这两个概念通常被结合在一起使用,它们被广泛运用于有关经济效率和社会福利问题的分析之中。

5. 完全竞争厂商的长期均衡

长期是每个企业可以改变自己工厂的规模并决定是否离开该行业的时间框架。在此期间,其他企业可以决定进入该行业。因此,在长期中,企业通过对全部生产要素的投入量,来实现利润最大化。企业对长期变动做出的反应包括:

(1) 增加还是减少它的设备规模;

(2) 留在还是离开这个行业?

完全竞争厂商在长期内对全部生产要素的调整可以表现为两个方面:一方面表现为厂商进入或退出一个行业,这也就是行业内企业数量的调整;另一方面表现为厂商对生产规模的调整。完全竞争厂商的长期均衡就是通过这两个方面的调整而实现的。我们首先分析由于行业内厂商数目变化这一因素对厂商长期均衡的形成所产生的影响。然后,在此基础上加入厂商对生产规模的调整这一因素，分析在这两个因素共同作用下的厂商的长期均衡的形成过程。

先分析由于行业内厂商数目变化对厂商长期均衡形成所起的作用。

在长期内，如果行业内的单个厂商可以获得利润，则会吸引其他新的厂商加入到该行业的生产中来。随着新厂商的加入，行业内的厂商数目增加，整个行业的供给就会增加，市场价格就会下降，市场价格会一直下降到使单个厂商的利润消失为止。相反，如果行业内的单个厂商的生产是亏损的，则行业内原有厂商中的一部分就会自动退出生产。随着原有厂商的退出，行业内厂商的数目就会减少，整个行业的供给就会减少，市场价格就会上升，市场价格会一直上升到使单个厂商的亏损消失为止。最后，由于行业中的每一个厂商都处于一种既无利润又无亏损的状态，行业内厂商的进入和退出也就停止了，于是，完全竞争厂商便处于一种长期均衡状态。以图 6-8 具体说明这一过程。

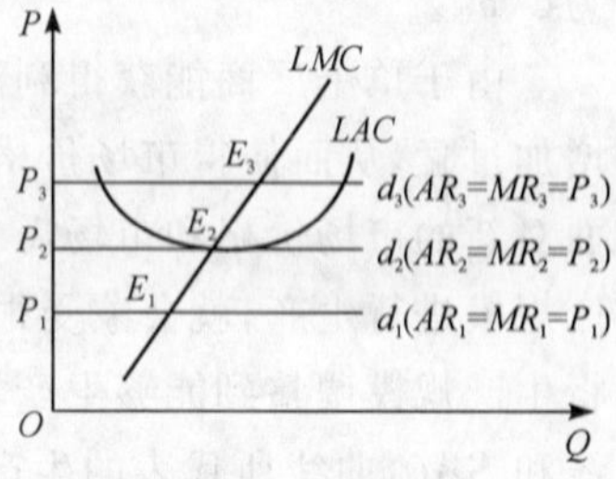

图 6-8　完全竞争厂商的长期均衡(一)

假定某完全竞争行业中所有的企业是完全相同的，也就是假定每一个企业的生产成本和它所面临的需求状况是完全相同的。在这一假定下，图 6-8 中的 *LMC* 曲线和 *LAC* 曲线分别为该行业中单个厂商的长期边际成本曲线和长期平均成本曲线，d_1、d_2、d_3 分别代表单个厂商在三个不同的市场价格水平下所面临的需求曲线。在长期内，当市场价格较高(为 P_3)时，根据 $MR=MC$ 的利润最大化的均衡条件，单个厂商在 E_3 点实现均衡，并获得利润。新的厂商因利润的刺激而加入该行业生产，这便导致行业供给增加和市场价格下降，相应地单个厂商所面临的需求曲线 d_3 会向下平移。相反，当市场价格较低(为 P_1)时，单个厂商在 E_1 点实现均衡，厂商是亏损的。在亏损的情况下，行业中原有的厂商的一部分就会退出。这会使得行业的供给减少和市场价格上升，相应地单个厂商所面临的需求曲线会向上平移。最后，不管是新厂商的加入，还是行业内原有厂商的退出，单个厂商所面临的需求曲线都会运动到图 6-8 中 d_2 曲线的位置。在这一位置上，d_2 曲线相切于 *LAC* 曲线的最低点 E_2，*LMC* 曲线经过该点，这一点就是 $MR=LMC$ 的均衡点。在均衡点 E_2，单个企业的平均收益等于最低的长期平均成本，单个厂商在长期内既无利润，又无亏损，即利润为零。此时，行业内的厂商数目也不再变化。于是，单个厂商实现了长期均衡。

在此，再将厂商对生产规模的调整与行业内厂商数目的调整这两个因素结合在一起，分析完全竞争厂商的长期均衡的实现过程。

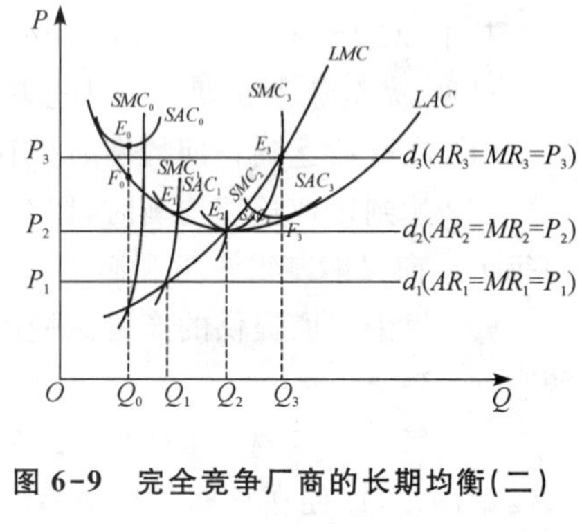

图 6-9　完全竞争厂商的长期均衡(二)

前面已经指出，长期内市场的商品价格会随着行业内厂商数目变化所引起的行业供给的变化而变化。进一步地，在企业的生产经营活动中，对于每一个变化了的价格水平，单个厂商都会将生产规模调整到能够与满足 $MR=LMC$ 的均衡条件的产量相适应的最优生产规模。在这样一个不断调整的过程中，单个厂商最后必然将生产规模调整到与利润为零的长期均衡所要求的产量相适应的最优生产规模水平。这一具体调整过程可用图 6-9 说明。

图 6-9 中，除了因表示生产规模的调整而增加了四组表示厂商生产规模的短期平均成本 SAC 曲线和短期边际成本 SMC 曲线以外，其余部分都与图 6-8 相同。

假定最初的市场价格为 P_3，厂商所面临的需求曲线为 d_3，厂商所拥有的生产规模由 SMC_0 曲线和 SAC_0 曲线表示。在短期内，厂商无法变动不变要素的投入，只能用既定的生产规模进行生产，因此，根据 $MR=SMC$ 的均衡原则，厂商在 E_0 点实现短期均衡。在短期均衡点 E_0 上，厂商的均衡产量为 Q_0，厂商是亏损的，单位产品的亏损量为 F_0E_0。

但在长期内，情况就不同了。面对不变的市场价格 P_3 和既定的市场需求状况即 d_3 曲线，厂商可以通过对生产规模的调整，使自己的经营状况得到改善。根据 $MR=LMC$ 的均衡原则，厂商在 E_3 点实现均衡，其所确定的均衡产量为 Q_3。而生产 Q_3 产量的最优生产规模由 SMC_3 曲线和 SAC_3 曲线所代表，于是，厂商必然会将生规模调整到该水平，从而以尽可能低的平均总成本生产 Q_3 的产量。在均衡点 E_3 上，厂商获得了利润，单位产品的利润量为 E_3F_3。

由于单个厂商能获得利润，便有新的厂商加入到该行业的生产中来。假定行业供给的增加过猛，从而使得市场价格直降为 P_1，单个厂商所面临的需求曲线向下平移为 d_1 曲线。面对新的市场价格和市场需求状况，如果厂商继续使用 SMC_3 曲线和 SAC_3 曲线所代表的生产规模进行生产，就会蒙受很大亏损。在长期内，厂商必然会根据 $MR=LMC$ 的均衡原则，将生产规模调整到能够生产均衡点 E_1 上的均衡产量 Q_1 的最优生产规模的水平，即 SMC_1 曲线和 SAC_1 曲线所代表的生产规模。这样，厂商虽然仍是亏损的，但亏损总量却减少了。由于单个厂商的亏损，行业中原有厂商的一部分会退出，于是，市场价格和厂商所面临的需求状况又会发生变化，这意味着厂商又将对生产规模做出相应的调整。

以上厂商对生产规模的不断调整过程，一直要持续到行业内的单个厂商的利润或亏损都消失为止。这就是说，在图 6-9 中，厂商最后必然在长期平均成本 LAC 曲线的最低点 E_2 实现长期均衡，相应的均衡产量为 Q_2，生产 Q_2 的最优生产规模由 SMC_2 曲线和 SAC_2 曲线所代表。在长期均衡点 E_2 上，厂商所面临的需求曲线 d_2 相切于 LAC 曲线的最低点，LMC 曲线经过该点；最优生产规模的 SAC_2 曲线与 LAC 曲线相切于两者的最低点；最优生产规模的 SMC_2 曲线也经过该点。此时，生产的平均成本降到长期平均成本的最低点，商品的价格等于最低的长期平均成本。总之，完全竞争厂商的长期均衡点出现在 LAC 曲线的最低点。由此可见，完全竞争厂商长期均衡的条件为：

$$MR = LMC = SMC = LAC = SAC$$

其中，$MR=AR=P$。此时，单个厂商的利润为零。

可见，完全竞争长期均衡状态具有下述特点：

(1) 在行业达到长期均衡时生存下来的厂商都具有最大的经济效益。

(2) 达到行业长期均衡时，留存在该行业的厂商，虽然都是效率最高、成本最低的厂商，但每个厂商只能赚得正常利润 $P=MC$。

(3) 每个厂商提供的产量是使既定设备所产产量的平均成本等于既定价格，以消除超额利润，$P=SAC$。

(4) 每个厂商选用的厂房设备，以及使用该设备所提供的产量，同时满足 $P=MC=SAC=LAC$，以便在长期调整中消除超额利润。

案例:政府办的大型养鸡场为什么失败?

20 世纪 80 年代,一些城市为了保证居民的菜篮子,由政府出资办了许多大型养鸡场,但成功者少,许多养鸡场最后以破产告终。这其中的原因是多方面的,重要的一点在于鸡蛋市场是一个完全竞争市场。

在鸡蛋市场上,短期中鸡蛋生产者可能有超额利润(如发生了鸡瘟,供小于求,价格高),也可能有亏损(如生产者进入太多,供大于求,价格低)。但在长期中一定是价格等于平均成本,生产者经济利润为零。生产者所赚的是由机会成本带来的会计利润,如生产者不向自己支付工资,会计成本中没有这一项,但这是机会成本。

在长期均衡时价格等于平均成本,但这个平均成本是整个社会的行业平均成本。如果某个生产者采用了新技术,平均成本低于行业平均成本,就可以获得利润。生产者为了获得这种利润,都努力采用新技术,并降低成本。当所有生产者都这样做时,整个行业的平均成本下降了,价格也随之下降。这正是完全竞争市场上竞争的残酷性。如果哪个生产者平均成本高于行业平均成本,他就无法在这个行业中生存下去,只好退出或破产。

政府建立的大型养鸡场在这种完全竞争市场上并没有什么优势,它的规模不足以达到能控制市场的程度,产品也没有特色。它要以平等的身份与那些分散的养鸡专业户或把养鸡作为副业的农民竞争。但这种大型养鸡场的成本都要高于行业平均成本,因为这些养鸡场固定成本远远高于小型的、分散的养鸡场,也即高于行业平均成本。这些大型养鸡场在与小型的、分散的养鸡场的竞争中并无优势,其破产就是必然的。

第二节/完全垄断市场

完全垄断是指一个厂商独家控制一种产品的生产与销售,这种市场不存在丝毫竞争因素,简称垄断。

一、垄断市场的形成原因

完全垄断市场须具备三个条件:

(1) 在市场里只有一个卖者。这里的意思是垄断者所面临的需求曲线是向下倾斜的市场需求曲线。

(2) 从长期看,如果企业要保持垄断,就必须有一些因素来阻止其他企业的进入,即新厂商不能进入该市场。

(3) 垄断企业的产品必须与其他产品有很大差别。就是说,该厂商销售的产品必须没有好的替代品。

假如,在一个小的、与外界隔绝的社区里只有一家混凝土供应商,这家企业基本上是垄断企业,当居民需要为新建住房的基础浇灌混凝土时,他们必须向这家垄断企业购买。由于混凝土的运输成本很高,其他城市的混凝土生产者不可能成为有力的竞争者,同时,也没有其他的替代品可用来替代混凝土基础。石料和煤渣块有这种可能性,但它们既没有混凝土那样的强度,也没有混凝土那样使用起来方便。这样这家混凝土供应商就成了垄断厂商。

一个垄断厂商的显著特征是它能够对经营产品的供给进行控制。这种控制产品供给的力量,即垄断权力的基础,通常来自以下几个方面:

其一,政府创造的垄断。除专利权、版权、商标保护之外,政府还创造了另一种市场垄断力。在电力生产供应和电话服务等公用事业领域,企业拥有政府赋予的排他的特许经营权。美国许多城市的出租车服务领域通过政府发放许可证实现垄断。

其二,排他的或独一无二的财产。有时,一个厂商购买、发现、发明或以其他方式取得一项独一无二的投入要素,可以使厂商实现对产品的排他性控制。温泉或矿泉水的发现和利用就是一个很好的例子。很多个人技能也具有相当的独特性。某方面的才能、运动水平、耐力、艺术创造力和音乐天赋都能在某种程度上得到增强,但总有人由于先天的禀赋而有过人之处,这类天才不同于一般的工薪阶层,他们在劳动力市场上拥有较强的谈判力,可以要求高于一般工资水平的报酬。

其三,地理位置优势。一个厂商的地理位置优越可以为其带来竞争优势,进而产生市场垄断。剧院里的糖果柜台、机场内的餐厅都是很好的例子。当然,人们可以自带糖果去看戏,也可以乘车去机场附近的餐厅用餐,但这些要花费成本(如时间、额外的金钱)。这些成本给占据地理位置优势的厂商以市场垄断力。换言之,由于地理位置优于其他同类厂商,该厂商的需求曲线不再是完全弹性的。考虑到消费者发现价格更为优惠的厂商需要花费的金钱、时间以及其他厂商对价格变动做出反应存在时滞,几乎所有的厂商都能在一定程度上对其产品价格进行控制。

其四,经济规模与自然垄断。某些产品需要大量的固定设备投资,规模经济效应十分显著。大规模生产可使生产成本大大降低,在这种情况下,效率高的企业规模相对于市场需要来说非常之大,以致只需要一家厂商即可满足市场需要,而两家厂商很难获得利润。许多公用事业,如交通、供水、供电、电信等,通常由一家厂商独家经营。为保护消费者利益,政府通常对该类企业加以价格及产量方面的限制。

二、垄断厂商的需求曲线和收益曲线

1. 垄断厂商的需求曲线

由于垄断市场中只有一个厂商,所以市场的需求曲线就是垄断厂商所面临的需求曲线,它是一条向右下方倾斜的曲线。假定商品市场的销售量等于市场的需求量,于是,垄断厂商所面临的向右下方倾斜的需求曲线,表示垄断厂商可以通过改变销售量来控制市场价格:以销售量的减少来抬高市场价格,以销售量的增加来压低市场价格。也就是说,垄断厂商的销售量和市场价格成反方向的变动。

2. 垄断厂商的收益曲线

(1) 平均收益曲线。垄断厂商的平均收益曲线和需求曲线重叠,都是同一条向右下方倾斜的曲线。可表示为 $AR = TR(Q)/Q = Q \times P(Q)/Q = P(Q)$。

(2) 边际收益曲线。完全垄断厂商的边际收益 MR 曲线位于平均收益 AR 曲线的左下方,且 MR 曲线也向右下方倾斜,每一销售量上的 MR 值就是相应的 TR 曲线的斜率。

(3) 总收益曲线。可表示为 $TR(Q)=Q\times P(Q)$。由于每一销售量上的 MR 值就是相应的 TR 曲线的斜率,所以 TR 曲线是先增后减的曲线,即:当 $MR>0$ 时,TR 曲线的斜率为正;当 $MR<0$ 时,TR 曲线的斜率为负;当 $MR=0$ 时,TR 曲线达到最大值。

厂商所面临的需求状况直接影响厂商的收益。在此，将分析与垄断厂商所面临的向右下方倾斜的需求曲线对应的收益曲线的特点。

表 6-3 是一张某垄断厂商的收益表。从表中可见，垄断厂商的平均收益 AR 等于商品的价格 P，随着价格 P 的下降，平均收益 AR 也是不断下降的，垄断厂商的总收益 TR 是先增后减的；垄断厂商的边际收益 MR 亦呈不断下降的趋势。总收益 TR 和边际收益 MR 之间的关系是：在 MR 为正值时，TR 是上升的；在 MR 为负值时，TR 是下降的；此外，在每一个销售量上，边际收益都小于平均收益，即 $MR<AR$。原因在于：根据前面所提到的边际量和平均量的关系，只要平均量下降，边际量就总是小于平均量。所以，在商品价格即平均收益 AR 不断下降的同时，必有 $MR<AR$。

表 6-3 某垄断厂商的收益表

P	Q	AR	TR	MR
11	1	11	11	11
10	2	10	20	9
9	3	9	27	7
8	4	8	32	5
7	5	7	35	3
6	6	6	36	1
5	7	5	35	−1
4	8	4	32	−3
3	9	3	27	−5
2	10	2	20	−7
1	11	1	11	−9

图 6-10 是某垄断厂商的收益曲线图，该图体现了该垄断厂商的平均收益、边际收益和总收益之间的关系。图中的横轴表示商品的需求量即销售量 Q，纵轴表示商品的价格 P。图中的垄断厂商的收益曲线表现出如下特征：第一，厂商的平均收益 AR 曲线与需求曲线 d 重叠，它们是同一条向右下方倾斜的曲线，这表示在每个销售量上厂商的平均收益都等于商品的价格。第二，厂商的边际收益 MR 曲线也是向右下方倾斜的，且位于平均收益 AR 曲线的左下方。这表示在每个销售量上厂商的边际收益都小于平均收益。第三，厂商的总收益 TR 曲线是先上升，达到最高点以后再下降。因为，在每一个销售量上的 MR 值都是相应的 TR 曲线的斜率，所以，当 MR 值为正时，TR 曲线的斜率为正（即 TR 曲线是上升的）；当 MR 值为负时，TR 曲线的斜率为负（即 TR 曲线是下降的）；当 MR 值为零时，TR 曲线的斜率为零（即 TR 曲线达到极值点）。

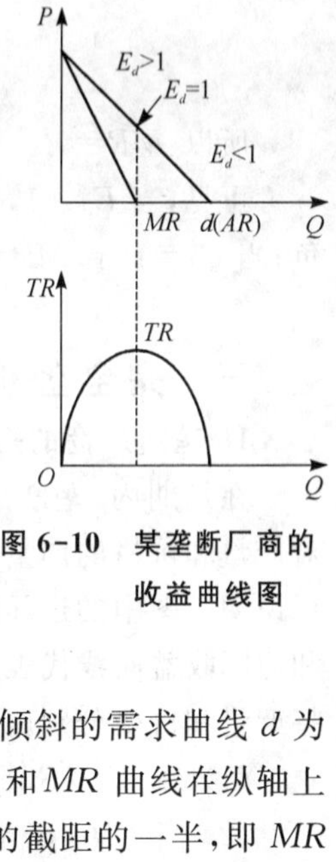

图 6-10 某垄断厂商的收益曲线图

由图 6-10 可得出如下结论：第一，当垄断厂商所面临的向右下方倾斜的需求曲线 d 为直线时，边际收益 MR 曲线也呈向右下方倾斜的直线型。第二，d 曲线和 MR 曲线在纵轴上的截距是相等的，并且，MR 曲线在横轴上的截距是 d 曲线在横轴上的截距的一半，即 MR

曲线平分由纵轴到需求曲线 d 之间的任何一条水平线。该结论证明过程如下:

如果垄断市场的需求函数是线性的,垄断厂商所面临的需求曲线也是直线形的,则假定线性的反需求函数为:

$$P = a - bQ$$

其中,a、b 为常数,且 a、$b>0$,由上式可得:

$$TR(Q) = PQ = aQ - bQ^2$$
$$MR(Q) = \mathrm{d}TR(Q)/\mathrm{d}Q = a - 2bQ$$

根据上面的式子可求得需求曲线和边际收益曲线的斜率为:

$$\mathrm{d}P/\mathrm{d}Q = -b$$
$$\mathrm{d}MR/\mathrm{d}Q = -2b$$

3. 边际收益、价格、需求的价格弹性三者之间的关系

产品需求的价格弹性与该价格上边际收益之间的关系是管理经济学中最重要的关系之一,通过简单的微分可以把这个关系推导出来。图 6-10 说明了产品数量、价格、弹性指标、边际收益和总收益之间的关系。总收益(TR)等于价格(P)乘以销售量(Q),边际收益(MR)的定义是由降低价格而增加一个单位的销售量所带来的总收益的变化,相当于总收益对销售量的一阶导数。即:

$$MR = \frac{\mathrm{d}(TR)}{\mathrm{d}Q} = \frac{\mathrm{d}(P \times Q)}{\mathrm{d}Q} = P + Q\frac{\mathrm{d}P}{\mathrm{d}Q}$$

因为:

$$\frac{Q}{P} \times \frac{\mathrm{d}P}{\mathrm{d}Q} = -\frac{1}{E_d}$$

这一方程可以写为:

$$MR = P\left(1 + \frac{Q}{P} \times \frac{\mathrm{d}P}{\mathrm{d}Q}\right)$$

所以:$MR = P(1 - 1/E_d)$

可见,当 $E_d>1$,有 $MR>0$,TR 曲线斜率为正;当 $E_d<1$,有 $MR<0$,TR 曲线斜率为负;当 $E_d=1$,有 $MR=0$,TR 曲线斜率为零,总收益达极值。

三、完全垄断厂商的市场均衡

1. 垄断厂商的短期均衡

在短期内,垄断厂商无法改变不变要素投入量,垄断厂商是在既定的生产规模下通过对产量和价格的调整,来实现 $MR=SMC$ 的利润最大化原则的。这可用图 6-11~6-14 进行说明。图中的边际成本曲线和平均成本曲线代表垄断厂商的给定的生产规模,需求曲线和边际收益曲线代表垄断厂商的需求和收益状况。垄断厂商根据 $MR=SMC$ 的均衡条件,将产量和价格分别调整到 Q_0 和 P_0 的水平。短期均衡的情况:

(1) 当 $AR>SAC$ 时,垄断厂商获得超额利润。超额利润为矩形面积 P_0ABC,见图 6-11。

(2) 当 $AR=SAC$ 时,垄断厂商的经济利润为零,但获得全部的正常利润。见图 6-12。

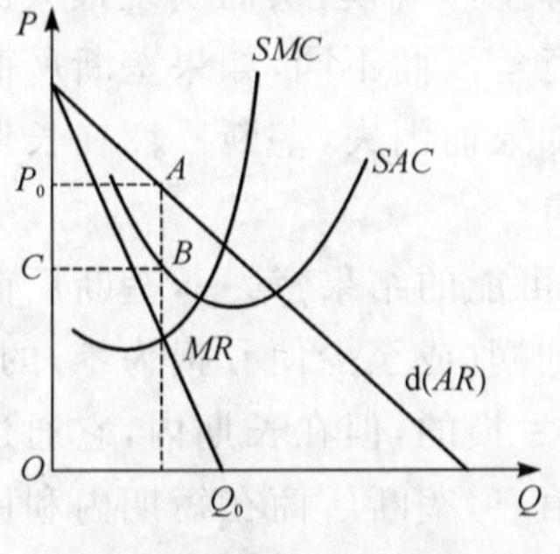

图 6-11 垄断厂商获利

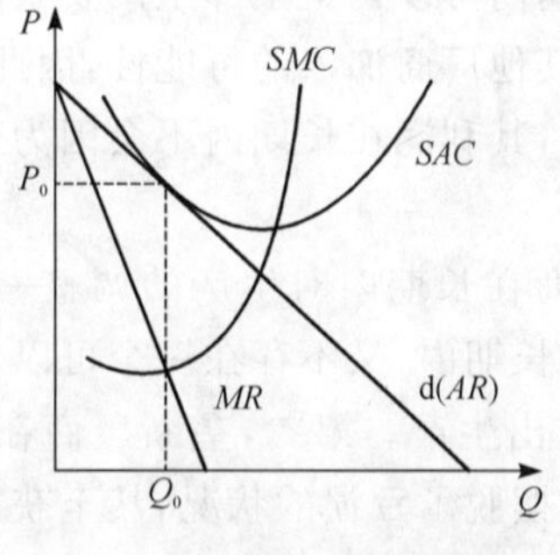

图 6-12 垄断厂商零利润

(3) 当 $AVC<AR<SAC$ 时，垄断厂商亏损，但亏损最小，均衡产量为 Q_0 时，企业亏损额相当于图中 P_0BFE 的面积，见图 6-13。

(4) 当 $AR<AVC$ 时，停止生产。$AR=AVC$ 时的均衡点，即 E 点是垄断厂商的停止营业点。见图 6-14。

这里要注意区别的是：在完全竞争市场上，$P=MR=MC$；在垄断市场上，$P>MR=MC$。

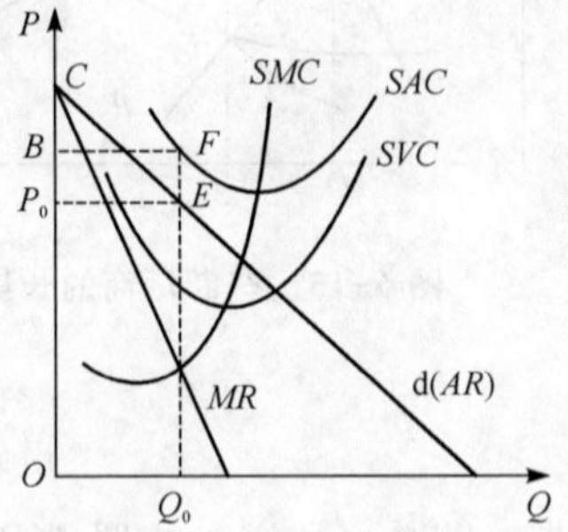

图 6-13 垄断厂商最小亏损

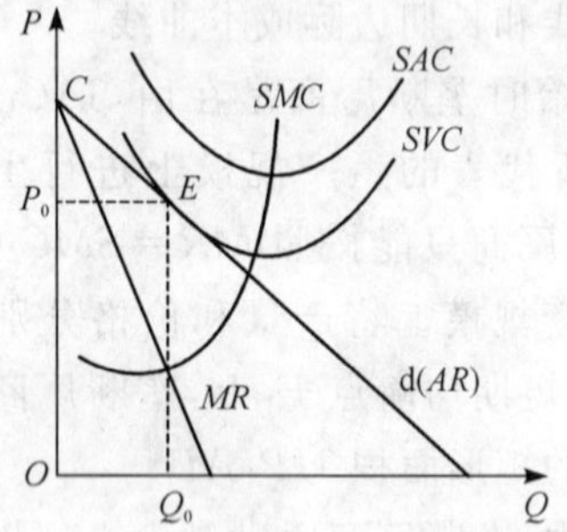

图 6-14 垄断厂商停止营业

结论：垄断厂商短期均衡条件为：$MR=SMC$。垄断厂商在短期均衡点上可以获得最大利润，可以利润为零，也可以蒙受最小亏损。

[例 6-1] 一垄断厂商生产某产品的需求函数为 $P=12-0.4Q$，总成本函数 $TC=0.6Q^2+4Q+5$，求 Q 为多少时总利润最大？此时价格、总收益及总利润各为多少？

解：利润最大化条件：$MC=MR$

由需求函数知：$MR=12-0.8Q$

又：$MC=\frac{dTC}{dQ}=1.2Q+4$

所以：$12-0.8Q=1.2Q+4$　　$Q=4$

$P=12-0.4\times4=10.4$

$TR=PQ=10.4\times4=41.6$

总利润 $\pi=TR-TC=41.6-(0.6\times16+16+5)=11$

2. 垄断厂商的长期均衡

垄断厂商的长期均衡是指垄断厂商通过调整生产规模以实现利润最大化的均衡。垄断厂商在长期内可以调整全部生产要素的投入量即生产规模，从而实现最大的利润。垄断行业排除了其他厂商加入的可能性，因此，与完全竞争厂商不同，如果垄断厂商在短期内获得利润，那么，其利润在长期内不会因为新厂商的加入而消失，垄断厂商在长期内是可以保持利润的。

垄断厂商在长期内对生产的调整一般有三种可能的结果：第一，垄断厂商在短期内是亏损的，但在长期内，又不存在一个可以使其获得利润（或至少使亏损为零）的生产规模，于是，该厂商退出生产。第二，垄断厂商在短期内是亏损的，但在长期内，它通过对最优生产规模的选择，摆脱了亏损的状况，甚至获得利润。第三，垄断厂商在短期内利用既定的生产规模获得了利润，在长期内，它通过对生产规模的调整，使自己获得更大的利润。至于第一种情况，不需要再分析。对第二和第三种情况的分析是相似的。

长期均衡条件为：$MR=LMC=SMC$，且完全垄断行业的长期均衡常常以净利润的存在为特征。见图 6-15。

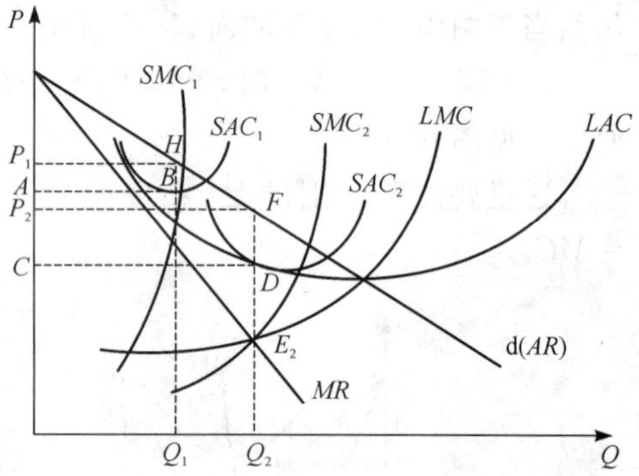

图 6-15　垄断厂商的长期均衡

图 6-15 中的 d 曲线和 MR 曲线分别表示垄断厂商所面临的市场需求曲线和边际收益曲线，LAC 曲线和 LMC 曲线分别为垄断厂商的长期平均成本曲线和长期边际成本曲线。

假定开始时垄断厂商是在由 SAC_1 曲线和 SMC_1 曲线所代表的生产规模上进行生产。在短期内，垄断厂商只能按照 $MR=SMC$ 的原则，在现有的生产规模上将产量和价格分别调整到 P_1 和 Q_1。在短期均衡点 E_1 上，垄断厂商获得的利润为图中的矩形面积 HP_1AB。

在长期内，垄断厂商通过对生产规模的调整，进一步增大利润。按照 $MR=LMC$ 的长期均衡原则，垄断厂商的长期均衡点为 E_2，长期均衡产量和均衡价格分别为 Q_2 和 P_2，垄断厂商所选择的相应的最优生产规模由 SAC_2 曲线和 SMC_2 曲线所代表。此时，垄断厂商获得了更大的利润，其利润量相当于图中的矩形面积 P_2CDF。

由此可见，垄断厂商之所以能在长期内获得更大的利润，其原因在于长期内企业的生产规模是可变的和市场对新加入厂商几乎是完全关闭的。

如图 6-15 所示，在垄断厂商的 $MR=LMC$ 长期均衡产量上，代表最优生产规模的 SAC 曲线和 LAC 曲线相切，相应的 SMC 曲线、LMC 曲线和 MR 曲线相交于一点。所以，垄断厂商的长期均衡条件为：

$$MR = LMC = SMC$$

垄断厂商在长期均衡点上可以获得利润。

最后，由于垄断厂商所面临的需求曲线就是市场的需求曲线，垄断厂商的供给量就是全行业的供给量，所以，本节所分析的垄断厂商的短期和长期均衡价格和均衡产量的决定，就是垄断市场的短期和长期的均衡价格和均衡产量的决定。

四、完全垄断厂商的价格歧视

在某些情况下，垄断厂商会对同一种商品收取不同的价格，这种做法往往会增加垄断厂商的利润。以不同的价格销售同一种商品，被称之为价格歧视。垄断厂商实行价格歧视，必须具备以下的基本条件：

(1) 市场的消费者具有不同的偏好，且这些不同的偏好可以区分开。这样，厂商才有可能对不同的消费者或消费群体收取不同的价格。

(2) 不同的消费群体或不同的销售市场是相互隔离的。这样就排除了中间商由低价处买进商品，转手又在高价处出售商品而从中获利的情况。

1. 一级价格歧视

一级价格歧视又称为完全的价格差别。如果厂商对每一单位产品都按消费者所愿意支付的最高价格出售，这就是一级价格歧视。采用这种定价方法可以把消费者剩余全部转化为垄断超额利润；一级价格歧视如图6-16所示：当厂商销售第一单位产品 Q_1 时，消费者愿意支付的最高价格为 P_1，于是，厂商就按此价格出售第一单位产品。当厂商销售第二单位产品 Q_2 时，又按照消费者愿意支付的最高价格 P_2 出售。依此类推，直到厂商销售量为 Q_m 为止。这时，垄断厂商得到的总收益相当于图中的阴影部分面积。而如果厂商不实行价格歧视，即都按统一价格 P_m 出售 Q_m 的产量时，总收益仅为 OP_mBQ_m 的面积。

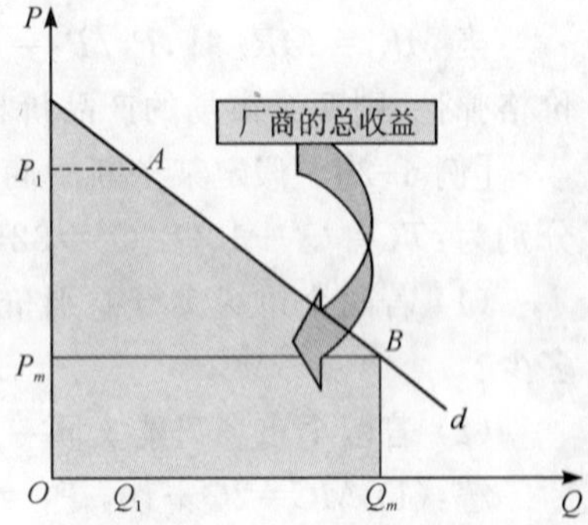

图 6-16 一级价格歧视

2. 二级价格歧视

二级价格歧视指垄断厂商对一定数量(比如每10个一组)的同种产品收取一种价格，对另外一定数量的该产品收取另一种价格。

二级价格歧视多出现在社会公用事业中。实行二级价格歧视时，厂商得到部分的消费者剩余，而不是全部。

图6-17中，垄断者规定了三个不同的价格水平。在第一个消费段上，垄断者规定的价格最高，为 P_1；当消费者数量增加到第二个消费段时，价格下降为 P_2；当消费者数量再增加到第三个消费段时，价格便下降到更低的 P_3。

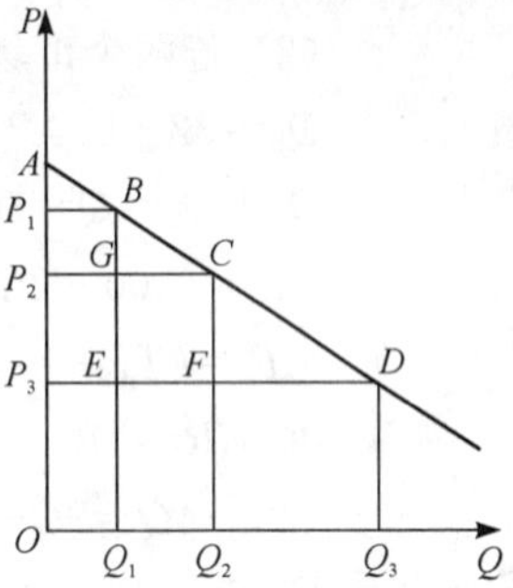

图 6-17 二级价格歧视

如果不存在价格歧视，则垄断厂商的总收益相当于矩形 OP_3DQ_3 的面积，消费者剩余相当于 $\triangle AP_3D$ 的面积。如果实行二级价格歧视，则垄断厂商的总收益的增加量(即利润的增加量)相当于矩形 P_3P_1BE 加矩形 $EGCF$ 的面积，这一面积恰好就是消费者剩余的损失量，而消费者剩余仅为 $\triangle AP_1B$、$\triangle BGC$ 和 $\triangle CFD$ 面积之和。由此可见，实行二级价格歧视的垄断厂商利润会增加，部分消费者剩余被垄断者占有。

二级价格歧视与一级价格歧视的区别如下：

（1）一级价格歧视的实质是逐个定价、逐个出售；而二级价格歧视的实质是分批定价、分批出售。

（2）一级价格歧视是对每个消费者收取不同的价格；而二级价格歧视是针对所有的买者。

3. 三级价格歧视

三级价格歧视是指厂商对不同市场的不同消费者实行不同的价格，它可以将高价市场的消费者剩余转化为超额利润。

此时，厂商根据 $MR_1=MR_2=MC$ 的原则来确定产量。两个分割市场的产品定价由它们的弹性决定。

如前面所述，$MR=P(1-1/Ed)$，即 $MR_1=P_1(1-1/Ed_1)$，$MR_2=P_2(1-1/Ed_2)$

当 $MR_1=MR_2$ 时，$P_1/P_2=(1-1/Ed_2)/(1-1/Ed_1)$，只要知道两个分割市场的需求价格弹性，则两个市场的产品价格比就可以确定了。

［例 6-2］ 假定某垄断厂商的产品在两个分割的市场出售，产品成本函数和需求函数分别为：$TC=Q^2+10Q$，$Q_1=32-0.4P_1$，$Q_2=18-0.1P_2$

（1）若两个市场实行差别价格，则利润最大化时两个市场的售价、销售量和利润各为多少？

（2）若两个市场只能卖同一价格，则利润最大化时售价、销售量和利润各为多少？

解：（1）$MC=2Q+10$，$P_1=80-2.5Q_1$，$P_2=180-10Q_2$，

则 $MR_1=80-5Q_1$

$MR_2=180-20Q_2$

根据利润最大化时 $MR_1=MR_2=MC$ 得：

$$\begin{cases}70-5Q_1=2Q\\170-20Q_2=2Q\\Q=Q_1+Q_2\end{cases} \text{得出：} \quad \begin{cases}Q_1=8\\Q_2=7\\Q=15\end{cases}$$

$P_1=80-2.5\times8=60$， $P_2=180-10\times7=110$

利润 $=P_1\times Q_1+P_2\times Q_2-TC=875$

（2）若两个市场只能卖同一价格 P，则：

$Q_1=32-0.4P$， $Q_2=18-0.1P$

$Q_1+Q_2=Q=50-0.5P$， $P=100-2Q$

$TR=(100-2Q)\times Q=100Q-2Q_2$

$MR=(TR)'=100-4Q$

据 $MR=MC$

$100-4Q=2Q+10$，$Q=15$，$P=70$

则：$Q_1=32-0.4\times70=4$ $Q_2=18-0.1\times70=11$

利润 $=P\times Q-TC=70\times15-152-10\times15=675$

将弹性和厂商进行的价格歧视联系起来，一样可以核算厂商的利润。

4. 价格歧视的例子

现实经济中的企业会使用各种旨在对不同顾客收取不同价格的经营战略，在我们懂得了价格歧视的经济学之后，现在来思考一些例子：

(1) 飞机票价。飞机票以各种不同的价格出售。许多航空公司对周六停留一个晚上的两个城市间的往返票收取低价格。乍一看,这有点令人费解,为什么乘客是否在周六停留一个晚上与航空公司有关呢?原因是这条规定是区分公务乘客和个人乘客的一种方法。公务乘客支付意愿高,而且很可能不想周六停留一个晚上。与此相比,出于个人原因旅行的乘客支付意愿低,并更愿意周六停留一个晚上。因此,航空公司可以通过对周六停留一晚上的乘客收取低价格而成功地实行价格歧视。另外,近几年实行的"红眼航班"也是价格歧视的好例子。

(2) 电影票。许多电影院对老人和小孩收取的票价低于其他观众。在竞争市场上很难理解这个事实。在竞争市场上,价格等于边际成本,为儿童和老人提供一个座位的边际成本与为其他人提供一个座位的边际成本相同。但如果电影院有某种地区性垄断力量,而且,如果儿童与老年人对电影票的支付意愿低,就很容易解释这件事了。在这种情况下,电影院通过价格歧视增加了利润。

(3) 折扣券。许多公司在报纸和杂志上向公众提供折扣券。买者为了得到下次购买时0.5元的折扣而剪下折扣券。为什么公司提供这些折扣券而不是直接把产品价格降低0.5元呢?回答是通过折扣券公司可以实行价格歧视。公司知道,并不是所有的顾客都愿意花时间剪下折扣券。此外,剪折扣券的意愿与顾客对物品的支付意愿是相关的。经济条件好而业务繁忙的经理不大可能花时间从报刊上剪下折扣券,而且,他可能更愿意为许多物品支付较高价格。一个失业者或者退休老人更可能剪下折扣券并且支付意愿较低。因此,通过只对这些剪下折扣券的顾客收取较低价格,企业就可以成功地实行价格歧视。

另外,许多企业对购买量大的顾客提供低价格,学校对贫困学生提供助学金等,这些都是现实经济中的价格歧视。

案例:垄断市场——价格歧视

北京某大学的学生可以花费10元钱在校内观看成龙的最新电影《神话》,但在校外的电影院看同样的电影却要花30~50元。海淀图书城附近的餐馆,如果有人下午3点以后来就餐就能以6~8折的价格享用到中午要付原价的同样一餐饭。许多大商场为了促销,常常打出买100送50元现金(或购物券)或买200送100元现金(或购物券)的广告。在广州很容易以750元左右的价格买到从广州到济南的经济舱飞机票,但是在济南只能买到1 420元的从济南到广州的经济舱飞机票,乘坐的是同一航空公司的飞机,甚至是同一架飞机、同样的机组,时间、里程也一样,价格居然相差如此悬殊。总之,这些相同的商品向不同人群索取不同价格的做法叫作价格歧视。它暗示着垄断势力的存在,所以在经济上是无效率的,并常常是非法的。然而社会上价格歧视不仅普遍存在,而且还是社会隐蔽地、非预期地再分配消费品的重要方法,多数情况下,是从富人到穷人进行分配。

第三节/垄断竞争市场

前面我们分析了两种极端的市场结构——完全竞争市场和完全垄断市场。从某种意义上来说,两者都是理论的抽象,在现实经济活动中是罕见的,大多数现实的市场结构是介于两者之间的。一个企业可能处在两者之间的某一个位置，或接近于完全竞争，或接近于完全垄断，这中间市场结构的范围很宽，因此，我们又常将其分为两类：一类是垄断竞争，另一类是寡头垄断。了解这两类市场结构就能更好地了解我们身边活生生的市场经济。

下面将要讨论的是现实中常见的市场之一——垄断竞争市场，我们将分别讨论这种市场的特征、形成原因以及市场的均衡问题。

一、垄断竞争市场价格和产量的决定

垄断竞争市场是指一种既有垄断又有竞争、既不是完全竞争又不是完全垄断的市场，是处于完全竞争和完全垄断之间的一种市场。垄断竞争理论具有垄断和完全竞争两种要素。它像完全竞争，是因为它假定市场上卖者的数量大、规模小，因此，每一个单独卖者的行为对市场上的其他卖者不会产生很大影响；另外，它像完全竞争，还因为它假定有很多买者，且资源能很容易地从一个行业向另一个行业转移。但是，垄断性竞争模型又像垄断模型，因为它假定各个企业的产品都略有差异。就是说，一个企业的产品假定与另一个企业接近，但又不能完全替代。这就意味着单个企业对价格有一定的控制能力。尽管提价会使企业减少销售量，但由于产品与其竞争者略有差异，有些顾客仍愿意出高价购买。

垄断竞争市场的特点如下：

(1) 市场上有许多卖者。许多卖者是指这些卖者对市场可以施加有限的影响，是市场价格的影响者。但由于数量很多，要互相完全联合起来才能控制市场价格，虽不是完全不可能，至少也是十分困难的。一个企业在做决策时，估计对其他企业没有多大影响，其他企业不会做出什么反应，这也就是说，这些企业自我感觉是可以独立行动，互不依存的。

(2) 产品既有差别，又有一定的替代性。产品的差别是垄断竞争的最主要特征。这种差别的形成，可能有实质上的差别，如由于原材料、设计和加工技术等不同而功能有所不同；也可能有非实质上的差别，如由于包装、商标和广告等引起的消费者感觉上的不同；还可能有出售条件的差别，如地理位置、销售时间、服务态度上的不同等。

因此，市场上的产品往往形成许多产品组，因为有差别，可以形成一定程度的垄断；又因为差别不大，彼此间在一定程度上可以替代，需求的交叉价格弹性较高，就可以形成一定程度的竞争。替代越容易，竞争程度就越高。因此每个企业既是垄断者，又是竞争者，兼有垄断和竞争两种特征。

(3) 企业可以比较自由地进出市场。由于每个企业的规模不是太大，所需的资本不是很多，因而其进出市场没有多大的障碍。但也不是完全的自由进出，还是需要一定的资本量，不是任何人都可以随时进出市场的。比如，一个新的企业要进入某个特定产品的市场，必须购买一定数量的生产设备，对其职工进行必要的生产技术培训，支付一定的费用以取得生产经营的许可证，以及为打开市场销路支付一定的广告、推销费用等。

垄断竞争广泛地存在于零售业和服务业之中。服装业、纺织业、食品加工业是全国范围内的垄断竞争行业，快餐业、副食品业、鞋帽业是在地方层次上的垄断竞争行业。这些企业数量多、产量少；但其提供的食品和劳务是有差别的。例如不同的食品店的面包和点心可能口味不同，不同快餐店出售的饭菜可能特色不同，或商店远近不同、服务态度不同等。

在现实生活中，这种市场结构是非常普遍的，最典型的垄断竞争行业是轻工业部门。

二、垄断竞争厂商的短期均衡

如上所述，垄断竞争是一种既非完全竞争又非完全垄断的市场结构，垄断竞争厂商的产品与其他厂商的产品既有一定差别，又有很大的替代性，同时，由于厂商进出行业比较容易，因此，一个垄断竞争厂商面临的需求曲线很可能比一个完全竞争厂商（产品与同行业内的其他厂商产品完全相同）的需求弹性要小；同时，它又很可能比垄断者（其产品与其他厂商产品完全不同）面临的需求弹性要大。即垄断竞争厂商面临着一条向右下倾斜但斜率比垄断厂商需求曲线要平坦得多的需求曲线。垄断竞争企业遵循垄断者的利润最大化规律：它选择边际收益等于边际成本的产量，然后用其需求曲线找出与这种产量相一致的价格。

垄断竞争厂商的短期均衡如图 6-18 所示，它表示分别在不同的垄断竞争行业内的两家典型企业的成本、需求和边际收益曲线。在这两幅图中，利润最大化产量在边际收益与边际成本的交点。这两幅图表示企业利润的不同结果：在图 6-18(a)中，价格高于平均总成本，因此企业获得正利润。在图 6-18(b)中，价格低于平均总成本，企业不能获得正利润，因此企业所能做的最好的事就是使其亏损最小化。

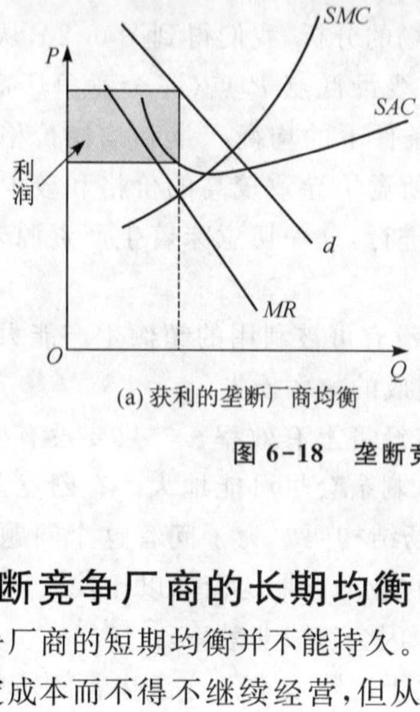

(a) 获利的垄断厂商均衡

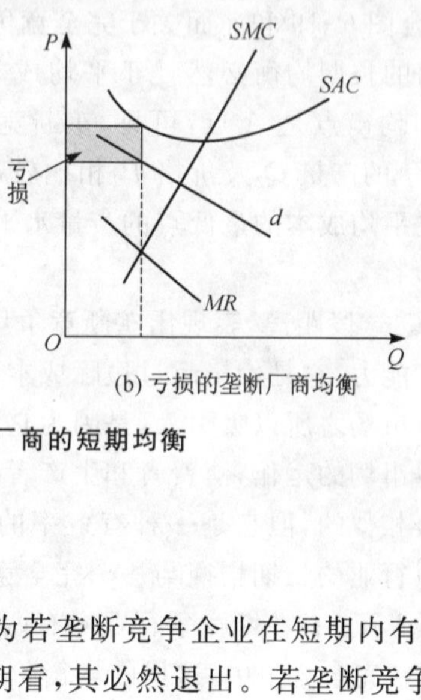

(b) 亏损的垄断厂商均衡

图 6-18 垄断竞争厂商的短期均衡

三、垄断竞争厂商的长期均衡

垄断竞争厂商的短期均衡并不能持久。因为若垄断竞争企业在短期内有亏损，尽管为收回部分固定成本而不得不继续经营，但从长期看，其必然退出。若垄断竞争企业在短期内获得经济利润，从长期看，经济利润将吸引新的企业进入市场，在垄断竞争市场上，新企业的加入是没有多大障碍的。只要一有新的企业加入，同一产品组里的企业数就会增加，企业面临的需求曲线会不断左移。

由于有新的企业加入，同一产品组里的企业数增加了，也加剧了对投入要素的竞争，还可能引起要素的价格上升，从而使成本曲线向上移动。

成本曲线上移，需求曲线左移，经济利润也就不断地下降，直到全部消失。这时既没有迫使企业退出的压力，也没有吸引企业进入的诱因，就达到了长期均衡。

相反，当企业有亏损，市场上的企业有退出的激励，随着企业退出，顾客可选择的产品少了。这种企业数量的减少扩大了留在市场上的企业面临的需求，换句话说，亏损鼓励退出，退出使仍然留下来的企业需求曲线向右移动，随着留下来的企业产品需求的增加，这些企业的利润就会增加，也即亏损减少了。

这个进入和退出的过程一直要持续到市场上企业正好有零经济利润为止。图 6-19 描述了长期均衡状态，一旦市场上达到了这种均衡，新企业就没有了进入的激励，原有企业也没有了退出的激励。在图 6-19 中，需求曲线与平均总成本曲线相切，由于销售的每单位利润是价格与平均总成本之间的差额，所以，只有这两条曲线相切而非相交时，最大化的利润才是零。

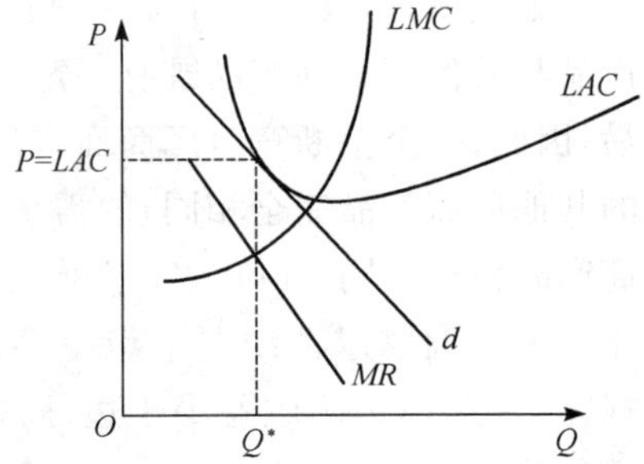

图 6-19　垄断竞争厂商的长期均衡

总之，垄断竞争市场的长期均衡有如下两个特点：

(1) 价格大于边际成本（和第七章的垄断厂商一致）。这个结论的得出是因为利润最大化要求边际收益等于边际成本，以及由于向右下方倾斜的需求曲线使边际收益小于价格。

(2) 像竞争市场一样，价格等于平均总成本。这个结论的得出是因为自由进入和退出使经济利润为零。

垄断竞争厂商的长期均衡条件：$MR=LMC=SMC$，而且 $P=AR=LAC$。

另外，结合图 6-19 和前面关于完全竞争市场的分析，我们得到图 6-20，从图中可看到，垄断竞争厂商的长期均衡必然处于平均成本曲线最低点 B 点（完全竞争厂商的长期均衡点）的左边，即均衡点是 A 点，可见，垄断竞争条件下的均衡产量和均衡价格分别为 Q_1 和 P_1，同完全竞争的产量 Q_2 及价格 P_2 相比较，垄断竞争导致较高的价格和较少的产量，厂商的生产并未在平均成本的最低点的产量水平上进行，这一切意味着生产资源未得到最有效率的配置。

从 Q_1 到 Q_2 这段距离，表现出垄断竞争厂商没有可被利用的超额生产能力，这种能力也称为过剩生产能力，它是价格超过边际成本而造成的效率损失。

完全竞争市场之所以吸引人，是因为它们在经济上有效率——只要没有外在性和没有任何因素阻碍市场的运作，消费者和生产者的总剩余会尽可能地大。垄断竞争在某些方面是与完全竞争相似的，但它是一种有效率的市场结构吗？为了问答这个问题，下面我们将一个垄断竞争行业的长期均衡与一个完全竞争行业的长期均衡加以比较。

图 6-20 显示了在垄断竞争行业中有两种原因会造成非效率。

(1) 不像在完全竞争中，这里的均衡价格大于边际成本。这意味着额外单位产量对于消费者的价值大于生产这些单位的成本。如果产量扩大到需求曲线与边际成本曲线相交之点，则总剩余可以增加到图 6-20 中 LMC、Q_1 和 d 三条线共同围成面积的数量。这并不奇怪，我们在前面章节中已经看到垄断势力会造成一定的无谓损失，而在垄断竞争市场中就存在垄断势力。

(2) 注意图 6-20 中垄断竞争厂商经营时有过剩能力，即它的产量是低于使平均成本最低的水平的。新厂商的加入在完全竞争的市场和垄断竞争的市场都促使利润降为零。在一个完全竞争的市场，各厂商面临一条水平需求曲线，所以，零利润出现在平均成本最低点。在一个垄断竞争的市场，需求曲线则是向下倾斜的，所以零利润点是在平均成本最低点的左边。因为厂商越少，平均成本就会越低，因此这种过剩能力是非效率的。

这些非效率使消费者受损。那么是否垄断竞争就是一种对社会来说应该管制起来的不好的市场结构？答案是否定的，因为有以下两方面的理由。

(1) 在大多数垄断竞争市场中，垄断势力并不大。通常，有足够多的厂商相互竞争，它们的品牌相互之间替代性相当强，所以没有哪个单个的厂商会有可观的垄断势力。所以垄断势力引起的无谓损失也不会很大，并且由于厂商的需求曲线是相当有弹性的，过剩能力也就不会很大。

(2) 不管有多大的非效率，都必须与垄断竞争所产生的一大好处相平衡——产品多样性。大多数消费者都很重视可以在一大堆各方面有差异的竞争性产品和品牌中挑选。从产品多样化得到的利益可以是很大的，并且可能很容易就超过了由向下倾斜的需求曲线引起的非效率的成本。

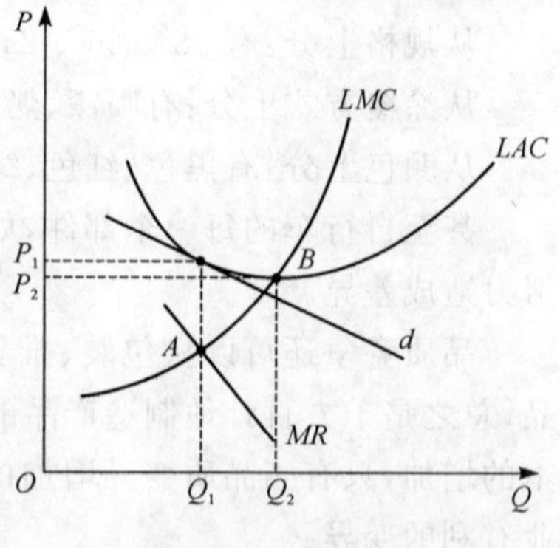

图 6-20 垄断竞争与完全竞争的资源配置效率比较

四、垄断竞争厂商的竞争策略

在垄断竞争市场上，厂商之间既存在价格竞争，也存在非价格竞争。非价格竞争是垄断竞争厂商普遍采取的一种竞争方式。

1. 价格竞争

价格竞争一般采取低价策略(弹性大的商品)和高价策略(弹性小的商品)。这种价格竞争虽然使一部分厂商得到好处，但从长期看，这种方式会导致产品价格持续下降，最终使厂商的利润全部消失。

2. 非价格竞争

垄断竞争厂商通过改进产品品质、精心设计商标和包装、改善售后服务以及广告宣传等手段，来扩大自己产品的市场销售份额，称为非价格竞争。

从上面的分析看到，垄断竞争企业在价格竞争中的长期均衡，不能获得经济利润，因而，大多数垄断竞争企业不会轻易采用价格竞争的办法，转而采用非价格竞争的方法，努力造成产品的差别，这种差别称为品质变异(product variation)，产品有了差别，就可以在一段时间内取得垄断的好处。可从以下两个角度来造成产品的差别：一是在产品自身品质的变异上下功夫，这是品质竞争；二是从消费者对产品的心理感觉上下功夫，这就是广告竞争。

(1) 品质竞争。由于消费者的需求是千差万别的，那么，企业就可以从同一种产品中变出五花八门的花样来适应消费者千差万别的需求，展开品质竞争。

以我国的自行车生产为例。在计划经济体制下，自行车一直短缺，没有竞争，因此，自行车是几十年一贯制，款式变化极少，也就是男式、女式、26′车、28′车等非常有限的几种。

改革开放以来，自行车行业展开了激烈的竞争，各企业纷纷在品质竞争上大下功夫，努力追求产品品质的变异。

从材料上分：有普通钢、锰钢、合金钢……

从款式上分:有男式、女式、山地、变速……

从规格上分:有28′、26′、24′、22′、20′……

从涂覆方式上分:有喷漆、烤漆、电镀、表面氧化……

从颜色上分:有黑色、红色、绿色、彩色……

甚至自行车的每一个部件,如车铃、车把、车座、车闸等都可以进行变异,从附加功能上努力造成差异。

品质竞争还可以从包装、推销、售后服务上下功夫,也可以随产品免费赠送各种小礼品,总之是千方百计地制造产品的差别来满足不同消费者的需要。当然品质变异会导致成本的增加,只有当品质变异增加的成本小于因变异而增加的收益时,这样的变异才是对企业有利的变异。

这里要特别说明的是,这种所谓有利的变异也只是在短期内使垄断竞争企业取得经济利润。在产品变异后,更能吸引消费者,有可能卖出更高的价格,有更大的销量,在短期内取得较大的经济利润。只要企业能在短期内取得经济利润,就会有新的企业参与进来,从而使经济利润损失。因此从长期看,品质竞争并不能给企业带来益处,这就需要企业不断地展开品质竞争,促进产品的品质不断地变异,以期获得短期的利益。

由于产品品质变异引起成本变动和销售量、销售价格的变动是千差万别的,因此要对市场进行很好的研究,对需求进行预测,以确定最有利的产品品质变异。

(2) 广告竞争。品质竞争是努力造成产品的差别,以适应不同消费者的需要。广告竞争则是利用广告的宣传,努力使消费者的需要适应产品的差别。

这里的广告是专指商业广告,即以广告的名义,通过大众传播媒介,向目标消费者及广大潜在消费者转达商品或劳务的存在特征,以及消费者所能得到的利益,引起消费者的注意。

广告的主要形式有:报纸、杂志、书籍等印刷广告;广播、电视、网络等视听广告;街头、建筑物、体育场、旅游景点等公共场所的路牌、灯箱、霓虹灯、招贴等户外广告;车站、机场、码头,以及车、船、飞机等设置内安装张贴的交通广告;橱窗、货架的销售现场广告;销售信、订货单、商品目录、说明书等邮政广告;推销人员的口头广告等。其中报刊、电视、网络广告,是各种广告形式中最重要的广告。

广告费用较高,它增加了生产成本以外的销售成本,使总成本大为增加,因此,要特别注意广告的效果。广告的促销效果通常是正的,一般说来,只进行一两次广告宣传,作用不大,广告宣传的次数增多了,会产生重复效果,引起消费者的注意和好奇,使效果递增。但广告增加到相当的次数以后,销售量就达到饱和状态,再增加也就难了。也就是说,广告也有一个从报酬递增到报酬递减的过程。

人们对于广告竞争存在不同的认识。一部分人认为,广告竞争不只是有利于生产者,也有利于消费者。消费者从广告中得到传播的信息,及时买到自己所需要的商品,这比无目的地东奔西走要省时省力。但也有一部分人认为,广告竞争只有利于生产者,因为广告费用归根结底要转移到消费者身上,增加了消费者不必要的负担。大多数人都认为,消费者从品质竞争中得到的好处要大于从广告竞争中得到的好处。

案例:可乐和咖啡市场上的垄断竞争

软饮料和咖啡的市场展示了垄断竞争的特征。各个市场都有不少略有差异、相互替代性很强的品牌。例如,各种牌子的可乐,一种与另一种的口味只是略有差异。(你能说出可口可乐和百事可乐之间的差别吗?或可口可乐和皇冠可乐之间的差别吗?)还有各种牌子的粉碎咖啡在风味、香味和咖啡因含量方面差异不大。大多数消费者形成了他们自己的偏好,你可能对麦氏咖啡比对其他牌子更喜欢并常常买它。不过,这种对品牌的忠诚通常是很有限的。如果麦氏咖啡的价格升到比其他牌子高出一截,你和大多数一直购买麦氏咖啡的消费者大概会转向其他牌子。

究竟广义的食品——如麦氏咖啡——有多大的垄断势力?换句话说,麦氏咖啡的需求弹性有多大?作为市场研究的一部分,大多数大公司都会仔细研究消费者对它们产品的需求。公司的研究通常是专对自己的,但对许多牌子如可乐和粉碎咖啡的需求研究要使用一种模拟采购实验,以决定各牌子的市场份额是怎样随着特定的价格变化而变化的。

表 6-4 通过给出对不同牌子的需求弹性概括了研究的结果。

表 6-4 不同牌子可乐和粉碎咖啡的需求弹性

	牌子	需求弹性
可乐	皇冠	2.4
	可口可乐	5.2～5.7
粉碎咖啡	希尔兄弟	7.1
	麦氏	8.9
	蔡斯和桑蓬	5.6

第一,注意在可乐中,皇冠的需求要比可口可乐缺乏弹性。虽然它只有很小的市场份额,但它的口味比可口可乐、百事可乐和其他牌子更加特别,所以购买它的消费者具有更强的品牌忠诚。但仅仅因为皇冠具有较大的市场势力并不意味着其赢利性更好。利润取决于固定成本、数量以及价格,虽然平均利润较低,但可口可乐却能产生更多的利润,因为它有一个大得多的市场份额。

第二,注意咖啡作为一类而言,比可乐的价格弹性要大。在咖啡中的品牌忠诚比可乐中的要小,因为咖啡之间的差异比可乐之间的差异更难辨别。与不同牌子的可乐相比,更少消费者注意或关心希尔兄弟和麦氏之间的差别。

除了皇冠以外,所有可乐和咖啡的价格弹性都很大,具有从 5 到 9 之间的弹性,各牌子却只有很有限的垄断势力。这是典型的垄断竞争。

第四节/寡头垄断市场

一、寡头垄断市场概述

寡头垄断(oligopoly)市场是指这样一种市场:在这种市场上,有少数几家厂商垄断了某一行业的市场,控制了这一行业的绝大部分供给,几家厂商的产量在该行业的总供给中占了很大比例,每家厂商的产量都占相当大的份额,从而每家厂商对整个行业价格与产量的决定都有举足轻重的影响。寡头垄断常常是扎根于规模经济之中的。

案例:寡头垄断市场——中国彩电业

2000 年 6 月,康佳、TCL、创维、厦华、海信、乐华、熊猫、金星、西湖九大彩电生产商召开"彩电峰会",会议宣布将限产,同时公布最低限价。长虹没有参加这次峰会。会后第二天就有成员降价而使同盟遭受挫折,随后当时的国家计委价格处宣布九家企业达成的价格联盟违反了《中华人民共和国价格法》,涉嫌垄断。彩电巨头价格同盟很快在质疑声中瓦解。

1996 年 6 月上旬,在中国几大新闻媒体,如《经济日报》《中国电子报》等报刊上同时刊出一份深圳康佳电子集团的"宣言",称康佳要"领先国内,赶超世界",宣布说"谁升起,谁就是太阳"。与此同时,康佳集团宣布:从 6 月 6 日起,康佳彩电从 37 cm(14 英寸)至 74 cm(29 英寸)所有的品种全部降价,让利幅度达 20%,最高让利金额达 1 200 元/台(2910A)。一石激起千层浪,康佳这一举措使得 1996 年本不平静的彩电市场风云再起,形成自长虹率先宣布降价后的又一次降价风潮。

1996 年 3 月 26 日,中国最大的电视机生产厂家四川长虹电器股份有限公司宣布大幅度降低其主导产品彩电的销售价格,其规格有 43～74 cm 共 76 个品种,降价幅度为 8%～18%,降价额为 100～850 元,由此引发了自 1989 年以来彩电市场的又一次降价风潮。如果说自上一次彩电降价后,几年来彩电市场的竞争还是比较温文尔雅的话,那么,此次长虹又一次率先大规模降价,则使竞争局面变得表面化、白热化。

虽然长虹声称此举是针对 4 月 1 日开始的大幅度降低进口关税而做的重大举措,但是,人们尚未看到进口彩电有何反应,倒是其他国内彩电企业纷纷闻风而动——TCL 彩电宣布:以拥抱春天为题自 4 月份到奥运会结束期间让利 5%;康佳则以"迎奥运五环大奖回报消费者"为口号,大搞产品促销活动;也有如北京牡丹电器集团表示要以其质量和完善的售后服务稳定原有的市场份额,而不是以降价为手段进行促销。由此看来,长虹的此次降价,与 1989 年的降价有异曲同工之妙——那就是彩电行业又将面临一次资产重组和结构调整,这就意味着又有部分本处于劣势的国内彩电企业将面临再一次被淘汰出局的考验,而抵御进口彩电"入侵"的作用目前看来则在其次了。有目共睹的事实是,进口彩电并未因为关税降低而大幅度降低其零售价格,除韩国三星电子的"名品"7277P 因售价偏低而在销售上占有一定优势外,其他进口彩电均处于平销状态。事实也多多少少证明了这一点。有资料显示在长虹降价后的一个月内,北京彩电市场的国产彩电销售格局发生了巨大变化,像长虹、康佳、TCL、王牌等主动参与此次降价风潮的企业在北京的市场销售均有大幅度提高,尤其是长虹的销售几夺榜首,那些在生产规模、技术水平、资金实力等方面有诸多不足的企业则明显大受影响。

一波未平一波又起。继长虹降价之后,康佳集团紧随其后,掀起了更大规模的降价浪潮。据康佳集团发言人宣称,此次降价的目的:一是为回报社会,回报消费者;二是欲与长虹联手,共同抵御国外彩电行业对中国民族彩电行业的冲击。

1. 寡头垄断市场的主要特征

寡头垄断市场具有以下特征:第一,厂商的数量很少;第二,厂商之间存在相互依存关系;第三,厂商进入或退出行业非常困难;第四,非价格竞争激烈。这种市场是由少数几个厂商瓜分市场全部份额或绝大部分份额的市场。可以看到,现实经济中的许多行业具有这种特征,例如石油行业、钢铁行业、通信行业、航空业等。因此,寡头垄断市场是经济社会中十分重要的市场结构。

寡头垄断市场最主要的两个特征是进入障碍和相互依赖。

(1) 进入障碍。像垄断行业一样,寡头垄断市场一般存在着行业进入障碍,但是,障碍的大小却随行业的不同而不同。在某些情况下,进入相对容易,而在一些行业中几乎不可能进入。

(2) 相互依赖。由于寡头垄断行业中只有少数几个厂商,每个厂商就不得不考虑到其他厂商的行动,因为每个厂商的利益都要受到其他厂商行动的影响。某个厂商的价格及产量的变动、新的研究开发计划及广告等行动都会对其他厂商的利益产生影响,其他厂商就不会不对这些行动做出反应。如果不假定其他厂商可能做出的反应是什么,预测厂商采取某个行动(如改变价格)后的销售量是不可能的。厂商的销售量不仅取决于其价格,而且还取决于其他厂商对其改变价格的行动做出的反应是什么。

2. 寡头垄断厂商的行动选择

寡头垄断市场中的厂商如何对待其他厂商呢?寡头垄断厂商有两种选择:串谋或者竞争。一方面,寡头垄断厂商的相互依赖性使得他们有可能相互勾结或者说串谋。如果他们能够勾结起来形成一个像垄断厂商那样的整体,并像垄断厂商那样行动,那么,他们就可以联合获得最大的行业利润。另一方面,寡头垄断厂商又有同他们的竞争者相互竞争的倾向,目的是争得更大份额的行业利润。然而,串谋与竞争对于寡头垄断厂商而言是相互矛盾的,厂商为获得更大份额的行业利润竞争越激烈,他们共同从市场中获得的行业利润就越少。例如,价格战和广告战都会使得寡头垄断厂商的利润下降。因此,寡头垄断市场可以分为两种类型:串谋的寡头垄断市场和竞争的寡头垄断市场。

串谋寡头垄断厂商可以在价格、市场份额、广告支出等方面达成一致,从而形成串谋。串谋厂商的市场行为与垄断厂商一致,这里就不再讨论。我们重点讨论的是非串谋的寡头垄断行为,即竞争性寡头垄断厂商的行为。

在寡头垄断行业中,有利于串谋的因素不是很多,此时厂商更容易进行价格竞争。经济学中常以博弈论为理论工具来研究这种非合作的寡头垄断竞争。博弈论可以分析厂商们以一种非合作的态度相互竞争时,他们各自采取的自认为是最优的策略是什么、厂商的策略之间是如何相互作用的,以及最终导致的结果是什么。

我们通过下面的案例来说明为什么寡头垄断厂商之间的串谋往往是不可能的。首先看一下博弈论中的经典例子"囚犯的两难处境"。

案例:囚犯的两难处境

这是关于两名被警察捉住的犯罪分子的故事。我们暂且把这两个人称做张三和李四。警察有足够的证据证明张三和李四犯有非法携带枪支的轻罪,因此每人都要在狱中度过一年。警察还怀疑这两名罪犯曾合伙抢劫过银行,但他们缺乏有力的证据证明张三和李四犯有严重的罪行。警察分别在两间屋子里审问了张三和李四,而且向他们每个人提出了如下的交易:

"现在我可以关你一年。但是如果你承认银行抢劫案,并供出同伙,就免除你的监禁。你的同伙将在狱中度过 20 年。但如果你们两人都承认罪行,我们就不需要你的供词,我们可以节省一些监禁成本,每人各实施一种中间型的 8 年监禁。"

首先,我们考虑张三的决策。他的推理如下:"我并不知道李四将会怎么做。如果他保持沉默,我最好的战略是坦白,这样,我可以获得自由而不是在狱中待一年;如果他选择坦白,那么,我最好的战略仍然是坦白,这样,我只要在狱中待8年而非20年。也就是说,无论李四怎么做,我只要选择坦白情况就会对我有利。"用博弈论的语言说,无论其他参与者采取什么策略,某参与者的唯一的最优策略就是他的占优策略。如案例中的坦白策略。

现在考虑李四的决策,他的分析也和张三相近,无论张三选择什么策略,坦白或者沉默,李四的优势策略都是坦白。

最后,两人都坦白了,他们都要在狱中待8年,博弈中的所有参与者的占优策略组合所构成的均衡就是占优策略均衡。如此案例中的(坦白、坦白)就是占优策略均衡。但从他们的角度看,这是一个糟糕的结果,如果两个人都保持沉默,他们两人的状况会更好些,他们只需要在狱中待一年。但由于追求自己的利益,两个囚犯共同达到了使每个人的状况变坏的结果。

		张三的决策	
		坦白	保持沉默
李四的决策	坦　白	每人8年	张三20年,李四自由
	保持沉默	张三自由,李四20年	每人一年

关于此案例中的两个人,显然最好的策略是双方都抵赖,结果是两个都只被判一年。但是由于两人处于隔离的情况,首先,从心理学的角度来看,当事双方都怀疑对方会出卖自己以求自保;其次才是亚当·斯密的理论,假设每个人都是"理性的经济人",都会从利己的目的出发进行选择。这两个人都会有这样一个盘算过程:假如他坦白,我抵赖,得坐20年监狱,坦白最多才8年;他要是抵赖,我就可以被释放,而他会坐20年牢。综合以上几种情况考虑,不管他坦白与否,对我而言都是坦白了划算。两个人都会动这样的脑筋,最终,两个人都选择了坦白,结果都被判8年刑期。"纳什均衡"对亚当·斯密的"看不见的手"的原理提出了挑战。按照斯密的理论,在市场经济中,每一个人都从利己的目的出发,而最终全社会达到利他的效果。不妨让我们重温一下这位经济学圣人在《国富论》中的名言:"通过追求(个人的)自身利益,他常常会比其实际上想做的那样更有效地促进社会利益。"从"纳什均衡"我们引出了"看不见的手"的原理的一个悖论:从利己目的出发,结果损人不利己,既不利己也不利他。两个囚徒的命运就是如此。从这个意义上说,"纳什均衡"提出的悖论实际上动摇了西方经济学的基石。因此,从"纳什均衡"中我们还可以悟出一条真理:合作是有利的"利己策略"。但它必须符合以下黄金律:按照你愿意别人对你的方式来对别人,但只有他们也按同样方式行事才行。也就是中国人说的"己所不欲勿施于人"。但前提是人所不欲勿施于我。其次,"纳什均衡"是一种非合作博弈均衡,在现实中非合作的情况要比合作的情况普遍。所以"纳什均衡"是对冯·诺依曼和摩根斯特恩的合作博弈理论的重大发展,甚至可以说是一场革命。

案例:双寡头的例子

一个小镇上只有小张和小李拥有生产饮用水的水井,每周六,两人决定抽取一定数量的水,带到镇上,并以市场所能承受的价格出售。假设水的边际成本等于0。现在我们来考虑该镇水行业的组织如何影响水的价格和销售量(参见表6-5)。

表6-5 水的需求数量与价格、总利润的关系

数量 Q(桶)	价格 P(元)	总收益 TR(总利润,元)
0	120	0
10	110	1 100
20	100	2 000
30	90	2 700
40	80	3 200
50	70	3 500
60	60	3 600
70	50	3 500
80	40	3 200
90	30	2 700
100	20	2 000
110	10	1 100
120	0	0

分析:在完全竞争市场上,$P=MC$,所以均衡数量是120桶;在垄断市场上,利润最大化的价格和产量均为60,即总利润3 600元;而对于寡头垄断市场,如果没有限制性协议,垄断结果是不可能的。原因如下:小张推理,"我可以生产30桶水,在这种情况下,我的利润是1 800元。但若换个做法,我生产40桶水,这样70桶水的单价是50元,我的利润将是2 000元,尽管市场总利润减少了,但我的利润多了,因为我将有较大的市场份额"。当然,小李也会以同样的方法推理。结果总销售量将是80桶,单价下降为40元,每个销售者只得到了1 600元的利润。

结论:当寡头垄断企业个别地选择利润最大化产量时,他们生产的产量大于垄断的产量水平,但小于完全竞争的产量水平。寡头垄断价格低于垄断价格,但高于完全竞争价格(竞争价格等于边际成本)。

二、寡头垄断模型

正如上面所言,寡头垄断厂商之间有独立行动的,也有相互勾结行动的,所以寡头垄断模型包括了独立行动的古诺模型、斯塔克博格模型和贝特朗模型等,也包括相互勾结的卡特尔模型和价格领导等模型。

本节主要介绍两个经典的寡头垄断模型——古诺模型和斯威齐模型,这两个模型都是属于独立行动条件下的寡头垄断厂商模型。

1. 古诺模型

古诺模型(Cournot Model)是早期的寡头垄断模型，由法国数理经济学家古诺(Autoine Cournot)在1838年提出。古诺模型通常被作为寡头垄断理论分析的出发点，它是一个只有两个寡头垄断厂商的简单模型，也被称为“双头模型”。古诺模型的结论可以很简单地推广到三个或者三个以上的寡头垄断厂商的情况中去。

古诺模型假定：

(1) 市场上只有A和B两个厂商相互竞争，同时决策，以产量为决策变量；

(2) 他们生产同一产品，价格取决于两寡头垄断产量之和，共同面临的市场需求曲线是线性的；

(3) 两个厂商都是在已知对方产量的基础上，确定能给自己带来最大利润的产量。

我们通过例[6-3]来研究古诺模型的均衡解。

[例6-3] 设市场反需求函数为$P=60-Q$，其中$Q=Q_1+Q_2$，寡头垄断1的成本函数为$TC_1(Q_1)=Q_1^2$，寡头垄断2的成本函数为$TC_2(Q_2)=Q_2^2+15Q_2$。求古诺模型的均衡解。

解：寡头垄断1的利润函数为：

$$\pi_1(Q_1, Q_2)=TR_1-TC_1=P\times Q_1-TC_1=(60-Q_1-Q_2)\times Q_1-Q_1^2$$

对Q_1求导，得：

$$\frac{\partial\pi_1}{\partial Q_1}=60-2Q_1-Q_2-2Q_1=0$$

寡头1的反应函数(reaction function)为：

$$Q_1=R_1(Q_2)=15-\frac{1}{4}Q_2 \tag{1}$$

类似地，寡头垄断2的利润函数为：

$$\pi_2(Q_1, Q_2)=P\times Q_2-TC_2=(60-Q_1-Q_2)\times Q_2-Q_2^2-15Q_2$$

对Q_2求导，得：

$$\frac{\partial\pi_2}{\partial Q_2}=60-2Q_2-Q_1-2Q_2-15=0$$

寡头2的反应函数(reaction function)为：

$$Q_2=R_2(Q_1)=\frac{45}{4}-\frac{1}{4}Q_1 \tag{2}$$

将式(1)与(2)联立求得：$Q_1=13$，$Q_2=8$

古诺均衡解如图6-21所示。

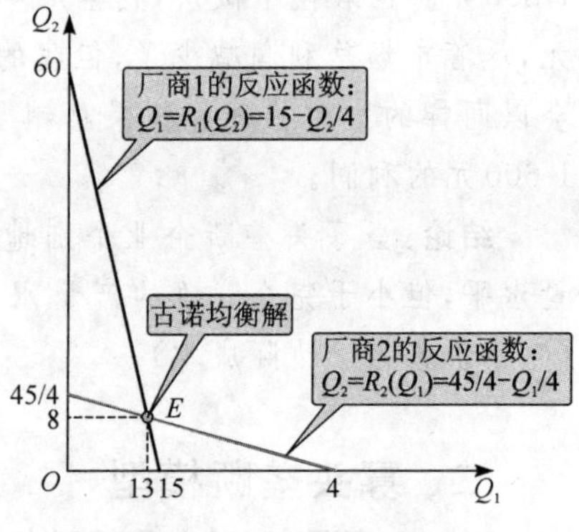

图6-21 古诺均衡解

古诺模型中双头寡头垄断古诺均衡的一般表达式为：

$$\frac{\partial\pi_1}{\partial Q_1}=P(Q_1+Q_2)+Q_1\times\frac{\partial P(Q_1+Q_2)}{\partial Q_1}-TC_1'(Q_1)=0$$

$$\frac{\partial \pi_2}{\partial Q_2} = P(Q_1 + Q_2) + Q_2 \times \frac{\partial P(Q_1 + Q_2)}{\partial Q_2} - TC'_2(Q_2) = 0$$

$$\Rightarrow \begin{aligned} Q_1 &= R_1(Q_2) \\ Q_2 &= R_2(Q_1) \end{aligned}$$

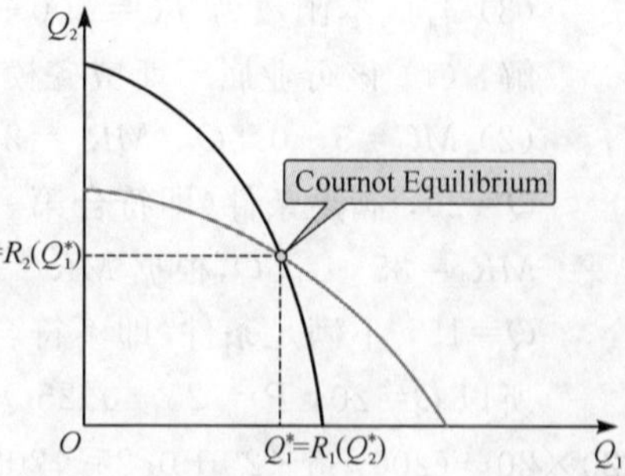

图 6-22 古诺均衡一般解

进一步，若设市场反需求曲线为 $P=a-bQ$，两寡头垄断的边际成本相同，即 $MC_1=MC_2=c$，则古诺均衡解为(参见图 6-22)：

$$Q_1 = Q_2 = (a-c)/3b,\ Q = 2(a-c)/3b,$$
$$P = a - 2(a-c)/3 = (a+2c)/3$$

若设边际成本为零，即 $MC_1=MC_2=0$，则古诺均衡解为：

$$Q_1 = Q_2 = a/3b,\ Q = 2a/3b,\ P = a - 2a/3 = a/3$$

二、斯威齐模型

寡头垄断市场上价格具有刚性，即当成本有一定量的变化时价格却保持不变。这就是说，在这种市场上，一旦价格决定之后，就有一定的相对稳定性。这种情况在钢铁、汽车等寡头垄断市场上存在。美国经济学家 P. 斯威齐在 1939 年提出了弯折的需求曲线来解释这种现象。斯威齐模型也被称为弯折的需求曲线模型。

该模型的基本假设条件是：当一家寡头垄断提高价格时，它的竞争对手为了增加自己的销售量并不提高价格；当一家寡头垄断降低价格时，它的竞争对手为了不减少销售量，也降低价格。我们可以用图 6-23 来说明弯折的需求曲线。

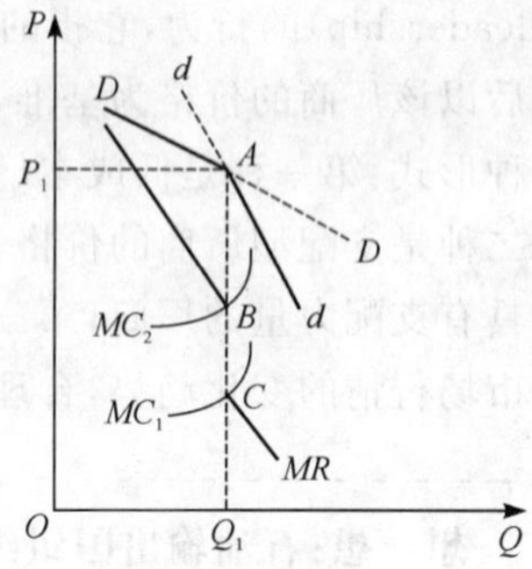

图 6-23 弯折的需求曲线模型

图 6-23 中 *DD* 和 *dd* 需求曲线是某寡头垄断厂商的需求曲线，*DD* 需求曲线表示行业内所有厂商都以相同方式改变价格时的该厂商的需求状况，而 *dd* 需求曲线表示该寡头垄断厂商变动价格而其他寡头垄断厂商保持价格不变时的该寡头垄断厂商的需求状况。所以实际上该寡头垄断厂商的需求曲线是弯折的需求曲线，如图中 *DAd* 表示的那样，*A* 点就是弯折点。*MR* 是边际收益曲线，边际收益曲线在平均收益曲线(即需求曲线)下方，它也从 *A* 点分为两段，在需求曲线的弯折处，边际收益曲线出现间断，间断部分为垂直虚线 *BC* 段。MC_1 和 MC_2 与 *MR* 相交决定了均衡产量和均衡价格为 Q_1、P_1，边际收益曲线的那段垂直虚线 *BC* 表明，寡头垄断厂商的产量和价格具有稳定性，在 MC_1 和 MC_2 之间，尽管成本变了，但价格并未变，只有边际成本变动足够大，才会引起产量和价格发生变化。

弯折的需求曲线解释了寡头垄断市场上价格具有刚性的原因，但该模型并没有说明寡头垄断市场上价格是如何决定的。这是该模型的一个缺陷。

[例 6-4] 某公司面对以下两段需求曲线：

$P=25-0.25Q$(当产量为 0～20 时)，$P=35-0.75Q$(当产量超过 20 时)

公司总成本函数为 $TC=200+5Q+0.25Q^2$

(1) 说明该公司所属行业的市场结构是什么类型?

(2) 公司的最优价格和产量为多少?这时利润(亏损)多少?

(3) 若成本函数为 $TC=200+8Q+0.25Q^2$,则最优价格和产量为多少?

解:(1) 该行业属于斯威齐模型,即弯折需求曲线模型。

(2) $MC=5+0.5Q$　$MR_1=25-0.5Q$,　根据 $MR=MC$ 得:$25-0.5Q=5+0.5Q$

$Q=20$,满足条件(即符合第一段需求曲线的定义域)

$MR_2=35-1.5Q$,根据 $MR=MC$ 得:$35-1.5Q=5+0.5Q$

$Q=15$,不满足条件(即不符合第二段需求曲线的定义域)

所以 $Q=20$,$P=25-0.25Q=20=TR-TC=PQ-TC=20\times20-(200+5\times20+0.25\times202)=0$

(3) 因为　$TC=200+8Q+0.25Q^2$　所以 $MC=8+0.5Q$

$MR_1=MC$ 时,$Q=17$,满足条件

$MR_2=MC$ 时,$Q=13.5$,不满足条件

则最优产量和价格为:

$Q=17$,$P=25-0.25Q=20.75$

$\pi=TR-TC=PQ-TC=17\times20.75-(200+8\times17+0.25\times172)=-55.5$

利润为负值,说明亏损,但这是最小亏损额。

另外,如果寡头垄断厂商一致行动,共同规定一个价格,他们就有可能像垄断企业一样定高价,使整个行业的总利润达到最大。这种联合有公开和暗中之分,签订公开的正式协议的叫卡特尔(cartel),达成非正式的秘密协议的叫串通。还有一些如价格领导(price leadership)的行为,它指的是一个行业中由某一家厂商率先制定和变动价格,其他厂商则随后以该厂商的价格为基准,再制定和变动价格。根据价格领导厂商的具体情况,可分为三种形式:第一种是低成本厂商的价格领导,作为领导者的厂商是行业中成本最低的厂商;第二种是支配型厂商的价格领导,作为领导者的厂商是销售占市场容量较大比重、地位稳固、具有支配力量的厂商;第三种是晴雨表型的价格领导,作为领导者的厂商能较准确地预测市场行情的变化趋势,合理而准确地反映整个行业基本的成本和需求状况的变化。

想一想:石油输出国组织欧佩克(OPEC)

1960 年成立的石油输出国组织简称欧佩克(OPEC),它由沙特阿拉伯、伊朗、委内瑞拉、利比亚、尼日利亚等 12 个主要产油国组成。作为一个整体,欧佩克无论在已探明石油储量还是在对国际石油市场的供应方面都具有举足轻重的地位。它们勾结起来限制石油产量、确定石油价格,曾在 20 世纪 70 年代大获成功。但在 20 世纪 80 年代以后,欧佩克尽管依然每两年开一次会,但作为一个各怀想法的利益聚合体,欧佩克很难再通过达成或实施协议来控制产量和价格了。

根据以上内容想一想下面的问题:

1. 上述案例中所讲的是哪种市场类型?该种市场有什么特点?

2. 上述案例中所涉及的问题在经济学中被叫作什么?这类现象的最终结果通常是怎样的?

本章小结

1. 西方经济学通常按市场竞争程度的不同将市场结构划分为四种类型：完全竞争市场、垄断竞争市场、寡头垄断市场和完全垄断市场。

2. 在完全竞争条件下，厂商所面临的需求曲线是一条水平线。它表示单个厂商无法通过改变销售量来影响市场价格，只能被动地接受市场价格。完全竞争厂商的总收益 TR 曲线是一条由原点出发的呈上升趋势的直线，平均收益 AR 曲线、边际收益 MR 曲线和需求曲线 d 这三条线是重叠在一起的。

3. 完全竞争条件下企业的利润最大化产量发生在价格等于边际成本之处。从短期看，完全竞争条件下的企业有可能取得经济利润。但如果价格降到低于平均变动成本，企业就应当停产。从长期看，新企业的进入或工厂的扩建能使价格下降和经济利润消失。完全竞争导致资源的有效配置，因为生产发生在平均成本最低、自愿的交易量最大和资本用于价值最大的用途之处。

4. 完全垄断是指一个行业有一家企业，而且它所生产的产品没有其他产品可以替代，因而市场进入障碍很大，其他企业不能进入。

5. 价格、边际收益和需求的价格弹性之间的关系是：$MR=P(1-1/E_d)$，可见，边际收入是需求价格弹性的函数，假如需求为单一弹性（$E_d=1$），则边际收入为零，价格变化对总收入就没有影响。相比之下，如果需求是弹性的，$E_d>1$ 即（$1-1/E_d$）>0，边际收入为正值，意味着降低价格会因需求量的增加而使总收入增加。同理，如果需求是非弹性的，边际收入就为负值，表示降低价格会使总收入减少。

6. 垄断者通常可以通过根据买者的支付意愿对同一种物品收取不同的价格来增加利润。这种价格歧视的做法可以通过使一些本来不想购买的消费者得到物品而增加经济福利。在完全价格歧视的极端情况下，垄断的无谓损失就完全消失了。一般来说，当价格歧视不完全时，与单一垄断价格相比，它会增加或减少福利。

7. 垄断竞争的市场结构主要有以下特征：①在行业中企业数量很多；②企业进出这个行业是自由的；③各企业生产的同种产品是有差别的。

8. 在垄断竞争条件下，价格和产量最优化的条件是 $MR=MC$。短期均衡条件下，企业可以获得最大利润，也可以发生最小的亏损。从长期看，实现长期均衡的条件是：$MR=LMC=SMC$，而且 $P=AR=LAC$，垄断竞争企业长期均衡的利润为零。但它的价格还是比完全竞争企业的高，产量则比完全竞争企业少。这是因为在完全竞争条件下，价格等于边际成本（$P=MC$），而在垄断竞争条件下，价格总是大于边际成本（$P>MC$）。

9. 寡头垄断市场是指由少数几家厂商垄断了某一行业的市场，控制了这一行业的绝大部分供给，几家厂商的产量在该行业的总供给中占了很大比例，每家厂商的产量都占相当大的份额，从而每家厂商对整个行业价格与产量的决定都有举足轻重的影响。

10. 寡头垄断市场有两个经典的模型来解释——古诺模型和斯威齐模型。古诺模型又称双头模型，它可以通过建立厂商生产函数的方式研究利润最大化的厂商最佳产量；斯威齐模型也被称为弯折的需求曲线模型，可以用来解释寡头垄断市场上价格具有刚性的情况。

关键概念

完全竞争市场　市场均衡　收支相抵点　停止营业点　沉没成本　成本不变行业　成本递增行业　成本递减行业　完全垄断市场　价格歧视　一级价格歧视　二级价格歧视　三级价格歧视　寡头垄断市场　纳什均衡　占优策略　古诺模型　弯折的需求曲线模型　垄断竞争市场　多余生产能力　非价格竞争　卡特尔　价格领导

复习思考题

一、单项选择题

1. 在完全竞争市场上,厂商短期均衡的条件是(　　)。

A. $P=AR$　　B. $P=MR$　　C. $P=MC$　　D. $P=AC$

2. 在一般情况下,厂商得到的价格若低于以下哪种成本就停止营业(　　)。

A. 平均成本　　B. 平均可变成本　　C. 边际成本　　D. 平均固定成本

3. 对完全垄断厂商来说,(　　)。

A. 提高价格一定能增加收益

B. 降低价格一定会减少收益

C. 提高价格未必能增加收益,降低价格未必减少收益

D. 以上都不对

4. 完全垄断厂商的总收益与价格同时下降的前提条件是(　　)。

A. $E_d>1$　　B. $E_d<1$　　C. $E_d=1$　　D. $E_d=0$

5. 垄断厂商利润极大时,(　　)。

A. $P=MR=MC$　　B. $P>MR=AC$　　C. $P>MR=MC$　　D. $P>MC=AC$

6. 当一个完全竞争行业实现长期均衡时,每个企业(　　)。

A. 显成本和隐成本都得到补偿

B. 经济利润为零

C. 行业中没有任何厂商再进入

D. 以上说法都对

7. 假如一个完全竞争厂商的收益不能弥补可变成本,为了减少损失,它应该(　　)。

A. 减少生产　　B. 增加生产

C. 提高价格　　D. 停止生产

8. 完全垄断厂商长期均衡的条件是(　　)。

A. $MR=MC$　　B. $MR=SMC=LMC$

C. $MR=SMC=LMC=SAC$　　D. $MR=SMC=LMC=SAC=LAC$

9. 假定在某一产量水平上,某厂商的平均成本达到了最小值,这意味着(　　)。

A. 边际成本等于平均成本

B. 厂商获得了最大利润

C. 厂商获得了最小利润

D. 厂商的超额利润为零

10. 垄断竞争厂商短期均衡时,(　　)。

A. 厂商一定能获得超额利润

B. 厂商一定不能获得超额利润

C. 厂商只能得到正常利润

D. 取得超额利润,发生亏损及获得正常利润三种情况都可能发生

11. 垄断竞争厂商长期均衡时,必然有(　　)。

A. 价格大于长期平均成本

B. 在均衡点上,主观需求曲线上的弹性大于实际需求曲线上的弹性

C. 资源在广告中浪费

D. 边际成本等于实际需求曲线中产生的边际收益

12. 在垄断竞争厂商长期均衡点上,长期平均成本曲线处于(　　)。

A. 上升阶段　　B. 下降阶段

C. 水平阶段　　D. 以上三种情况都可能

13. 垄断竞争厂商实现最大利润的途径有:(　　)。

A. 调整价格从而确定相应产量　　B. 品质竞争

C. 广告竞争　　D. 以上途径都可能用

14. 进入行业壁垒导致垄断或寡头垄断现象增加。不属于进入壁垒的因素是(　　)。

A. 对技术的专利保护　　B. 现有生产者控制了原材料的供给

C. 行业中产品差异小,认知度低　　D. 进入行业需要很高的资本投入

15. 生产者剩余与企业利润的关系是(　　)。

A. 生产者剩余就是企业利润

B. 生产者剩余等于收益减去可变成本,利润等于收益减去总成本

C. 生产者剩余等于收益减去固定成本,利润等于收益减去总成本

D. 生产者剩余等于收益减去现行成本,利润等于收益减去总成本

16. 寡头垄断和垄断竞争的主要区别在于(　　)。

A. 厂商之间相互影响的程度不同　　B. 广告开支不同

C. 产品差异程度不同　　D. 非价格竞争的数量不同

二、简答题

1. 为什么完全竞争中厂商不愿为产品做广告而花费资金?

2. 完全竞争市场条件下,为什么行业中所有厂商的经济利润在长期均衡时都为零?这是否意味着厂商的生产变得没有意义?

3. 为什么有时发生亏损的厂商会选择继续生产而不是关闭?

4. 为什么利润极大化原则 $MC=MR$ 在完全竞争条件下可表达为 $MC=P$?

5. “虽然很高的固定成本会是厂商亏损的原因,但永远不会是厂商关门的原因。”你同意这一说法吗?

6. 成为垄断者的厂商可以任意定价,这种说法对吗?

7. 为什么完全竞争厂商的短期供给曲线是 SMC 曲线上等于和高于 AVC 曲线的最低点的部分？
8. 假定一个完全竞争行业里的企业得到的利润少于正常利润。从长期看，该行业的价格将会如何调整？导致这种调整的原因是什么？
9. 完全垄断行业中的企业和完全竞争企业的需求曲线和边际收益的形状有何区别？
10. 比较垄断和寡头垄断市场的均衡产量与价格。
11. 什么是囚犯两难困境？它与寡头垄断有什么关系？
12. 垄断竞争条件下的厂商为什么要生产差别化产品？
13. 什么是垄断性竞争条件下的长期均衡？
14. 简述厂商开展广告促销活动的得失，你认为是否需要广告促销？
15. 在垄断竞争市场中，厂商推出不同品牌的同一产品是否有必要？

三、计算题

1. 已知某完全竞争行业中的单个厂商的短期成本函数为 $STC=0.1Q^3-2Q^2+15Q+10$，试求：
   (1) 当市场上产品的价格为 $P=55$ 时，厂商的短期均衡产量和利润。
   (2) 厂商的短期供给函数。
2. 一家完全垄断企业，它的总成本函数为：$TC=\frac{1}{3}Q^3-2Q^2+50Q$，它的需求曲线为 $P=950-2Q$。如果该企业谋求利润最大化，应如何确定它的最优价格和最优产量？此时的总利润是多少？
3. 已知完全竞争市场的需求函数为 $D=6\,300-400P$，短期市场供给函数为 $S=3\,000+150P$，单个企业在 LAC 曲线最低点的价格为 6，产量为 50，单个企业的成本规模不变。
   (1) 求市场的短期均衡价格和产量；
   (2) 判断(1)中的市场是否同时处于长期均衡，并求行业内的厂商数量。
4. 已知垄断者的成本函数为 $TC=6Q+0.05Q^2$，产品的需求函数为 $Q=360-20P$，求：
   (1) 利润达到最大时的价格、产量和利润；
   (2) 假如政府限定一最高售价以诱使垄断者提供最大产量，求解为此所规定的最高限价、垄断者提供的产量和赚得的利润；
   (3) 求解垄断者收支相抵的价格和产量及其赚得的利润。
5. 两家寡头垄断厂商的行为遵循古诺模型，他们都生产一同质的产品，其市场的需求函数为 $Q=900-10P$，试求：
   (1) 若两厂商的生产成本都为零，均衡时厂商的产量和价格各为多少？
   (2) 若两厂商的生产成本都不为零，且 $TC_1=0.1q_1^2+30q_1$，$TC_2=0.2q_2^2+30q_2$，则均衡时厂商的产量和价格又为多少？

第七章 要素市场与收入分配

学习目标：

- 理解生产要素的引致需求。
- 比较不同市场结构下生产要素的供求关系和工资水平差异。
- 理解利息、利润、租金产生的经济学原理。
- 掌握基尼系数的概念和洛伦兹曲线。

在本章，我们的注意力将从产品市场转到要素市场，也就是从价格理论转向分配理论。在以前的研究中，我们总是假定生产要素的价格是既定的，而本章的任务则是探讨在各种不同类型的要素市场上，要素的均衡价格和投入量是如何决定的。同样作为市场，要素市场与产品市场自然有许多相似之处，最根本的相同点就在于均衡点都是由供给曲线和需求曲线的交点决定的。不过，在两个市场上参与者的角色正好相反，作为产品市场买方的消费者在要素市场上成了卖方，出卖劳动、土地、资本等；而作为产品市场卖方的生产者则成了要素市场的买方，需要购买上述要素进行生产。

第一节/生产要素的需求与供给

19世纪法国经济学家萨伊曾提出了一个“三位一体”的公式，这就是：劳动—工资；资本—利息；土地—地租。之后英国经济学家马歇尔又在此基础上增加了“企业家才能—利润”，而成为“四位一体”公式。这个公式概括了经济学分配理论的中心，即在生产中，工人提供了劳动，获得了工资；资本家提供了资本，获得了利息；地主提供了土地，获得了地租；企业家提供了企业家才能，获得了利润。简言之，各种生产要素都根据自己在生产中所做出的贡献而获得了相应的报酬。各种生产要素所获得的报酬就是生产要素的价格。所以，分配理论就是要解决生产要素的价格决定问题，生产要素的价格与产品一样，是由供求关系决定的。这就是说，生产要素的需求与供给决定了生产要素的价格。因此，分配理论就是价格理论在分配问题上的应用，分配是由价格决定的。

一、生产要素需求的特点

每个消费者追求并获得最大满足的消费行为，构成对消费品的需求，这种直接满足消费者欲望的需求是直接需求。

然而，企业对生产要素的需求却是引致需求(derived demand)。对生产要素的需求来自生产者，而不是消费者。生产者之所以需要生产要素，并不是希望直接从生产要素的使用中得到满足，而是为了生产能满足消费者欲望的产品，以便从中获得最大利润。由于生产者本身就是消费者，或者将直接或间接地用于消费品生产，因此，生产者对生产要素需求最终取决于消费者对该生产要素参与生产的消费品的需求。也就是说，消费者对企业的产品的需求增加，会引致企业对生产要素需求的增加。例如，消费者对面包的需求引致生产厂商对面粉等生产要素的需求，就是所说的派生或引致需求。因此，企业对生产要素的需求是从消费者对消费品的需求引致或派生的。

综上所述，生产要素的需求具有以下特点：

(1) 对生产要素的需求是引致需求或派生需求。生产要素的购买者不是为了自身需要，而是为了生产可供出售的产品才购买的，因此，生产要素的需求是由对最终产品的需求中间接引导出来的，经济学家称之为引致需求或派生需求。

(2) 生产要素的需求不是对生产要素本身的需求，而是对生产要素的使用的需求。

(3) 生产要素的需求来自生产者——企业。

(4) 企业对生产要素的需求的目的，是用于生产产品，是为了追逐利润。

生产者对一种生产要素需求的大小，决定于以下几个因素：

(1) 市场对产品的需求以及产品的价格。所生产产品的价格高低决定了生产者的收入，生产要素所产出的产品数量越高，生产者得到的收入越多，对要素的需求也就越大；反之则越小。

(2) 生产要素本身价格的高低。生产要素本身价格高，则生产成本高；生产要素本身价格低，则生产成本低。在比较成本与收入后，生产者才能决定对生产要素的需求。另外，在生产过程中，生产要素大多是可以相互替代使用的，故其他生产要素的价格也会影响对此生产要素的需求。因此，在其他条件不变的情况下，生产要素的需求与其自身价格呈减函数的关系。

(3) 对生产要素的需求还受生产技术状况的影响。因为生产要素往往不是单独发生作用而是相互发生作用的，要素的不同组合以及要素的替代品和互补品价格变动会对不同的要素需求产生较大影响。

二、生产要素市场的利润最大化原则

要素市场的需求是一种引致需求，厂商之所以对要素有需求，是因为要素能用来生产产品，我们知道，最优产品的生产满足 $MR=MC$ 的原则，所以，要素的需求也必须满足利润最大化原则。怎样满足呢？为了进行这一分析，有必要引进几个新的概念。

(1) 边际产品价值(value of the marginal product)：也称边际产值，指在其他条件不变的情况下，每增加一单位生产要素的投入所增加的收益。它等于边际产量乘以产品价格，用 VMP 表示。

例如，某种款式衣服的单价为 50 元，假如增加一个工人每天可以多生产 5 件衣服，则边际产值 VMP 为 250 元，可见 $VMP = MP \times P$。

(2) 边际要素成本(marginal factor cost)：增加一单位要素投入所增加的成本支出。以 MFC 表示，边际要素成本的变化取决于市场结构。

生产厂商对生产要素的需求原则是：厂商出于利润最大化目的，对某种要素的需求量将决定在 $VMP=MFC$ 水平上。为什么呢？

讨论 $VMP\neq MFC$ 的情况：

(1) 当 $VMP>MFC$，则增加一单位生产要素所带来的收益就会大于所引起的成本，厂商增加要素使用量，致使边际要素成本上升，从而边际产品价值下降，最终 $VMP=MFC$；

(2) 当 $VMP<MFC$，则减少一单位生产要素所损失的收益就会小于所节省的成本，厂商减少要素使用量，致使边际要素成本下降，从而边际产品价值上升，最终 $VMP=MFC$。

三、完全竞争市场中的要素供求

这里所指的完全竞争必须是产品市场和要素市场都处于完全竞争的状态。在完全竞争条件下厂商对生产要素的需求原则同样满足：

$$VMP = MFC$$

同时，我们假设要素价格为 W，由于在完全竞争生产要素市场下，有 $MFC=W$，故厂商对生产要素的需求原则就由 $VMP=MFC$ 转变为 $VMP=W$。

这样，我们发现，完全竞争厂商的要素需求曲线就是其要素的边际产品价值曲线，尽管需求曲线是 W 对 L 的关系，而边际产品曲线是 VMP 对 L 的关系，但在完全竞争条件下，厂商对生产要素的需求原则是 $VMP=W$，故两线重合。如表 7-1 所示，根据第一列劳动数量 L 和最后一列要素价格 W，我们可以得到要素的需求曲线；再根据第一列劳动数量 L 和第四列边际产品价值 VMP，我们可以得到边际产品价值曲线。从表中数据可以看出，这两条线是重合在一起的，以图 7-1 表示。

表 7-1　厂商的边际产品和边际产品价值

要素数量 L	边际产品 MP	产品价格 P	边际产品价值 VMP	最优要素使用原则 $W=VMP$
1	10	2	20	20
2	9	2	18	18
3	8	2	16	16
4	7	2	14	14
5	6	2	12	12
6	5	2	10	10
7	4	2	8	8
8	3	2	6	6
9	2	2	4	4
10	1	2	2	2

在完全竞争条件下，要素所有者在既定要素价格水平上提供要素给厂商，即要素的供

给曲线为一条水平线,这一曲线也是边际要素成本曲线,即 MFC 曲线,而且这时的 $MFC=W$。要素的供求曲线的交点决定了要素的均衡价格和均衡使用量。如图 7-2 所示,W_0 为要素的价格,等于要素价格的一条水平线为要素供给曲线,它和要素需求曲线 D 相交于 E 点,该点就是要素市场的均衡点,告知我们要素的最优使用量是 L_0。

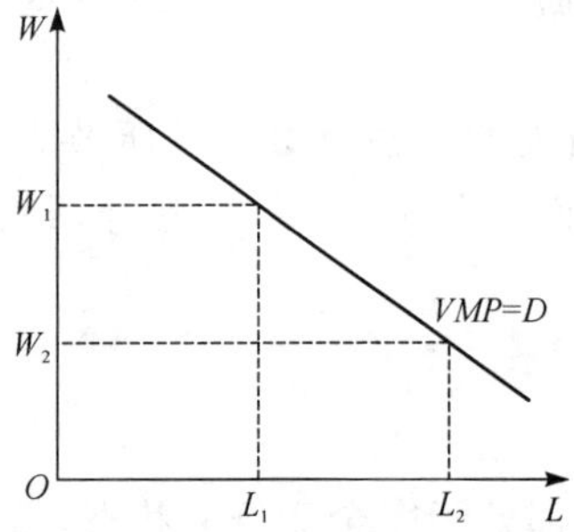

图 7-1　劳动的边际产品价值曲线和需求曲线

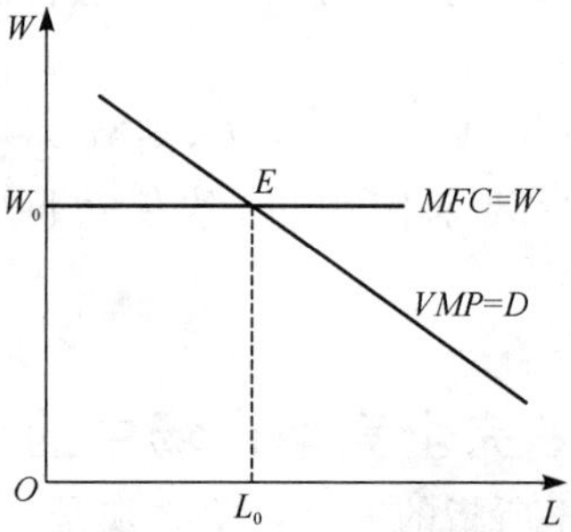

图 7-2　完全竞争条件下厂商的要素供求图

四、非完全竞争条件下厂商对要素的供求

非完全竞争指的是垄断、寡头垄断和垄断竞争三种情况,为了简单起见,这里仅分析垄断厂商的情况。和完全竞争不一样,垄断厂商可以分为三种情况:在产品市场上的垄断卖方、在要素市场上的垄断买方以及在两个市场作为垄断卖方和垄断买方。由于第三种情况是前两种情况的简单加总,在此省略不谈。我们仅仅考虑卖方垄断和买方垄断厂商。

1. 非完全竞争条件下厂商对要素的需求

卖方垄断厂商是指厂商在产品市场上(作为产品的卖方)是垄断者,但在要素市场上(作为要素的买方)是完全竞争者。

由于在产品市场上每单位产品的价格是变化的,这里需要用新的概念来取代边际产品价值 VMP 以进行分析。为此我们引入边际收益产品(marginal revenue product)概念,即增加一单位要素投入所带来的产品销售收益的增加,用 MRP 表示。在卖方垄断条件下,厂商使用要素的"边际收益"称边际收益产品,等于产品的边际收益 MR 和边际产品 MP 的乘积,即 $MRP=MP\times MR$。同样道理,利润最大化条件变为:$MRP=MFC$。由于在完全竞争的产品市场 $MR=P$,所以 $MRP=VMP$。可见,MRP 与 VMP 的本质含义是相同的,区别只是就不同的市场条件而言。表 7-2 用数据说明了生产要素和 MRP 的关系,表中第一栏是要素 L 的不同使用量,第二栏和第三栏分别是从要素不同使用量中得到的边际产量和总产量。在卖方垄断条件下,厂商产品的价格将随着产量和销售量而变化。图 7-3 是根据表 7-2 得到的,由图 7-3 可见,与完全竞争厂商的边际产品价值曲线一样,卖方垄断厂商的边际收益产品曲线也向右下方倾斜。同时还能够确定,MRP 曲线位于 VMP 曲线的下方。

在要素市场上,因为遵循完全竞争的市场行为,所以边际要素成本 MFC 等于要素的价格 W,即 $MFC=W$。使用生产要素的原则可以写成 $MRP=MFC=W$(要素价格)。这样,我们就知道 MRP 曲线为非完全竞争产品市场条件下的要素需求曲线,见图 7-3。如果该生产要素市场包括 n 个厂商,而且所有厂商都是各自产品市场上的垄断者,则市场的要素需求曲线是这些卖方垄断者的 MRP 曲线的简单水平相加。

表 7-2 厂商的边际收益产品

要素数量 L	边际产品 MP	总产量 Q	产品价格 P	总收益 TR	边际收益产品 MRP
1	10	10	30	300	/
2	9	19	25	450	150
3	8	27	22	594	144
4	7	34	21	714	120
5	6	40	20	800	86
6	5	45	19	855	55
7	4	49	18	882	27

由于买方垄断厂商的要素价格和要素需求量不存在一一对应关系，所以需求曲线不存在。这里不再论述。

2. 非完全竞争条件下厂商对要素的供给

买方垄断厂商是指厂商在要素市场上(作为要素的买方)是垄断者，但在产品市场上(作为产品的卖方)是完全竞争者。即要素市场的购买者只有一家或少数几家厂商，这时，它(它们)所面临的供给曲线相当于全行业的供给曲线，即自左向右上方倾斜。并且，供给曲线 S 与边际要素成本曲线 MFC 也发生了分离，此时的 $MFC=MC\times MP$，厂商的 MFC 曲线位于其供给曲线 S 的上方。如表 7-3 和图 7-4 所示。

表 7-3 非完全竞争条件下要素的供给与 *MFC*

要素价格 P	要素供给量 L	要素总成本 C	边际要素成本 MFC
1	3	3	/
2	4	8	5
3	5	15	7
4	6	24	9
5	7	35	11

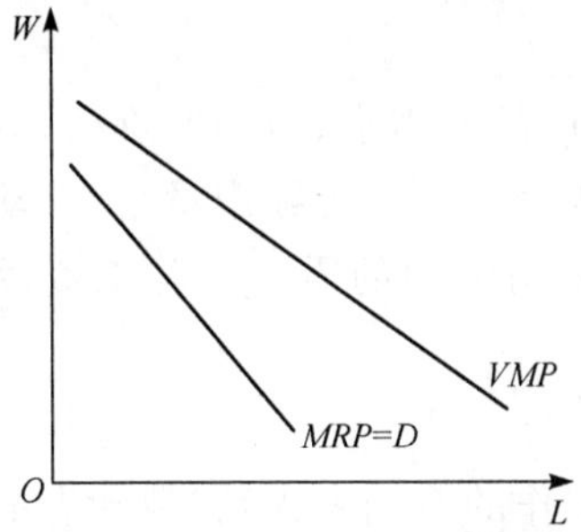

图 7-3 卖方垄断厂商的 *MRP* 曲线和 *VMP* 曲线

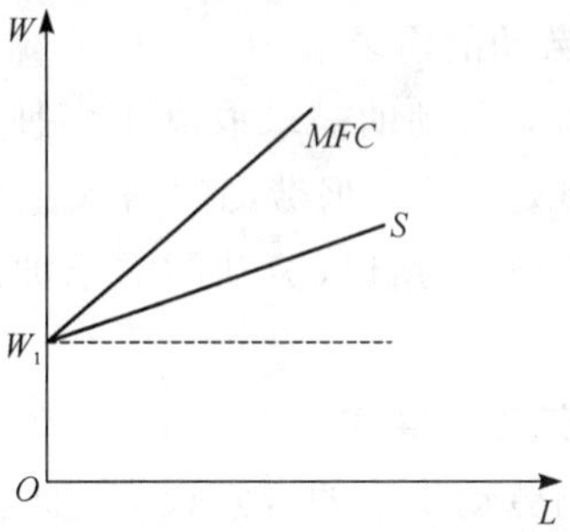

图 7-4 非完全竞争条件下要素的供给 *S* 与 *MFC*

案例:明星的高收入合理吗?[①]

明星这种生产要素的高价格和高收入是由其供求关系决定的。生产要素的价格(或这种要素所有者的收入)是否合理取决于它的决定机制。如果这种高收入由政府人为决定,无论多少都不合理(如政府给钱让知名大学的教授增加工资就不合理);如果这种高收入是市场决定的,无论多少都合理。这是我们判断一种收入是否合理的标准。

公正是平等的竞争过程的参与权。市场经济中明星们是竞争出来的,他们成功了,这就实现了公正。

作为一种激励制度,明星的高收入的确刺激了演艺行业的效率。演艺行业的效率就是充分利用资源,为社会提供更好、更多的演出。高收入引起高效率的原因在于:第一,使更多的人渴望成为明星,其中必有少数成功者。明星的增加会使演艺事业繁荣。第二,明星受高收入的激励,到处去表演。这就给公众带来更多享受,给企业带来更多收入。第三,在竞争中,不断产生高水平的明星,明星的演艺水平不断提高。这些都繁荣了演艺事业。这就是效率的提高。

因此,当人们看到一夜走红的明星收入高于辛勤耕耘的教授许多倍时,也难免有不平衡的"酸葡萄"之感。但从经济学的理性来看,明星的高收入是由市场决定的。市场决定的高收入就是物有所值的。

第二节/工资理论

西方经济学认为,工资是使用劳动这一生产要素所支付的价格,它用工资率,即劳动者单位时间内所得的工资收入来表示。工资率的高低是在劳动力市场上形成的。

一、完全竞争条件下工资(W)的决定

工资的种类从计算方式上分为计时工资和计件工资,从支付手段上分为货币工资和实物工资,从购买力上分为名义工资和实际工资。

在完全竞争的市场条件下,无论是劳动力的买方或是卖方都不存在对劳动的垄断。工资由劳动力市场的供给曲线与需求曲线的交点所决定。

1. 劳动的需求

厂商对劳动的需求取决于多种因素,例如,市场对产品的需求、劳动的价格、劳动在生产中的重要性等。但劳动的需求主要取决于劳动的边际生产力(边际产量)。劳动的边际产量是递减的,所以,劳动的需求曲线向右下方倾斜,表明劳动的需求量与工资成反方向变动。

2. 劳动的供给

影响劳动供给的因素很多,如总人口中能够参加工作的劳动者人数、劳动者的年龄和性别构成、工作条件、传统风俗等。但我们一般假定其他因素既定不变,只将劳动供给看作

---

① 资料来源:http://blog.sina.com.cn/s/blog_723c07740100tycb.html。

劳动价格——工资率的函数。我们知道，一天有 24 小时，假设消费者每天必须睡眠 8 小时，则自由支配的时间为 16 小时。劳动供给问题看成是消费者如何决定其全部资源在闲暇和劳动供给两种用途上的分配，或者说在自用资源和收入之间进行选择。消费者可能的劳动供给只能来自 16 小时之中，而不能超过它，其最大劳动供给为 16 小时。设劳动供给量为 6 小时，则全部时间资源中的剩余部分为(16－6)＝10 小时，称为"闲暇"时间。闲暇时间包括除必需的睡眠时间和劳动供给之外的全部活动时间，例如逛街、唱卡拉 OK 等。在现实生活中，闲暇时间也可用于非市场活动的"劳动"，如干家务活。为简单方便，这里不考虑非市场活动的闲暇。

劳动的供给有自己的特殊规律，劳动供给曲线具有一段向后弯曲的部分。当工资较低时，随着工资的上升，消费者将减少闲暇，增加劳动供给量，此阶段的劳动供给曲线向右上方倾斜，但当工资涨到 W_1 时，消费者的劳动供给量达到最大，若继续增加工资，劳动供给量反而减少，于是劳动供给曲线开始向后弯曲。

劳动供给曲线为什么向后弯曲？为了回答这个问题，我们换一个角度来研究劳动供给、劳动价格即工资以及闲暇之间的关系。首先，可以将劳动供给和闲暇需求看成是反方向变化关系。因为在时间资源有限的条件下，劳动供给的增加就是闲暇需求的减少；反之亦然。其次，劳动的价格即工资是闲暇的机会成本——增加一单位时间的闲暇，意味着失去本来可以得到的一单位劳动的收入，即工资。于是，也可以将工资看成闲暇的价格。

对正常物品而言，它们的需求曲线总是向右下方倾斜的，即需求量随要素价格的上升而下降。其原因有两个：一个是替代效应，另一个是收入效应。正常商品价格上涨后，由于替代效应，消费者转向相对便宜的其他替代品；由于收入效应，消费者相对"更穷"一些，以致减少对正常商品的购买。就一般的正常商品而言，替代效应和收入效应共同作用使其需求曲线向右下方倾斜。

现在比较特殊的是将闲暇作为一种商品来研究它的替代效应和收入效应。

替代效应：劳动的工资率越高，即闲暇的价格越高，对牺牲闲暇的补偿越大，劳动者就越愿意用更多劳动替代闲暇。所以闲暇需求量与闲暇价格成反方向变化。

收入效应：闲暇商品与众不同，闲暇价格的上升意味着实际收入的上升，而收入的上升将促使消费者进一步多消费闲暇这种商品。或者说，工资率越高，个人越有条件享受更多的娱乐，越不愿意增加劳动的供给。因此，由于收入效应，闲暇需求量与闲暇价格变化方向相同。

结论：若替代效应大于收入效应，则闲暇需求量随价格的上升而下降，即劳动供给量随价格的上升而上升；若收入效应大于替代效应，则闲暇需求量随价格的上升而上升，也就是劳动供给量随着价格的上升而下降，这就意味着劳动供给曲线向后弯曲。

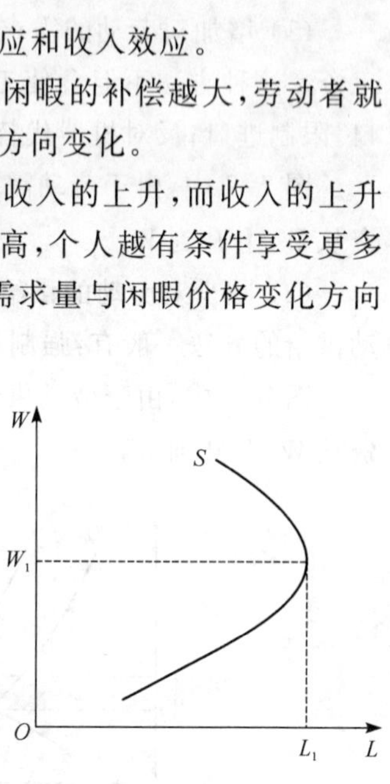

图 7-5 劳动的供给曲线

如图 7-5 所示，当工资不断上升达到 W_1 之前，劳动供给量从 0 逐渐增加到 L_1 时，替代效应大于收入效应，这时候劳动供给曲线向右上方倾斜；当工资进一步上升并超过 W_1 时，替代效应小于收入效应，劳动供给量呈下降趋势，出现了向后倒弯的情况。

3. 劳动的需求与供给共同决定了工资水平

将所有单个消费者的劳动供给曲线水平相加，即得到整个市场的劳动供给曲线，尽管许多单个消费者的劳动供给曲线可能会向后倒弯，但整个市场的供给曲线却不一定如此。在较高的工资水平上，现有的工人也许提供较少的劳动，但高工资会吸引新的工人进来，因而总的市场劳动供给一般还是随着工资的上升而增加，从而市场劳动供给曲线仍然是向右上方倾斜的。

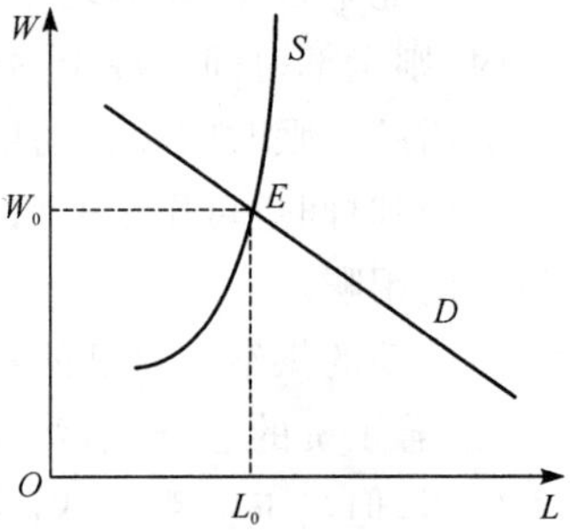

图 7-6 均衡工资的决定

由于要素的边际生产率递减和产品的边际收益递减，要素的市场需求曲线通常是向右下方倾斜的，劳动的市场需求曲线也不例外。

市场的供给曲线和需求曲线共同决定了均衡的工资水平。如图 7-6 所示，供给 S 和需求 D 交于均衡点 E。此时劳动量供给为 L_0，工资水平为 W_0。

二、非完全竞争条件下的工资

1. 卖方垄断对工资决定的影响

在西方，工会是工人自己的组织，是在与资方进行各种经济斗争，如争取更好的工作条件与工资水平的斗争中成立和发展起来的。工会、政府、企业被认为是三个并列的组织。在工资决定中，工资水平一般由工会与企业协商确定，政府在其间起一种协调作用。因为工会控制了入会的工人，而且工会的力量相当强大，所以，在经济学中，工会被视为劳动供给的垄断者，并以这种垄断来影响工资的决定。工会影响工资有下面三种方式：

（1）增加对劳动的需求。在劳动供给不变的情况下，通过增加劳动需求的方法来提高工资。这种方法不但会使工资增加，而且可以增加就业。增加劳动需求的手段有：增加出口，限制进口；反对机器代替工人等。

图 7-7 中，由于劳动需求的增加，劳动需求曲线从 D_0 向右平移到 D_1，供给不变，均衡工资从 W_0 上升到 W_1。

（2）减少对劳动的供给。这种情况会导致的结果是：工资上升，就业水平下降。减少劳动供给的方法一般有：强制退休；禁止雇用童工；限制移民；减少工作时间。

图 7-8 中，由于劳动供给的减少，劳动供给曲线从 S_0 向左平移到 S_1，需求不变，均衡工资从 W_0 上升到 W_1。

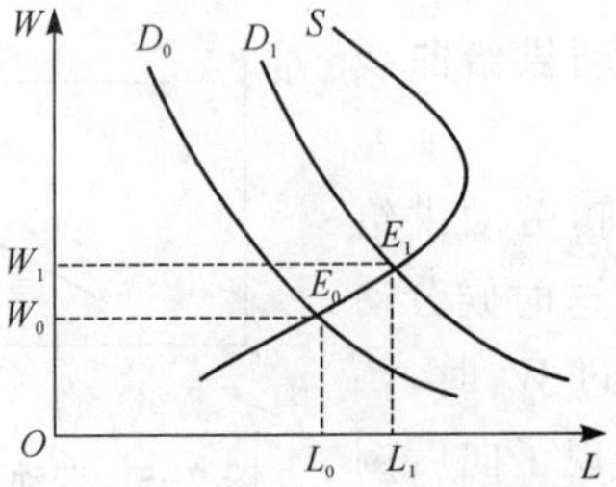

图 7-7 劳动需求增加提高均衡工资

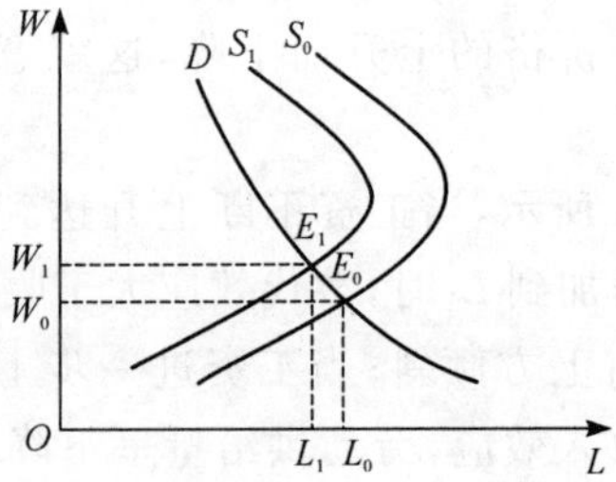

图 7-8 劳动供给减少提高均衡工资

(3) 最低工资法。工会迫使政府通过立法规定最低工资，将工资维持在一定水平上。这种方法通常会导致失业。

图 7-9 中，市场的均衡工资水平为 W_0，但工会迫使政府制定了 W_1 的最低工资，图中可见劳动的供给是 L_2，而需求却只有 L_1，尽管提高了均衡工资，但却导致了（L_2-L_1）的过剩劳动力。

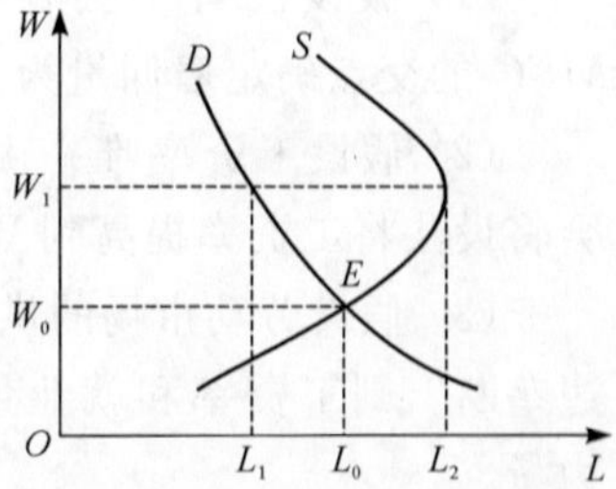

图 7-9 最低工资法导致的失业

一般来讲，工会影响工资也有限制条件：

从劳动需求角度看，受到以下三种因素的影响：第一，产品的需求弹性。弹性小，增加工资容易。第二，劳动在成本中占的比例。所占比例小，增加工资容易。第三，劳动的可替代性。不易替代，增加工资容易。

从劳动供给角度看，受到以下三种因素的影响：第一，工会控制工人数量的多少。数量多，增加工资容易。第二，工人的流动性大小。流动性小，增加工资容易。第三，工会基金的多少。基金多，增加工资容易。

2. 买方垄断条件下工资的决定

如图 7-10 所示，假设劳动市场是“独家买主”，则：

(1) 如果产品市场存在垄断因素，厂商雇用的劳动量为 L_1（由 MFC 与 MRP 的交点 A 决定），工资率为 W_1（由 S 线上的相应 B 点决定）。

(2) 如果产品市场是完全竞争，则 MFC 与 VMP 的交点 C 决定厂商的雇用量为 L_2，工资率由 S 线上的相应 D 点决定，为 W_2。

E 点是完全竞争市场条件下工资的均衡点。

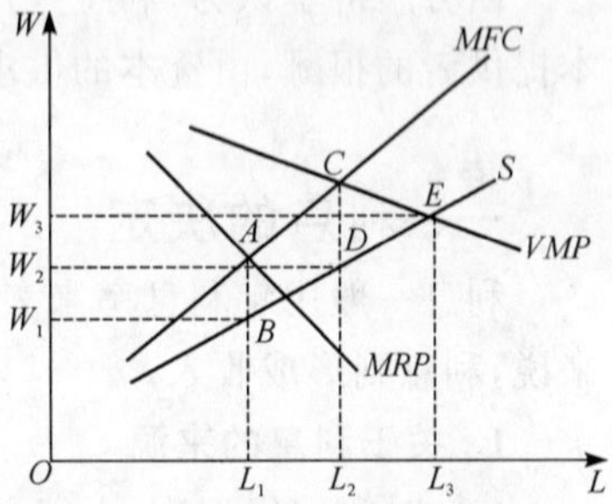

图 7-10 非完全竞争条件下工资的决定

案例：棒球队员市场的买方垄断势力[①]

在美国，棒球队所有者(在 1975 年前)能操纵一个垄断买主，包括队员的年度挑选以及一个保留条款，该条款有效地使队员一生只为一支球队效力，从而消除了大多数球队间对球员的竞争。在这一保留条款下，一旦某个球员被一支球队挑中，他就不能为另一支球队打球，除非权利转卖给那支球队。结果，棒球队所有者在与队员谈判新合同时具有垄断势力——球员不签协议的唯一选择就是放弃比赛，或者到美国之外去打球。

在 20 世纪 60 年代和 70 年代初期，棒球队员的工资大大低于他们边际产出的市场价值(这一价值部分地由较好的投手带来的注意力增加所决定)，例如，在 1969 年，球员得到的工资大约是 42 000 美元，但是如果市场完全竞争的话，他们会得到 300 000 美元的工资。

1972 年，在一位球员(圣・路易斯卡狄纳斯队的柯特・富莱德)诉讼之后发生了罢工事件，并达成了一项仲裁的劳动管理协议，使棒球队员在为一支球队打满六年之后能够成为自由代理人。至此，保留条款不再有效，而且，队员的平均实际工资增加了一倍。

① 资料来源：http://blog.sina.com.cn/s/blog_723c07740100tycb.html。

3. 双边垄断工资的决定

如图 7-11 所示：

(1) 假设没有工会存在，垄断厂商将根据 MRP 与 MFC 的交点确定雇佣量为 L_1，工资率为 W_1；

(2) 假设工资率唯一由工会确定，则在 L_1 水平上，工会将设法将工资率提高到 W_2；

(3) 假设劳动市场的供求双方都存在垄断因素，即"双边垄断"，则工资率和就业量取决于谈判双方讨价还价的力量。

我们只能推断工资率位于 W_1 和 W_2 之间。

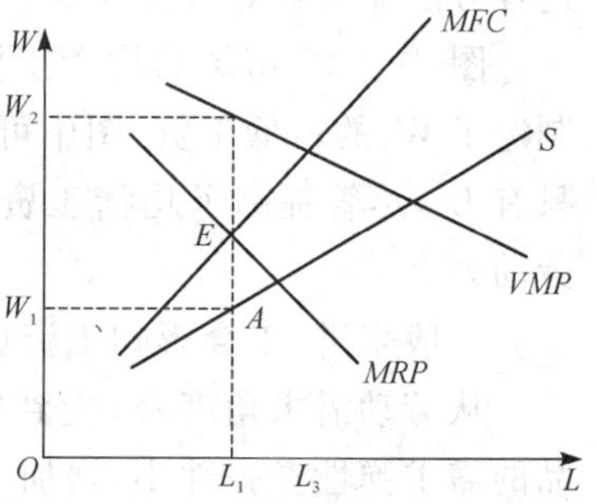

图 7-11 双边垄断工资的决定

第三节/利息和利润理论

西方经济学认为，利息是厂商在一定时期内使用资本的生产力所支付的代价，是对资本提供者的报酬，由资本的供求关系决定。

一、利息的决定

利息一般用年利息率来表示。对企业来说，利息构成其成本的一部分；对资本所有者来说，利息则形成收入。

1. 关于利息的来源

(1) 时间偏好理论：人们喜爱现期消费，对未来难以预期。放弃现期消费应该得到利息作为报酬。

(2) 迂回生产理论：先生产生产资料，后用这些生产资料去生产消费品，可以提高生产效率，从而带来利息。

2. 利息率(r)的决定

利息率取决于对资本的需求与供给。资本的需求来自这样几个方面：厂商投资、技术引进、设备更新、个人或家庭超过已有收入的购买从而申请贷款等。其中主要是企业投资的需求，因此，可以用投资来代表资本的需求。企业借入资本进行投资，是为了实现利润最大化，这样投资就取决于利润率与利息率之间的差额，利润率比利息率高出越多，企业就越愿意投资；反之则反。这样，在利润率既定时，利息率就与投资成反方向变动关系，从而资本的需求曲线自左向右下方倾斜。

资本的供给有这样几个基本要素：家庭储蓄、厂商的未分配利润、央行新增货币发行量、股票与债券等的发行所筹的资本等。资本的供给主要是储蓄，因此可以用储蓄来代表资本的供给。资本的供给曲线自左向右上方上升，表示利息率越高，储蓄者越愿意提供储蓄，资本的供给就越多。

如图 7-12 所示，资本需求曲线 D(投资)与供给曲线 S(储蓄)相交于 E，决定了利息率水平为 r_0，资本量为 K_0。

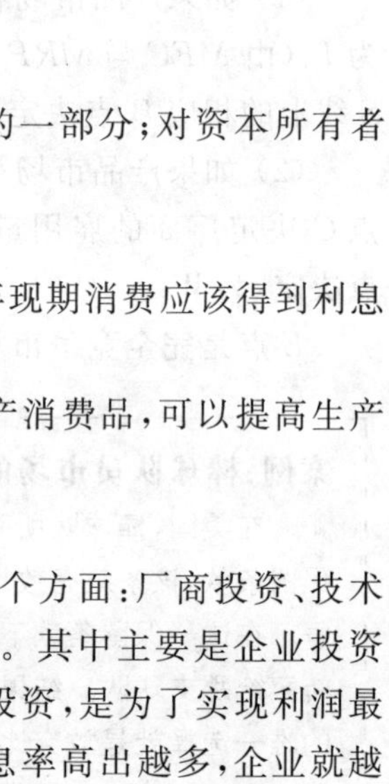

图 7-12 利息率的决定

二、利润的决定

与工资和利息相比，利润这种要素报酬形式要复杂一些。在现代化生产中，资本所有者往往并不直接经营、管理企业，而是由专门的管理者——企业家来经营管理。通常认为，利润就是企业才能(管理)的报酬。这种报酬往往很高，甚至几十倍、几百倍于普通工人的工资。这是因为管理才能被看作是一种非常稀缺的要素，并非人人都具备这种才能。这种才能的获得需要昂贵的培训费用。

利润一般被区分为正常利润和超额利润。

1. 正常利润

正常利润即企业家才能的报酬，是一种特殊的工资。若企业家才能需求比较大，企业家才能供给比较小，则正常利润必然高。

2. 超额利润

超额利润即超过正常利润部分的利润。它来自企业家的创新、承担风险或垄断。

(1) 创新的超额利润。创新是指企业家对生产要素实行新的组合。包括五种情况：①生产一种新产品；②采用一种新的生产方法；③开辟一个新市场；④获得一种原料的新来源；⑤采用一种新的企业组织方式。

创新的超额利润是合理的，应予以鼓励。

(2) 承担风险的超额利润。是对从事某项事业失败可能性的补偿，也是合理的。

(3) 垄断的超额利润。卖方垄断——出售权，买方垄断——购买权。

垄断所引起的超额利润是垄断者对消费者、生产者或生产要素供给的剥削，是不合理的，这种超额利润也是市场竞争不完全的结果。

第四节/地租理论

现在转向土地这种生产要素，厂商租赁土地的价格由地租率表示，它构成了土地所有者的收入。

一、土地的特点与地租

1. 土地的特点

土地(泛指各种自然资源)具有以下一些特点：

(1) 数量有限。土地的供给总量是固定的，其供给弹性等于零，无论地租怎样变化，它的供给量保持不变。所以土地的供给曲线为一条垂直线。

(2) 位置不变。土地的地理位置是固定不变的，且是不能移动的。这就形成了土地在位置优势、肥沃程度和特殊用途等方面的差别，从而形成了土地质量和等级的差异性。

(3) 不能再生。土地是一种不能再生的资源，这一点显示出了它的稀缺性。

上述这些特点与资本和劳动不同，因此，地租的决定就有自己的特点。这里有必要区分一下购买价格和租赁价格。土地的购买价格是一个人为了无限期地拥有那些生产要素而支付的价格，租赁价格是一个人为了在一个有限时间内使用那些生产要素而支付的价格。显然,地租指的是后者。

2. 地租的决定

地租(R)由土地的供给和需求的交点所决定。土地的需求取决于土地的边际生产力,这一点和劳动的需求一致,也就是说,当我们的苹果生产企业决定租用多少土地时,同样遵循与决定雇佣多少劳动力时一样的逻辑,无论是前面所述的资本还是本节研究的土地,企业会一直增加对它们的租用量,直到要素的边际产量值等于要素的价格为止。土地的需求曲线仍然向右下方倾斜。当假定土地的供给量是固定不变的常数时,土地的供给曲线为一垂直线。这样,地租的有无及其大小就唯一地决定于对土地需求的因素。

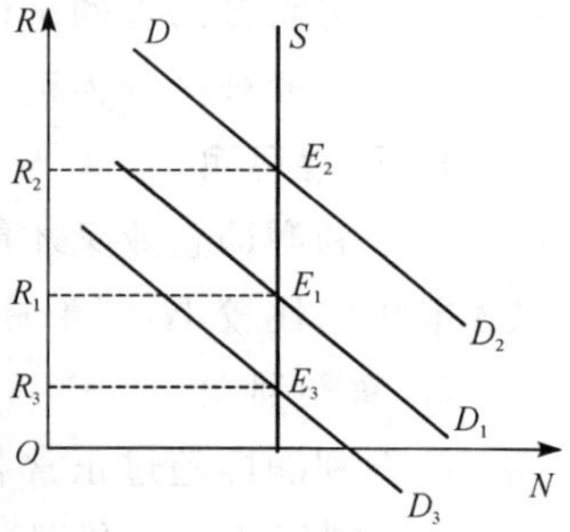

图 7-13 地租的决定

如图 7-13 所示,土地的供给曲线为 S。当土地的需求曲线为 D_1时,地租为 R_1,假设土地需求增加,使需求曲线向右平移到 D_2时,地租上升到 R_2,而如果土地需求减少,使需求曲线向左平移到 D_3时,地租下降到 R_3。

当土地的需求不断增加,$D_3 \to D_1 \to D_2$,而土地的供给不会增加,只能在 S 水平,所以,地租就有不断上升的趋势。

二、租金、准租金与经济租金

1. 租金

在现实生活中,很多情况下,不仅土地可以被看成是固定不变的,而且有许多其他资源也可以被看成是固定不变的,例如某些人的天赋才能,就有点像土地一样,其供给是自然固定的。如前所述,地租具备这样的性质——支付给供给价格弹性为零的土地的地租不是构成所产农产品得以被供应出来所必须补偿的成本因素,而是唯一地由需求因素所决定的产品售价超过成本的余额。像土地这样,把这种供给同样固定不变的一般资源的租赁价格称为租金。换言之,地租是当考虑的资源为土地时的租金,而租金则是一般化的地租。

2. 准租金

所谓准租金,就是对供给量暂时固定的生产要素的支付,即固定生产要素的收益。或者说把已经投下的固定资本在短期内的收入称为准地租。准租金$=TR-TVC$。如图 7-14(a)所示,其中 AC、MC、AVC 分别表示厂商的平均成本、边际成本和平均可变成本,假定产品价格为 P_0,则厂商的最优产出量为 Q_0,厂商的总收益为矩形 OP_0CQ_0 的面积,可变总成本为矩形 $OGBQ_0$ 的面积,固定要素得到的则是剩余 GP_0CB 的面积,这就是准租金。

3. 经济租金

通俗来讲,经济租金就是从要素的所有收入中减去那部分不会影响要素总供给的要素收入的一部分要素收入。或者说是支付给任何生产要素的报酬中超过该要素的生产性服务得以被供应出来所必须加以补偿的余额(经济租金=要素收入-机会成本)。例如,一个企业经理的年收入是 15 万元,如果他去从事自己的次优职业,年收入将为 10 万元,那么这位经理的经济租金便是 5 万元。

图 7-14(b)中,要素所有者为提供 Q_0 的要素得到的总收入是 OR_0EQ_0,但他提供 Q_0 的

要素所愿意接受的最低要素收入却是 $OAEQ_0$，因此 AR_0E 是要素的超额收益，即使去掉，也不会影响要素的供给。我们将 AR_0E 部分称为经济租金。

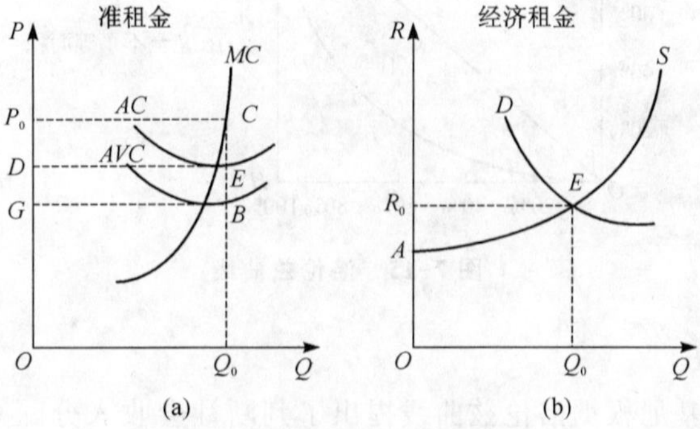

图 7-14 准租金和经济租金

第五节/社会收入分配

以上各节所讲的是个人收入分配问题，即产品按照什么原则分配给个人。那么，从社会的角度来看，这种分配原则会引起哪些问题呢？社会收入分配问题主要是收入分配是否平等的问题。本节主要介绍衡量社会收入分配平等程度的标准。

一、洛伦兹曲线

你是否曾听说过“上帝面前人人平等”这句话？但是上帝只存在于宗教的天国里，因此，人人平等也只是一幅虚构的画面。现实世界呈现出来的是一幅贫富悬殊的图景。为了衡量一个国家或者一个地区的贫富差别，奥地利统计学家洛伦兹提出了一种被广泛使用的收入分配曲线——洛伦兹曲线。

假定一国有如表 7-4 所示的收入分配资料：

表 7-4 某国的收入分配资料

人口累积	0%	20%	40%	60%	80%	100%
收入累积	0%	3%	7.5%	29%	49%	100%

根据以上资料，画出图 7-15，图中横轴表示人口累积百分比，纵轴为收入累积百分比，然后将这两个累积百分比的一一对应关系点连接起来，就得到图中的一条 ODL 曲线，这就是洛伦兹曲线。

对角线 OL 为绝对均等线，线上任何一点表示总人口中每一定百分比的人口所拥有的收入在总收入中也占相同的百分比。折线 OHL 为绝对不均等曲线，它表示社会成员中，一个人拥有全社会 100% 的收入，其他人全是穷光蛋，收入为 0。实际上，一个国家或地区的收入分配，既不是完全均等，也不可能是完全不均等，而是介于两者之间，类似于洛伦兹曲线，只不过弯曲程度不同而已。

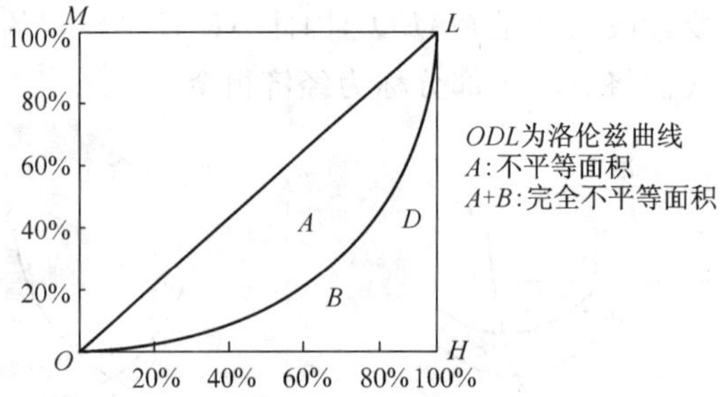

图 7-15 洛伦兹曲线

二、基尼系数

意大利经济学家基尼根据洛伦兹曲线提出了判断社会收入分配平均程度的数量指标，这个指标就是基尼系数。

在图 7-15 中，OL 和 ODL 围成的面积定为 A，称为不平等面积。OHL 和 ODL 围成的面积定为 B，$A+B$ 称为完全不平等面积。如果用 G 代表基尼系数，则：

$$G=\frac{A}{A+B}$$

$$0\leqslant G\leqslant 1$$

当 $G=0$ 时，收入绝对均等；$G=1$ 时，收入完全不均等。但现实社会中，一般情况下 $0<G<1$。基尼系数越小，越接近于收入均等；基尼系数越大，收入越不均等。联合国有关组织规定：基尼系数若小于 0.2 表示收入绝对均等，0.2～0.3 之间表示比较均等；在 0.3～0.4 之间表示相对合理，在 0.4～0.5 之间表示收入差距较大，在 0.6 以上表示收入差距悬殊。

三、如何缩小贫富差距

中国在总体人类发展方面取得显著进步的同时，以基尼系数衡量，贫富差距也在扩大。我国基尼系数的计算分为三种，即全国居民基尼系数、城镇居民基尼系数、农村居民基尼系数。

据国家统计局的资料，20 世纪 90 年代后期，全国居民的基尼系数数据为：1995 年 0.389，1996 年 0.375，1997 年 0.379，1998 年 0.386，1999 年 0.397。20 世纪 90 年代，世界上一些国家的基尼系数为：东欧 0.289，高收入国家 0.328，南亚 0.318，东亚和太平洋地区 0.381，中东和北非 0.380，拉美和加勒比地区 0.493。对比之下，我国的基尼系数明显偏高。自此，关于中国收入分配不平等问题的讨论骤然升温，基尼系数受到广泛关注，成了舆论关注的一个热点。

对于这样一个相当敏感的话题，我国社会各界人士在认识上出现了明显的分歧。一种观点认为：基尼系数只可参考，不能绝对化。世界各国对基尼系数的运用并不完全一致，在不少国家，基尼系数都有不同的标准和界线，因此，基尼系数只能作为参考，不能绝对化。由于我国是典型的二元经济结构国家，城乡差距大的特殊国情决定了我们不能简单地套用基尼系数的一般标准来衡量我国的收入差距。持这种观点的学者却往往陷入自相矛盾中：一方面认为基尼系数只可参考不能绝对化，另一方面又大谈逐步解决收入差距过大的问题，无形中还是承认了基尼系数在经济学和社会学中的意义。其终极目的只是要申明，可以承认我国收入差距呈现扩大趋势，但不能得出已经出现两极分化的结论。也有人表示，目前我国的基尼系数虽已超过0.4的国际警戒线，但我国不能照搬国际统计口径，因为我国城乡差距大是造成基尼系数较大的原因。分别来看，城市居民和农村居民基尼系数统计都低于0.4，“这就是为什么我国基尼系数到了0.45也没有引起社会动荡的原因”，“应该正确认识基尼系数，给基尼系数打一个‘国情折扣’”。这里提出的“城乡二元经济结构”使基尼系数要打一个“国情折扣”，或是用购买力平价理论来计算不同地区的真实基尼系数，都是对基尼系数存在的意义的挑战。

另一种观点则明确地认定：“在市场经济条件下，不应该用基尼系数衡量收入分配的公平问题，即使能够使用，现阶段我国也并不具备使用的条件。”其理由是：第一，基尼系数反映的是收入分布的“均匀”或差异程度，不是收入分配的“公平”与“公正”程度，市场经济条件下收入分布不均是正常的，因此，将其用于市场经济是不合适的。第二，如果想使基尼系数反映市场经济条件下收入分配的公平程度，则必须修订基尼系数的计算方法。第三，在市场经济条件下，不可能人为地拿出一条公平的收入分布曲线，市场经济天然地追求差异。基尼系数在地区间不具可比性，在同一地区不同时期之间也不具可比性。第四，用基尼系数表示收入分布的均匀程度，收入是指全部实际收入，必须是真实统计。我国目前无法满足这一点：相当一部分职工有数额不小的非现金福利收入，城市之间、城乡之间在享受基础设施、第三产业设施方面存在很大的成本差异，我国灰色收入、黑色收入数额巨大。由于收入数据的口径问题，不同研究者便会得出不同的基尼系数。第五，基尼系数不能反映合理分配或公平分配的本质——绝对贫困程度。在市场经济条件下，存在贫富差距甚至较大贫富差距是正常的，这恰恰是市场经济动力之源。其结论是：批判基尼系数不等于不要研究收入分配及其差距问题；收入分布不均不等于收入分配不均、不公；收入差距是社会进步的动力，收入差距大一些比小一些更有利于经济发展。

这两种观点都未能产生真正的说服力，因为人们要求回答的是：为什么在全世界都通用的经济计量学统计和计算方法，到了中国就不适用、不全面，要受到“批判”，要打一个“国情折扣”？

很多国家对缩小居民收入差距高度重视，并在不同的历史时期和经济发展阶段采取了相应措施。收入差距扩大是工业化和经济转轨阶段的普遍现象。一般而言，一国在经济起飞阶段，特别是人均国民生产总值在1 000～3 000美元之间时，收入差距最为明显。据联合国报告，发展中国家的贫困人口由1965—1980年的2亿增加到1989—1993年的10亿，并增加到目前的13亿。

国外收入差距扩大的主要类型有三种：

(1) 分配不公型。以拉美国家为代表，它们遵循“先经济增长，后收入分配”的发展思路，即增长与公平在一定时期具有不相容性，首先必须实现增长，依靠经济增长所产生的“滴漏”效应使大多数人受益，从而使收入分配不均得到改善。这导致收入的天平发生严重倾斜，使得拉美成为全球收入差距最大的地区，主要表现为地区发展不平衡、城乡差距大、非正规部门劳动者收入边缘化。

(2) 制度缺失型。这种类型主要表现在独联体和东欧地区。苏联解体和东欧剧变后，其经济体制发生了根本性变革，在转轨过程中，权贵阶层将国家财产私有化，权力转化为资本，即制度性的对财富不公正占有，形成了一个为数很少但聚敛巨额社会财富的新贵阶层。收入差距拉大表现为灰色收入导致实际收入差距拉大，中产阶级陷入贫困。

（3）经济结构调整型。主要以欧美发达国家为主。20 世纪 90 年代以来，这些国家的产业结构向服务业转变，而且服务业本身的结构也出现了变化，服务业中智力劳动者所占比重大大增加，特别是与信息技术相关联的智力劳动者人数大增，这导致夕阳产业中劳动者大量失业，知识的不足使其难以就业，并由此拉大收入差距。

国外缩小收入差距的理念是：初次分配中确保中等收入人群占多数，培育中产阶级；再分配中注重完善社会保障和福利制度，构建弱势群体的“安全网”；重视教育，创造“机会公平”的社会氛围。

国外缩小收入差距的做法包括：①实施税收调节；②完善法律保障；③开发落后地区；④实行有效的财政转移支付；⑤增加就业，保障低收入者的收入。

国际经验表明，当基尼系数超过 0.4 时，国家往往开始出现社会紧张局面。因此，在中国，缩小贫富差距是一项紧迫而重要的任务。

消除、缓和收入分配过于不均等的政策主要有：征收累进税、遗产税等；支付失业救济金、养老金、抚恤金等各种津贴、补助；实施最低工资法，确定工资的最低界限；资助贫困地区；提供义务教育和免费人力培训等。

本章小结

1. 生产要素的需求是从对最终产品的需求中间接引导出来的，经济学家把它称为引致需求或派生需求。

2. 完全竞争条件下厂商使用生产要素的原则是：$VMP=MFC$；非完全竞争条件下厂商在生产要素市场上利润最大化原则是：$MRP=MFC$。

3. 劳动供给曲线比较特殊，它是向后弯曲的，我们可以通过替代效应和收入效应分析原因。

4. 利润一般被区分为正常利润和超额利润。正常利润即企业家才能的报酬，是一种特殊的工资。超额利润是超过正常利润部分的利润，它来自企业家的创新、承担风险或垄断。

5. 地租是当考虑的资源为土地时的租金，而租金则是一般化的地租；准租金就是对供给量暂时固定的生产要素的支付，即固定生产要素的收益；经济租金就是从要素的所有收入中减去那部分不会影响要素总供给的要素收入的一部分要素收入。

6. 社会收入分配不均等的程度可以通过洛伦兹曲线引出的基尼系数加以判断，缓和收入分配过于不均等的政策主要有征税、进行转移支付等手段。

关键概念

引致需求　边际产品价值　边际收益产品　边际要素成本　租金　经济租金

地租 准租金 利息 洛伦兹曲线 基尼系数

复习思考题

一、单项选择题

1. 生产要素的需求曲线之所以向右下方倾斜，是因为(　　)。

   A. 要素的边际收益产量递减　　B. 要素生产的产品的边际效用递减

   C. 要素参加生产的规模报酬递减　　D. 以上均非

2. 完全竞争产品市场与不完全竞争产品市场两种条件下的生产要素的需求曲线相比，(　　)。

   A. 前者与后者重合　　B. 前者比后者陡峭

   C. 前者比后者平坦　　D. 无法确定

3. 如果政府大力提倡用先进的机器来替代劳动，这将导致(　　)。

   A. 劳动的供给曲线向右移动　　B. 劳动的需求曲线向右移动

   C. 劳动的供给曲线向左移动　　D. 劳动的需求曲线向左移动

4. 既要提高工资又要避免失业增加的目标在下列哪种情况下比较容易实现？(　　)。

   A. 劳动的需求富有弹性　　B. 劳动的供给富有弹性

   C. 劳动产品的需求富有弹性　　D. 劳动产品的需求缺乏弹性

5. 如果厂商处于完全竞争的产品市场，且要素 A 是唯一可变要素，则该厂商对要素 A 的需求曲线由以下何者决定(　　)。

   A. $VMPa$　　B. $MPPa$　　C. $MFCa$　　D. 以上都不是

6. 工资率上升所导致的替代效应是指(　　)。

   A. 工作同样长的时间可得到更多的收入

   B. 工作较短的时间可得到同样的收入

   C. 工人宁愿工作更长的时间，以收入带来的享受替代闲暇带来的享受

   D. 以上都正确

7. 准地租和厂商的总利润相比，(　　)。

   A. 两者相等　　B. 前者大　　C. 后者大　　D. 均有可能

二、分析论述题

1. 为什么说生产要素的需求不同于其他产品的需求？生产要素的价格是如何决定的？
2. 请分析劳动的供给曲线为何向后弯曲？
3. 地租和租金有何联系与区别？
4. 根据洛伦兹曲线和基尼系数的大小，说明收入分配的状况。

三、计算题

1. 一名工人在工资率为 2 元/小时情况下每周赚 80 元，而在 3 元/小时的情况下每周赚 105 元，据此，你是否可以判断收入效应和替代效应的大小？
2. 现有 A、B 两种工人，A 种工人所要求的月工资率为 2 500 元，B 种工人所要求的月工资率为 2 000 元。假定一厂商为了实现利润最大化，必须雇用 A、B 两种工人，并支付每种工人 2 500 元的月工资，则 A、B 两种工人所得到的月经济租金各为多少？

3. 设一厂商使用的可变要素为劳动 L，其生产函数为 $Q=-0.01L^3+L^2+36L$。式中，Q 为每日产量，L 为每日投入的劳动小时数，所有市场都是完全竞争的，单位产品价格为 10 美分，小时工资为 4.80 美元，厂商要求利润最大化。问：

(1) 厂商每天要雇用多少小时劳动？

(2) 如果厂商每天支付的固定成本为 50 美元，厂商每天生产的纯利润为多少？

第八章　福利经济学

学习目标：

- 理解帕累托最优的经济含义和实现条件。
- 理解契约曲线和生产可能性曲线的推导过程。
- 理解交换和生产的帕累托最优条件。
- 了解产品的边际转换率。

前面各章介绍了消费者行为理论、厂商行为和要素所有者提供要素的行为理论，实际上也是一个经济活动主体如何优化配置自己的资源的理论。本章要分析的是整个社会的资源如何优化配置问题，即对一些经济现象进行评价，研究要素在不同厂商之间的最优分配以及产品在不同商户之间的最优分配。这部分内容我们称其为福利经济学。当然，我们要注意，此处的福利与政府资助低收入家庭的福利项目不能混淆，福利经济学研究的是各种经济行为与安排如何影响社会成员的处境，主要指经济状况。它涉及以下问题：全社会资源如何配置才最有效率；实现全社会资源优化配置的机制是什么。

第一节/经济效率

所谓效率，是和社会经济中所有成员的福利状况联系在一起的。是否有效率，要看资源配置能使社会成员的福利达到一个什么样的境界。比如说小张和小李都消费了一个苹果，我们无法证明小张得到的效用就比小李高；反之亦然。但如果小张拿走了小李一个苹果，结果肯定是小李的效用降低了，小张的效用提高了，而社会的总效用到底是提高了还是降低了，我们仍然无法判断。既然我们无法比较各个消费者的效用水平，也就无法说明一种收入分配状况是否比另一种收入分配状况更好。在这里，我们引入一组比较说明资源配置方式的概念。

首先介绍的是帕累托标准，也称为帕累托效率或配置效率，可以理解为：如果至少有一人认为 A 优于 B，而没有人认为 A 劣于 B，则认为从社会的观点看有 A 优于 B，这就是帕累托最优状态标准，简称为帕累托标准。

我们看一个例子：一条小溪终年水流不断，旅游至此的人取点水喝，并不影响附近居民的正常供水。这个例子说明什么问题呢？这就是我们要讨论的第二个概念——帕累托改进，它指的是如果既定的资源配置状态的改变使得至少有一个人的状态变好，而没有使任何人的状态变坏，则认为这种资源配置状态的变化是“好”的；否则认为是“坏”的。我们称这种以帕累托标准来衡量为“好”的状态改变为帕累托改进。例如，我国于20世纪80年代在农村推行的家庭联产承包责任制，结果是使农民家庭、农村集体和国家都得到好处，各方的收入都增加了，这就是一种帕累托改进。

本章要引入的第三个概念是帕累托最优状态，如果对于某种既定的资源配置状态，所有的帕累托改进不存在，即在该状态下，任意改变都不可能使至少有一个人的状态变好而又不使任何人的状态变坏，则称这种资源配置状态为帕累托最优状态。帕累托最优状态又称经济效率，满足帕累托最优状态就是具有经济效率的；反之，不满足帕累托最优状态就是缺乏经济效率的。简单说来，帕累托最优就是经济效率的顶点，帕累托改进是向这个顶点靠近。举例说明，现在有20个人要过河，但一条小船只能载19个人，假如我们已经让19个人上了船，船已满载，此时，我们就称之为达到了帕累托最优状态，因为如果再多让一个人上船，就会因超载而给另外19个人带来危险，损害别人的福利。反之，如果本可以载19个人的船，我们只让上18个人，则等待船只的第19个人情况就变坏了，我们认为20个人和18个人乘坐的船只都存在帕累托改进的余地，下来（前一种情况）和上去（后一种情况）一个人都会使状况达到帕累托最优状态。

案例：帕累托最优标准——满意即最优①

帕累托是19世纪初的意大利经济学家，他是新福利经济学的代表人物。以他的名字命名的“帕累托最优”是现代经济学中的一个重要概念，也是经济学的一个美好的理想境界。

假如原来甲有一个苹果，乙有一个梨，他们是否就是帕累托最优呢？这取决于甲乙二人对苹果和梨的喜欢程度，如果甲喜欢苹果大于梨，乙喜欢梨大于苹果，那么这种状态就已经达到了最满意的结果，即已经是“帕累托最优”了。如果是甲喜欢梨大于苹果，乙喜欢苹果大于梨，甲乙之间可以进行交换，交换后甲乙的效用都有所增加，这就是帕累托改进。

我国经济学家盛洪在他的《满意即最佳》一书里说过一句话：“一个简单的标准就是，看这项交易是否双方同意，双方是否对交易结果感到满意。”如果是谁也不愿意改变的状态，就已经是“帕累托最优”了。

通俗地讲，“帕累托改进”就是在不损害他人福利的前提下进一步改善自己的福利，用老百姓的话说就是“利己不能损人”。

当然，要达到帕累托最优状态必须满足帕累托最优条件，它包括交换的最优条件、生产的最优条件以及交换和生产的最优条件。从下节开始，我们将分别讨论这三个条件。

第二节/交换的帕累托最优条件

假设有A、B两地，A地棉花丰富而小麦稀缺，1斤小麦（X）可换5斤棉花（Y），即$MRS_{XY}=5$；B地小麦丰富而棉花稀缺，1斤小麦可换2斤棉花，即$MRS_{XY}=2$。则A地的人

① 资料来源：梁小民：《微观经济学纵横谈》，生活·读书·新知三联书店2000年版。

会将棉花贩到B地，以2斤棉花换1斤小麦；B地的人会将小麦贩到A地，以1斤小麦换5斤棉花。随着两地之间的贸易增加，A地的小麦越来越多，B地的棉花也越来越多，再继续交换的话，交换比例就会发生变化，A地的MRS_{XY}不断降低，B地的MRS_{XY}不断提高。只要交换能使两地的满足程度不断提高，交换就会进行下去，当两地的边际替代率变得相等的时候，进一步的交易就会停止。通过这样一个例子，说明了要达到交换的帕累托最优，必须是两位消费者对两种商品的边际替代率相等。或者你认为这仅仅是一个个例？下面我们引进一种称为埃奇渥斯盒状图的工具来详细分析交换的帕累托最优条件。

一、假定及问题

1. 两种既定数量的产品分别为$\overline{X}$和$\overline{Y}$，在两个消费者A和B之间进行分配。
2. 如何达到交换的帕累托最优状态？

二、分析

利用埃奇渥斯盒状图的工具来分析这两种产品在两个消费者之间的分配。

考虑两种既定数量的产品$\overline{X}$和$\overline{Y}$在两个消费者A、B之间进行分配，则：

$$X_A + X_B = \overline{X} \qquad Y_A + Y_B = \overline{Y}$$

埃奇渥斯盒状图是分析帕累托最优条件的工具。参见图8-1，盒子的水平长度表示整个经济中第一种产品X的数量$\overline{X}$，盒子的垂直长度表示整个经济中第二种产品Y的数量$\overline{Y}$，O_A为第一个消费者A的原点，O_B为第二个消费者B的原点，从O_A水平向右测量消费者A对第一种商品X的消费量X_A，垂直向上测量消费者A对第二种商品Y的消费量Y_A；从O_B水平向右测量消费者B对第一种商品X的消费量X_B，垂直向上测量消费者B对第二种商品Y的消费量Y_B。图中的I_A、II_A和III_A代表消费者A消费产品A和B所达到的无差异曲线，而且我们知道，它们所代表的效用水平是递增的；I_B、II_B和III_B代表消费者B消费产品A和B所达到的无差异曲线，同理，它们所代表的效用水平也是递增的。

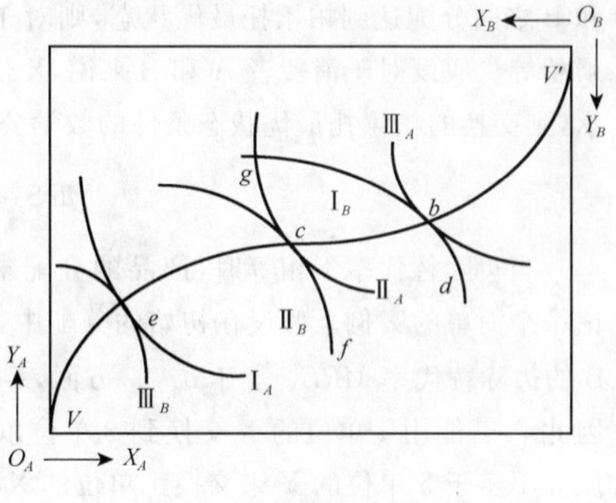

图8-1 交换的帕累托最优

现在选图中g点为两种商品在两个消费者之间的初始分配状态。g点是消费者效用的无差异曲线I_B和I_A经过的交点，可以看出，g点不是帕累托最优状态，因为它可通过交换改变初始分配状况，如g点→b点（两条无差异曲线的切点），这样消费者B的效用并未改变，但消费者A的效用却增加了，因为此时A的效用是III_A，当然，也可以沿着无差异曲线II_A使g移动到c（两条无差异曲线的切点），这样消费者A的效用并未改变，但消费者B的效用却增加了，因为此时B的效用是II_B。也就是说，任意两条无差异曲线的交点都不是帕累托最优状态，因为总能找到使至少有一人的状况变好而没有人的状况变坏的帕累托改进，只有在两条无差异曲线的切点处，才不存在帕累托改进的余地。

三、结论

在交换的埃奇渥斯盒状图中,对于任意一点:

(1) 如果它处在消费者A和B的两条无差异曲线的交点上,则它就不是帕累托最优状态。因为总可以改变该状态,使至少有一人的状况变好而没有人的状况变坏,例如从 g 点到 b 点。

(2) 如果它处于消费者A和B的两条无差异曲线的切点上,则它就是帕累托最优状态,并称之为交换的帕累托最优状态(任何改变都不能使至少一个人的状况变好而没有人的状况变坏)。

从图8-1中可以看出,无差异曲线的切点不止一个,如图中 e、c、b 都代表帕累托最优状态。所有无差异曲线的切点的轨迹构成曲线 VV',叫作交换的契约曲线,它表示两种产品在两个消费者之间的所有最优分配(即帕累托最优状态)的集合。在 VV' 曲线上,不能比较 e、c、b 点哪个更好,它们都是帕累托最优,但可以说任何不在 VV' 上的点(d、f 或 g),总存在比它更好的点在 VV' 上。

从交换的帕累托最优状态可以得到交换的帕累托最优条件。我们知道,交换的帕累托最优状态是无差异曲线的切点,而无差异曲线切点的条件是在该点上两条无差异曲线的斜率相等,本书第四章已经说明,无差异曲线斜率的绝对值又叫作两种商品的边际替代率,因此交换的帕累托最优状态的条件可以表述成:两种既定数量的产品X和Y在两个消费者A和B之间分配达到帕累托最优状态,则对于这两个消费者来说,两种商品的边际替代率必须相等。假设对于消费者A和B来说,X代替Y的边际替代率分别用 MRS_{XY}^{A} 和 MRS_{XY}^{B} 表示,则交换的帕累托最优状态条件的数学公式就是:

$$MRS_{XY}^{A} = MRS_{XY}^{B}$$

当边际替代率不相等时,产品的分配未达到帕累托最优。为了说明上述条件,我们讨论一个简单的案例。假设在初始的分配中,消费者A的边际替代率 MRS_{XY}^{A} 等于3,消费者B的边际替代率 MRS_{XY}^{B} 等于5。一方面,A愿意放弃1单位的X来交换不少于3单位的Y,因此A若能用1单位的X交换到3单位以上的Y就增加了自己的福利;另一方面,B愿意放弃不多于5单位的Y来交换1单位的X,因此B若能用5单位以下的Y交换到1单位的X就增加了自己的福利。可见若消费者A用1单位的X交换到4单位的Y,而消费者B用4单位的Y交换到1单位的X,则他们两人的福利都得到了提高。所以说,只要两个消费者的边际替代率不相等,上述这种重新分配(使某些消费者好起来而不使其他消费者坏下去)就总是可能的,就总存在有帕累托改进的余地。换言之,当边际替代率不相等时,产品的分配就未达到帕累托最优。

第三节/生产的帕累托最优条件

本节的分析和讨论与上一节非常相似。生产的帕累托最优研究两种既定数量的要素在两个生产者之间的分配情况。

一、假定及问题

1. 假定这两种要素为劳动 L 和资本 K，其既定数量为 $\overline{L}$ 和 $\overline{K}$，两个生产者为 C 和 D。

2. 既定数量的要素 $\overline{L}$ 和 $\overline{K}$ 分配给两个生产者 C 和 D，如何达到帕累托最优状态？

二、分析

如图 8-2 所示，盒子的水平长度表示整个经济中第一种要素 L 的数量 $\overline{L}$，盒子的垂直长度表示整个经济中第二种要素 K 的数量 $\overline{K}$，O_C为第一个生产者 C 的原点，O_D为第二个生产者 D 的原点，从 O_C水平向右测量生产者 C 对第一种要素 L 的消费量 L_C，垂直向上测量生产者 C 对第二种要素 K 的消费量 K_C；从 O_D水平向右测量生产者 D 对第一种要素 L 的消费量 L_D，垂直向上测量消费者 B 对第二种要素 K 的消费量 K_D。而且 $L_C+L_D=\overline{L}$，$K_C+K_D=\overline{K}$。图中的 I_C、II_C和 III_C代表生产者 C 利用要素 L 和 K 所生产的等产量曲线，而且我们知道，它们所代表的产量水平是递增的；I_d、II_d和 III_d代表生产者 D 利用要素 L 和 K 所生产的等产量曲线，同理，它们所代表的产量水平也是递增的。

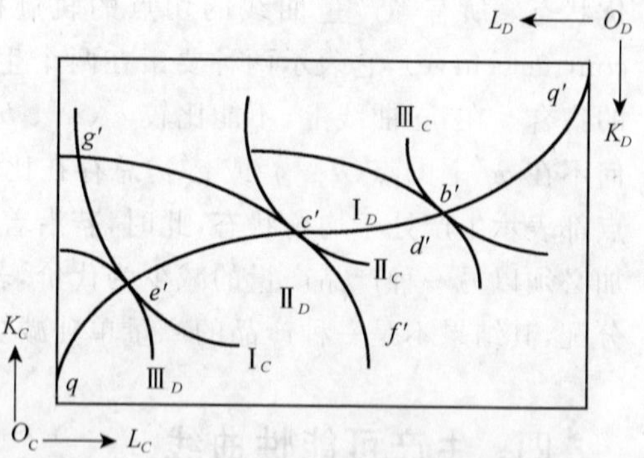

图 8-2 生产的帕累托最优

现在选图中 g'点为两种要素在两个生产者之间的初始分配状态。g'点是生产者等产量曲线 I_c和 III_D经过的交点，可以看出，g'点不是帕累托最优状态，因为它可通过交换改变初始分配状况，如 g'点→e'点（两条等产量曲线的切点），这样生产者 C 的产量并未改变，但生产者 D 的产量却增加了，因为此时 D 的产量是 III_D。当然，也可以沿着等产量曲线 II_D使 g'移动到 c'（两条等产量曲线的切点），这样生产者 D 的产量并未改变，但生产者 C 的产量却增加了，因为此时 C 的产量是 II_C。也就是说，任意两条等产量曲线的交点都不是帕累托最优状态，因为总能找到使至少有一人的状况变好而没有人的状况变坏的帕累托改进，只有在两条等产量曲线的切点处，才不存在帕累托改进的余地。

三、结论

在生产的埃奇渥斯盒状图中，对于任意一点：

(1) 如果它处于生产者 C 和 D 的两条等产量线的交点上，则它不是帕累托最优状态。

(2) 如果它处于生产者 C 和 D 的两条等产量曲线的切点上，则它就是帕累托最优状态，并称之为生产的帕累托最优状态。

生产的帕累托最优状态是等产量曲线的切点，而等产量曲线切点的条件是在该点上两条等产量曲线的斜率相等，本书第五章已经说明，等产量曲线斜率的绝对值又叫作两种商品的边际技术替代率，因此生产的帕累托最优状态的条件可以表述成：两种既定数量的要素 L 和 K 在两个生产者 C 和 D 之间分配达到帕累托最优状态，则对于这两个生产者来说，两种商品的边际技术替代率必须相等。假设对于生产者 C 和 D 来说，L 对 K 的边际技术替

代率分别用 $MRTS_{LK}^{C}$ 和 $MRTS_{LK}^{D}$ 表示，则生产的帕累托最优状态条件为：

$$MRTS_{LK}^{C}=MRTS_{LK}^{D}$$

只要两个生产者的边际技术替代率不相等，重新分配使某些生产者好起来而不使其他生产者坏下去总是可能的。

从图 8-2 中可以看出，等产量曲线的切点不止一个，如图中 e'、c'、b' 都代表帕累托最优状态。所有等产量曲线的切点的轨迹构成曲线 qq'，叫作生产的契约曲线（production contract curve），它表示两种要素在两个生产者之间的所有最优分配（即帕累托最优状态）的集合。在 qq' 曲线上，不能比较 e'、c'、b' 点哪个更好，它们都是帕累托最优，但可以说任何不在 qq' 上的点（d'、f' 或 g'），总存在比它更好的点在 qq' 上。生产契约曲线上的任意一点都表示生产处于均衡状态，此时，若沿着契约曲线重新分配生产要素，一种产品产量的增加必须以另一种产品产量的减少为代价，若从生产契约曲线上向生产契约曲线外变动要素分配，其结果不是一种产品的产量单独减少，就是两种产品的产量都减少。

四、生产可能性曲线

1. 生产可能性曲线的推导

生产盒状图作为要素空间，在生产契约曲线上首先表示的是两种要素在两种产品生产上的分配；其次，借助于要素的不同分配，契约曲线上每一点也间接体现了处于生产均衡状态时可能生产的两种产品的产量组合。当我们把这些产品产量组合转到产品空间上，则可以得到直接表示两种产品产量关系的生产可能性曲线，或称为产品转换曲线，如图 8-3 所示。

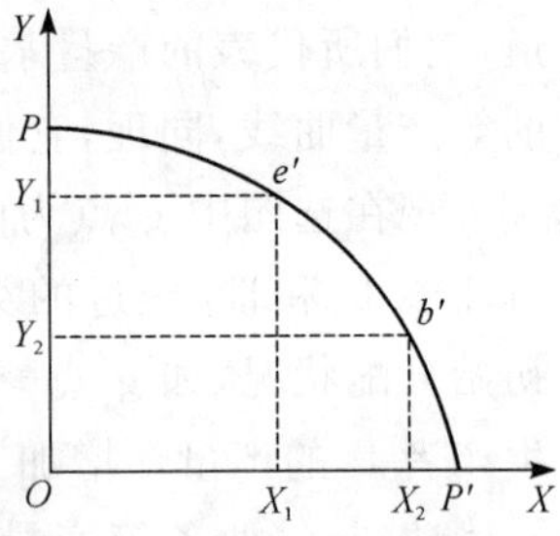

图 8-3　生产可能性曲线

我们假定整个经济只包括两个消费者 A 和 B，他们在两种产品 X 和 Y 之间进行选择，两个生产者 C 和 D，他们在两种要素 L 和 K 之间进行选择，以生产两种产品 X 和 Y，为了方便起见，假定 C 只生产产品 X，D 只生产产品 Y。这样，生产可能性曲线就可以从生产契约曲线推导而来，比如我们取生产契约曲线上两点 e' 和 b'，e' 是两条等产量曲线 Ⅰ_C 和 Ⅲ_D 的切点，如果设 Ⅰ_C 所表示的产量是 X_1，Ⅲ_D 所表示的产量是 Y_1，则 e' 就表示最优产量组合（X_1，Y_1），b' 是两条等产量曲线 Ⅰ_D 和 Ⅲ_C 的切点，如果设 Ⅰ_D 所表示的产量是 X_2，Ⅲ_C 所表示的产量是 Y_2，则 b' 就表示最优产量组合（X_2，Y_2），对于生产契约曲线上的每一点，我们都可找到相应的最优产出量。

生产可能性曲线是最优产出量集合的几何表示，它是在要素量既定的情况下，当一种产量确定时另一种产品的最大产量，或者说在其他条件不变的情况下社会所能生产的两种产品产量的最大组合。生产可能性曲线以外的各点是既定要素条件下达不到的产量组合，线内各点是既定要素条件下能达到的产量组合，但不是最大的产量组合，即未达到资源配置的最高效率。好比有一块布，刚好能用来做 2 件衣服（用 X 表示）和 2 条裙子（用 Y 表示），则当 $X=2$，$Y=2$ 时，即（2，2）是生产可能性曲线上的一个点；如果你想做 2 件衣服的同时再做 3 条裙子，那么结果就好比“巧妇难为无米之炊”，因为原材料——布不够了；但是如果你做了 2 件衣服，只想再做 1 条裙子，那么布匹肯定还有剩余，也就意味着你没有好好利用资源。

2. 生产可能性曲线的特点

生产可能性曲线具有以下两个特点：

(1) 向右下方倾斜。从生产的契约曲线(图 8-3 中的 qq'曲线)可知，当沿着该曲线运动时，一种产出的增加必然伴随着另一种产出的减少，也就是说，在最优产出量集合中，两种最优产出的变化是相反的。例如，当我们从图 8-2 中的 e'点到 b'点时，很明显，生产者 C 所生产的产品 X 增加了，等产量曲线从 I_C 变到 III_C，生产者 D 所生产的产品 Y 减少了，等产量曲线从 III_D 变到 I_D，所以在图 8-3 中从 e'点移动到 b'点时，X 的产出增加了，从 X_1 增加到 X_2，但 Y 的产出减少了，由 Y_1 减少为 Y_2。这种反方向变化说明两种最优产出之间的一种转换关系，即可以通过减少某种产出数量来增加另一种产出的数量。这也正是之所以称生产可能性曲线为产品转换曲线的原因。

(2) 向右上方凸出，即产品的边际转换率递增。所谓产品的边际转换率就是生产可能性曲线的切线斜率的绝对值，用 MRT 表示。这样，X 商品对 Y 商品的边际转换率就是 $MRT_{XY}=-\mathrm{d}Y/\mathrm{d}X$。它表示在技术条件不变、资源充分利用条件下，增加 1 单位 X 产品必须放弃若干单位 Y 产品，也就是单位 X 产品的机会成本。现在借用边际转换率这个概念，则可以将生产可能性曲线的第二个特点表述为：产品的边际转换率递增。也即图 8-3 中过 e'点切线斜率的绝对值小于过 b'点切线斜率的绝对值。

为什么产品的边际转换率是递增的呢？主要原因是要素的边际报酬在递减，为了研究方便，我们将要素 L 和 K 捆在一起，看成一种生产要素，暂时称为$(L+K)$要素，并假定该要素在生产产品 X 和 Y 时符合边际报酬递减规律，这样我们将边际转换率的公式稍作变形，变为下式：

$$MRT_{XY}=\left|\frac{\mathrm{d}y}{\mathrm{d}x}\right|=\left|\frac{\mathrm{d}y}{\mathrm{d}(L+K)}\times\frac{\mathrm{d}(L+K)}{\mathrm{d}x}\right|=\left|\frac{\dfrac{\mathrm{d}y}{\mathrm{d}(L+K)}}{\dfrac{\mathrm{d}x}{\mathrm{d}(L+K)}}\right|$$

分子和分母分别为要素$(L+K)$的边际生产力。因为生产可能性曲线是向右下方倾斜的，也即 X 产品不断增加，要素$(L+K)$的边际报酬不断递减，而 Y 产品不断减少，我们可以认为要素$(L+K)$的边际报酬不断增加，从而分母 $\mathrm{d}x/\mathrm{d}(L+K)$下降，分子 $\mathrm{d}y/\mathrm{d}(L+K)$增加，也就意味着产品的边际转换率递增。

3. 生产可能性曲线各种区域及生产可能性曲线的变动

前面我们曾经阐述过，生产可能性曲线上的所有点代表两种产品最大数量的组合，也即达到了资源的最优利用；生产可能性曲线以内的区域是可以达到的产品组合，但没有合理利用资源，我们将此区域称为生产无效率区域；生产可能性曲线以外的产品组合是我们竭尽全力仍然达不到的产品组合，称为生产不可能性区域。我们在图 8-3 中可以看到，PP'表示生产可能性的边界，即两种产品数量的最大组合；PP'左侧和两条坐标轴围成的面积代表生产无效率区域；PP'曲线以外(左侧)的区域就是生产不可能性区域。

综合可见，生产可能性曲线将整个产品空间分为三个互不相交的组成部分：

曲线本身——生产可能性边界；

曲线右上方区域——生产不可能性区域；

曲线左下方区域——生产无效率区域。

同时，如图 8-4 所示，生产可能性曲线的位置也会发生变动。生产可能性曲线的位置高低取决于投入要素的数量和技术状况。当投入要素的数量增加或者技术水平提高了，则生产可能性曲线会向右上方移动，从 PP' 移动到 P_1P_1'；相反，当投入要素的数量减少或者技术水平降低了，则生产可能性曲线会向左下方移动，从 PP' 移动到 P_2P_2'。

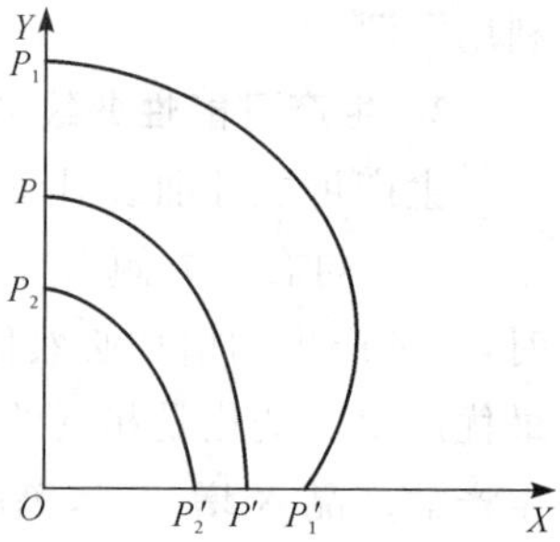

图 8-4　生产可能性曲线的移动

第四节/交换和生产的帕累托最优条件

前面几节分别讨论了不考虑生产时的交换帕累托最优条件和不考虑交换时的生产帕累托最优条件，下面我们再建立一个包括交换和生产在内的简单模型，来考察交换和生产相互作用的一般均衡。

一、假定及问题

1. 假定经济中只有两个消费者 A 和 B 及两个生产者 C 和 D；两个消费者在两种产品 X 和 Y 之间选择，两个生产者在两个要素 L 和 K 之间选择，并假定 C 只生产产品 X，D 只生产产品 Y。

2. 将上述生产与交换结合起来，它们的帕累托最优状态是什么？

二、生产和交换的帕累托最优条件

根据生产的帕累托最优条件，生产要素的分配应在生产契约曲线上，或者说由生产契约曲线而产生的转换线——生产可能性曲线上，即图 8-5 中的 PP' 曲线上。

假定生产要素的分配确定在生产可能性曲线的 B 点，此时相应的 X 产量为 X_1，Y 的产量相应为 Y_1。对消费者而言，其交换消费品只能在这个既定的产量组合范围内进行，于是 OY_1BX_1 构成一个既定产量组合下的埃奇渥斯盒状图。

根据交换的帕累托最优条件，要使产品 X_1 和 Y_1 在消费者 A 和 B 之间分配最优，使社会总满足程度最大，分配必须沿着交换契约曲线 VV' 进行。但是交换契约曲线 VV' 上有无数个点，能够满足交换和生产的帕累托最优条件的分配点如何确定呢？经过研究我们发现，当交换契约曲线上某一点（比如 C 点）的边际替代率等于这两种产品的边际转换率，即 $MRS_{XY}=MRT_{XY}$ 时，即达到了交换和生产的帕累托最优条件。如果 $MRS_{XY}\neq MRT_{XY}$，生产者将沿着生产可能性曲线来调整生产要素在两种产品生产上的分配，即调整两种产品的产量；消费的盒状图随之改变，消费者也将调整产品的分配，直至达到 MRS_{XY} 与 MRT_{XY} 相等。

我们来分析一下为什么当边际转换率和边际替代率不相等的时候，没有达到帕累托最优标准。

第一种情况，$MRT>MRS$。假设图 8-5 中 B 点的边际转换率 $MRT=2$，而 C 点的边际

替代率 $MRS=1$，即 $MRT=2>MRS=1$，从不等式左边看，生产者通过减少 1 单位 X 的生产可以增加 2 单位的 Y；而从右边看，消费者通过减少 1 单位 X 的消费可以增加 1 单位 Y 的消费，即在消费者心里，1 单位商品 X 和 1 单位商品 Y 的效用是一样的。很明显，存在帕累托改进的余地，生产者会改变产品组合，减少商品 X 的生产而增加商品 Y 的生产，这样可以使消费者的总效用水平提高。

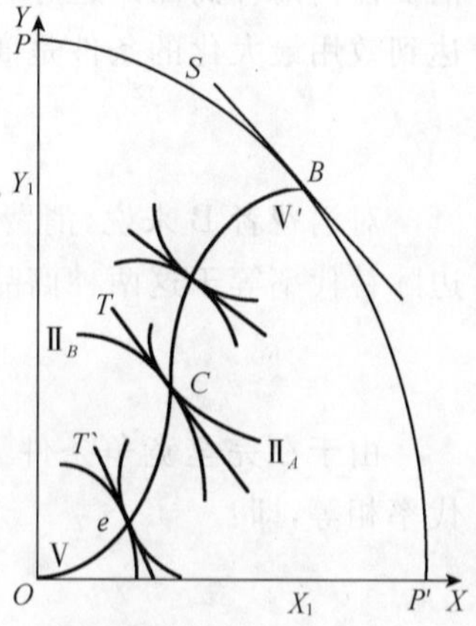

图 8-5　交换与生产的帕累托最优

第二种情况，$MRT<MRS$。假设图 8-5 中 B 点的边际转换率 $MRT=1$，而 C 点的边际替代率 $MRS=2$，即 $MRT=1<MRS=2$，从不等式左边看，生产者通过减少 1 单位 X 的生产可以增加 1 单位的 Y；而从右边看，消费者通过减少 1 单位 X 的消费可以增加 2 单位 Y 的消费，即在消费者心里，1 单位商品 X 和 2 单位商品 Y 的效用是一样的。同样，存在帕累托改进的余地，生产者会改变产品组合，增加商品 X 的生产而减少商品 Y 的生产，这样可以使消费者的总效用水平提高。

可见，当产品的边际替代率等于边际转换率时，即 $MRS_{XY}=MRT_{XY}$ 时，满足生产和交换的帕累托最优条件；而无论是大于或是小于，都说明仍存在帕累托改进的余地，即仍未达到生产和交换的帕累托最优状态。

第五节/完全竞争和帕累托最优

了解了帕累托最优的三个条件之后，读者很自然会提出一个问题：在什么情况下，可满足帕累托最优的三个边际条件？微观经济学的一个基本发现是：任何竞争均衡都是帕累托最优状态，同时，任意帕累托最优状态也都可由一套竞争价格来实现。也即，完全竞争的市场经济是实现帕累托最优的条件。

一、问题及假定

1. 问题：在完全竞争的经济中，如何实现帕累托最优状态？

2. 假设：先假设一组均衡价格 P_x，P_y，…，P_l，P_k，…，式中，P_x，P_y，…表示商品 X、Y 等的价格，P_l，P_k，…为各种要素 L、K 的价格。同时假设经济中有两个消费者 A 和 B，他们选择商品 X 和 Y 的组合达到自己的效用最大化；两个生产者 C 和 D，他们组织要素 L 和 K 生产消费者所需要的产品 X 和 Y，以达到自己的利润最大化。在完全竞争条件下，每个消费者和每个生产者都是价格的接受者，换句话说，均衡价格体系 P_x，P_y，…，P_l，P_k，…对所有消费者和生产者均是相同的。

二、实现帕累托最优的条件

1. 满足交换的帕累托最优条件

对于消费者而言，在经济生活中，他们用有限的收入追求尽可能大的满足，一定要使其消费任何两种商品的边际替代率等于其价格之比。对消费者 A 来说,消费商品 X 和 Y 能达到效用最大化的条件是商品 X 对商品 Y 的边际替代率等于这两种商品的价格之比,即:

$$MRS_{XY}^{A} = P_X / P_Y$$

对消费者 B 来说,消费商品 X 和 Y 能满足效用最大化的条件也是商品 X 对商品 Y 的边际替代率等于这两种商品的价格之比,即:

$$MRS_{XY}^{B} = P_X / P_Y$$

由于在完全竞争条件下,商品价格对双方来说都是一样的,所以两个消费者的边际替代率相等,即:

$$MRS_{XY}^{A} = MRS_{XY}^{B}$$

上式即为交换的帕累托最优条件,可见,在完全竞争中,产品的均衡价格实现了交换的帕累托最优状态。

2. 满足生产的帕累托最优条件

在生产中,每个生产者都要通过一定投入的生产来追求最大的利润,生产者一定会使其雇用的任何一组生产要素的边际技术替代率等于要素的价格之比,对于生产者 C 而言,利润最大化的条件是要素 L 对要素 K 的边际技术替代率等于这两种要素的价格之比,即:

$$MRTS_{LK}^{C} = P_L / P_K$$

对生产者 D 来说,利润最大化的条件也是要素 L 对要素 K 的边际技术替代率等于这两种要素的价格之比,即:

$$MRTS_{LK}^{D} = P_L / P_K$$

可见:

$$MRTS_{LK}^{C} = MRTS_{LK}^{D}$$

上式即为生产的帕累托最优条件,在完全竞争中,要素的均衡价格实现了生产的帕累托最优条件。

3. 生产和交换的帕累托最优条件

上面分别介绍了消费者和生产者如何达到帕累托最优条件,那么,现在的问题是:在完全竞争条件下,消费者和生产者综合在一起如何满足生产和交换的帕累托最优条件?即在完全竞争条件下,产品的边际转换率是如何与边际替代率相等的?

如前所述,$MRT_{XY} = \left|\frac{\mathrm{d}y}{\mathrm{d}x}\right|$,它表示增加 ΔX 就必须减少 ΔY,或者,增加 ΔY 就必须减少 ΔX。我们可以将 ΔY 看成是 X 的边际成本(机会成本),可以将 ΔX 看成是 Y 的边际成本(机会成本),用 MC_X 和 MC_Y 分别代表产品 X 和 Y 的边际成本,则 X 产品对 Y 产品的边际转换率可以定义为两种产品的边际成本的比率,即:

$$MRT_{XY} = \Delta Y / \Delta X = MC_X / MC_Y$$

在完全竞争中,生产者利润最大化的条件是 $MR = MC$,即 $P_X = MC_X$、$P_Y = MC_Y$,从而有：

$$MRT_{XY} = MC_X / MC_Y = P_X/P_Y$$

再由消费者效用最大化条件：

$$MRS_{XY} = P_X/P_Y$$

可得到：

$$MRS_{XY} = MRT_{XY}$$

上式就是生产和交换的帕累托最优条件，即在完全竞争条件下，商品的均衡价格实现了生产和交换的帕累托最优条件。

从实现上述三个边际条件的要求看，完全竞争的市场经济确实是实现帕累托最优唯一的也是最好的市场结构。在这种市场结构中，每种商品的价格等于其边际成本，每种要素的价格等于其边际产品价值，每个消费者根据其偏好自由选择商品，每个生产者根据利润最大化原则生产产品，每个要素所有者根据报酬最大原则提供要素。所有人都根据这些原则开展自由竞争，整个社会的福利就能达到最大，经济作为一个整体就有效率。这就是早在两百多年前亚当·斯密阐述过的"看不见的手"的市场竞争原理。在这个完全竞争的市场经济中，私人利益和公共利益达到了惊人的和谐统一。

三、关于帕累托标准的评价

完全竞争的市场经济只是一种理想的模型、一种理论上的假设，现实生活与这种理论上的假设还有很大差距。无疑，帕累托最优状态得以实现的前提——完全竞争——是与现实情况相去甚远的。现实情况是，经济并非处于完全竞争状态中，所以要达到帕累托最优状态是很困难的。于是，自20世纪50年代以来，一些西方福利经济学者提出了次优理论。这一理论认为，如果不能满足最优状态所要求的全部条件，也就不必做出努力去满足其中的某一个或某些条件，因为在全部条件得不到满足从而最优状态不能达到时，去满足部分条件的努力并不一定能增进福利。

帕累托标准是用来评价牵涉到两个人以上的群体的福利标准，从前面的分析我们注意到：

(1) 帕累托状态假设每个人所得到的效用量都是相互独立的，即个人的效用量不受其他人的影响。例如，一个人在吃窝窝头时，不会因为旁边的人吃红烧肉而感到嘴馋，从而减少他从窝窝头中得到的效用。否则，从两人都吃窝窝头到一人吃窝窝头、另一人吃红烧肉就不能被认为是帕累托状态的改善，因为吃窝窝头的那个人的效用已经改进了。简言之，帕累托标准要求人们没有"红眼病"。

(2) 在操作上，帕累托标准适用的范围受到很大的限制，而这一限制使这种标准难以解决大多数的实际问题。一人效用增加、另一人效用减少的事例代表人与人之间的利益发生矛盾的情况，而在现实中需要判别优劣的往往是这种情况。例如累进的所得税不利于富人而利于穷人，是否推进这种所得税的征收理应取决于它是否提高社会福利，而恰恰在这些必须解决问题的场合，帕累托标准不能发生作用。与此相反，在一些连普通人都能判别优劣的问题上，诸如人民生活水平的普遍提高，或者在不影响沿海地区经济增长速度的前提下来加速发展内地的资源，即某些人的效用不变而另一些人的效用增加的情况，帕累托标准偏偏又可适用。由此可见，帕累托标准的适用价值是有限的。

另外帕累托最优的三个条件没有考虑收入的分配问题，因而并不是资源的最优配置完整描述。但是帕累托最优状态并非因此而毫无意义，它对于经济现象的本质性探讨使它富有重要的理论意义。它作为一种经济社会的奋斗模式和目标导向，在实际生活中仍富有指导意义和行为导向作用。

拓展阅读

- **福利经济学第一定理：**

指经济主体的偏好被良好定义的条件下，带有再分配的价格均衡都是帕累托最优的。

第一定理是讲如果企业都追求利润，每个个人都追求自己的效益最大化，市场自然就可以达到一个社会最优的资源配置。第一定理保证了竞争市场可以使贸易利益达到最大，即竞争市场所达到的均衡分配必定是帕累托有效配置。在完全竞争条件下，市场竞争能够通过价格有效率地协调经济活动，从而配置有限的稀缺资源。

- **福利经济学第二定理：**

指在完全竞争的市场条件下，政府所要做的事情是改变个人之间禀赋的初始分配状态，其余的一切都可以由市场来解决。

第二定理认为在一定条件下，每一帕累托有效率配置均能达到竞争均衡。它表明分配与效率是可以分开来考虑的，任何帕累托有效率配置都能得到市场机制的支持。价格在这种市场机制中起到两种作用：一是配置作用，表明商品的相对稀缺性；二是分配作用，确定不同的交易者能够购买的各种商品的数量。

本章小结

1. 帕累托标准可以用来比较说明资源配置的优劣，如果对于某种既定的资源配置状态，所有的帕累托改进均不存在，即在该状态下，任意改变都不可能使至少有一个人的状态变好而又不使任何人的状态变坏，则称这种资源配置状态为帕累托最优状态。

2. 所有无差异曲线的切点的轨迹构成交换的契约曲线，在交换的契约曲线上，所有的点都达到了帕累托最优，交换的帕累托最优状态条件的数学公式就是：$MRS_{XY}^{A}=MRS_{XY}^{B}$，当边际替代率不相等时，产品的分配未达到帕累托最优。

3. 所有等产量曲线的切点的轨迹构成生产的契约曲线，在生产的契约曲线上，所有的点都达到了帕累托最优，生产的帕累托最优状态条件的数学公式就是：$MRTS_{LK}^{C}=MRTS_{LK}^{D}$，只要两个生产者的边际技术替代率不相等，重新分配使某些生产者好起来而不使其他生产者坏下去总是可能的。

4. 从生产的契约曲线可以推导出生产可能性曲线，生产可能性曲线是最优产出量集合的几何表示，它是在要素量既定的情况下，当一种产量确定时另一种产品的最大产量，或者说在其他条件不变的情况下社会所能生产的两种产品产量的最大组合。生产可能性曲线以外各点是既定要素条件下达不到的产量组合，线内各点是既定要素条件下能达到的产量组合，但不是最大的产量组合，即未达到资源配置的最高效率。

5. 产品的边际转换率就是生产可能性曲线的切线斜率的绝对值，用 MRT 表示。这样，X 商品对 Y 商品的边际转换率就是 $MRT_{XY}=-\mathrm{d}Y/\mathrm{d}X$。它表示在技术条件不变、资源充分利用条件下，增加 1 单位 X 产品必须放弃若干单位 Y 产品，也就是单位 X 产品的机会成本。当产品的边际替代率等于边际转换率，即 $MRS_{XY}=MRT_{XY}$ 时，满足生产和交换的帕累托最优条件。

6. 完全竞争的市场经济是实现帕累托最优唯一的也是最好的市场结构。在这种市场结构中，每种商品的价格等于其边际成本，每种要素的价格等于其边际产品价值，每个消费者根据其偏好自由选择商品，每个生产者根据利润最大化原则生产产品，每个要素所有者根据报酬最大原则提供要素。所有人都根据这些原则开展自由竞争，整个社会的福利就能达到最大，经济作为一个整体就有效率。

关键概念

效率　帕累托标准　帕累托改进　帕累托最优状态　交换的契约曲线　生产的契约曲线　生产可能性曲线　边际转换率　埃奇渥斯盒状图

复习思考题

一、单项选择题

1. 如果对于消费者甲来说，$MRS_{XY}=3$，如果对于消费者乙来说，$MRS_{XY}=2$，则有可能发生下述情况：(　　)。

A. 乙用 X 向甲交换 Y　　B. 乙用 Y 向甲交换 X

C. 甲和乙不会交换产品　　D. 以上说法都不对

2. 两种产品在两个人之间的分配，能被称为帕累托最优的条件是(　　)。

A. 如果某个人不受损失就不能使另一个人受益

B. 各人都处在其消费契约曲线上

C. 各人都处在他们的效用可能性曲线上

D. 包括以上所有条件

3. 实现帕累托最优的条件是(　　)。

A. $MRS_{XY}^{A}=MRS_{XY}^{B}$　　B. $MRTS_{LK}^{C}=MRTS_{LK}^{D}$

C. $MRS_{XY}=MRT_{XY}$　　D. 以上全包括

4. 生产契约曲线上的点表示生产者(　　)。

A. 获得了最大利润

B. 支出了最小成本

C. 通过生产要素的重新配置提高了总产量

D. 以上均正确

5. 转换曲线是由哪条线推导出来的?(　　)。

A. 消费契约曲线　　B. 效用可能性曲线

C. 社会福利曲线　　D. 生产契约曲线

二、分析论述题

1. 生产契约曲线是如何推导出来的?
2. 帕累托最优状态需具备哪三个条件?
3. 为什么说即使两个厂商生产的产品不同,要达到帕累托最优状态,必须使任何使用这两种生产要素的两个厂商的该两种生产要素的边际技术替代率相等?
4. 生产可能性曲线是如何推导出来的?
5. 生产的契约曲线和交换的契约曲线有何相似之处?它们的区别又在哪里?
6. 为什么完全竞争的市场机制符合帕累托最优状态?

第九章　市场失灵

学习目标：

- 理解垄断为什么会导致低效率。
- 弄清楚信息不完全和不对称的概念、原因及导致的问题。
- 掌握商品外部性的概念、分类及其影响。
- 理解公共物品的概念及其导致市场失灵的机理，了解政府的应对政策。

市场不是万能的，由于种种原因，在现实经济中，“看不见的手”的定理一般不能成立，帕累托最优状态通常不能得到实现。换句话说，现实的市场机制在很多场合不能导致资源的有效配置。价格在调节经济时会出现市场失灵。市场失灵指完全竞争的市场机制在很多场合下不能导致资源的有效配置，不能达到帕累托最优状态的情形。

市场失灵的几种情况主要是：垄断、不完全信息、外部影响和公共物品。由于垄断已经在前面章节详细分析过，本章我们将侧重讨论垄断的低效率，并重点分析不完全信息、外部影响和公共物品。

第一节/垄断的低效率

在四种市场结构中，完全垄断市场的效率是最低的，本节我们重点讨论垄断的低效率，包括分配性低效率和技术性低效率等。

一、分配性低效率

假定在所有产量水平上平均成本和边际成本都保持不变，如图 9-1 所示。为了使利润最大，企业就要使边际收入等于边际成本，把产量定为 Q_m 和把价格定为 P_m。作为另一种选择，假定政策制定者要求垄断企业使用价格等于边际成本的竞争性规则来做决策。这样价格就会定在 P_c。对产品的评价大于 P_c 的消费者就会购买这种产品，使总销售量达到 Q_c。由于所有消费者都支付同一价格，大多数买者会因其购买而获得消费者剩余。这一剩余的货币价值等于他们对产品的评价（如需求曲线所示）与价格 P_c 之间的差额。例如，在图 9-1 中，对产品评价最高的人得到的消费者剩余等于垂直距离 AP_c。但购买第 Q_c 个单位产品的消费者得不到剩余，因为它赋予产品的价值正好等于购买价。所以，如果产量是根据价格等于边际成本的规则制定的，总消费者剩余就等于需求曲线下面和价格上面之间的面积。在图 9-1 中就是三角形 ADP_c。

现在考虑以谋求利润最大为目标的垄断企业的产量和价格。正如已经指出的,价格将定为 P_m,产量定为 Q_m。这样,它的价格尽管比使用竞争性定价规则定得高,但那些对产品的评价高于其他价格的消费者仍能得到消费者剩余。在垄断情况下,消费者剩余等于三角形 ABP_m。这个三角形是竞争条件下消费者剩余 ADP_c的一部分。长方形P_mBCP_c也是完全竞争条件下消费者剩余的一部分,但现在是垄断企业的经济利润。这一经济利润代表收入从消费者向生产者的再分配。这一再分配是否是一种改善,取决于对收入怎样分配才算合理的假设,是不能用效率指标来衡量的。

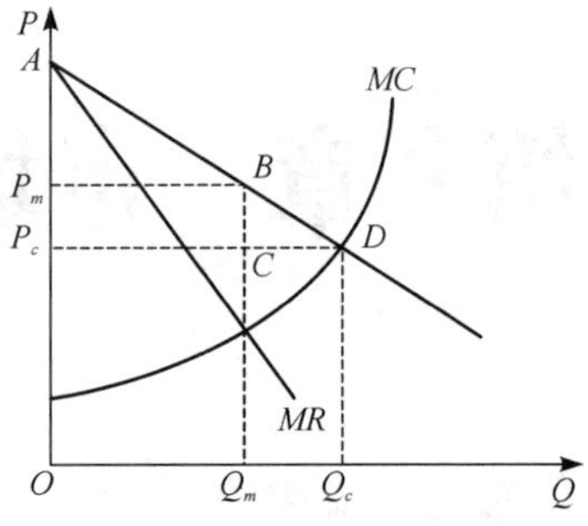

图 9-1　垄断的无效率

最后,竞争条件下消费者剩余的最后一个组成部分是三角形 BDC。这块面积称为分配性低效率,或无谓的损失。它是由垄断价格引起的消费者剩余的损失,是社会的一种净损失。评价垄断的这一影响,无须对消费者和生产者的相对功绩或收入的分配做出假设。它是消费者的损失,任何人都没有得到它。

分配性低效率的来源可用图 9-1 来说明。垄断企业将增加产量直到边际收入等于边际成本。如果产量超过 Q_m就会导致利润的减少,因为此时边际收入小于边际成本。但在产量 Q_m,消费者支付的价格为 P_m,它大于边际成本。因此,如果价格定在这个水平上,只有那些认为该产品的价值至少为 P_m的消费者才会购买它。

注意,最后购买的人对产品的评价为 P_m。但生产该产品的成本由边际成本曲线给定,等于 P_c。因此,产品对最后购买者的价值要大于生产它的机会成本。这样,如果生产得更多,社会福利就会增加。具体说,增产一个单位产品所增加的消费者剩余等于需求曲线和边际成本曲线之间的垂直距离。随着产量的增加,得到的消费者剩余就会越来越小,到产量为 Q_c时,消费者剩余将为零。因此,三角形 BDC 可看成为由垄断条件下的产量限制引起的消费者剩余的损失。

总之,与完全竞争条件下的企业相比,垄断企业生产的产量太少,而价格定得太高。竞争导致价格降低到企业生存所必需的最低水平,而垄断企业则把价格抬得很高以谋求利润最大。从社会的角度看,如果有更多的资源用于生产垄断企业提供的产品,资源的配置就得到了改善。垄断还导致收入的再分配,但对这种收入转移的评价,取决于对消费者和生产者的相对需要的判断。尽管经济分析对评价这种收入的转移没有多大帮助,但这种转移在公共政策制定中的重要性是不应低估的。在政策辩论中,立法者号召采取行动反对滥用垄断,通常不是根据教科书中所说的分配性低效率的深奥概念,而主要是考虑收入从消费者向垄断企业老板的再分配的不公平性。

二、技术性低效率

企业的目标是使利润最大。使利润最大的一个必要条件是在所选定的产量上务必使成本最小,因此,表现为所有成本曲线都代表最低的生产成本。对完全竞争市场里的企业来说,这是一个合理的假设,因为经理别无选择。从长期看,完全竞争企业的价格会下降到只能获得正常利润时为止。因而,低效率的企业在和效率较高的对手的竞争中将不能生存，因为它们得不到足够的利润来维持其经营。在竞争性市场中，成本最低化是一种必然。

但是，垄断企业不同。由于能获得经济利润，与竞争隔绝的企业经理在成本最低化方面是有一定处置自由的。如果成本增加，对垄断企业的生存并不构成威胁，因为企业还有经济利润可作缓冲。但这里需要权衡。因浪费导致成本的任何增加，都会减少企业所获得的经济利润。

为什么经理愿意以牺牲利润为代价允许企业低效率经营？这可能有几个理由：一是使成本最低要付出努力。寻找成本最低的资源和最先进的技术并不容易。一个经理，特别是如果他是领薪水的，不是企业的股东，可能选择早一点回家或午休时间长一点，而不是真正把全部精力投入管理中。另一个解释是，企业是由个人来经营的，而人是会犯错误的。决策是在不确定的条件下由才能不同的个人来做的，这些人都会面临压力或身体状况不佳。有时候这些人做的决定事后看起来并不是正确的。

劳工合同是技术性低效率的另一个理由。在雇用工人时，协议上规定的通常只有投入量——工作时间数。新的雇员提供他的时间但通常不承诺要付出多大努力。正如经理喜欢闲暇、不喜欢工作那样，雇员也是如此。管理当局的任务是对雇员的工作进行监督，但这是需要成本的。因此，在许多组织里，存在着相当松弛的现象。

现实中，那些不通过激烈竞争就能赚很多钱的公司，往往缺乏使成本尽可能低的动力，一旦企业有控制市场的能力，而且所有权和管理权是分开的，它就有可能因管理者未能使成本最低而导致技术性低效率。

三、寻租

垄断还有一个后果，就是会导致寻租行为。垄断者赚取经济利润的能力是一种有价值的财产。任何理性的人都会愿意为取得和拥有这种特权而付出代价。如果企业每年能有经济利润 100 万美元，它的垄断地位的价值就是这个数目。就是说，企业老板就会愿意每年最多花费 100 万美元来确保这笔利润收入。垄断厂商倾向于将资源用于遏制其他厂商进入该行业以获得或维持其垄断地位。由于垄断厂商获得的利润被称为垄断租金，所以通过寻求或维持某行业内的垄断地位以寻求或保持业已存在的租金的活动称为寻租。

寻租行为并不增加所生产的产品和服务的数量。前面讲过，垄断的经济利润是财富从消费者向生产者的一种转移。但寻租则是企图攫取这些经济利润。因此，资源仅仅是用来改变收入的分配。有时候寻租是为了直接从消费者那里得到收入。在另一些情况下，寻租的目的可能是获得其他企业目前正在赚取的经济利润。

寻租导致无谓的损失，因为这里没有新的生产性活动。寻租行为可以有许多不同形式，它往往涉及政府官员，挑选政策制定者能大大影响收入的分配。在一个区域内防务基地的选址或把一个合同交给一家企业都意味着受益人可得到几百万美元。税法的改变能使利润大量增加或减少。规章制定机构关于许可谁能进入行业或经营企业必须遵循什么程序的决策，对企业的盈利能力会有很大影响。

寻租还会导致更黑暗的一面。由于利害关系重大，为了争取有利的立法或处置，企业可能进行贿赂，为了战胜竞争者还可能求助于间谍活动。法律系统可能被用来困扰竞争者，或建立不利于竞争企业的立法条例。

为了获得或维持垄断地位，厂商愿意花费多少钱呢？他所愿意花费数额的上限等于所能获得的全部垄断利润。这种寻租活动所造成的浪费可能远远大于产量的减少所造成的损失。

四、研究与开发的减少

竞争推动厂商开发新产品和研究成本更低的生产方法。与此相反，垄断厂商可能更愿意坐享现有的利润，而不是积极推动技术进步。近年来，人们还在担心，具有垄断势力的厂商不仅比竞争条件下的厂商更少从事创新，而且也对可能削弱其市场势力的竞争对手的创新活动积极地进行打压。即使他们不会故意抑制潜在竞争对手的创新活动，也可能间接地这样做。创新过程的一些最重要的投入品是现有厂商先前的创新，而通过提高与这些先前创新有关的“价格”(利用他们的市场势力)，垄断厂商削弱了后续创新的动力。

总之，在完全垄断市场的均衡状态中，垄断市场的价格要比完全竞争高，而且，价格高于边际成本，这样，垄断扭曲了价格信号的意义，不能直接反映生产产品的机会成本。完全垄断厂商生产的产量也小于在完全竞争市场中应该达到的产量。垄断行业的进入障碍使得其他行业的厂商无法进入这个行业，垄断厂商可以在长期中保持超额利润的状态，因此，消费者不能像完全竞争市场那样获得最大的福利或实惠。垄断厂商获得的超额利润被视为收入分配的不平等，进入障碍的存在排斥了竞争，从而使垄断性超额利润被看成是以某种不平等为基础的收入。

第二节/信息不完全和不对称

信息和普通商品一样，也是一种很有价值的资源，它能够提高经济主体的效用和利润。完全竞争模型的一个重要假设是完全信息，即市场的供求双方对于所交换的商品具有充分的信息，但在现实经济中，信息常常是“相对”不完全的，即市场经济本身不能够生产出足够的信息并有效地配置它们。

一、信息不完全和信息不对称

信息不完全不仅是指由于认识能力的限制，人们不可能知道在任何地方、任何时候发生的或将要发生的事，而且是指“相对”意义上的不完全，即市场经济本身不能生产出足够的信息并有效地配置它们，市场的一方或另一方没有掌握到应该掌握的信息。

信息不完全的市场产生的原因有如下两点：

(1) 市场信息只能以分散的形式出现，而不可能以集中的形式出现，除非这些信息被人们以某种方式加以搜集、整理；

(2) 信息的传播和搜集是需要花费一定成本的，而且由于市场传播系统的局限性以及虚假信息的存在，都使得市场参与者不能获得所需要的全部真实的信息。

信息不对称是指市场中的一方比另一方掌握更多的信息。这是相比较而言的。

影响人们获取信息的能力的因素有两点：

(1) 社会劳动分工使不同行业的劳动者之间产生了巨大的行业信息差别；

(2) 专业化产生的信息差别也同样导致了信息不对称。

在现实生活中,经常会碰到信息不对称的问题。如一位医生对其医疗服务质量的了解比患者要多得多,买保险的人对自己的风险的认识比保险公司要准确得多,二手车的车主对汽车的质量比潜在的买主更清楚,还有银行与贷款企业之间、政府与国有企业经理之间、委托人与代理人之间等。

信息不对称的市场的基本形式可分为三种:

(1) 买主与卖主之间的信息差别而产生的信息不对称市场;

(2) 买主与买主之间的信息差别而产生的信息不对称市场;

(3) 卖主与卖主之间的信息差别而产生的信息不对称市场。

通常情况下,信息不完全和信息不对称这两个概念是混合使用的,以下章节用信息不完全代表了信息不完全和信息不对称这组概念。

二、信息不完全导致的问题

在商品市场,由于存在信息不完全,往往伴随着逆向选择等问题的出现。

1. 商品市场的逆向选择

逆向选择是合同签订前的信息不对称所导致的问题,也叫隐瞒信息。其肇因是信息不对称。交易的一方拥有完整的信息,而另一方则没有。对买卖商品而言,在卖者对所出售的商品了解比买者多的情况下,买者就要承担物品质量低的风险。从无信息的买者角度看,选择可能是逆向的。造成信息不对称的原因是多方面的,可能是交易各方所处的位置不同、经验不同、时间不同等。

在信息不对称理论中,常常把处于信息不对称环境中的次品市场称为柠檬市场。柠檬市场实际上就是次品市场,该市场容易产生逆向选择问题。

为更加清楚地说明逆向选择模型,我们可以考虑最简单的情况——二手车市场。假定卖者出售的旧车有两种可能类型:$\theta=6\ 000$(高质量)和 $\theta=2\ 000$(低质量),每一种车的概率分别是 1/2;买卖双方有相同的偏好且对车的评价等于车的质量。显然,如果买者知道车的质量,均衡价格 $P=6\ 000$(高质量)或 $P=2\ 000$(低质量),买者就能买到自己中意的车子。但买者无法知道车的真实质量,如果两类车都进入市场,车的平均质量 $E[\theta]=4\ 000$,由于买者不敢保证出高价就能买到高质量 $\theta=6\ 000$ 的车,所以愿意出的最高价格 $P=4\ 000$,希望能够买到 $\theta=6\ 000$的车。但在此价格下,高质量车的卖者将退出市场,只有低质量车 $\theta=2\ 000$ 的卖者愿意出售。买者知道高质量的车退出以后,市场上剩下的一定是低质量的车。唯一的均衡价格是 $P=2\ 000$,此时只有低质量的车成交,高质量的车退出市场。如果市场上的旧车类型呈 $\theta=6\ 000$ 到 $\theta=2\ 000$ 的连续分布,尽管推理稍微复杂一些,但同样能证明这一理论。

这种事先隐藏信息的行为,不仅出现在卖方,也出现在买方。例如,居住在治安不好、失窃率高的地区中的家庭最想购买家庭财产保险,而经常生病、医药费高的人最愿意购买医疗健康保险。

从上面简单的案例,我们可以得出如下的结论:

(1) 在信息不对称的情况下,市场的运行可能是无效率的,因为在上述模型中,有买主愿出高价购买好车,市场——“看不见的手”并没能将好车从卖主手里转移到需要的买主手中。市场调节下供给和需求总能在一定价位上满足买卖双方的意愿的传统经济学的理论失灵了。

(2) 这种“市场失灵”具有“逆向选择”的特征,即市场上只剩下次品,也就是形成了人们通常所说的“劣币驱逐良币”效应。传统市场的竞争机制导出的结论是——“良币驱逐劣币”或“优剩劣汰”;可是,信息不对称导出的是相反的结论——“劣币驱逐良币”或“劣剩优汰”。逆向选择理论深刻地改变了我们分析问题的角度,可以说给人们提供了逆向思维的路径,会加深对市场复杂性的认识,由此能改变很多被认为是“常识”的结论,使市场有效性理念又一次遭受重创。

拓展阅读

- **劣币驱逐良币**

劣币驱逐良币(Bad money drives out good)是指当一个国家同时流通两种实际价值不同而法定比价不变的货币时,实际价值高的货币(良币)必然要被熔化、收藏或输出而退出流通领域,而实际价值低的货币(劣币)反而充斥市场。

劣币驱逐良币由16世纪英国的伊丽莎白造铸局长托马斯·格雷欣提出,也称“格雷欣法则”(Gresham's Law)。他观察到,消费者储存成色高的货币(undebase money)(贵金属含量高),使用成色低的货币(debased money)进行市场交易、流通。

在铸币流通时代,在银和金同为本位货币的情况下,一国要为金币和银币之间规定价值比率,并按照这一比率无限制地自由买卖金银,金币和银币可以同时流通。由于金和银本身的价值是变动的,但这种金属货币本身价值的变动与两者兑换比率相对保持不变,因而产生了劣币驱逐良币的现象,使复本位制无法实现。比如说当金和银的兑换比率是1∶15,当银由于开采成本降低而最后其价值降低时,人们就按上述比率用银兑换金,将其贮藏,最后使银充斥于货币流通市场,排斥了金。如果相反,当银的价值上升而金的价值降低,人们就会用金按上述比例兑换银,将银贮藏,流通中就只会是金币。这就是说,实际价值较高的“良币”渐渐被人们所贮存而离开流通市场,使得实际价值较低的“劣币”充斥市场。

图9-2显示了不完全信息对旧车市场均衡所产生的影响。图9-2(a)描述了在每一价格下(横轴)市场上所售旧车的平均质量(纵轴)。随着价格的上升,平均质量相应提高。图9-2(b)给出了旧车的供给曲线,随着价格的提高,由于通常的原因,市场上出售的汽车数量增加。图中还给出了旧车的需求曲线,它具有特殊的形状:既有向上倾斜的部分,也有向下倾斜的部分。其原因在于,随着价格的下降,平均质量也相应下降。但是,需求不仅依赖于价格,而且依赖于质量,即市场所提供的产品。

2. 保险市场的道德风险

道德风险,是指交易的一方知道自己采取的行动,并且知道这样的行动会影响另一方的利益,而另一方则不知道对方已经采取了什么样的行动。这也是信息不对称的结果。或者指的是交易双方在签订交易契约后,占据信息优势的一方在使自身利益最大化的同时损害了处于信息劣势一方的利益,而且不承担由此造成的全部后果的行为。保险市场是容易产生道德风险的一种市场。

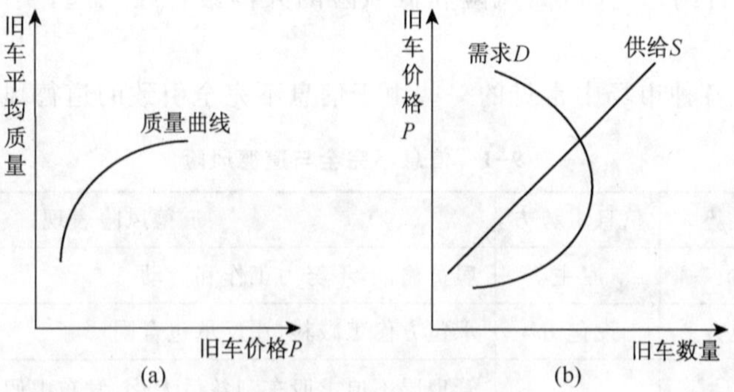

图 9-2 次品车市场

保险是一种特殊的商品，由专门的保险公司提供，而这种特殊商品的价格就是保险费用。

由于信息不对称，使承保人事前不能准确知道投保人的风险程度，保险公司只能按照风险发生的平均概率厘定保单费率。当保险费处于一般水平时，低风险类型的消费者投保后得到的效用可能低于其不参加保险时的效用，因而这类消费者会退出保险市场，只有高风险类型的消费者才会愿意投保。当低风险消费者退出后，如果保险费率不变，保险公司将亏损。为了不出现亏损，保险公司不得不提高保险费率。这样，那些不大可能碰到事故的顾客认为支付这笔费用不值得，从而不再投保，最终结果是高风险类型消费者把低风险类型消费者"驱逐"出保险市场。长此以往，会导致保险市场的逐渐萎缩，使整个保险业的效益大受损失。

如果你的汽车有防盗险，你会不会更有可能不锁车呢？如果是，这就是道德风险。

道德风险产生的原因主要有：

（1）在交易契约中，处于信息劣势的一方无法观察到占据信息优势的一方的行为，最多只能观察到行为产生的不利后果。

（2）处于信息劣势的一方无法确定这种不利后果的产生是否与占据信息优势的一方的行为不当有关。

例如，买了自行车保险的人不再注意保管自己的车子，买了医疗保险的人总要医生多开一些不必要的贵重药品等，这些都属于道德风险，这种道德风险会严重影响保险市场的正常运行，因为它改变了事故发生的概率。如果车主仍像未投保那样小心保管自己的车子，则损失率会小得多。保险公司根据此概率制定的保险费率可保证保险业务的正常开展，但发生了道德风险，情况就不同了，而这种道德风险是保险公司在无法观察到投保人行动时即信息不对称时发生的。

在存在道德风险的情况下，保险公司如果提高保险的价格，会使那些"好"的投保者因为价格高而不再继续参保，而剩下的就是那些迫切要买保险的"漫不经心"的人，他们愿意买高价格的保险。这样一来，那些"坏"的投保人所占的比例就越来越大，此时保险公司对每个投保人的平均赔偿也将增加。保险公司的平均损失将随保险价格的提高而提高，最终可能导致保险公司的亏损。如果承保人知道投保人的真实风险，那么就有可能为这个人专门签订一份承保合约。如果在保险公司看来所有的人都差不多，保险公司就只能为所有的投保人提供同样的合约。这时，高风险和低风险的人群聚合在一起，实际上是低风险的人补贴高风险的人。

表 9-1 列举了各种市场中常见的一些由于信息不完全引致的道德风险。

表 9-1　信息不完全与道德风险

市场	信息优势方	信息劣势方	道德风险表现
劳动市场	雇员	雇主	雇员偷懒，不努力工作和劳动
承包市场	承包方	发包方	承包方偷工减料，违反承包合同
上市公司	管理层	股东	管理层不追求股东利益最大化，发布虚假公告，用股东的钱谋取私利
公共服务	公务员	政府和民众	公务员就职时，誓言为公众利益服务，但却违法乱纪、以权谋私
家庭生活	自己	配偶	恋爱时百依百顺、隐恶扬善，结婚后真相毕露，“从奴隶到将军”

3. 劳动市场的隐藏行动

在劳动市场上，招聘者应该选用什么样的工资策略呢？是用较低的工资来降低经营的成本，还是用较高的工资吸引高效率人才？一句话，什么是招聘者的最优工资策略？

答案很大程度上取决于劳动市场的性质。劳动市场的一个典型特点是信息不完全和信息不对称：招聘者对应聘者的情况是既有所了解又很不了解。招聘者知道，不同的应聘者具有不同的工作效率，有的高些，有的低些，但却不知道究竟哪一个或者哪一些人的效率低。招聘者可以通过简历、面试、看推荐信等方法来试图了解应聘者的情况，但不够有效。一般情况下，在招聘会和面试中，部分求职者经过“全面包装”，获得通往理想工作岗位的准入证。但在之后的试用期中，表现糟糕，让企业大失所望，给企业带来损失。

这就是不完全信息带来的隐藏行动，指的是在信息不完全的情况下，一些交易参与人的行动是其他参与人不可观测的。这些参与人的信息是私人信息，他们会利用这种行动信息不对称对其他参与人进行欺骗，这种情况称为隐藏行动。

劳动力市场的隐藏行动给企业带来了很大的损失，尽管可以通过解聘不合格员工的方式弥补，但这种补救措施的作用也不会很大。无论解聘如何及时，已经造成的损失是无法挽回的，而且，雇用有用人才的机会也可能已经丧失。

三、应对策略

1. 市场信号

逆向选择是信息不足的一个结果。如果你有一辆质量很好的车想卖掉，自然会说服潜在的买主相信这是一辆好车，你可能会告诉他们这不是件次品。但是，他们为什么要相信你呢？有一条简单的原则：百闻不如一见。你能采取什么行动来让买主相信你的车质量好呢？如果买方能够区分不同产品质量之优劣，这个问题就解决了。

克莱斯勒公司愿意为它的汽车提供 5 年、5 万英里的保修，这一事实表明克莱斯勒对其产品质量相当自信。保修是有价值的，不仅因为它降低了花钱修车的风险，而且还使买主相信除非克莱斯勒公司的次品率很低，否则它不会提供这一保修。与此类似的做法称为传递高质量信号，也即市场信号。市场信号是指为了解决逆向选择问题，占据信息优势的一方为了把自己的某些优质物品或自身的某些优秀特性显示出来，不被埋没，会通过某种方式向处于信息劣势的一方发出市场信号以表明自己的物品或自身与众不同的行为。

道德风险也可以用市场信号来解决。如果人们减少风险损失的努力是可以观察到的，那么，保险公司可根据大楼的防火、灭火设施的完善程度来提供不同的火灾险费率；人寿保险公司对于吸烟或酗酒人群的人寿和医疗保险的费用就收取得更高一些。

2. 根据价格判断质量

买主还可以通过另一种方法来判断他们所要购买的产品的质量，这就是价格。消费者根据厂商索取的价格来推断产品质量。例如，旧车市场如果价格较低，那么买到次品车的机会就比较高。

在信息不完全的市场中，由厂商确定其产品的价格。定价时，他们会考虑消费者怎样评价他们销售的产品的质量。由于考虑到了消费者对产品质量的推断，这必然会阻碍价格竞争的效率。在旧车的例子中，我们看到，随着旧车价格的上升，市场中汽车的平均质量也在提高。但是，如果厂商认为顾客相信低价销售的汽车是次品车的话，即质量的恶化远甚于价格的下降，那么他们就不会降价，因为这会吓跑那些认为这种"便宜货"一定是次品车的顾客。在这种情况下，即使厂商在现行价格下不能售出他们希望出售的全部数量，他们也仍然不会降价。

这种似乎存在产品的超额供给的状况可能会长期持续。不完全信息意味着均衡将偏离供给曲线与需求曲线的交点。事实上，当卖主能够控制所传递的信息时，他们就会操纵价格，而对买主来说，他们能够看穿这种操纵行径，并且，他们对卖主试图销售次品的担心阻碍了交易，当此类的信息问题变得严重时，市场可能就不存在了。另外，价格竞争可能受到限制，即使存在某种产品的超额供给，厂商可能也不会降低价格，因而，市场可能不会出清。

3. 风险分担

保险公司在制定费率表时，必须解决这样一个问题：如何让投保人保险后依然努力将损失的概率和损失的后果压到最低限度？例如，保险公司希望投保人总是小心保护自己的车子，或生病后仅用一些必要的药品。显然，如果保险公司提供全额保险，这样的目的是达不到的，因为投保后的车主没有动力采取任何防护措施，即使汽车被盗，保险公司也会如数赔偿的；投保后的病人也会尽量享受医疗服务，甚至可以"贿赂"医生给他多开贵重药品，延长住院时间，反正由保险公司掏腰包。种种由于信息不完全而导致的道德风险，会严重影响市场的正常运行。解决的方法之一是风险分担(risk sharing)。

风险分担的方法如下：

(1) 保险公司对投保人造成的损失只按照一定的百分比率进行赔偿。

(2) 在保险合同中写入扣押条款。

风险分担机制不是最优的，但是在信息不对称的情况下，难以找到比这更好的机制。

4. 信誉效应

通过市场机制本身来解决信息不完全和不对称问题的有效方法是建立信誉。安全驾驶的人(如没有酒后驾车、没有出过车祸的记录)的车险较便宜，这就是信誉效应。这些情况对于保险公司而言,是可以观测到的。

信誉把由于信息不完全而搞得混乱不堪的市场变得清晰分明起来。信誉好的商品意味着品质高。在"区分市场"的同时,信誉也使得"高质高价"成为可能。信誉提高了企业诚信的收益和欺骗的成本。

案例:关于道德风险

一所重点大学禁止给学生D或F的成绩。这所大学对自己的行动辩解说,学生在没有因不及格而退学的压力时,他们的表现会超过平均水平。该大学说,它希望所有的学生都得到A和B。如果目标是把总体成绩提高到B或以上水平,这是不是一项好的政策?请结合道德风险问题进行讨论。

回答是:这不是一项好政策。道德风险的理论说明,当被保险的一方能够影响导致赔偿的事件的可能性或程度时,道德风险就会发生。现在这所学校如果禁止给D或F的成绩,学生就会认为,反正不管学习是否努力,都不会得D或F的成绩,因而就有可能不努力学习,结果总体成绩就会下降,而不可能提高到B或以上的水平。

第三节/商品的外部性

市场机制起作用的原因是,它使经济活动的收益和成本相等,也就是说,每一个人从自己的努力中获得完全相称的收益,同时对自己的损害负完全的责任。但是,有时情况并非如此。在我们的社会中并不是每一种活动都被定价,即使在被定价的活动中,定价也不是很准确。这样,一种产品的价格可能没有完全反映它的社会价值,一个人也可能没有对他的有害行为负完全的责任。本节我们首先分析外部经济效应这一概念,接着讨论外部经济问题的市场解决方案,考察政府在解决外部经济问题中可能扮演的角色。

比如,一个衣着靓丽的人使别人也感到一种美的享受,但他却不能向获得享受的人索取报酬;一个在上课时使用手机的学生显然影响了他人的学习,但他却没有为此付出代价;烟民张三在公众场合抽烟会影响他人健康,但却没有给予他人任何补偿,等等,这些情况都被称为外部性。

一、外部性的分类

一般来说,如果某消费者或企业在从事经济活动时给他人带来危害或好处,但该消费者或企业却并没有因为这一危害或好处而向他人支付赔偿或索取报酬时,那么,我们就说经济中出现了外部性。即,当生产产品的成本或者消费产品获得的收益向那些没有从事生产或消费的个人溢出时,就产生了外部性。外部性又称"外部效应""外在效应"或"界外效应"。注意,这里的危害或好处指的是直接的影响——直接影响他人的生产或消费可能性。因此,外部性也可定义为经济活动所产生的、没有得到市场承认的危害或好处。

会造成污染的产品的生产就是外部性的一个经典例子。例如,当一家火力发电厂发电时,它向空气中排放含有二氧化碳、二氧化硫以及其他污染物的浓烟。这些污染物会使呼吸了这种空气的人们不舒服，并会产生严重的健康问题。这是负的外部性的例子，因为它对他人的福利水平有一个负的效应(一项成本)。当一个正的效应(收益)从生产或消费一种产品中溢出给他人时，正的外部性即产生。例如，你的邻居有一个能从你家看得到的美丽花园，你就会从中受益。

因此，外部性分为正外部性(有利的外部性)和负外部性(有害的外部性)。正外部性是某个经济行为主体的活动使他人或社会受益，而受益者又无须付出代价。负外部性是某个经济行为主体的活动使他人或社会受损，而造成外部不经济的人却没有为此承担成本。消费活动和生产活动都可能产生外部性。

二、外部性与市场资源配置无效率

由于外部性并不反映在市场价格中，因此它们会成为经济无效率的一个来源。下面我们将运用福利经济学的一些理论，分析外部性如何引起市场资源配置无效率。

1. 负的外部性

在存在负的外部性的情况下，竞争市场不会按有效率的产量生产，实际产量大于有效率产量。例如，发过多的造成污染的电。原因是生产者计算生产成本时没有把外部成本计算在内。如果他们把这些成本计入，他们就会减少发电量。

竞争市场在负的外部性存在的情况下产生无效率的原因可以由供给曲线和需求曲线来分析。例如，考虑因发电而造成环境污染的例子。因为发电导致了其他企业或个人污染成本的上升，负的外部性就此产生。电力公司污染空气，实际成本高于他们所观察到的成本。外部性使得私人企业自身观察到的边际成本(我们称为边际私人成本，marginal private cost)低于在社会中发生的真实实际成本(我们称之为边际社会成本，marginal social cost)。边际社会成本是企业的边际私人成本和多生产一个单位产品对社会造成的外部性成本之和。边际外部性成本是多生产一个单位产品对外部性成本的增加量。即：

$$\text{边际社会成本} = \text{边际私人成本} + \text{边际外部性成本}$$

如图 9-3 中所描述的，边际私人成本线低于边际社会成本线。我们用边际私人成本这个术语来替代我们一直在说的边际成本，以便与边际社会成本相区别。回顾可知，把所有的边际(私人)成本叠加就构成了市场供给线，如图中所示。

消费者消费产品(此例中为电力)的边际收益线也表示在图 9-3 中，这是电力的市场需求曲线。根据供给与需求模型，市场中厂商和消费者互动的结果是产品的边际成本即边际私人成本等于边际收益。此时市场实现了均衡，供给量等于需求量。最终的产量以图 9-3 中的 B 点表示。

然而，在这个产量上，生产的边际收益小于边际社会成本。只有在图 9-3 中的 A 点，边际收益才等于边际社会成本。因此，A 点才代表有效率的生产水平。由于没有计算外部性成本，厂商生产过量。图 9-3 显示有一个无谓损失。消费者剩余和生产者剩余没有实现最大化。

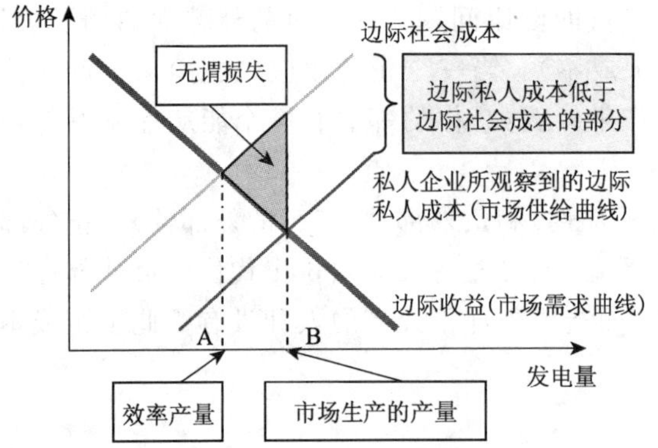

因为生产产品的厂商产生了外部性成本(例如污染),边际社会成本大于边际私人成本。因此由竞争市场产生的均衡产量是过大的:边际收益小于边际社会损失。

图 9-3 典型的负的外部性

2. 正的外部性

当某人的活动能使得他人的状况变得更好,那么正的外部性就产生了。让我们来看看当正的外部性使得社会收益大于私人收益时,会发生什么事情。

例如,收入增长是接受教育的一种收益,但是教育还对社会有益,个人接受的良好教育会传播给他人。学习如何读写会让一个人更文明,学习卫生知识、关注自身健康减轻了公共医疗系统的负担。

另一个有正的外部性的例子是研究。致力于研发的厂商通过出售其产品——可能是新产品——获得研究的好处。但是在很多情况下,研究成果会传播开来,其他人也能从中获益。这种会向其他企业或个人溢出的研究就有外部性。从研究投入中获得的好处超出了个体的界限,这也如负的外部性一样产生了无效率。

要明白正的外部性是如何在竞争市场中影响产量的,我们需要看一下供求曲线。外部性使得消费者获得的收益(我们称为边际私人收益,marginal private benefit)小于给社会带来的真实收益(我们称为边际社会收益,marginal social benefit)。有了正的外部性,因为边际外部性收益的存在,边际社会收益大于边际私人收益。即:

$$\text{边际社会收益} = \text{边际私人收益} + \text{边际外部性收益}$$

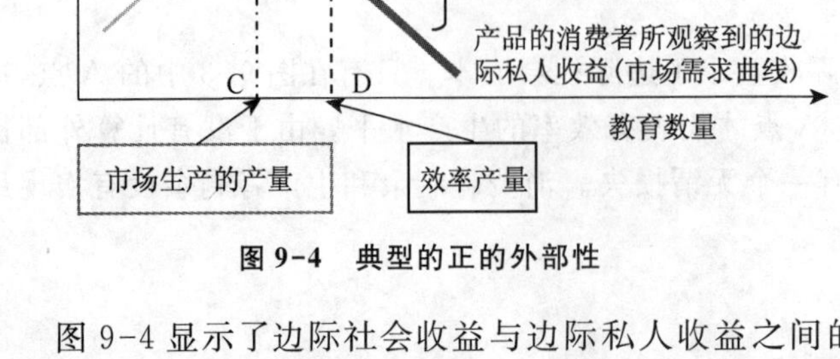

因为消费产品(例如教育)给他人带来了好处,边际社会收益大于边际私人收益。因此,由竞争市场决定的均衡产量是过小的。

图 9-4 典型的正的外部性

图 9-4 显示了边际社会收益与边际私人收益之间的不同造成的影响。假定该图说明

的是教育市场，教育数量以横轴表示。边际私人收益曲线就是市场需求线。考察均衡产量点C，图中该点的供给量等于需求量。市场的最终产量低于有效率的产量，效率产量出现在边际社会收益等于边际成本时，如图中D点。在市场所决定的产量点，边际社会收益大于边际成本。教育的生产和消费都是无效率的，因为教育的量过小，并再一次因为外部性带来了无谓损失。

三、外部性与庇古法则

通过以上分析，我们知道负外部性降低了市场效率。那么如何来解决外部性问题呢？在某些例子中，通过政府提供产品或服务能够解决这些问题。实践中，世界各地的政府都提供基础教育，要求孩子到了一定年龄必须接受教育。教育行业目前是由政府提供的产品或服务中就业人数最多的一个行业。但是在绝大多数外部性存在的例子中，生产由私人部门来提供，而同时政府会努力去影响其产量。

私人部门的生产如何受制于政府而达到更有效率的产量水平呢？我们将看到答案中包括了一些改变行为的方法，它们使得厂商和消费者把外部性计入内部成本。换句话说，挑战在于外部性的内部化(internalize)。内部化是激励企业或消费者把外部性计入内部成本的过程。

解决外部性问题主要有两类思路：一是庇古税的思路，即政府管制的思路，主要包括命令与控制、税收和补贴、可交易的许可证等政策手段；二是科斯定理的思路，即通过市场机制和私人谈判解决外部性问题的思路。这里先讨论政府在解决外部性方面的作用。

1. 政府管制

政府管制的思路主要包括命令与控制、税收和补贴、可交易的许可证等政策手段。

(1) 命令与控制。政府干预解决外部性问题的一种方式是规定和约束个人或企业的行为，常被称为命令与控制。这是一种直接管制，通过颁布严格的标准控制企业活动的负的外部性成本，比如对企业的污物排放设定严格的标准，凡排污量超过规定限度的，则给予经济或法律惩罚。另一个例子是政府要求发电厂在烟道里安装一些“洗刷器”以减少企业所排放的烟雾中的污染物。在这个例子中，政府规范了企业采用的技术。通过规定企业或个人生产何种产品来减少污染，这是一个典型的命令与控制的例子。通过指令，政府控制私人部门做什么。原则上，通过要求企业在计算外部性成本的情形下运作，使命令与控制实现了外部性的内部化。

政府管制的特点是强制执行具有明确目标的某种政策或措施，有时还对不执行者实行经济处罚，如政府在规定不准随地吐痰的同时，一般还会规定对吐痰者处以一定数额的罚款。

命令与控制的方法被政府机构广泛使用，例如美国环保局(EPA)，它负责美国的环境政策的执行。命令与控制方式在环保领域有很多缺陷，经济学家已对这些政策进行了批评。最大的缺陷是命令与控制方式没有允许企业去寻找其他更廉价的减少污染的方法。命令与控制方式忽略了企业也许有着不得不去发现更廉价技术的动机。例如，在命令与控制下，即使有更好且更廉价的方法，发电厂还是得安装“洗刷器”，但没有洗刷器的新技术也许比安装洗刷器更有效率。

(2) 税收和补贴。因为上述这些缺陷，经济学家推荐使用不同于命令与控制的其他方法去减少污染或者减少因为外部性导致的无效率。

“福利经济学之父”庇古（Pigou，1877—1959，英国经济学家）认为，在边际私人收益与边际社会收益、边际私人成本与边际社会成本相背离的情况下，依靠自由市场不可能达到社会福利最大化，于是就应由政府采取适当的经济政策，消除这种背离。政府应该采取的经济政策是：对边际私人成本小于边际社会成本的部门实施征税，即存在外部不经济效应时，向企业或个人征税，使负外部性的制造者承担外部成本；对边际私人收益小于边际社会收益的部门实行奖励和补贴，即存在外部经济效应时，给企业或个人补贴。庇古认为，通过这种征税和补贴，就可以实现外部效果的内部化。这种政策建议后来被称为“庇古税”（Pigouvian taxes）。

庇古税的目的就是让产生负外部性的企业将其外部成本“兜着走”。在经济学上，这叫作“外部效果内部化”（internalize the externality）。比如，对污染企业征收污染税、对排放废气废水的企业征收排放费等。

和命令与控制不同，税收和补贴允许企业和个人对价格或成本的变动做出回应。随着技术的改进，一个企业或许会发现它能在一定的污染量下生产，甚至会低于命令与控制所允许的排放量。

通过税收减少污染的方式如图 9-5 所示，该图中的曲线与图 9-3 的相同。回顾可知，边际社会成本高于从企业的角度观察到的边际私人成本，因为生产会产生污染。我们知道税收提高了企业的边际成本。因此，我们把市场供给曲线向上移动，使得市场均衡实现在一个较小的产量上。如果征收的税额正好等于边际社会成本和边际私人成本的差额，那么产量会从无效率产量（如图 9-5 中 B 点所示）上升到效率产量（如图 9-5 中 A 点所示）。

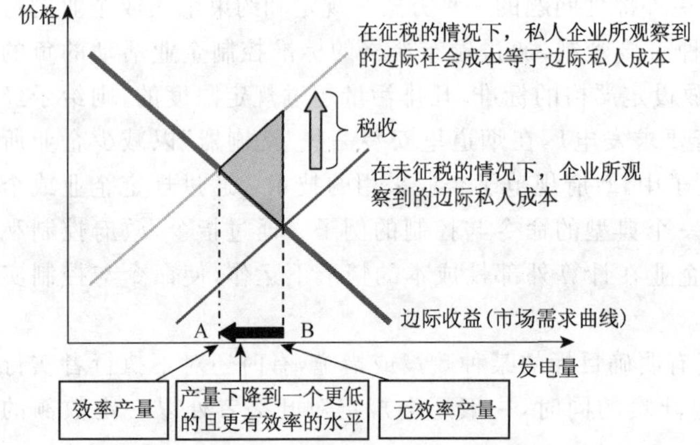

相当于图 9-3 中的边际私人成本和边际社会成本的差额的一种税收使得供给曲线上移。这使均衡产量降至一个更低、更有效率的水平。

图 9-5　负的外部性的例子中税收的运用

在很多例子中，税收都会（至少部分地）被用来减少污染。目前汽油税被普遍认为是对环境有益的，因为它减少了污染空气的汽油消费。相对于命令与控制，税收和补贴的最大的优点在于市场仍在发挥作用。例如，如果市场需求有一个变动，企业就能随着价格的变动调整它们的生产技术。但是在命令与控制的情况下，直到政府改变命令或控制时，企业才能做出调整。

在正的外部性的例子中，补贴代替税收被用于提高产量，使得边际社会收益与边际成本相符合。

(3) 可交易的许可证。可交易的许可证用市场来帮助实现政府规定的标准。可交易许可证是可买卖的政府许可的排污执照。与迫使企业达到一定的标准不同,政府给每个企业发放一个许可证,允许企业向大气排放一定限额的污染物。企业有动力去减少污染,因为它们可以出售那些它们没有使用的许可证。那些能很廉价地降低排放的企业会选择这样做,它们通过将许可证出售给那些需要昂贵的成本来减少污染的企业而获益。可交易的许可证不仅使得市场体系能参与运作,还能激励企业努力寻求低成本的污染控制措施。

第一,控制产业而非企业。可交易的许可证在一定环境下是理想的。例如,在酸雨的例子中,它们非常有效,酸雨降落的区域远远大于排污企业所在的区域。在这个例子中,一国或一地区所有企业的污染总量才是影响事物的关键。为减少污染的总量,政府发行一定量的具有某一限额排污量的许可证。一旦这些许可证被发行,那些能最划算地减少排放的企业会把许可证卖给其他企业。它们通过在减少自身污染的同时向那些只具有低效率污染控制手段的企业出售许可证而提高利润。实际的污染排放总量等于发行的许可证中所规定的总量,因此,控制效果很好。

第二,产权的分配和定义。可交易的许可证显示了在解决外部性时产权是何等的重要。在这个案例中,政府的角色是通过一定的排污权力的方式建立一个市场,然后允许企业买卖这些权力。一旦权力被分配了,这个市场就能良好地运作并实现效率。

从上面的论述中我们看到,政府管制是能够对付来自外在性的无效率的。排放税和可交易的许可证之所以起作用,是因为它们改变了对厂商的激励——迫使它考虑其产生的外在成本。但是政府管制不是对付外在性的唯一办法。

2. 科斯定理

在一些例子中,人们能通过私人矫正(private remedy)自行消除外部性,而不需要政府的帮助。私人矫正是除了界定产权之外,不借助政府之力而消除或者内部化外部性的过程。

诺贝尔经济学奖得主、新制度经济学的开山鼻祖罗纳德·科斯一反"庇古税"的传统,在其经典论文《社会成本问题》(1960)中提出:政府的干预并不是必要的,外部效果问题可以通过重新分配产权得到解决。科斯认为,庇古是在错误的思路上讨论外部效果问题,其错误在于当面对 A 损害 B 这类外部性问题时,往往是考虑如何阻止 A,要么要求 A 向 B 赔偿,要么向 A 征税,或者干脆要求 A 停止生产。科斯认为这是一种单向的思维方法,因为它只考虑如何阻止 A 损害 B,却没有考虑避免 B 的损害有可能使 A 遭受损害。其结果是避免了一种损害,但又产生了一种新的损害。科斯认为,正确的思考逻辑应该是要考虑外部效果问题的相互性,必须决定的真正问题在于:是允许 A 损害 B,还是允许 B 损害 A? 关键是要避免较严重的损害。

为了阐述自己的命题,科斯列举了在两块相邻的土地上,因养牛人的牛跑到农场主的地上去吃农作物而引起纠纷的经典案例。依照科斯的意思,后人将其总结为著名的"科斯定理"(Coase Theorem):在产权明确界定的情况下,不管产权配置的初始状态如何,只要交易费用为零,则即使在有外部效果的市场上,市场交易总能够使资源的配置处于帕累托最优状态。

科斯定理实际上包含了三个条件：一是产权要明确界定；二是交易费用为零；三是自愿交易与自愿谈判。其结论也是两个：结果必是帕累托最优，而且与产权的初始配置状态无关。

科斯定理告诉我们，如果产权界定是清楚的，且市场各方可以无成本地就资源配置进行协商，那么，市场机制总能解决外部性问题，并有效地配置资源。尽管科斯定理的逻辑很吸引人，但市场机制本身经常不能解决外部性所引起的问题，这主要是由于有交易成本的存在。交易成本包括各方在协议及遵守协议过程中所发生的成本。当某个决策涉及的利益相关者较多时，达成有效的协议特别困难，交易成本会很大。此时，即便是产权界定清楚，市场仍无法有效地解决外部性问题。

第四节/公共物品

在现实生活中，我们所消费的物品（商品和服务）一般都会产生一定的外部性，只不过大多数物品的外部性是非常微小的。例如，如果教室的隔音效果较好的话，上课时每位老师讲课声之间的互相干扰就可以忽略不计。但是，有些物品的外部性却非常大，甚至它的全部价值几乎都是外部性的。例如，海洋中的灯塔就是这样的物品，它周围路过的任何船只并不需要为灯塔的修建付出什么，却都能从它的引导指示中受益。

外部性概念的引入也使我们对社会上各种消费品的认识不再局限于理想的假设之中。从现实来看，正如外部性概念所揭示的那样，我们所面对的各种物品是有着本质性区别的。

一、区分不同物品的两个基本特征

在考虑经济中的各种物品时，为了便于经济分析，经济学家通常根据以下两个特点来对物品进行分类：排他性和竞争性。如果可以有效地阻止人们对某种物品的使用，那么这种物品就具有排他性；当一个人在消费或享用某一物品时，其他人便无法同时消费或享用同一物品，则称这种物品具有竞争性。

物品的这两个特性都与它的外部性程度有关，具有完全排他性和完全竞争性的产品就没有外部性，而随着物品的排他性和竞争性的逐渐减弱，它的外部性则会逐步增强。例如，家庭自种的草坪、花园所产生的美化环境的福利不仅为其家人所享有，而且也不可避免地会增加邻居及过路人的福利水平。这就是由于我们不能完全阻止其他人对花园、草坪的美及草坪所净化的空气的享用，同时我们对它们的享用也不会在多大程度上减少其他人对它们的享用。

二、物品的分类

根据排列组合的原理，可以用排他性和竞争性这两个特点把物品分为四类。

1. 私人物品

私人物品既有排他性又有竞争性。例如，生活中的一件雨衣。一件雨衣之所以有排他性，是因为可以阻止别人使用你的雨衣——你只要不把雨衣借给别人就行了。其之所以又有竞争性，是因为如果一个人穿上了这件雨衣，另一个人就不能同时穿这件雨衣。经济中的大多数物品就是像雨衣这样的私人物品。在前面章节的分析中，我们隐含地假设物品既有排他性又有竞争性。

2. 纯粹公共物品

纯粹公共物品通常具有以下两个基本特征：其一是非排他性（non-excludability）；其二是非竞争性（non-rivalness）。例如，国防是一种典型的纯粹公共物品。一旦要保卫国家免受外国入侵，就不可能排除任何一个人不享有这种国防的好处；同样，对国防的消费也不具有竞争性。例如，新生人口一样享受国防提供的安全服务，但原有人口对国防的"消费"水平不会因此而降低。

纯粹公共物品的非排他性主要是由以下两个方面的原因决定的：第一，纯粹公共物品大都是那种在技术上不易排斥众多受益者的产品，如国防等；第二，某些公共物品虽然在技术上可以排他，但排他的成本十分昂贵，以致排他在经济上不可行。

纯粹公共物品在消费上的非竞争性来源于以下事实：第一，公共物品一般都具有不可分割的性质。第二，由于公共物品的不可分割性，因而在其产生拥挤之前，每增加一个消费者的边际成本等于零。这就是说，当一种公共物品还未达到充分消费之前，每增加一个消费者不必增加生产的可变成本。第三，当一种公共物品发生消费竞争时，就必须采取某种限制消费人数的措施（如收费等），那么这时这种商品也就不再是纯粹的公共物品了。

3. 俱乐部产品

具有排他性与非竞争性的产品为俱乐部产品（club goods）。属于俱乐部产品的有：可以收费的公路、桥梁以及公共游泳池、电影院、图书馆等。由于消费这些产品的使用者总是一定的，而这在人们的印象中是和俱乐部中的产品消费一样，所以形象地称之为"俱乐部产品"。保证该种产品具有非竞争性和排他性的条件在于：第一，当消费成员超过一定的数目时就发生拥挤现象，从而破坏了其非竞争性特征，所以必须限制其使用者数目，也正是在这个意义上，人们认为"一项俱乐部产品是可以排除其他人消费的一种拥挤性质的公共物品"；第二，由于该产品具有排他性，因此可以采取措施限制使用者数目。

4. 公共资源

公共资源（common resources）具有非排他性与竞争性。绝大多数不具备私有产权的自然资源都属于这类物品。如公共渔场、公用牧场等。由于是公共所有（没有私有产权），所以消费者对它们的消费是非排他的，但是这类资源在数量上又是有限的，一些人对它们的消费必然会减少其他人对它们的消费，所以它们是竞争性的。我们将俱乐部产品和公共资源称为"准公共产品"[①]。将公共资源归入准公共产品的原因在于：第一，与纯粹公共物品一样，公共资源的数量既定，具有向任何人开放的非排他性。第二，公共资源的竞争性意味着个体消费的增加会给其他人带来负外部效应。也就是说，在对公共资源的消费超过了一定的限度之后，会出现"拥挤"问题。

在这四类产品中，私人物品的外部性最小，而纯粹公共物品的外部性最大。另外要注

① 有些学者仅将具有排他性和非竞争性的俱乐部产品称为公共产品。

意的是，我们所定义的公共产品是指具有正外部性的物品，所以诸如战争、恐怖活动等就不是我们分析的对象。

西方经济学里还有“混合产品”一说。一般认为，混合产品就是具有较大范围的正的外部效果的私人产品，或者说是同时具有公共产品性质和私人产品性质的产品。[①] 这些产品的非竞争性和非排他性是不完全的。这类产品在现实中并不少见，如教育、卫生、科技等。拿教育来说，一个人接受教育，首先使这个人受益，它可以使一个人更有能力，找到更好的工作，从这个意义上说，它是私人产品；但是，教育在给一个人带来较大私人利益的同时，也产生了很大的正外部效应，即可使其他人受益，可以使社会的劳动生产率提高，可以使整个民族的文化素质提高，等等。从这个意义上说，这种产品又具有某些公共产品的非竞争性和非排他性。当然，正是由于存在外部性，而且由于个人对混合产品的提供总是只考虑私人受益的大小，所以就整个社会来说，对这种产品总是处于过少供给的状态。这类产品和公共产品的区别在于：由于它首先具有一部分私人产品的性质，所以在最初的时候，总是能够激励私人提供混合产品，尽管其数量可能是不足的；但是对公共产品来说，这种激励是不存在的。

在表 9-2 中，我们按排他性和竞争性对商品和服务进行分类，在每一类中我们都给出了适当的例子。

表 9-2　四种类型商品

<table>
<tr><td></td><td></td><td colspan="2">竞争性</td></tr>
<tr><td></td><td></td><td>是</td><td>否</td></tr>
<tr><td rowspan="2">排他性</td><td>是</td><td>私人物品
• 苹果
• 汽车
• 拥挤的收费道路</td><td>俱乐部产品
• 公共游泳池
• 电影院
• 不拥挤的收费道路</td></tr>
<tr><td>否</td><td>公共资源
• 环境
• 公海捕捞
• 拥挤的不收费道路</td><td>纯粹公共物品
• 国防
• 知识
• 不拥挤的不收费道路</td></tr>
</table>

三、公共物品与市场失灵

1. 搭便车问题

以上在假定每个消费者对公共产品的需求曲线均存在且已知的条件下，讨论了公共产品的最优数量的决定。但是，这种讨论并没有多大的实际意义。如果放弃研究框架中的完全理性、完全信息和完全市场的假定条件，我们会发现上述均衡无法实现。原因是公共产品的需求曲线是虚假的。首先，单个消费者通常并不很清楚自己对公共产品的需求价格，更不用说去准确地陈述其对公共产品的需求和价格的关系；其次，即使单个消费者了解自己对公共产品的偏好程度，也不会如实地说出来。为了少支付或不支付价格，消费者会低

① 关于混合产品的概念，在经济学界是有分歧的。这里采用其中的一种说法。有很多人将混合产品等同于准公共产品。

报或隐瞒自己对公共产品的偏好。这就产生了公共产品消费中的“搭便车”(free-rider)问题。所谓搭便车,就是指某些个人虽然参与了公共产品的消费,但却不愿意支付公共产品的生产成本,完全依赖于他人对公共产品生产成本的支付。例如,你在公寓的楼梯上装了一盏灯,其他上上下下的人都跟着借光,他们从这盏灯上得到的好处,并不因不付钱而丝毫减少。之所以会产生“搭便车”问题,是由于公共产品具有非排他性,一旦有人购买了公共产品,其他人可以照样享受同一公共产品。

如果人人都想搭别人的便车,那么,即使某种公共产品带给社会的利益要大于生产的成本,私人市场也不会提供这种产品。

2. 低效率问题

通过市场机制来供应公共产品还会产生低效率问题。这是因为公共产品不仅具有非排他性,还具有非竞争性。非竞争性表明,对于任意给定的公共产品产出水平,增加额外一个人消费该产品不会引起产品成本的任何增加,即消费者人数的增加所引起的产品边际成本等于零。因此,从效率的角度看,应该让所有的人都免费享用公共产品,以任何方式阻拦一部分人享用公共产品都会造成效率损失。比如说,高速公路已经建成,每辆车通过高速公路的边际维修费用假设为零。假如公路管理局对每辆车收过路费 10 元,那么,那些从使用高速公路中得到的利益低于10 元的车辆便不会进入这段高速公路。例如,某甲并没有急事要办,为简单起见,且假定他的时间的机会成本为每小时 4 元。如果他绕道而行,要多花半个小时,并多耗 2 元钱汽油,因此机会成本共为 4 元。与 10 元钱过路费相比,绕道而行对某甲来说是个理性的决策。但对整个社会来说,绕道而行白白浪费了半个小时人力和 2 元钱的汽油,因此是一种效率的损失。

四、公共产品的生产

搭便车问题和低效率问题都决定了市场机制对公共产品的配置无能为力,因此只能由中央决策取而代之。事实上,许多公共产品的供应都是由某种政府计划来决定的。国防由中央政府提供,其成本则通过赋税筹集。街灯、地方治安则由地方政府安排,其费用也是靠税收来支付。一些居民大楼的路灯、楼梯灯由居民委员会或其他管理机构统一安装维护,费用由各家各户分摊。

然而,由政府来提供公共产品并不意味着公共产品难题就被彻底地解决了。接下来,政府面临着这样的决定:提供哪些公共产品,以及提供多少。

在这里,经济学家经常提到一个重要的方法:成本—收益分析,它是用来评估经济项目或非经济项目的。它首先估计一个项目所需花费的成本以及它可能带来的收益,然后把两者加以比较,最后根据比较的结果决定该项目是否值得。也可以将公共产品看作是一个项目,并运用成本—收益分析方法来加以讨论。如果评估的结果是该公共产品的收益大于或至少等于其成本,则它就值得生产,否则便不值得。

需要说明的是,政府与私人对于成本和收益的估价有所不同。私人考虑的是私人成本和私人收益,即直接用于生产的资本、劳动等经济资源的耗费和利用这些经济资源从事生产所获得的利润、利息等收益;政府考虑的是社会成本和社会收益,即成本中不仅包括直接消耗的经济资源,还包括公众所受到的环境污染、不安定的社会秩序等各种利益损失,收益中不仅包括经济上的直接收益,还包括整个经济的发展、公众文化水准与健康水平的提高、社会秩序的安定等。

例如,政府在对是否要兴建一座水库做成本—收益分析时,成本方面不仅要考虑建造水库的各种直接费用支出(人工、原材料、土地等),还要计算水库因占地导致不能生产农作物所带来的损失、水库建成以后的各种经营管理费用、修筑水库所需资金的利息等。而收益至少要考虑以下各个方面:如可发电,则有出售电力的收入;如可灌溉,则可以比较有无此水库时农业产值的变化,这种变化属于收益;如可航运,航运带来的收入也是收益;如有水产品养殖,也应计入收益;如可作为风景游览区,还要计算旅游的收入。总之,兴建水库后直接或间接带来的一切收益都应总和起来,和所有成本相比,收益和成本的比率大于1时,说明此项目建造是盈利的;如果小于1,则是亏损的。其比率越大,就越值得投资兴办。在政府举办公共工程的预算收入资金有限的情况下,就必须慎重选择最值得的项目进行投资。

成本—收益分析是一项艰难的工作。简单地问人们对某一项公共产品的评价是很不可靠的。用问卷调查的方式来定量分析收益是困难的,而且回答问卷的人没有如实回答的激励。那些赞成某项公共产品的人有夸大他们所得利益的激励,而反对者为了阻止该项公共产品的生产有夸大其成本的激励。

总之,有效率地提供公共产品在本质上比有效率地提供私人产品更困难。私人产品由市场提供,私人产品的买者通过他们愿意支付的价格反映出他们的成本。相比之下,当评价政府是否应该提供一种公共产品时,成本—收益分析并没有提供任何价格信号。因此,关于公共项目成本和收益的结论充其量只是近似而已。

五、处理搭便车的其他方法

1. 使用费

不是所有的公共产品都由政府来提供。当政府不提供时,我们需要有处理搭便车问题的其他方法。一个被经济学家用来发掘公共产品本质的经典例子就是灯塔,它警告过往船只附近有礁石,以防止船只触礁。灯塔的使用具有非竞争性的特点。如果一艘船从灯光中获益并顺利通过,这不意味着别的船只就不能通过。在对灯塔提供的灯光消费问题上不存在竞争性。类似地,排除他人使用灯塔也是不可能的,因为任何船只都能从它发出的灯光中获益。

然而,灯塔不总是由政府提供的。早期的灯塔是由船主协会建造的,他们对港口附近的船只收费。这个系统运行良好,因为入港时绝大部分船只都缴纳了费用。搭便车的问题被避免了,因此没有必要为灯塔而另外征税。

当使用者为政府提供的服务付费时(需要一定的排他性),这个费用被称为使用费(user fee)。近年来,使用费在很多由政府提供的公共服务中越来越常见,包括国家公园。这样做的目的是让公共产品或服务的真正消费者更多地承担费用。

虽然警察保卫公共安全的服务几乎一直由政府提供,但由私人提供安全服务的例子也很多。例如,一家公司雇用门卫看守公司。在这些例子中,这些服务是针对某个特定集团的,同时排他是可能的,所以避免了搭便车问题。

2. 新技术

现代技术一直在改变着某些特定商品的非竞争性和非排他性的程度。当广播和电视被发明之初，很显然，一旦广播和电视节目被播出，所有的人都能收听和收看。广播和电视节目都具有公共产品的两个特征。但是在美国，私人企业提供了绝大多数的广播电视节目，它们通过广告收益来一定程度地解决搭便车问题。因为不能排他，因而直接收费是不可能的。

最近，技术正在改变电视的公共产品属性。有线电视和扰乱卫星电视用户信号的能力已经减少了非排他性的问题。如果有人没有付有线电视费，那么有线电视服务会被关掉。如果有人没有付卫星电视费，信号会被扰乱而无法接收。因此，现在经常可以看到有线电视公司为一小部分观众播放特别付费节目。

六、政府应对市场失灵

在对市场的一般均衡分析中，我们认识到自由市场(完全竞争市场)体系的均衡结果虽然是帕累托效率的，但却有很大可能违背人类追求公平、自由及人道的美好愿望，从而是令人厌恶的。因此，从某种意义上讲，纯粹的自由市场经济体系并不是人类社会的理想经济组织体系。由于现实的市场往往是不完全的，即存在产品的各种各样的外部性，而且市场主体——生产企业和消费者也不是完全理性和拥有完全信息的，所以市场体系的资源配置就是达不到帕累托最优的。

我们将以上现象统称为市场失灵。总的来说，市场失灵的实质就是，市场体系所产生的资源配置结果达不到应有的目标，例如，具有正(负)外部性的商品总是供给过少(多)，或者社会的公平得不到实现，或者公共产品得不到适时提供等。

为了对付“看不见的手”的缺陷，现代经济是市场这只“看不见的手”和政府这只“看得见的手”的混合体。政府在市场失灵的领域参与到经济生活中来，其任务同样也是对资源的配置。政府的经济职能一般有三个，即效率、平等和稳定。具体来说，政府主要发挥作用的领域包括关于社会福利目标及标准的选择、社会福利政策的选择、公共产品的供给规模及结构的决定等。

为了保证市场运作良好及矫正市场失灵，许多政府干预是必要的。政府通过法律和管制的基础设施帮助市场运行。在不完全竞争的极端例子中，政府的反托拉斯行为和管制也许是必要的。政府通过征税和补贴处理外部性，且自己也插手提供那些具有非竞争性或非排他性或两者兼而有之的商品及服务。

这些政府干预的例子并非没有争议。实际上，美国民主党和共和党(在英国是保守党和工党，在德国是社会民主党和基督教民主联盟)之间的大部分争议与政府应在什么时候干预经济并干预到什么程度的问题联系在一起。关于公共教育、社会安全、国际贸易和移民等的争论都集中在政府的恰当角色问题上。一些争执是关于政府在带来一个更加公平的经济过程中该起什么样的作用，但也有一些争论是关于政府在引导经济效率时应起什么样的作用。

这些争论如此激烈，如此易变，以致人们很容易忘记他们关于政府作用的共识。任何一个正在研究美国、加拿大、墨西哥、法国、德国、英国、日本和其他经济发达国家中政府作用的人，都会对一个显著的事实感到惊讶：大部分经济活动是在私人个体间开展的。在所有这些国家中，人们有一个广泛的共识：虽然政府干预通常是必要的，但个人生产者和消费者的行为是促进帕累托改进并使经济更有效率的最强大的力量。

思考与讨论

有一起官司,被告糖果制造商在威格莫尔街开办了一家糖果制造厂,与作为原告的医生是邻居。在开始的八年中,糖果制造商使用的机器并未对医生造成损害。但此后医生在紧挨糖果制造厂的地方加开了一间诊所,他发现糖果制造商的机器发出的噪声和震动使他难以使用他的新诊所,尤其是噪声妨碍他用听诊器检查病人的肺部疾病。他还发现在此不可能进行任何需要思考和集中精力的工作。

根据以上内容,尝试回答以下问题:

1. 上诉案例中所涉及的问题在经济学中被叫作什么?这类现象怎样扭曲了资源配置?通常可采用哪些方法解决这一问题?

2. 假如医生由于糖果制造厂的噪声招致了800英镑的损失,而商人关闭糖果制造厂或将该厂迁往别处的代价均为1 000英镑。若法院将"享有安静的工作和生活环境"的权利判给医生,而医生和糖果商通过谈判达成协议以及维持协议等的费用均为0,那么,糖果商最终将不得不关闭他的厂子或离开威格莫尔街吗?

提示:根据科斯定理,用明确财产权的办法解决上述问题。

本章小结

1. 当生产或消费产品的收益或成本溢出给他人时,就产生了外部性。外部性导致了边际私人成本不同于边际社会成本,或者边际私人收益不同于边际社会收益。

2. 外部性是市场失灵的一个原因。具有负的外部性的产品的产量大于效率产量,具有正的外部性的产品的产量小于效率产量。

3. 在外部性存在时,有三种方式能改善市场的效率:命令与控制、税收与补贴和可交易的许可证。

4. 公共产品有两个特点:非排他性,不能排除那些不付费的消费者;非竞争性,一人的消费并不意味着其他人的消费的减少。公共产品有一个搭便车的问题,这意味着政府生产往往是必要的。

5. 在决定生产多少公共产品时,往往采用成本—收益分析。衡量收益和如何降低未来的成本是公共决策中的难点。

6. 为了保证市场运作良好及矫正市场失灵,许多政府干预是必要的。政府通过法律和管制的基础设施帮助市场运行。在不完全竞争的极端例子中,政府的反托拉斯行为和管制也许是必要的。政府通过征税和补贴处理外部性,且自己也插手提供那些具有非竞争性或非排他性或两者兼而有之的商品及服务。

关键概念

外部性 边际私人收益 排他性 市场失灵 负的外部性 边际社会收益 交易成本 竞争性 公共选择 正的外部性 内部化 可交易的许可证 公共产品 边际私人成本 搭便车问题 边际社会成本 庇古税 科斯定理 成本—收益分析

复习思考题

一、单项选择题

1. 某一经济活动存在外部不经济是指该活动的(　　)。

A. 私人成本大于社会成本

B. 私人成本小于社会成本

C. 私人利益大于社会利益

D. 私人利益小于社会利益

2. 如果上游工厂污染了下游居民的饮用水，根据科斯定理，(　　)，问题即可妥善解决。

A. 不管财产权是否明确，只要交易成本为零

B. 只要财产权明确，且交易成本为零

C. 只要财产权明确，不管交易成本有多大

D. 不管财产权是否明确，交易成本是否为零

3. 某项生产活动存在外部不经济时，其产量(　　)帕累托最优产量。

A. 大于　　B. 等于

C. 小于　　D. 上述三种情况都有可能

4. 政府提供的物品(　　)公共产品。

A. 一定是　　B. 不都是

C. 大部分是　　D. 少部分是

5. 交易双方信息不对称，比方说买方不清楚卖方的一些情况，是由于(　　)。

A. 卖方故意要隐瞒自己的情况

B. 买方认识能力有限

C. 完全掌握情况所需成本太高

D. 以上三种情况都有可能

6. 容易导致市场失灵的市场类型是(　　)。

A. 自由竞争市场　　B. 完全垄断市场

C. 垄断竞争市场　　D. 不确定

二、简答论述题

1. 简述外部性的含义及其种类。除本章给出的例子外，就正外部性和负外部性再分别举一例。

2. 垄断会带来什么样的后果？如何解决？
3. 什么叫科斯定理？一些西方学者为什么会认为规定产权办法可解决外部影响问题？
4. 公共物品与私人物品相比有什么特点？这种特点怎样说明在公共物品生产上市场是失灵的？
5. 什么是搭便车问题？它是如何产生的？如何解决搭便车的问题？
6. 什么时候外在性需要政府的干预？什么时候这种干预没有必要？
7. 什么是市场失灵？导致市场失灵的主要原因有哪些？应对市场失灵的对策有哪些？

下篇

宏观经济学

第十章　国民收入的核算

学习目标：

- 一个经济中的收入为何总等于支出
- 国内生产总值的含义
- 国内生产总值的几种核算方法
- 国民收入的收支均衡等式

宏观经济学研究的对象是总体的国民经济，但国民经济是一个庞大繁杂的体系，因此，有必要首先将它分解和量化，因为只有这样，才能展开宏观经济学的进一步研究。在本章中，我们将讨论一些经济学家和决策者用来检测整体经济的数据。这些数据反映了宏观经济学家努力解释的经济变动。本章考虑国内生产总值(*Gross Domestic Product*，简称*GDP*)，它衡量的是一国的总收入。*GDP*是最受瞩目的经济统计数字，因为它被认为是社会经济福利一个最好的衡量指标。

需要加以说明的是，国民经济、宏观经济和国民收入这几个概念经常在同一意义上使用。所以，国民经济(宏观经济)的核算也就是国民收入的核算。

第一节/经济的收入与支出

如果你要判断一个人在经济上是否成功，你首先要看他的收入。高收入的人负担得起生活必需品和奢侈品。毫不奇怪，高收入的人享有较高的生活水平——更好的住房、更好的医疗、更豪华的车、更充分的休假，等等。同样的逻辑也适用于一国的整体经济。当判断经济富裕还是贫穷时，观察经济中所有人赚到的总收入是自然而然的。这正是*GDP*的作用。

*GDP*同时衡量两件事：经济中所有人的总收入和用于经济中物品与劳务产量的总支出。*GDP*既衡量总收入又衡量总支出的原因在于这两件事实际上是相同的，这是因为对于一个整体经济而言，收入必定等于支出。

一个经济的收入和其支出相同的原因就是每一次交易都有两方——卖方与买方。某个买方的1元支出就是某个卖方的1元收入。例如，凯伦让朵拉给她修剪草坪而支付其100元。在这种情况下，朵拉是一种劳务的卖方，而凯伦是买方。朵拉赚了100元，而凯伦支出了100元。因此，交易对经济的收入和支出做出了相同的贡献。无论作为总收入来衡量还是作为总支出来衡量，*GDP*都增加了100元。

说明收入和支出相等性的另一种方法是用图 10-1 所示的循环流向图。该图描述了一个简单经济(两部门经济)中的家庭和企业之间的全部交易。在这个经济中,家庭从企业购买物品与劳务,这些支出通过物品与劳务市场流动。企业用从销售中得到的钱来支付工人的工资、地租和企业所有者的利润,这些收入通过生产要素市场流动。在这个经济中,货币不断地从家庭流向企业,然后又流回家庭。

我们可以用两种方法中的一种来计算这个经济的 *GDP*:加总家庭的总支出或加总企业支付的总收入(工资、租金和利润)。由于经济中所有的支出最终要成为某人的收入,所以,无论我们如何计算,*GDP* 都是相同的。

当然,现实经济比图 10-1 所说明的经济要复杂得多,特别是家庭并没有支出其全部收入时。家庭要把他们的部分收入用于支付政府税收,还要为了未来使用而把部分收入用于储蓄和投资。此外,家庭并不购买经济中生产的全部物品与劳务。一些物品和劳务由政府购买,还有一些由计划未来用这些物品与劳务生产自己产品的企业所购买。但是,无论是家庭、政府还是企业购买物品或劳务,交易总有买方与卖方。因此,对整个经济而言,支出和收入总是相同的。

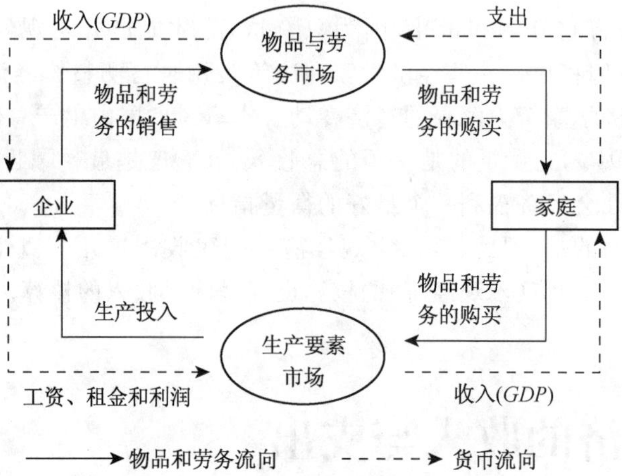

图 10-1　循环流向图

第二节/国内生产总值的含义

GDP 被认为是衡量宏观经济运行情况的一个最重要的指标,也是影响最大的一个指标。*GDP* 这个概念已日益频繁地出现在许多媒体上。

一、国内生产总值的含义

国内生产总值是指一国或一地区在一定时期内(通常为一年)运用生产要素所生产的全部最终产品(商品和劳务)的市场价值总和。

全面而准确地理解这一概念需要注意以下几个问题。

1. 国内生产总值是指最终产品的市场价值

根据其用途，产品可以分为中间产品和最终产品。中间产品是指用于再出售而供生产别种产品用的产品。最终产品是指在一定时期内生产的并由其最后使用者购买的产品和劳务。例如，汽车制造厂购买 1 000 美元的钢材生产价值为 2 万美元的轿车。其中，钢材就是中间产品，轿车是最终产品。当然，最终产品和中间产品的划分并不是绝对的。很多产品既可以用作中间产品，也可以用作最终产品。例如，布料用于直接出售，属于最终产品，而用于服装厂制作服装则属于中间产品。面粉被家庭消费者所购买时属于最终产品，但若被面包厂所购买用于生产面包，则面粉属于中间产品。由于中间产品的产值已经被包含在最终产品的产值之中，所以为了避免重复计算，*GDP* 只能计算统计期内的最终产品。

2. 国内生产总值是一个地域概念

国内生产总值是一国范围内的最终产品的市场价值，也就是说，凡是在本国境内生产的最终产品，统统都计入国内生产总值，不管该最终产品是否为本国人所生产。当一个加拿大公民在美国工作时，他的生产是美国 *GDP* 的一部分。当一个美国公民在中国拥有一家工厂时，他的工厂的生产不是美国 *GDP* 的一部分，而是中国 *GDP* 的一部分。因此，如果东西是在某国内生产的，无论生产者的国籍如何，都包括在该国的 *GDP* 之中。

3. 国内生产总值是一定时期内所生产而不是所卖掉的最终产品的市场价值

比如，某企业当年生产了 100 亿美元的产品，只卖掉了 80 亿美元的产品，所剩下的 20 亿美元的产品可被视为是企业自己买下来的存货投资，同样也应该被计入国内生产总值。相反，虽然该企业当年只生产了 100 亿美元的产品，然而却卖掉了 120 亿美元的产品，则计入国内生产总值的仍然是 100 亿美元，只是库存减少了 20 亿美元而已。

4. 国内生产总值是一个含有时间因素的概念

国内生产总值是按照一定时期来测算的，也就是说，国内生产总值是一个流量概念，而不是存量概念。流量是一定时期内发生的变量，而存量是一定时点上存在的变量。比如，储蓄是一个流量变量，而财富则是存量变量；资产是存量变量，而投资是流量变量。在宏观经济分析中正确区分存量变量和流量变量的概念是十分重要的。

5. 国内生产总值一般仅指市场活动的价值

许多产品和劳务虽然与人们的经济福利也很有关系，但如果不进行市场交换活动，就不包括在国内生产总值中。比如，自给自足的生产、慈善机构的活动、在家中做饭和打扫卫生的活动等等，都不计入国内生产总值。如果一个人花钱请保姆，则保姆的收入应计入国内生产总值，如果该主人和保姆结婚了，这位妻子的生活费也许和她当保姆时的收入一样，但由于不再是市场交易活动，因而不再计入国内生产总值。

二、其他收入衡量指标的含义

在国民收入核算体系中，除了 *GDP* 和 *GNP* 这两个应用广泛的综合经济指标外，还存在其他几个总量指标用于对宏观经济运行的衡量和刻画。大体说来，这些指标的含义和相互关系如下所述。

1. 国民生产总值

国民生产总值(*Gross National Product*，简称 *GNP*)是一个国民概念，是指一国永久居民(称为国民)所赚到的总收入。它衡量的是一国居民或公民的总收入，而不管其收入是从国内还是从国外获取的。比如，一个在日本工作的美国公民的收入要计入美国的国民生产总值中，但不计入美国的国内生产总值中，而计入日本的国内生产总值中。从量上来看，一国的国民生产总值可能大于其国内生产总值，也可能小于或等于其国内生产总值。如果一国的国民生产总值大于其国内生产总值，则说明本国公民在外国取得的收入大于外国公民在本国取得的收入；反之亦然。

2. 国内生产净值

国内生产净值(*NDP*)指的是 *GDP* 减去固定资产折旧后的余额。折旧是指对一定时期内因经济活动而引起的固定资本消耗的补偿。在上述的所有者收入、租金收入和利息收入中，折旧是总收入中被扣除的项目。从一定意义上讲，*NDP* 比 *GDP* 更能准确地反映国民生产的新增产值。但是由于 *GDP* 的数据较易统计，而且折旧费的方法不一，折旧的提取与设备等的磨损并不一致(一般折旧大于磨损)，政府的折旧政策也会变动，所以 *GDP* 的运用远比 *NDP* 要广泛。

3. 国民收入

这里的国民收入(*NI*)指狭义的国民收入，是指一个国家一定时期内的各种生产要素得到的报酬总和，即工资、利息、租金和利润的总和。从国内生产净值中扣除企业间接税和企业转移支付，再加上政府补助金就得到这一狭义的国民收入。企业间接税和企业转移支付是列入产品价格的，但并不代表生产要素创造的价值或收入，因此计算狭义的国民收入时必须扣除。相反，政府给企业的补助金不列入产品的价格，但成为生产要素的收入，因此应该加上。

4. 个人收入

个人收入(*PI*)是指一个国家一定时期内个人所得到的全部收入。国民收入不是个人收入，一方面国民收入中有三个主要项目不会成为个人收入，这就是企业未分配利润、公司所得税和社会保险税；另一方面政府转移支付(包括国债利息)虽然不属于国民收入(生产要素报酬)，却会成为个人收入。因此从国民收入中减去公司未分配利润、公司所得税和社会保险税，加上政府转移支付，就得到个人收入。

5. 个人可支配收入

个人收入不能全归个人支配，因为要缴纳个人所得税，税后的个人收入才是个人可支配收入(*DPI*)，即人们可用来消费或储蓄的收入。

三、名义国内生产总值和实际国内生产总值

由于国内生产总值是用货币来计算的，因此，一个国家 *GDP* 的变动不仅取决于该国所生产的最终产品和劳务的数量，而且也受到这些产品和劳务价格的影响。同样的最终产品数量，按不同的价格会计算出不同的 *GDP*。

由于价格的变化，*GDP* 有名义 *GDP* 和实际 *GDP* 之分。名义 *GDP* 又称为货币 *GDP*，是按当年价格计算的全部最终产品和劳务的市场价值。实际 *GDP* 是用从前某一年作为基期年而按一个不变价格计算出来的全部最终产品和劳务的市场价值。区分名义 *GDP* 和实际 *GDP* 的目的在于说明国内生产总值的变动是由于产品和劳务的变动还是由于价格变动所致。为了消除价格对一国生产的产品和劳务数量的影响，通常用一个不变的价格计算最终产品和劳务的价值，即计算实际的 *GDP*。

为了便于理解这两个概念，我们假设某国只生产大米、衬衫两种产品，1995年它们的单位价格分别为8美元和3美元，产量分别为100单位和70单位，则该年的名义*GDP*为：$8\times100+3\times70=1\ 010$(美元)。再假设2005年它们的单位价格分别涨至15美元和9美元，产量分别为120单位和80单位，则2005年的名义*GDP*为：$15\times120+9\times80=2\ 520$(美元)。但如果以1995年的价格作为不变价格计算，则2005年的实际*GDP*为：$8\times120+3\times80=1\ 200$(美元)。

统计学上一般将价格的基准年称为基期年或基年，如上例中的1995年便属于基年。

由于实际*GDP*剔除了价格变动的影响，从而比名义*GDP*更能真实地反映经济增长和社会财富的增长状况。如上例中，2005年的名义*GDP*是1995年名义*GDP*的249.50%，增长了149.50%；但2005年实际*GDP*却仅仅是1995年实际*GDP*的118.81%，增长了18.81%。这里我们将18.81%认为是社会总产量和服务的增长，而反映物价的变化则用*GDP*折算指数表示，*GDP*折算指数是名义*GDP*和实际*GDP*的比率，即：

$$GDP\text{ 折算指数}=\frac{\text{名义 }GDP}{\text{实际 }GDP}$$

于是，在已知折算指数时，可以由名义*GDP*折算出实际*GDP*，其公式为：

$$\text{实际 }GDP=\frac{\text{名义 }GDP}{GDP\text{ 折算指数}}$$

专栏10-1 *GDP*能正确反映一国福利水平吗？

一般说来，一个国家的*GDP*数量，尤其是人均*GDP*数量是衡量一个国家居民富裕程度的指标，同时也作为衡量居民经济福利水平的一个指标。例如，根据统计资料，1999年美国人均实际*GDP*为31 872美元，而中国则为3 617美元，美国是中国的8.8倍多。我们说*GDP*可以大致反映一个国家居民的富裕程度和经济福利水平，但是并不是唯一的百分之百准确的指标，有时甚至是不怎么准确的指标。因为有些经济活动是难以用*GDP*指标统计进去的，而有些被*GDP*指标统计进去的经济活动在另一方面可能会带来对人类经济福利的负面影响，对此*GDP*可能并没有考虑。具体地说来，*GDP*指标面临着以下一些问题：

第一，*GDP*指标在衡量一个国家的产出时，统计进去的是可以用市场价格标价的产出，但是一个国家中有许多经济活动并不是用来交换的，因此它没有市场价格。例如，家务劳动、中国传统式的家庭成员之间的关怀与照顾，都是不计价的，因此这些活动就不可能被计入*GDP*。但是这一活动，如家务劳动、子女对父母的照顾等，对一个国家居民的生活质量的好坏来说，显然是十分重要的。另外，日常生活中经常发生的物物交易活动，是在货币经济之外进行的，没有以货币为等价物的市场价格，因此也不被计入*GDP*之中。还有如地下经济、黑市交易等，也是逃避了官方统计的。因此，从这个角度来看，*GDP*往往低估了一个国家的实际收入。但是，从另外一个角度看，*GDP*又高估了一个国家的经济活动的实际价值。例如，一个国家在一定时期内投资新建了一座发电厂，新建的发电厂被计入 GDP。但是，发电厂同时带来环境污染等后果，使周围居民的生活质量下降。发电厂这一负面效应却没有被 GDP 计算进去，因此，我们说在这种情况下 GDP 被高估了。

第二，由人均 GDP 表示的经济福利是用产出的市场价格来表示的，因此两个国家同样的人均 GDP 水平，却可能由于两个国家产品的价格水平不同，实际经济福利水平也不同。例如，在美国和中国，月收入同样为 1 000 美元的两个家庭，由于美国的物价水平普遍高于中国，在中国月收入为 1 000 美元的家庭比美国收入为 1 000 美元的家庭要生活得好。因此，在这种情况下，人均 GDP 指标并不能完全反映不同国家居民生活水平的实际差异。

第三，人均 GDP 是一个平均数，它并不反映一个国家国民收入的分配情况。如果一个国家是十分富有的，人均 GDP 很高，但是这个国家的收入分配极不平均，即少数人拥有这个国家的大部分财富和收入，贫富差距很大，那么这个国家居民的经济福利水平是比较低的。

第四，GDP 并不反映一个国家的自然资源拥有情况以及在环境保护等方面的工作，而这些对于一个国家居民的经济福利水平的影响也是十分重大的。

由此可见，GDP 是反映一个国家经济活动和收入水平的重要指标，但不是完全反映一国经济福利及生活质量的唯一指标和完全准确的指标。在比较两国居民的经济福利水平时，我们还必须同时考虑其他的因素。

第三节/国内生产总值的核算

我们可以从生产、支出和收入三个方面来考察和统计国内生产总值，因而有生产法、支出法和收入法三种统计方法或统计途径，常用的是支出法和收入法。

一、生产法

生产法又称为增值法。它是从生产的角度出发，把一个国家在一定时期内所生产的所有产出和劳务的价值总和减去生产过程中所使用的中间产品的价值总和，获得 GDP 指标。用这种方法统计出来的价值总和，反映的是一个国家在这一时期所有新创造的价值。因此，GDP 应该排除那些过去生产的、当前又重复交易的产品。例如，一幢旧房屋的买卖，属于过去生产的产品，不应该计入 GDP，但是房地产中介公司为促进这项买卖所提供的服务应计入 GDP，因为它代表当前的经济活动。运用生产法统计既能有效地避免重复计算，又能相对地降低统计难度。

二、支出法

一个国家在一定时期内生产的全部最终产品和劳务会被各经济主体所购买，因此，将各经济主体在该时期的购买额或支出额加总，便可得到全部最终产品和劳务的总产值，即 *GDP*。这便是支出法的基本原理。在现实社会中，对产品和劳务的购买，除了居民消费，还有企业投资、政府购买和出口。因此，用支出法统计 *GDP*，就是将该国在某一时期内的消费、投资、政府购买和净出口四方面的支出额加总。

1. 消费

消费(C)是指一定时期内消费者用于购买消费品方面的支出。包括购买耐用消费品的支出，比如小汽车、电视机、洗衣机、空调等；购买非耐用消费品的支出，比如食品、衣服等；购买劳务的支出，比如医疗、旅游、理发等。一般建造住宅的支出不包括在消费支出内，尽管它类似耐用消费品的支出，但一般将它包括在固定资产投资中。

2. 投资

投资(I)是指增加或更换资本资产(包括厂房和住宅建筑、购买机器设备以及存货)的支出。投资之所以归于支出，是因为投资意味着对已生产出来的产品的购买，比如 10 亿美元的投资就意味着购买总计 10 亿美元的机器设备、钢材、水泥等。

投资可以分为固定资产投资和库存投资两大类。固定资产投资是用来增加新厂房、新设备、营业用建筑物即非住宅建筑物以及住宅建筑物的支出，"固定"这个说法是表示这类投资品将长期存在并被使用。为什么住宅建筑也属于投资而不属于消费？因为住宅像别的固定资产一样是长期使用，慢慢地被消耗的。存货投资是企业掌握的存货价值的增加(或减少)。本期存货投资等于本期末存货的货币值减去上期末存货的货币值。存货投资可能是正值，也可能是负值。

投资和资本存量是两个既不相同但又有联系的概念。投资是一定时期增加到资本存量中的新的资本流量，而资本存量则是经济社会在某一时点上的资本总量。比如，若 2000 年国家投资 8 000 亿美元，到 2000 年年末资本存量为 9 万亿美元。由于机器、设备、厂房等会不断被磨损，这 9 万亿美元资本存量中每年要消耗 3 000 亿美元，因此这 8 000 亿美元投资中就有 3 000 亿美元要用来补偿旧资本的消耗，新增加的投资实际上只有 5 000 亿美元，这 5 000 亿美元被称为净投资，而另外的 3 000 亿美元因为是用来重置资本设备的，故称为重置投资。净投资加上重置投资等于总投资。用支出法计算 *GDP* 时的投资，指的就是总投资。

3. 政府购买

政府购买(G)是指各级政府对商品和劳务的购买支出。比如政府花钱购买钢材和水泥等修路架桥、建设水利设施、开办学校、购买军火等。政府购买支出不同于政府转移支出(或称为政府转移支付)，转移支出是指政府以失业保险、失业救济、抚恤金、各种困难补助及国债利息等形式对个人的一种支出。政府转移支出只是简单地把收入从一个人或一个组织转移到另一个人或另一个组织，并没有相应的货物或劳务的交换发生，所以它不能计入 *GDP*。

4. 净出口

净出口(NX)是指出口与进口的差额，或者说等于出口额减去进口额。用 X 表示出口，用 M 表示进口，则净出口就是 $X-M$。对于出口产品和劳务的购买，虽然是由外国人支付，但这些产品和劳务却是由本国生产和提供的，理应计入本国的 *GDP*。那么，为什么计入 *GDP* 的只能是净出口而不是单纯的出口呢？这是因为，进口的产品和劳务是由外国生产和提供的,不能计入本国的 GDP。而在计入 GDP 的消费、投资和政府购买中,都包含了一部分对进口产品的支付,所以要将进口额减去,即只计算净出口。

还需要说明的是,除了政府转移支付不能计入 GDP 外,中间交易和金融交易中的支出额也是不能计入 GDP 的。中间交易是指那些已经使用过的商品或所谓二手货的转让。当然,如果在这种二手货的转让过程中,发生了牵线搭桥促成交易的经纪人的费用,则经纪人费用可计入 GDP,因为它是经纪人在促成交易过程中所提供的劳务的报酬。这就如同购买理发师的劳务所进行的消费的支出额要计入 GDP 一样。股票、债券等金融产品的买卖,仅仅意味着金融产品所有权的转移,也不意味着 GDP 的新的增加。至于企业通过股票、债券等筹集的资本,已经或将会在固定资产投资、存货投资上体现和计入。

三、收入法

一个国家在一定时期内的新增总产值(即 GDP)是由劳动、资本等各种生产要素共同生产出来的,因此,它会分解为各种要素收入。于是,将这些要素收入全部加总并进行必要的技术调整,便可得到对应的 GDP。用收入法核算 GDP,应当包括以下一些项目。

1. 工资、利息和租金等生产要素的报酬

工资从广义上说应当包括所有对工作的酬金、补助和福利费,其中包括工资收入必须缴纳的所得税及社会保险税。利息是资本所有者的收入,如银行存款利息收入、企业债券利息收入等。但购买国债(公债)的利息收入是不计入 GDP 的。为什么企业债券利息收入计入 GDP,而国债利息收入不计入 GDP 呢?因为人们购买企业债券相当于将钱借给企业用于生产经营,因而企业债券的利息属于资本要素提供生产性服务得到的报酬,企业对其债券的利息支付来自企业的生产性收入,或者说,是这种生产性收入的一部分。而购买国债的资金不一定被政府用于生产经营活动。另外,政府对国债的利息支付来自政府的税收,或者说是用一部分税收收入来支付国债利息,税收则已经被计入 GDP,再计算就将变成重复计算了。习惯上将国债利息看作转移支付。租金包括个人出租土地、房屋等租赁收入及专利、版权等收入。

2. 非公司企业收入

它是指各种类别的非公司型企业的纯收入,如自己开诊所的医生或开律师事务所的律师以及农民和店铺主等的收入。他们被自己雇用,使用自有资金,因此他们的工资、利息、利润和租金等是混在一起作为非公司企业收入的。

3. 公司税前利润

公司税前利润一般包括三部分:向政府税务部门缴纳的“公司利润税”、分配给企业投资者或股东的“股息”或“利息”和暂时还未分配的“利润”。企业存货体现为公司未分配利润,但又不全属于公司未分配利润,因此,在具体统计中一般要进行存货价值调整。

4. 企业转移支付和企业间接税

企业转移支付是指公司对非营利组织的社会慈善捐款和消费者赊账。企业间接税是指企业缴纳的货物税或销售税、周转税。它不同于直接税。直接税的纳税者和承担者是一致的,如个人所得税、公司利润税和遗产税等。间接税的纳税者则可向他人转嫁税收,纳税者并非税收的最终承担者。可见,只有将间接税计入了 GDP,用收入法统计的 GDP 才能与用生产法和支出法统计的 GDP 相吻合,因为用那两种方法统计的 GDP(即所有商品的总价格)中包含了间接税。至于直接税,在前述的工资及其他补贴收入、租金、利息收入中已经被包含,在前面所讲到的利润收入中也会被包括,所以不需要再另外列出和计算。而间接税是在工资、利润等收入形式以外,因而要单列计算。

5. 资本折旧

资本折旧是指机器设备、厂房等固定资产由于损耗而造成的贬值的费用提取。资本折旧虽然不是要素的收入,但却是企业总利润的一部分(不属于净利润),作为企业总利润的一部分,它应该被计入 *GDP*。

第四节/国民收入的收支均衡等式

从理论上讲,用生产法、支出法和收入法这三种方法统计出来的同一国家同一年度的 *GDP* 应该是相等的。由此可以得出一系列有意义的结论。

一、两部门经济的收支均衡

两部门经济是指这样一个经济社会:不存在政府部门,也不存在对外经济联系,只存在家庭和企业两部门。显然,在两部门经济中,不存在政府购买、税收、净出口等经济变量。为使分析简化,再先撇开折旧,这样,国内生产总值就等于国内生产净值和国民收入,都用 Y 表示。

从收入的角度看,Y(*GDP*)等于各种生产要素得到的收入总和。如果将储蓄(S)定义为总收入中没有用于消费(C)的部分,则在两部门经济中,总收入不是用于消费,便是用于储蓄。即有 $Y=C+S$。

从支出的角度看,由于在两部门经济中,不存在政府购买(G)和净出口(NX),因而国内生产总值就等于消费加投资,即 $Y=C+I$。

于是有:$Y=C+S=C+I$,因而 $I=S$。这也被称为投资—储蓄恒等式。值得注意的是,这里的恒等式是从 *GDP* 或 Y 的定义出发得到的逻辑性结论,或者说是从国民收入会计意义的角度而言的。在会计学意义上从 *GDP* 或 Y 的定义出发得到的 I 和 S 的恒等式并不意味着现实经济中的 I 与 S 一定相等。在实际经济生活中,储蓄主要由居民户进行,投资主要由企业进行,个人储蓄动机和企业投资动机也不相同。这就会形成计划储蓄和计划投资的不一致。以后我们分析宏观经济均衡时所讲的投资要等于储蓄,是指只有计划投资等于计划储蓄时,才能形成经济的均衡状态。

二、三部门经济的收支均衡

在两部门经济分析的基础上,现在转入三部门经济的分析。三部门经济就是存在家庭消费部门、企业生产部门和政府部门的假想经济。将政府部门引进之后,国民收入的构成是这样的:

从支出角度看,这时的国内生产总值 Y 等于消费支出、投资支出和政府购买支出(G)的总和,即有 $Y=C+I+G$。按理说,政府给居民的转移支付的一部分也会形成居民的消费支出，但这一部分消费支出会包括在 C 中，因而无须单独列出。

从收入角度看，国内生产总值仍旧是各种生产要素得到的收入总和，总收入除了消费和储蓄，现在还要纳税。政府在获得税收收入的同时，也要进行转移支付，因此，税收减去转移支付后才是政府的净收入。若以 T 代表政府净收入，则从收入角度得到的国内生产总值构成为：$Y=C+S+T$。

于是，三部门经济中的收支均衡要求 $C+I+G=C+S+T$，也即 $I+G=S+T$，或 $I=S+(T-G)$。其中 $(T-G)$ 可看作是政府储蓄，它可以是正值，也可以是负值。因此，$I=S+(T-G)$ 的含义是，收支均衡要求投资等于私人储蓄加上政府储蓄。

三、四部门经济的收支均衡

上述的三部门经济加进一个对外贸易部门就构成了四部门经济。在四部门经济中，由于有了对外贸易，国民收入的构成从支出角度看就等于消费、投资、政府购买和净出口的总和，用公式表示是：$Y=C+I+G+NX$。从收入角度看，国民收入的构成公式可写成 $Y=C+S+T+NT_R$。这里的 NT_R 代表本国对外国的净转移支付。因为在四部门经济中，本国既向外国转移支付，也接受来自外国的转移支付。支出的转移支付减去接受的转移支付便是本国对外国的净转移支付。可见，NT_R 显然是 GDP 的一个收入构成项目。因为这部分本国人的收入不包含在 C、S、T 中，但又是从 GDP 中分解出来的一项收入。

这样，四部门经济中的收支均衡要求 $C+I+G+NX=C+S+T+NT_R$，两边消去 C，可得 $I+G+NX=S+T+NT_R$，即 $I=S+(T-G)+(NT_R-NX)$，其中 (NT_R-NX) 代表国外对本国的储蓄。

上面我们分析了两部门、三部门和四部门经济中的国民收入构成的公式以及储蓄和投资恒等关系。上面分析中的国民收入是指 GDP，因此上述所有等式两边的 I 和 S 分别表示把折旧包括在内的总投资和总储蓄。如果国民收入指国内生产净值（NDP），则等式两边的 I 和 S 分别表示不含折旧的净投资和净储蓄。如果收入指狭义的国民收入，即 NI，则 C、I、G 是按出厂价计量的。等式两边减少了一个相同的等于间接税的量值。可见，不论 Y 代表哪一种国民收入概念，只要其他变量的意义能和 Y 的概念相一致，储蓄—投资恒等式总是成立的。

本章小结

1. GDP 是衡量宏观经济运行情况的一项重要的综合性经济指标。它是经济社会在一定时期内运用生产要素所生产的全部最终产品（商品和劳务）的市场价值。与 GNP 相比，GDP 衡量的是总产值，是一个产值或生产的概念，而 GNP 衡量的是总收入，是一个收入概念。

2. GDP 的核算方法有三种：生产法、支出法和收入法。最常用的是后两种方法。政府转移支付、旧货交易额和金融交易额均不能计入 GDP。

3. 国民收入这一概念除了特别说明而专指 NI 外，一般都是在广义上使用的，即指 GDP、国民总产出等。总产值和总收入的概念在理论分析上常常是互换使用的，因为产值会分解为收入。国民收入核算中的其他总量指标还有 NDP、NI、PI 和 DPI。

4. 在两部门、三部门和四部门经济中，国民收入收支均衡所涉及的经济变量是有差异的，但本质上都是收入等于支出。

5. $I=S$ 的恒等式是在国民收入会计学意义上，从 GDP 的定义出发得到的一种逻辑性结论。现实经济中的 I 和 S 未必总是相等的，但为了追求和维持经济的均衡，要求它们相等，而且要求由 I 和 S 衍生出来的包括更多经济变量的等式成立。

6. 国内生产总值有名义和实际之分。某个时期名义国内生产总值和实际国内生产总值之间的差别，可反映这一时期和基期相比的价格变动的程度。

关键概念

GDP *GNP* *NDP* *NI* *PI* *DPI* 最终产品 中间产品 投资 净投资 存货投资 折旧 政府购买 政府转移支付 名义 *GDP* 实际 *GDP*

复习思考题

一、选择题

1. 下列哪些项目不列入国内生产总值的核算？（ ）
   A. 出口到国外的一批货物
   B. 政府给贫困家庭发放的一笔救济金
   C. 经纪人为一座旧房买卖收取的一笔佣金
   D. 保险公司收到一笔家庭财产保险费

2. 一国的国内生产总值小于国民生产总值，说明该国居民从外国取得的收入（ ）外国公民从该国取得的收入。
   A. 大于　　B. 小于
   C. 等于　　D. 可能大于也可能小于

3. “面粉是中间产品”这一命题（ ）。
   A. 一定是对的　　B. 一定是不对的
   C. 可能是对的，也可能是错的　　D. 以上三种说法全对

4. 经济学上的投资是指（ ）。
   A. 企业增加一笔存货　　B. 建造一座住宅
   C. 企业购买一台计算机　　D. 以上都是

5. 已知某国的资本品存量在年初为 10 000 亿美元，它在本年度生产了 2 500 亿美元的资本品，资本消耗折旧是 2 000 亿美元，则该国在本年度的总投资和净投资分别是（ ）亿美元。
   A. 2 500 和 500　　B. 12 500 和 10 500
   C. 2 500 和 2 000　　D. 7 500 和 8 000

6. 下列哪一项不是公司间接税?( )

A. 销售税　　B. 公司利润税　　C. 货物税　　D. 公司财产税

7. 下列项目中( )不是要素收入。

A. 总统薪水　　B. 股息

C. 公司对灾区的捐献　　D. 银行存款者取得的利息

8. 在下列项目中( )不属于政府购买。

A. 地方政府开办三所中学

B. 政府给低收入者提供一笔住房补贴

C. 政府订购一批军火

D. 政府给公务人员增加薪水

9. 在统计中社会保险税增加对( )有影响。

A. 国内生产总值　　B. 国内生产净值

C. 国民收入　　D. 个人收入

10. 下列( )不属于要素收入但被居民收到了。

A. 租金　　B. 银行存款利息

C. 红利　　D. 养老金

二、问答题

1. 解释为什么一个经济的收入必定等于总支出。
2. 如何理解国内生产总值这个概念?
3. *GDP* 和 *GNP* 这两个指标有何区别?
4. 如果甲乙两个国家并成一个国家,对 *GDP* 总和会有什么影响?(假定两国产出不变)
5. 能否说某公司生产的汽车多卖掉一些时比少卖掉一些时 *GDP* 增加要多一些?
6. 在下列两项中每一项所发生的情况在国民收入核算中有什么区别?

(1) 一个企业为经理买一辆小汽车以及这个企业给这位经理发一笔额外报酬让他自己买一辆小汽车。

(2) 你决定买本国产品消费而不是买进口货消费。

7. 下列每一种交易会影响 *GDP* 的哪一部分(如果有影响的话)?试解释之。

(1) 某家庭购买了一台新冰箱。

(2) 某汽车公司从其存货中出售了一辆汽车。

(3) 你购买了一个比萨饼。

(4) 上海市和浙江省重新修建了沪杭高速公路。

(5) 你购买了一瓶法国葡萄酒。

(6) 本田公司扩大在中国的工厂。

8. 下列项目是否计入 *GDP*?为什么?

(1) 政府转移支付;(2) 购买一辆用过的卡车;

(3) 购买普通股票;(4) 购买一块地产。

三、计算题

1. 假定某经济社会在某期发生了下列经济活动:(1)银矿公司支付 7.5 万美元给矿工开采了 50 千克银子卖给银器制造商,售价为 10 万美元;(2)银器制造商支付 5 万美元工资给工人制造了一批项链卖给消费者,售价为 40 万美元。

(1) 用最终产品生产法计算 GDP;

(2) 用增值法计算 GDP;

(3) 用收入法计算 GDP。

2. 假定某经济社会有A、B、C三个厂商,A厂商年产出5 000美元,卖给B、C和消费者。其中B买A的产出200美元,C买2 000美元,其余2 800美元卖给消费者。B年产出500美元,直接卖给消费者,C年产出6 000美元,其中3 000美元由A买,其余由消费者买。

(1) 假定投入在生产中用完,计算价值增加多少;

(2) 计算 GDP 为多少;

(3) 如果只有C有500美元折旧,计算国民收入。

3. 假设国内生产总值是5 000亿美元,个人可支配收入是4 100亿美元,政府预算赤字是200亿美元,消费是3 800亿美元,贸易赤字是100亿美元。试计算:(1)储蓄;(2)投资;(3)政府购买支出。

4. 有一天巴瑞理发公司得到400元的理发收入。在这一天里,其设备折旧价值50元。在其余的350元中,巴瑞用30元向政府缴纳了销售税,以工资拿回家220元,他经营中留100元在未来增加设备。在巴瑞拿回家的220元中,他缴纳了70元的所得税。根据这些信息,计算巴瑞对以下衡量指标的贡献:

(1) 国内生产总值;

(2) 国民生产净值;

(3) 国民收入;

(4) 个人收入;

(5) 个人可支配收入。

第十一章　简单的国民收入决定理论

学习目标：

- 均衡产出的含义
- 消费函数、储蓄函数及其两者关系
- 国民收入的决定理论
- 乘数理论

上一章我们讨论了国民收入如何核算，以此为基础，本章我们将讨论国民收入如何决定的问题，即讨论经济社会的总产出水平是如何决定的问题。本章论述的内容仅限于产品市场，而产品市场的理论又被称为简单的国民收入决定理论。

第一节/均衡产出的概念

研究一国国民收入如何决定，需要从分析最简单的经济体系开始。为此，我们需要先作一些假定。

一、简单经济关系的假定

1. 两部门经济

假设所分析的经济中不存在政府，也不存在对外贸易，只有家庭部门（居民户）和企业部门（厂商）。消费行为和储蓄行为都发生在家庭部门，生产和投资行为都发生在企业部门。还假定企业投资是自发的，也就是说投资不随利率和产量的变动而发生变动。

2. 假设不论需求量有多少，经济制度均能以不变的价格提供相应的供给量

根据此假定，社会总需求发生变动时，只会引起产量变动，不会引起价格变动。这在西方经济学中有时被称为凯恩斯定理。由于凯恩斯写作《就业、利息和货币通论》时面对的是1929—1933年的经济大萧条，工人大批失业，资源大量闲置，当社会需求增加时，只会使闲置的资源得到利用，使生产增加，而不会使资源价格上升，从而产品成本和价格保持不变。这条凯恩斯定理适用于短期分析。凯恩斯认为，他分析的是短期收入和就业如何决定。在短期中，价格不易变动，或者说具有黏性。当社会需求发生变动时，企业首先调整的是产量，而不是价格。

3. 假定折旧和公司未分配利润为零

这种假定，就是保证 *GDP*、*NDP*、*NI* 和 *PI* 始终相等，这便于后面的分析。

二、均衡产出

在上述的假定条件下，经济社会的总产量或国民收入就决定于社会总支出，即决定于社会总需求。和社会总需求相等的产出被称为均衡产出或均衡收入。由于两部门经济中没有政府和对外贸易，对产品的总需求就仅由家庭消费和企业投资构成。于是均衡产出可用公式表示为：$Y=C+I$。该式中的 Y、C、I 分别代表产出或收入、消费和投资。需要指出的是，公式中 C 和 I 分别代表家庭和企业实际想要达到的消费和投资，即意愿消费和意愿投资，而不是国民收入构成公式中实际发生的消费和投资。比如，企业生产了120亿美元的产品，但市场实际需要100亿美元，于是就有20亿美元的产品成为企业的非意愿存货投资或非计划存货投资。这部分存货投资在国民收入核算中是投资支出的一部分，但不是计划投资的一部分。因此，在国民收入核算中，实际产出总等于计划支出加上非计划存货投资。但是均衡产出是指和计划需求相一致的产出，因此，在均衡产出水平上，非计划存货投资等于零。

第二节/消费函数和储蓄函数

既然均衡产出是指与总需求相一致的产出，那么分析均衡产出如何决定，就必须分析总需求各个组成部分是如何决定的。在两部门经济中，总需求由消费和投资构成，由于这里假定投资是自发的，因此，我们只分析消费是如何决定的。

一、消费函数

消费量是由什么决定的呢？在现实生活中，影响各个家庭消费的因素很多，比如收入水平、商品价格水平、利率水平、收入分配状况、消费者偏好、家庭财产状况、消费信贷状况、消费者年龄构成以及制度和风俗习惯等。凯恩斯认为，这些因素中有决定意义的是家庭收入，为此，可从诸多因素中抽出这一因素单独分析。

1. 消费函数的含义

消费函数或消费倾向是指消费支出与决定消费的各种因素之间的依存关系。在研究国民收入决定因素时，假定消费仅仅受收入的影响，即消费仅仅是收入的函数。用公式表示为：

$$C=C(Y)$$

关于收入和消费的关系，凯恩斯认为存在一条基本的心理规律：随着收入的增加，消费也会增加，但是消费的增加不及收入增加得那么多。

用图形将消费和收入的这种关系表示出来，就可以得到一条曲线。这种用来表示消费与收入之间函数关系的曲线就是消费曲线。如图 11-1 所示，纵轴表示消费，横轴表示收入，45°线上任一点到纵轴和横轴的垂直距离都相等，表示收入全部用于消费。$C=C(Y)$ 曲线就是消费曲线，表示消费和收入之间

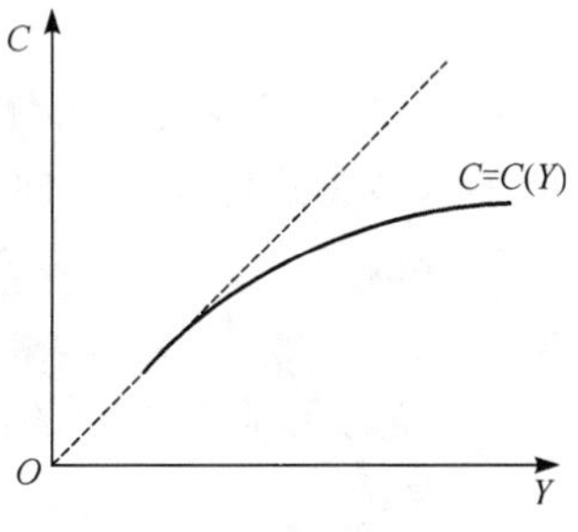

图 11-1 消费曲线

的函数关系。随着消费曲线向右延伸,这条曲线和45°线的距离越来越大,表示消费随收入增加而增加,但增加的幅度越来越小于收入增加的幅度。

2. 平均消费倾向和边际消费倾向

消费和收入之间的关系,也可以由平均消费倾向和边际消费倾向加以说明。

平均消费倾向(*Average Propensity to Consume*,简称*APC*)就是消费支出占收入的比例。在图11-1中表现为消费曲线上任意一点与原点连线的斜率。用公式表示为:

$$APC = \frac{C}{Y}$$

它说明了家庭既定收入在消费和储蓄之间分配的状况。比如,若100美元中80美元用于消费,则平均消费倾向为80%。由于消费水平总大于零,因而平均消费倾向为正数。在收入偏低时,为了保证基本的生活需要,消费有可能大于收入,平均消费倾向大于1;随着收入的增加,消费逐渐小于1,平均消费倾向的数值逐渐减小。

边际消费倾向(*Marginal Propensity to Consume*,简称*MPC*)就是指消费增量与收入增量的比率,表示每增加一个单位的收入时消费的变动情况。在图11-1中表现为消费曲线上任意一点切线的斜率。用公式表示为:

$$MPC = \frac{\Delta C}{\Delta Y}$$

若收入增量和消费增量都非常小时,上述公式可写成:

$$MPC = \frac{dC}{dY}$$

边际消费倾向说明了收入变动量在消费变动和储蓄变动之间分配的情况。比如在增加的100美元中,家庭用于消费的增加量为85美元,那么边际消费倾向为85%。一般来说,边际消费倾向总是大于零而小于1。

前面所提及的凯恩斯指出的消费心理规律可以用边际消费倾向的语言来表述,即随着收入的增加,边际消费倾向呈现出递减的趋势,这也是我们所说的边际消费倾向递减规律。就像图11-1中消费曲线所表现出来的一样,消费曲线越来越趋向于平缓,即消费曲线上每一点切线的斜率(边际消费倾向)越来越小。随着收入的增加,平均消费倾向和边际消费倾向都在递减,但平均消费倾向始终大于边际消费倾向。

如果消费和收入之间存在线性关系,这时消费函数可以表示为:

$$C = a + bY$$

其中,a, b为常数,a被称为自主性消费,它不受收入变动的影响;b是边际消费倾向,为一个固定不变的常数。线性关系的消费函数在图形中表现为一条水平的直线。如图11-2所示。

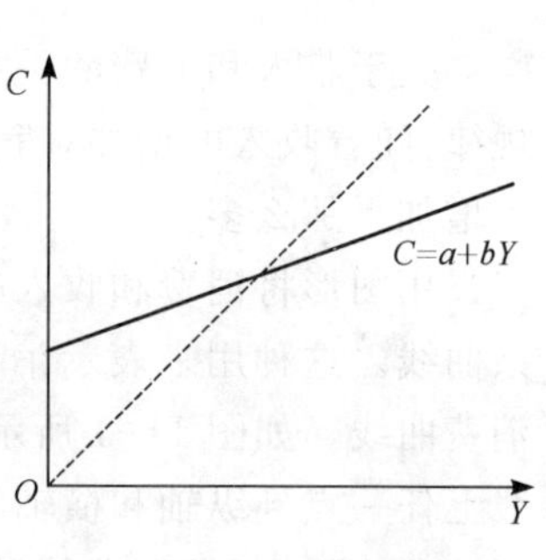

图11-2 线性消费曲线

在消费函数为线性的情况下,平均消费倾向为:

$$APC = \frac{a}{Y} + b$$

边际消费倾向为：

$$MPC = b$$

在这里，由于 a 和 Y 都是正数，因此 $APC>MPC$。随着收入的增加，a/Y 之值越来越小，说明 APC 逐渐趋近于 MPC。

二、储蓄函数

由于人们的收入不是用来消费就是用来储蓄，因而在收入既定的条件下，消费和储蓄之间存在着此消彼长的对应关系。故我们在讨论完消费函数之后，还要讨论储蓄函数。

1. 储蓄函数的定义

储蓄函数是指储蓄与决定储蓄的各种因素之间的依存关系。同样假定储蓄仅受收入的影响，则可以说储蓄是收入的函数。用公式表示为：

$$S = S(Y)$$

一般来说，在其他条件不变的情况下，储蓄随着收入的变动而同方向变动，即随着收入的增减而增减。

用图形将储蓄和收入的这种关系表示出来，就可以得到一条曲线。这种用来表示储蓄与收入之间函数关系的曲线就是储蓄曲线。如图 11-3 所示，纵轴表示储蓄，横轴表示收入，$S = S(Y)$ 曲线就是储蓄曲线，表示储蓄和收入之间的函数关系。

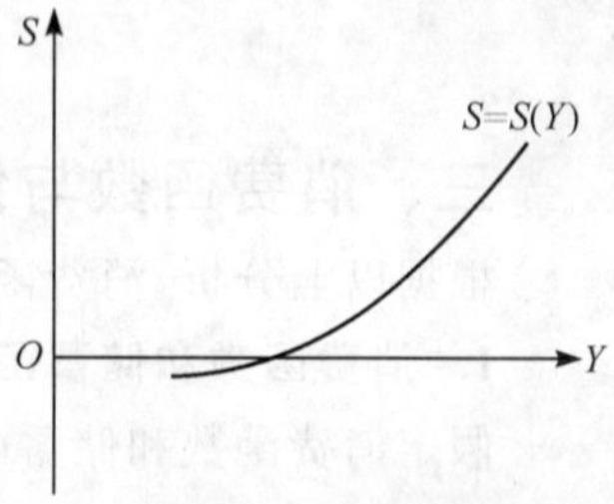

图 11-3 储蓄曲线

一个家庭的储蓄可正可负。在收入比较低时，储蓄通常为负数，这表明家庭借债消费。随着收入的增加，储蓄逐渐增加，其数值逐渐变为正数，并且由于增加的收入中消费的数量逐渐减少，因而储蓄增加的数量越来越大，在图 11-3 中，储蓄曲线表现为越来越陡峭。

2. 平均储蓄倾向和边际储蓄倾向

储蓄和收入之间的关系，也可以由平均储蓄倾向和边际储蓄倾向加以说明。

平均储蓄倾向(*Average Propensity to Save*，简称 *APS*)就是储蓄占收入的比例。在图 11-3 中表现为储蓄曲线上任意一点与原点连线的斜率。用公式表示为：

$$APS = \frac{S}{Y}$$

由于储蓄可能为正也可能为负，因而平均储蓄倾向可能为正也可能为负。一般说来，在收入偏低时，平均储蓄倾向可能为负值；随着收入增加，平均储蓄倾向递增，其数值转变为正值，但总小于 1。

边际储蓄倾向(*Marginal Propensity to Save*，简称 *MPS*)是指储蓄增量与收入增量的比率，表示每增加一单位的收入时储蓄的变动情况。在图 11-3 中表现为储蓄曲线上任意一点切线的斜率。用公式表示为：

$$MPS = \frac{\Delta S}{\Delta Y}$$

若收入增量和储蓄增量都非常小时，上述公式可写成：

$$MPS = \frac{\mathrm{d}S}{\mathrm{d}Y}$$

边际储蓄倾向一般为正数，但小于 1，即 $0 < MPS < 1$，不过，随着收入增加，边际储蓄倾向呈递增的趋势。在图 11-3 中，储蓄曲线表现为越来越陡峭。

如果储蓄和收入之间存在线性关系，这时储蓄函数可以表示为：

$$S = Y - C = Y - (a + bY) = -a + (1-b)Y$$

其中，$1-b$ 是边际储蓄倾向，也是一个固定不变的常数。线性关系的储蓄函数在图形中表现为一条水平的直线，如图 11-4 所示。

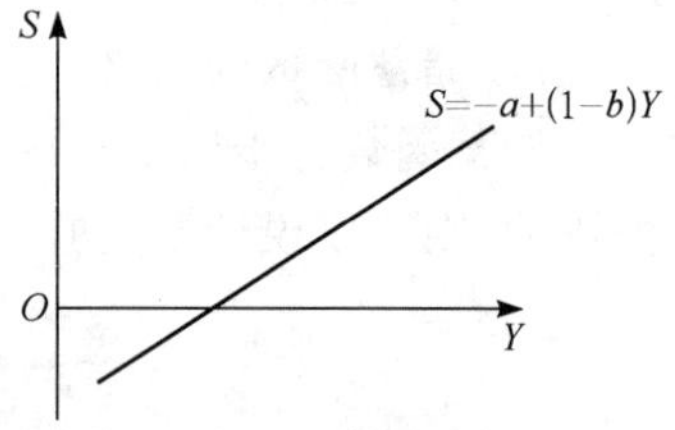

图 11-4　线性储蓄曲线

在储蓄函数为线性的情况下，平均储蓄倾向为：

$$APS = -\frac{a}{Y} + (1-b)$$

边际储蓄倾向为：

$$MPS = 1 - b$$

三、消费函数与储蓄函数之间的关系

根据以上分析，消费函数与储蓄函数之间的关系可以概括为以下三个方面。

1. 消费函数和储蓄函数互为补数，两者之和总等于收入

假定消费函数和储蓄函数均为线性的。用公式证明如下：

$$C = a + bY$$
$$S = -a + (1-b)Y$$
$$C + S = a + bY - a + (1-b)Y = Y$$

2. 平均消费倾向与平均储蓄倾向之和恒等于 1

同样可用线性消费函数和线性储蓄函数作证明，证明如下：

$$Y = C + S$$
$$\frac{Y}{Y} = \frac{C}{Y} + \frac{S}{Y}$$

即：$$APC + APS = 1$$

3. 边际消费倾向与边际储蓄倾向之和恒等于 1

用线性消费函数和线性储蓄函数证明如下：

$$\Delta Y = \Delta C + \Delta S$$
$$\frac{\Delta Y}{\Delta Y} = \frac{\Delta C}{\Delta Y} + \frac{\Delta S}{\Delta Y}$$

即：$$MPC + MPS = 1$$

第三节/简单国民收入的决定

在对消费函数和储蓄函数分析的基础上，我们现在来分析产品市场上均衡国民收入是如何决定的。本节遵循由简及繁的原则，依次分析两部门、三部门和四部门经济中的均衡国民收入的决定。

一、两部门经济中国民收入的决定

均衡收入是指与总需求相等的产出，而总需求或总支出是由消费和投资构成的，因此均衡收入可以由 $Y = C + I$ 来表示。前面已经通过消费函数的探讨分析了消费的决定问题，从逻辑上来讲，应该探讨投资的决定问题。但为了分析的简化，在简单国民收入的决定分析中，先假定投资是一个固定的常量，即不随利率和国民收入的变化而发生变化。根据这一假定，只要把国民收入恒等式和消费函数结合起来，就可以得到收支相等的均衡收入：

$$\begin{cases} Y = C + I \\ C = a + bY \end{cases}$$

解联立方程式，可求得均衡收入如下：

$$Y = \frac{a + I}{1 - b}$$

这样，如果给定消费函数和投资量，我们便可以计算均衡收入。比如，假定消费函数为 $C = 1\,000 + 0.8Y$，自发投资为 600 亿美元，则均衡收入为：

$$Y = \frac{a + I}{1 - b} = \frac{1\,000 + 600}{1 - 0.8} = 8\,000\text{（亿美元）}$$

均衡收入的决定也可以用图形来表示。

1. 消费和投资曲线表示的均衡收入决定

图 11-5 表示如何用消费曲线加投资曲线和 45°线相交决定均衡收入。

该图中，横轴代表国民收入，即消费加投资，纵轴代表总支出。在消费曲线（C）上加投资（I）就得到消费投资曲线（$C + I$）。这条曲线就是总支出曲线。由于假定投资始终等于 600 亿美元的自发投资，因此，消费曲线加投资曲线所形成的总支出曲线与消费曲线相平行。其间垂直距离即 600 亿美元投资，总支出曲线与 45°线相交于 E 点。E 点决定的收入水平是均衡收入 8 000 亿美元。这时家庭部门的消费支出与企业部门的投资支出的总和，正好等于收入。如果经济离开了这个均衡点，企业部门消费额就会大于或小于它们的产出，从而被迫进行存货负投资或正投资，即出现意外的存货减少或增加，这就会引起生产的扩张或收缩，直至

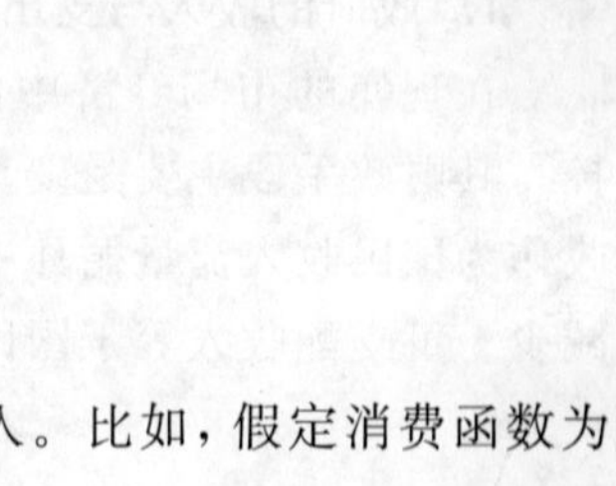

图 11-5　消费和投资曲线表示的均衡收入决定

回到均衡点为止。

2. 储蓄和投资曲线表示的均衡收入决定

图 11-6 表示如何用计划储蓄等于计划投资决定均衡收入。

图 11-6 中，横轴代表国民收入，即消费加投资，纵轴代表储蓄和投资。S 代表储蓄曲线，I 代表投资曲线。由于投资是不随收入变化而变化的自发投资，因而投资曲线与横轴平行，其间距离始终等于 600 亿美元。投资曲线与储蓄曲线相交于 E 点，与 E 点对应的收入 8 000 亿美元便是均衡收入。若实际产量小于均衡收入水平，表明投资大于储蓄，社会生产供不应求，企业存货意外地减少，企业就会扩大生产，使收入水平向右移动，直到均衡收入水平为止。相反，若实际生产大于均衡收入，表明投资小于储蓄，社会上生产供过于求，企业存货意外地增加，企业就会减少生产，使收入水平向左移动，直到均衡收入为止。只有在均衡收入水平上，企业生产才会稳定下来。

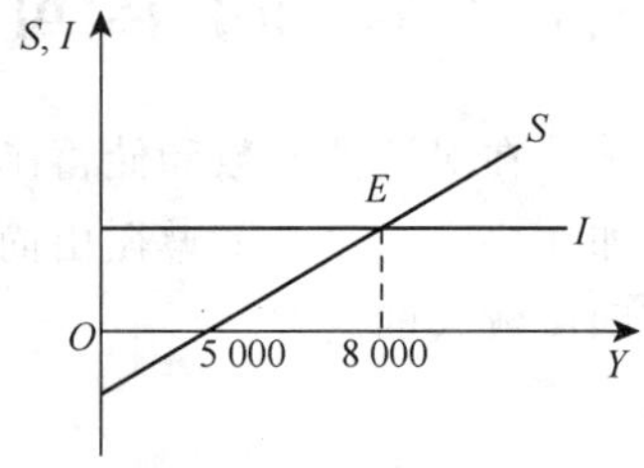

图 11-6　储蓄和投资曲线表示的均衡收入决定

二、三部门经济中国民收入的决定

1. 政府的收入与支出

在现实的市场经济中，政府为了实现其宏观经济政策目标，必然会对经济进行宏观调控。其财政手段主要是变动政府的收入和支出的数量。政府收入主要来自税收。政府税收作为国民收入流量循环中的漏出对总需求起着收缩作用，这是因为增税会使可支配收入减少。可支配收入等于国民收入 Y 减去净税收 T。假定净税收函数为：

$$T = T_0 + tY(t\ \text{为边际税率})$$

则可支配收入的计算公式为：

$$Y_D = Y - T = Y - T_0 - tY = (1-t)Y - T_0$$

有了税收以后居民的消费只能是可支配收入的一部分。假定本来的边际消费倾向为 0.75，边际税率为 0.2，那么，净税收扣除后的边际消费倾向变为 0.6×(0.75×0.2)。如果没有税收，国民收入与可支配收入相等。消费曲线 C 表示居民在国民收入的每一水平上愿意消费的数量。但现在居民仅消费增加的每一单位国民收入的 0.6。与国民收入相联系，受净税收的影响，消费曲线由 C 变动到 C'，边际消费倾向变小了。见图 11-7 所示。

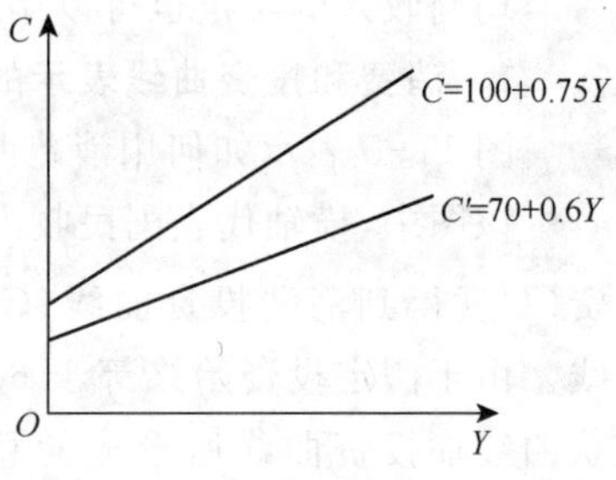

图 11-7　净税收与消费函数曲线

正因为边际消费倾向降低，所以总需求下降，从而导致国民收入降低。

政府支出包括政府购买和转移支付。政府支出引起总需求增加。但政府购买和转移支付对总需求的影响方式不同。政府购买直接引起对商品和劳务需求的增加；转移支付要通过国民收入的再分配使个人可支配收入增加，进而引起对所消费的商品和劳务的需求增加。需求增加多少要受边际消费倾向的影响。

2. 三部门经济中的收入决定

在加入政府部门的经济中，总支出或总需求由消费、投资和政府购买构成，均衡收入的方程式为：$Y=C+I+G$。

如果以 TR 代表政府转移支付，以 T_0 代表定量税或非比例税收，并假设不存在比例所得税，则：

$$C=a+b(Y-T_0+TR)$$

式中的 $(Y-T_0+TR)$ 为可支配收入，这与前面所提到的 $C=a+bY$ 并不矛盾，$C=a+bY$ 式中的 Y 其实就是可支配收入，只是那时未考虑税收因素和转移支付因素。

如果以 t 代表比例所得税税率，并假设不存在定量税，则：

$$C=a+b[(1-t)Y+TR]$$

假设这时都存在定量税和比例所得税，则：

$$\begin{aligned}C&=a+b[(1-t)Y-T_0+TR]\\&=a-bT_0+bTR+b(1-t)Y\end{aligned}$$

联立上式和均衡收入方程式，可解得三部门经济中的均衡收入为：

$$Y=\frac{a+b(TR-T_0)+I+G}{1-b(1-t)}$$

我们可以用图形来说明三部门经济中均衡收入的决定，如图 11-8 所示。

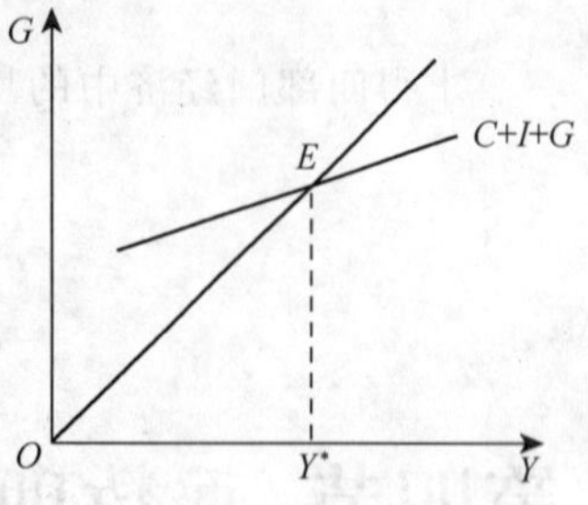

图 11-8　三部门均衡收入决定

比例税率的变化会改变 $C+I+G$ 曲线（总支出曲线）的斜率。比如，假设税率 $t=0.2$，$I=1000$，$G=2000$，$TR=600$，并有消费函数为 $C=800+0.75\times[(1-0.2)Y+600]$，则有：

$$C+I+G=800+0.75\times(1-0.2)Y+450+1\,000+2\,000=4\,250+0.6Y$$

现假设税率提高至 0.4，则：

$$C+I+G=4\,250+0.75\times(1-0.4)Y=4\,250+0.45Y$$

由此可见，税率的提高使总支出曲线的斜率变小，并使均衡国民收入减少，如图 11-9 所示。

3. 四部门经济中的收入决定

在四部门经济中，总支出或总需求除了消费、投资、政府购买外，还有净出口（NX）。净出口为出口与进口之差额，即 $NX=X-M$，其中出口表示本国生产的产品在国外的销售，代表了国外对本国产品的需求。那么，在总需求或总支出中为什么要引入进口这一因素呢？这是因为 $C+I+G$ 虽然代表了消费者、企业和政府部门的全部支出，X 也代表了国外对本国生产的产品的支出，但体现在 $C+I+G$ 上的消费者、企业和政府的支出中肯定还包含一部分对从国外进口的产品支出或需求。所以,只有在$C+I+G+X$中扣除进口部分的支出,才真正代表对本国产品的总支出或总需求,代表对本国总收入形成的贡献。这样,四部门经济中均衡收入的方程式为$Y=C+I+G+NX$。当然,NX可能为正值,也可能为负值。

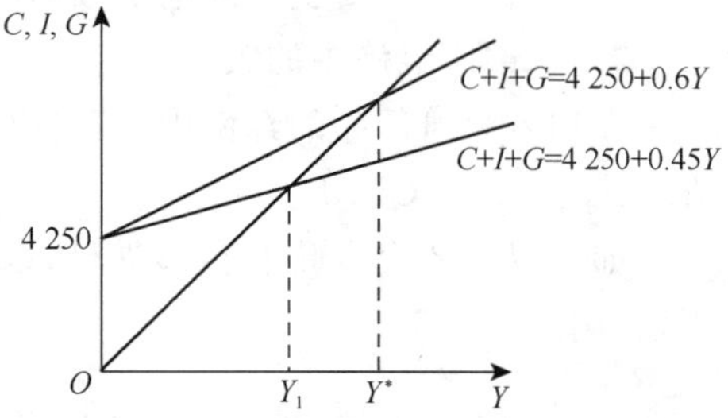

图 11-9　税率变化对均衡收入决定的影响

一般情况下,国民收入提高时,净出口会减少;相反,国民收入下降时,净出口会增加。这是因为,在净出口中,出口是由外国购买力和购买要求所决定的,本国难以左右,因而一般假定出口是一个外生变量;反之,进口却会随本国收入的提高而增加,随本国收入的下降而减少。这样,我们可以把进口写成收入的一个函数,即:

$$M=M_0+mY$$

这样,有了净出口以后,均衡收入方程式就变为:

$$\begin{aligned}Y&=C+I+G+NX\\&=a+b[(1-t)Y-T_0+TR]+I+G+X-(M_0+mY)\end{aligned}$$

求得四部门经济中的均衡国民收入为:

$$Y=\frac{a+I+G-bT_0+bTR+X-M_0}{1-b(1-t)+m}$$

第四节/乘数理论

上一节讨论了均衡国民收入的决定,并指出了影响均衡国民收入的因素。本节说明这些因素的变动对均衡国民收入的数量影响。

1. 投资乘数

先来举例说明。假定消费函数为$C=1\,000+0.8Y$,自发投资由600亿美元增加到700亿美元,则当自发投资为600亿美元时,均衡收入为8 000亿美元,当投资为700亿美元时,均衡收入为:

$$Y=\frac{a+I}{1-b}=\frac{1\,000+700}{1-0.8}=8\,500(亿美元)$$

在这里,投资增加100亿美元,均衡收入增加500亿美元,增加的收入是增加的投资的5倍。增加的这个倍数被称为投资乘数,用K来表示。可见,投资乘数是指收入的变化与引起这种变化的投资支出变化的比率。在上例中,投资乘数为5。

为什么投资增加100亿美元,收入会有5倍的增加呢?这是因为,增加100亿美元投资用来购买投资品时,实际上是用来购买制造投资品所需要的生产要素。因此,这100亿美元以工资、利息、利润和租金的形式流入生产要素的所有者手中,即流入家庭,从而使家庭收入增加了100亿美元。这100亿美元就是投资对国民收入的第一轮增加。

假定该社会的边际消费倾向是0.8。因此，增加的这100亿美元中会有80亿美元用于购买消费品。于是，这80亿美元又以工资、利息、利润和租金的形式流入生产消费品的生产要素所有者手中，从而使该社会家庭收入又增加了80亿美元，这是国民收入的第二轮增加。

同样，这些消费品生产者会把这80亿美元收入中的64亿美元用于消费，使社会总需求提高64亿美元。这个过程不断地进行下去，最后使国民收入增加500亿美元。其过程是：

$$
\begin{aligned}
&100+100\times0.8+100\times0.8\times0.8+\cdots+100\times0.8^{n-1}\\
&=100(1+0.8+0.8^2+\cdots+0.8^{n-1})\\
&=\frac{1}{1-0.8}\times100\\
&=500(\text{亿美元})
\end{aligned}
$$

一般来说，假设投资变动为ΔI，国民收入将随之变动为ΔY，如果经济中家庭部门的边际消费倾向为b，那么，投资增加引起的一系列国民收入增加为：

$$\Delta I,\ b\times\Delta I,\ b^2\times\Delta I,\ \cdots,\ b^{n-1}\times\Delta I$$

最终国民收入的增加量为：

$$\Delta Y=\Delta I+b\times\Delta I+b^2\times\Delta I+\cdots+b^{n-1}\times\Delta I$$

根据无穷级数之和的公式，便有：

$$\Delta Y=\frac{\Delta I}{1-b}$$

即：

$$K=\frac{\Delta Y}{\Delta I}=\frac{1}{1-b}$$

该式便是两部门经济中投资乘数的表达式。由于边际消费倾向b小于1，投资乘数K总是大于1。投资乘数与边际消费倾向正相关，即边际消费倾向越大，投资乘数也越大。

乘数具有逆向性，即投资的减少也会引起国民收入的倍数减少。投资及后面要讲到的其他经济变量的变化在正反两个方向对于国民收入变动的放大效应也常常被称为“乘数效应”。

乘数效应也可以用图形加以说明，如图11-10所示。

图11-10中，投资支出的增加使总支出曲线从$C+I$向上平移至$C+I'$的位置，从而导致国民收入的均衡水平从Y增加到Y'。然而，国民收入并不是直接从Y增加到Y'的，而是经过一系列的连锁反应逐步达到的。

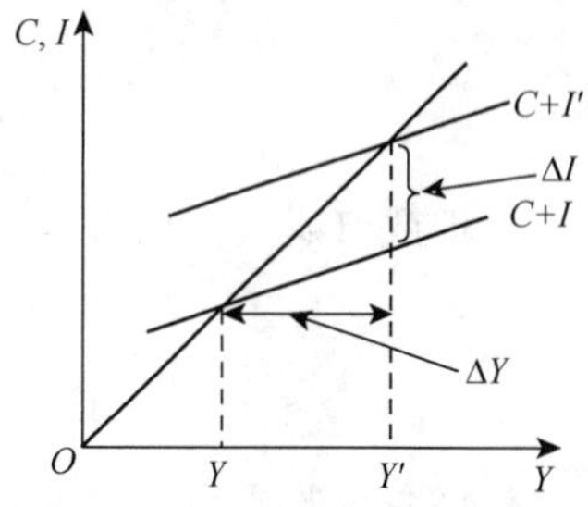

图11-10　乘数效应

2. 三部门经济中的各种乘数

上述的投资乘数是两部门经济中投资变动对国民收入的乘数效应。那么三部门经济中投资及其他各种因素对国民收入的乘数效应又是如何呢？

由于三部门经济中总支出为：

$$Y = C + I + G = a + b[(1-t)Y - T_0 + TR] + I + G$$
$$= a - bT_0 + bTR + b(1-t)Y + I + G$$

在这种情况下,均衡收入为:

$$Y = \frac{a + b(TR - T_0) + I + G}{1 - b(1-t)}$$

通过这一公式,可以求得三部门经济中的各种乘数。

(1) 投资乘数

三部门经济中,投资乘数发生了变化。如果以 ΔI 表示投资支出的变动,以 ΔY 表示国民收入的变动,则投资乘数为:

$$K_I = \frac{\Delta Y}{\Delta I} = \frac{1}{1 - b(1-t)}$$

由于税率 t 总小于 1,因此与两部门经济中的投资乘数相比,三部门经济中的投资乘数变小了。

(2) 政府购买支出乘数

所谓政府购买支出乘数,是指收入变动对引起这种变动的政府购买支出变动的比率。以 ΔG 表示政府购买支出的变动,以 ΔY 表示国民收入的变动,则政府购买支出乘数为:

$$K_G = \frac{\Delta Y}{\Delta G} = \frac{1}{1 - b(1-t)}$$

由此可见,政府购买支出乘数与投资乘数相等。这可证明如下:

如果其他条件不变,只有政府购买支出 G 的变动,则政府购买支出为 G_0 和 G_1 时的收入分别为:

$$Y_0 = \frac{a + b(TR - T_0) + I + G_0}{1 - b(1-t)}$$

$$Y_1 = \frac{a + b(TR - T_0) + I + G_1}{1 - b(1-t)}$$

$$Y_1 - Y_0 = \Delta Y = \frac{a + b(TR - T_0) + I + G_1}{1 - b(1-t)} - \frac{a + b(TR - T_0) + I + G_0}{1 - b(1-t)}$$
$$= \frac{G_1 - G_0}{1 - b(1-t)} = \frac{\Delta G}{1 - b(1-t)}$$

即政府购买支出乘数为:

$$K_G = \frac{\Delta Y}{\Delta G} = \frac{1}{1 - b(1-t)}$$

(3) 税收乘数

所谓税收乘数是指收入变动与引起这种变动的税收变动的比率。

以 ΔT 表示税收的变动,以 ΔY 表示国民收入的变动。如果其他条件不变,只有税收 T 变动,则税收为 T_0 和 T_1 时的收入分别为:

$$Y_0 = \frac{a + b(TR - T_0^0) + I + G}{1 - b(1 - t)}$$

$$Y_1 = \frac{a + b(TR - T_0^1) + I + G}{1 - b(1 - t)}$$

$$Y_1 - Y_0 = \Delta Y = \frac{a + b(TR - T_0^1) + I + G}{1 - b(1 - t)} - \frac{a + b(TR - T_0^0) + I + G}{1 - b(1 - t)}$$

$$= \frac{b(T_0^0 - T_0^1)}{1 - b(1 - t)} = -\frac{b \times \Delta T}{1 - b(1 - t)}$$

即税收乘数为：

$$K_T = \frac{\Delta Y}{\Delta T} = -\frac{b}{1 - b(1 - t)}$$

(4) 转移支付乘数

所谓转移支付乘数是指收入变动与引起这种变动的政府转移支付变动的比率。

以 ΔTR 表示税收的变动，以 ΔY 表示国民收入的变动。如果其他条件不变，只有转移支付 TR 变动，则转移支付为 TR_0 和 TR_1 时的收入分别为：

$$Y_0 = \frac{a + b(TR_0 - T_0) + I + G}{1 - b(1 - t)}$$

$$Y_1 = \frac{a + b(TR_1 - T_0) + I + G}{1 - b(1 - t)}$$

$$Y_1 - Y_0 = \Delta Y = \frac{a + b(TR_1 - T_0) + I + G}{1 - b(1 - t)} - \frac{a + b(TR_0 - T_0) + I + G}{1 - b(1 - t)}$$

$$= \frac{b(TR_1 - TR_0)}{1 - b(1 - t)} = \frac{b \times \Delta TR}{1 - b(1 - t)}$$

即转移支付乘数为：

$$K_{TR} = \frac{\Delta Y}{\Delta TR} = \frac{b}{1 - b(1 - t)}$$

比较以上政府购买支出乘数、税收乘数和政府转移支付乘数的绝对值，可以看到，政府购买支出乘数均大于税收乘数和政府转移支付乘数的绝对值(税收乘数和政府转移支付乘数的绝对值相等)。为什么会这样？西方经济学家的解释是，政府购买支出增加 1 美元，一开始就会使总支出即总需求增加 1 美元，但是，减税 1 美元，只会使可支配收入增加 1 美元，这 1 美元中只有一部分(若边际消费倾向为 0.8，意味着 0.8 美元用于消费)用于增加消费，另一部分(0.2 美元)是用来储蓄的。因此，减税 1 美元仅仅使总需求增加 0.8 美元。由于总产出或总收入是由总支出即总需求决定的，因此，减税 1 美元对收入变化的影响没有增加政府购买支出 1 美元对收入变化的影响大。正因为如此，如果政府购买和税收同样增加一定数量时，也会使国民收入增加。

购买支出乘数大于转移支付乘数的道理也在于此。

由于政府购买支出乘数大于税收乘数以及政府转移支付乘数，因此，西方经济学家认为，改变政府购买水平对宏观经济活动的效果要大于改变税收和转移支付水平的效果。改变政府购买水平是财政政策中最有效的手段。

(5) 平衡预算乘数

所谓平衡预算乘数是指政府收入和支出同时以相同数量增加或减少时国民收入变动与政府收支变动的比率。

政府同时增加政府购买和税收，且采取两者相等的平衡预算，这对国民收入会产生什么样的影响呢？根据题意有：

$$\Delta Y = K_G \times \Delta G + K_T \times \Delta T$$
$$= \frac{1}{1-b(1-t)} \times \Delta G + \frac{-b}{1-b(1-t)} \times \Delta T$$

因为 $\Delta G = \Delta T$

所以 $\Delta Y = \left[\frac{1}{1-b(1-t)} - \frac{b}{1-b(1-t)}\right] \times \Delta G = \left[\frac{1-b}{1-b(1-t)}\right] \times \Delta G$

则平衡预算乘数为：

$$K_B = \frac{1-b}{1-b(1-t)}$$

该表达式表明，由于 K_B 为正值，政府如果等额地增加购买和税收，对于国民收入仍具有倍数扩张作用；反之亦然。但严格地讲，由于比例税率(t)及比例税的存在，政府的税收会随着收入的增加而增加，tY 处于动态变化中，因此，在这种情况下难以做到真正的收支平衡，而是会形成财政盈余。所以只有在一个不存在比例税、仅存在定量税的经济体中，才可能有真正意义上的平衡预算乘数。这样，上式就可以写为：

$$K_B = \frac{1-b}{1-b} = 1$$

该式表明，在严格的平衡预算条件下，国民收入仍会随着政府购买的增减而等额增减。然而，现实世界中，难以设想一个经济体中只有定量税而不存在比例税，所以，平衡预算乘数等于 1 仅仅具有理论意义，而不具有现实的适用性。

3. 对外贸易乘数

所谓对外贸易乘数是指出口的变动对国民收入变动的倍增或倍减作用，或者说表示出口增加(减少)一单位引起的国民收入的变动。

根据四部门均衡收入方程式，让收入 Y 对出口 X 求导，可得到：

$$\frac{\mathrm{d}Y}{\mathrm{d}X} = \frac{1}{1-b(1-t)+m}$$

该式便是对外贸易乘数。与封闭经济条件下相比，对外贸易乘数进一步变小了。这是因为在开放经济条件下，增加收入的一部分现在会用于对进口商品的购买，即收入的一部分流向国外。

对外贸易乘数清楚地表明了净出口的增加在经济社会中的重要作用，它对于不少国家总是力图扩大出口、限制进口，以解决国内的失业和经济萧条问题的做法提供了一种有说服力的解释。

本章小结

1. 与总需求相等的产出被称为均衡产出，或是说均衡收入。在均衡产出水平上，计划或意愿的投资一定等于计划或意愿的储蓄。

2. 消费和储蓄是收入的增函数，消费函数和储蓄函数是相互对应的。两个函数中只要有一个确立，另一个也可随之确立。

3. 凯恩斯认为边际消费倾向和平均消费倾向是递减的。凯恩斯的消费函数属于短期消费函数，其消费函数中的收入是指当前的绝对收入。除此之外，还有相对收入消费函数理论、持久收入消费函数理论和生命周期消费函数理论。

4. 在不同假设的市场条件下，收支的相等决定均衡收入。消费、投资、政府购买、政府转移支付、税收以及净出口的变动都会影响均衡收入的水平。

5. 投资、政府购买、政府转移支付、税收以及净出口的变化对均衡收入的变动产生乘数效应。在不同的假设条件下，各种乘数会发生相应的变形。

关键概念

均衡收入　消费函数　储蓄函数　平均消费倾向　边际消费倾向　平均储蓄倾向　边际储蓄倾向　投资乘数　政府购买支出乘数　政府转移支付乘数　税收乘数　对外贸易乘数　边际进口倾向

复习思考题

一、选择题

1. 在两部门经济中，均衡发生于(　　)。
   A. 实际储蓄等于实际投资
   B. 实际的消费加实际的投资等于产出值
   C. 计划储蓄等于计划投资
   D. 总支出等于企业部门的收入

2. 从短期来说，当某居民的可支配收入等于零时，其消费支出可能(　　)。
   A. 大于零　　B. 等于零
   C. 小于零　　D. 以上几种情况都有可能

3. 从长期来说，如果居民的可支配收入等于零，则消费支出(　　)。
   A. 大于零　　B. 等于零

C. 小于零　　D. 以上几种情况都有可能

4. 线性消费函数表明平均消费倾向(　　)。

A. 大于边际消费倾向　　B. 小于边际消费倾向

C. 等于边际消费倾向　　D. 以上三种情况都有可能

5. 假定其他条件不变,厂商投资增加将引起(　　)。

A. 国民收入增加,但消费水平不变

B. 国民收入增加,同时消费水平提高

C. 国民收入增加,但消费水平下降

D. 国民收入增加,储蓄水平下降

6. 消费者储蓄增多而消费支出减少,则(　　)。

A. 国内生产总值将下降,但储蓄将不变

B. 国内生产总值将下降,但储蓄将上升

C. 国内生产总值和储蓄都将下降

D. 国内生产总值不变,但储蓄将下降

7. 下列哪一种情况不会使收入水平增加?(　　)

A. 自发性支出增加　　B. 自发性税收下降

C. 自发性转移支付增加　　D. 净税收增加

8. 若其他条件不变,所得税的征收将会使(　　)。

A. 支出乘数和税收乘数都增大　　B. 支出乘数增大,净税收乘数变小

C. 支出乘数和净税收乘数都变小　　D. 支出乘数变小,而净税收乘数变大

9. 如果边际储蓄倾向为0.3,投资支出增加60亿元,可以预期,这将导致均衡收入水平增加(　　)。

A. 20亿元　　B. 60亿元　　C. 180亿元　　D. 200亿元

10. 四部门经济与三部门经济相比,乘数效应(　　)。

A. 变大　　B. 变小　　C. 不变　　D. 不能确定

11. 如果其他条件不变,政府购买支出和税收增加同一数额时,则(　　)。

A. 总支出线 $C+I+G$ 上移　　B. 总支出线 $C+I+G$ 下移

C. 总支出线 $C+I+G$ 不变　　D. 以上三种情况都有可能

12. 根据相对收入消费函数理论,消费倾向在下述哪种情况较高?(　　)

A. 教育程度低　　B. 社会地位低

C. 拥有较多流动性资产　　D. 周围人群消费水平高

二、问答题

1. 在均衡产出水平上,计划存货投资和非计划存货投资是否都必然为零?

2. 能否说边际消费倾向和平均消费倾向都总是大于零而小于1?

3. 一些西方经济学家断言,将一部分国民收入从富者转给贫者,将提高总收入水平,你认为他们的理由是什么?

4. 有的学生问:“我难以理解宏观经济学。有时收入变化似乎引起消费变化,有时消费变化似乎引起收入变化,不知哪个对?”请给出你的解释。

5. 假设政府采取增加政府购买和减少转移支付同一数量,请问国民收入将如何变化?为什么?

6. 按照凯恩斯主义观点，增加储蓄对均衡收入会有什么影响？

三、计算题

1. 假设某经济社会的消费函数为 $C=100+0.8Y$，投资为 50（单位：10 亿美元），计算：

(1) 求均衡收入、消费和储蓄。

(2) 如果投资增加至 100，求增加的收入。

(3) 若消费函数变为 $C=100+0.9Y$，投资仍为 50，求均衡收入、消费和储蓄各为多少。投资增加至 100 时收入增加多少？

(4) 消费函数变动后，乘数有何变化？

2. 假设某经济社会的消费函数为 $C=100+0.8Y_d$，意愿投资 $I=50$，政府购买支出 $G=200$，政府转移支付 $TR=62.5$，税率 $t=0.25$，单位：亿美元。试求：

(1) 均衡收入；

(2) 投资乘数、政府购买支付乘数、税收乘数和政府转移支付乘数；

(3) 假定净出口函数为 $NX=50-0.05Y$，计算此时的均衡收入及对外贸易乘数。

第十二章　国民收入的决定：*IS-LM* 模型

学习目标：

- 产品市场均衡模型
- *IS* 曲线的含义、斜率及移动
- 货币市场均衡模型
- *LM* 曲线的含义、斜率及移动
- *IS-LM* 模型分析

上一章讨论了消费、投资、政府购买支出和净出口四方面的总支出水平如何决定经济社会的总需求，从而决定了均衡的国民收入或产量。这种分析只是涉及产品市场的均衡。但现实经济社会中，产品市场是与货币市场紧密联系在一起的，产品市场的均衡离不开货币市场的均衡。这就必然要求将两个市场的均衡问题联系起来考察，即讨论产品市场与货币市场共同均衡时，国民收入是如何决定的。这便是 *IS-LM* 模型的内容。

这一模型是由英国学者希克斯根据凯恩斯的《就业、利息和货币通论》而发展起来的。一直到现在，*IS-LM* 模型都被大多数西方学者认为是宏观经济学的最核心的理论。它进一步勾画了凯恩斯的整个思想体系，并为下一章分析经济政策效果提供了一个工具。

第一节/产品市场均衡：*IS* 曲线

在简单国民收入决定模型里，投资和消费都是作为总需求的组成部分，但分析时是把投资作为外生变量来看待，但在现实经济生活中，投资并不是一个外生变量，而是一个内生变量。现在引入利率作为模型的一部分，使得我们的宏观模型更加完善，投资支出也成为内生的变量。利率越高，意愿的或计划的投资率越低。

一个简单论点说明了这其中的原因。投资支出的增加就像机器或建筑物之类的资本。厂商往往是通过借款采购投资品。这种借款利率越高，厂商借款购买机器或建筑物可望得到的利润越低，因此也越不愿借款与投资；反之，利率越低时，厂商愿意更多地借款、更多地投资。

一、投资与利率

设定投资支出函数的结构为：

$$I = e - dr$$

式中 e 和 d 为常数，其中 e 表示利率即使为零时也会有的投资，称为自发性投资，它取决于整个社会的产出水平和货币供给量，与利率无关。d 为利率对投资的影响系数或投资对利率变动的反应系数。上述方程说明，利率越低，计划投资就越高。如果 d 大，即使利率相对少量增加也会引起投资支出的大量下降。

图 12-1 是该方程的投资曲线，显示每一利率水平上厂商计划投资支出的货币量。该曲线斜率为负，反映出的假定是：降低利率，提高资本增量获取利润的可能性，因而引起更大的计划投资支出率。

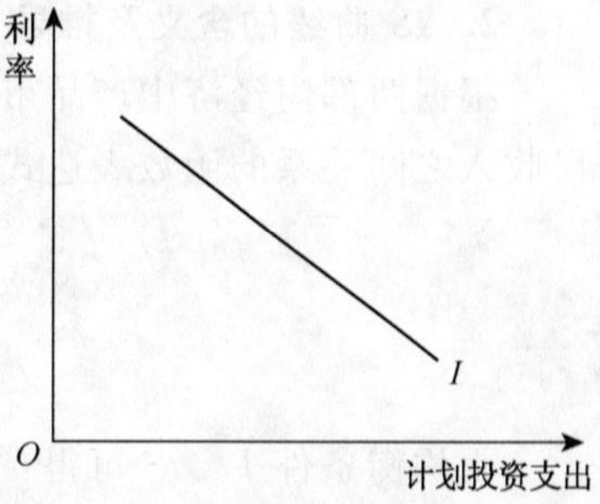

图 12-1 投资曲线

投资曲线的位置取决于斜率——投资函数中的 d——与自发性投资支出 e 的水平。如果投资对利率的反应大，利率稍许下降将引起投资大量增加，因此投资曲线几乎是水平的。反之，如果投资对利率的反应小，投资曲线就更接近于垂直的。自发性投资支出 e 的变动，使投资曲线发生了移动。e 的增加，表明在每一利率水平下厂商计划较高的投资率，这表现为投资曲线向右移动。

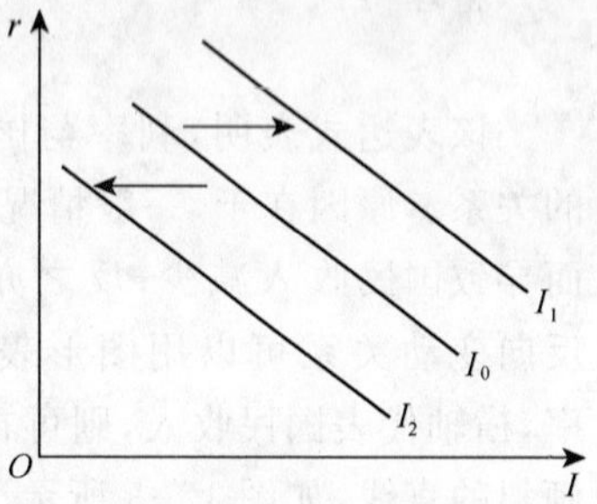

图 12-2 投资曲线的移动

除了利率这一基本因素外，投资还受到一些其他因素的影响。首先，国民收入的提高会增加消费需求，诱使投资增加，使投资需求曲线向右移动，如图 12-2 所示；其次，企业税收的增加会对投资起抑制作用，使投资需求曲线向左移动；再次，企业对投资前景的悲观预期会导致投资的萎缩、减少，使投资需求曲线向左移动。

二、*IS* 曲线及其推导

在讨论了投资的决定和投资需求曲线后，我们现在已经具备了推导和讨论 IS 曲线的条件。

1. 产品市场均衡模型

所谓产品市场均衡是指产品市场上总需求等于总产出的状态。根据前面的分析，我们已经得到以下三个结论：

第一，产品市场均衡时，投资与储蓄相等，即 $I = S$。

第二，投资是利率的减函数，$I = e - dr$，其中 e 为自发性投资，d 为投资对利率变动的反应系数。

第三，储蓄、消费是收入的增函数，$S = Y - C = Y - (a + bY) = -a + (1-b)Y$，其中 a 为自发性消费，b 为边际消费倾向。

因此，两部门经济中产品市场均衡模型可表示为：

$$\begin{cases} I = S \\ I = I(r) \\ S = S(Y) \end{cases}$$

即 $I(r) = S(Y)$。该模型表示了在产品市场达到均衡时，利率与国民收入之间的关系。

2. *IS* 曲线的含义及推导

根据两部门经济中产品市场均衡模型，我们可以推导出产品市场达到均衡时利率与国民收入之间关系的函数表达式。推导如下：

$$I = e - dr$$

$$S = -a + (1-b)Y$$

由均衡条件 $I = S$ 可得：

$$e - dr = -a + (1-b)Y$$

整理得：

$$r = \frac{a+e}{d} - \frac{1-b}{d}Y$$

该表达式表明，利率与国民收入之间存在着反向变动的关系。原因在于，一般情况下，利率上升，投资将减少，从而导致国民收入减少；反之亦然。利率与国民收入的这种反向变动关系可以用图形表示出来。如果以纵轴代表利率，横轴代表国民收入，则可在坐标图上画出一条向右下方倾斜的直线，如图 12-3 所示。该线上任一利率与收入的对应点，都符合产品市场的均衡条件 $I = S$，故此线被称为 *IS* 曲线。因此，*IS* 曲线是描述产品市场达到均衡时，利率与国民收入之间关系的曲线。

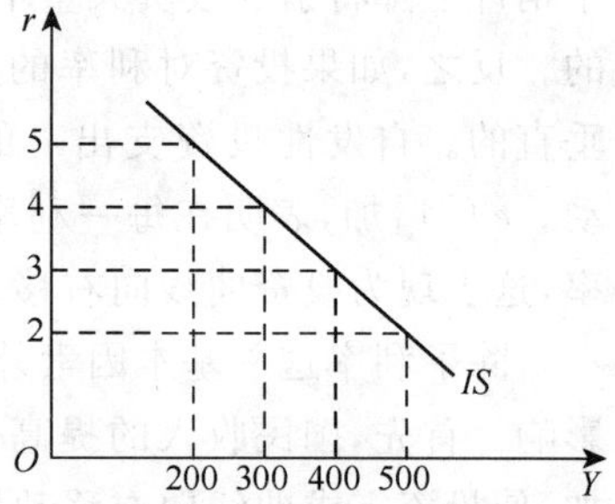

图 12-3　*IS* 曲线

以上说明了两部门经济中 *IS* 曲线的形成过程，依据这种方法，我们同样可推导三部门、四部门经济中的 *IS* 曲线。在三部门经济中，虽然产品市场均衡的条件不再表现为 $I = S$，而是表现为 $I + G = S + T$，但代表产品市场均衡的曲线仍被习惯性地称为 *IS* 曲线。在四部门经济中也是如此。

下面是推导三部门经济中 *IS* 曲线的方程式。建立方程组如下：

$$\begin{cases} Y = C + I + G \\ C = a - bT_0 + bTR + b(1-t)Y \\ I = e - dr \end{cases}$$

经整理可得：

$$r = \frac{a + b(TR - T_0) + e + G}{d} - \frac{1 - b(1-t)}{d}Y$$

四部门经济中 *IS* 曲线的推导如下：

$$\begin{cases} Y = C + I + G + NX \\ C = a - bT_0 + bTR + b(1-t)Y \\ I = e - dr \\ NX = X - M \\ M = M_0 - mY \end{cases}$$

经整理可得：

$$r = \frac{a + b(TR - T_0) + e + G + X - M_0}{d} - \frac{1 - b(1-t) + m}{d}Y$$

三、产品市场的失衡

IS 曲线是所有产品市场达到均衡时利率与国民收入对应点的连线，因此，*IS* 曲线外的任一点，都代表了产品市场的失衡状态，如图 12-4 所示。

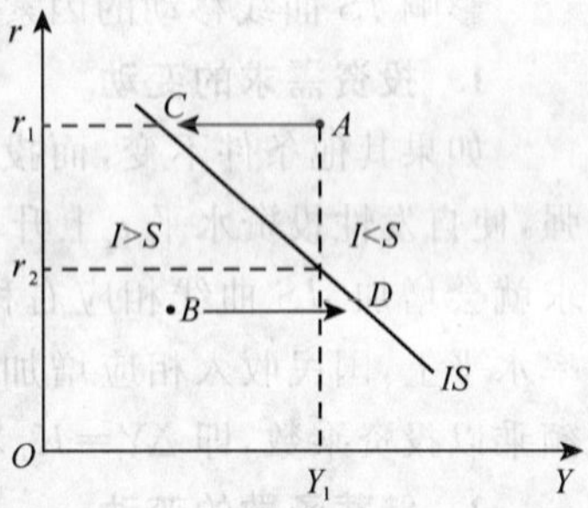

图 12-4　产品市场失衡及调整

图 12-4 中，A 为 *IS* 曲线右边的任意一点，B 为 *IS* 曲线左边的任意一点，由于 A、B 两点均不在 *IS* 曲线上，所以为失衡点。

在 A 点，与 A 点对应的国民收入为 Y_1，当收入为 Y_1 时，A 点的利率 r_1 高于产品市场的均衡利率 r_2，即 $r_1 > r_2$。这说明，A 点的投资小于市场均衡时的投资。又因为均衡条件为 $I=S$，所以在 A 点有 $I<S$。同理，*IS* 曲线右边的每一点均有 $I<S$，此时，产品市场出现过剩供给，在市场机制本身的作用下，将导致产出下降，直到回复到 *IS* 曲线上的 C 点。

同样，在 B 点，利率低于均衡利率，因此，B 点的投资大于均衡时的投资，所以在 B 点有 $I>S$。同理，*IS* 曲线左边的每一点均有 $I>S$。此时，产品市场上出现超额需求，在市场机制本身的作用下，将导致产出增加，直到回复到 *IS* 曲线上的 D 点。

四、*IS* 曲线的斜率

从 *IS* 曲线的推导过程中可以知道，利率与国民收入呈反方向变动关系，*IS* 曲线的斜率为负值。而利率变动对国民收入的影响程度，即 *IS* 曲线斜率的大小，或 *IS* 曲线倾斜的程度，则取决于下列几个因素。

1. *d* 的大小

d 是投资需求对利率变动的反应程度，它表示利率变动一定幅度时投资变动的程度。如果 d 的值越大，即投资对利率变化比较敏感，*IS* 曲线斜率的绝对值就较小，即 *IS* 曲线较平缓；反之，如果 d 的值越小，即投资对利率变化不敏感，*IS* 曲线斜率的绝对值就较大，即 *IS* 曲线较陡峭。这是因为，投资对利率较敏感时，利率的较小变动就会引起投资较大的变化，进而引起国民收入较大的变化。反映在 *IS* 曲线上是：利率较小变动就要求有收入较大变动与之相配合，才能使产品市场均衡；反之亦然。

2. *b* 的大小

b 为边际消费倾向,如果 b 较大,IS 曲线斜率的绝对值就会较小。这是因为,b 较大,意味着支出乘数较大,从而当利率变动引起投资变动时,收入会以较大幅度变动,因而 IS 曲线就较为平缓;反之亦然。

3. *t* 的大小

t 为税率,如果 t 越大,IS 曲线越陡峭;t 越小,IS 曲线越平缓。这是因为在边际消费倾向一定时,税率越小,乘数会越大;税率越大,乘数会越小。

西方学者认为,影响 IS 曲线斜率大小的因素,主要是投资对利率的敏感程度,原因是边际消费倾向比较稳定,税率也不会轻易变动。

五、*IS* 曲线的移动

影响 IS 曲线移动的因素,主要有下列几个。

1. 投资需求的变动

如果其他条件不变,而投资者对投资前景乐观,信心增强,使自发性投资水平 e 上升,则在每一利率水平上,投资需求就会增加,IS 曲线相应右移,如图 12-5 所示。在每一利率水平上,国民收入相应增加,增加的幅度为总需求的增加额乘以投资乘数,即 $\Delta Y = K_I \times \Delta I$。

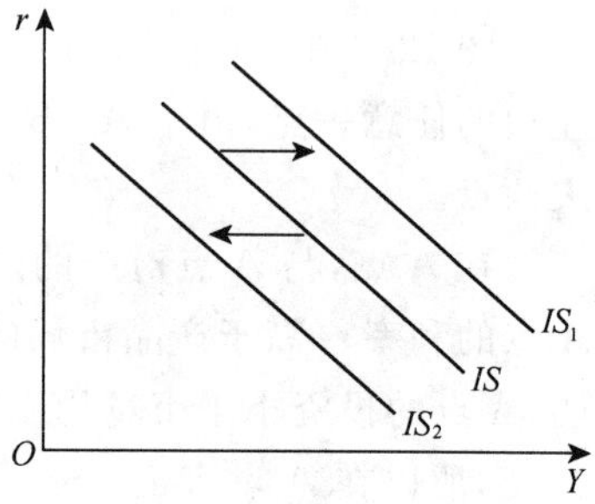

图 12-5 *IS* 曲线的移动

2. 储蓄函数的变动

如果其他条件不变,而人们的储蓄意愿增加了,即人们更节俭,自发性消费 a 下降,则每一储蓄水平所需要的国民收入就会少些,IS 曲线相应左移,移动的水平距离为 $\Delta Y = K \times \Delta S$。

3. 政府支付及税收的变动

如果其他条件不变,而政府实行扩张性财政政策,增加政府支出或减免税额,其作用都类似于增加投资或刺激消费,因此,IS 曲线将右移;反之,如果政府实行紧缩性的财政政策,减少政府支出或增加税额,其作用都类似于减少投资或使消费下降,因此,IS 曲线将左移。其移动的距离分别为政府支出和税额变动量乘以相应的乘数。

4. 净出口额变动

在其他条件不变时,如果净出口额增加,其作用相当于增加了自发性支出,因此,IS 曲线右移;反之,如果净出口额减少,则 IS 曲线左移。其移动的距离为净出口额的变动量乘以相应的乘数。

以上讨论的 IS 曲线的移动,既可能是斜率既定的平行移动,也可能是斜率发生变化的非平行移动。无论是平行移动还是非平行移动,其推理过程基本是一致的。

第二节/货币市场均衡:*LM* 曲线

本节将展开对 LM 曲线的讨论。在探讨此问题之前,我们首先分析一下利率的决定。

一、利率的决定

利率是由货币市场的均衡所决定的，利率的高低取决于货币市场上人们对货币的需求和货币的供给。

1. 货币供给

货币供给即货币的发行数量。对于货币数量，要区分其存量与流量，货币存量是某时点累计的货币数量，货币流量是某一时期内货币的流通数量，即货币存量与货币流通速度的乘积。货币供给量通常是指货币存量。

货币供给有广义和狭义之分。狭义的货币供给（货币存量）是指硬币、纸币和银行活期存款的总和（一般用 M_1 来表示）。广义的货币供给是指狭义的货币供给再加上定期存款（一般用 M_2 来表示）。当然还有更广泛意义上的货币供给，它是指 M_2 再加上政府债券等流动性资产或"货币近似物"（一般用 M_3 来表示）。在经济学研究中，对货币的常用分类是 M_1 和 M_2。所谓的货币供给也常常是指 M_2。

现代经济中，政府或者国家控制着货币发行权，它通过银行系统影响社会货币总量。需要说明的是，政府发行的货币是名义货币，即按照货币的面值计量的。但经济学讨论货币市场所涉及的货币是指实际货币。因此，需要将名义货币量折算为实际货币量。假定政府发行的名义货币量为 M，而经济中的价格总水平为 P，那么实际发挥作用的货币是：

$$m=\frac{M}{P}$$

该式给出了经济中的货币供给。一般说来，政府不以盈利为目的，因而货币的供给量与利息率的高低无关。于是，货币的供给可以认为是一个政府可控制的常量。因此，货币供给曲线就是一条垂直线。如图 12-6 所示。

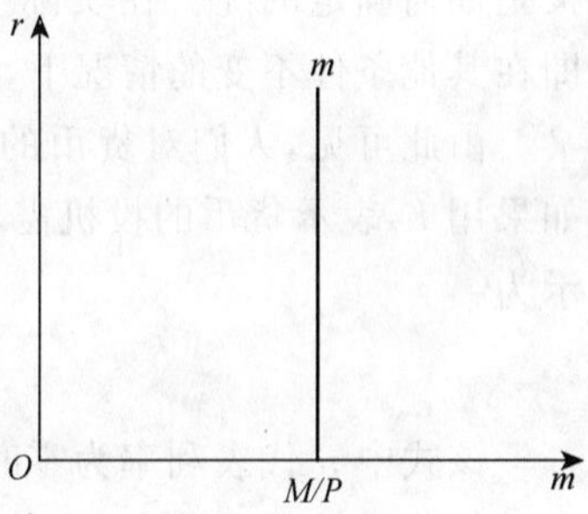

图 12-6　货币供给曲线

2. 货币需求

（1）影响货币需求的因素

货币需求是指人们在手边保存一定数量货币的愿望，通俗而言，人们宁愿牺牲持有其他资产形式预计能带来的收益，而把不能生息的货币保存在手边，这便是货币需求。货币需求是由人们对货币的流动性偏好引起的，因此，货币需求又被称为流动性偏好。

按照凯恩斯的说法，产生流动性偏好的动机主要有三种：一是交易动机，二是预防动机，三是投机动机。

交易动机是指人们为了应付日常交易而在手边留有货币的动机，由此产生的对货币的需求被称为货币的交易需求。人们之所以具有交易动机，原因在于交易发生的时间和取得收入的时间不同步。按照凯恩斯的说法，货币的交易需求主要取决于收入，收入越高，交易数量越大，从而为应付日常开支所需的货币量就越大。

预防动机又称为谨慎动机，是指人们为了防止意外情况发生而在手边留有货币的动机，因此产生的对货币的需求被称为货币的预防需求。人们之所以具有预防动机，原因在于未来的收入和支出具有不确定性。西方经济学家认为，个人对货币的预防需求量主要决定于他对意外事件的看法，但从全社会来看，这一货币需求量大体上也和收入成正比，是收入的函数。

上述两种动机引起的货币需求都取决于国民收入，为了分析的简化，把这两种类型的货币需求归于一类，表示成 L_1，被称为货币的交易需求。这种货币需求量和收入之间的关系可表示为：

$$L_1 = f(Y) = kY$$

该式中 k 表示处于上述两种动机所需货币量同实际收入的比例关系，我们将这种比例关系称为货币需求的收入系数。根据该函数式可以得到表示收入与货币交易需求之间关系的曲线，如图 12-7 所示。

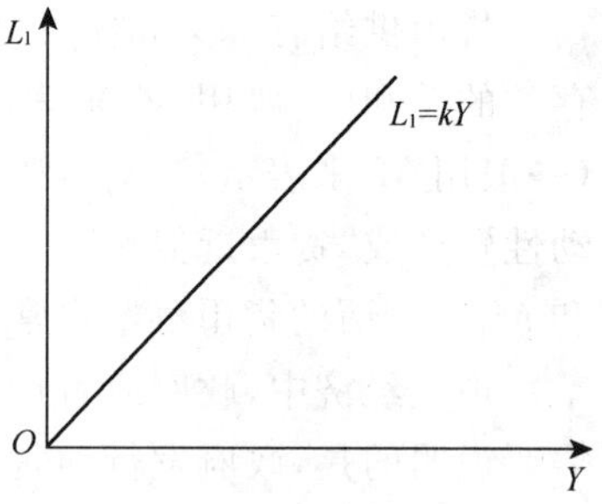

图 12-7 货币的交易需求

投机动机是指人们为了把握有利的生息资产而在手边留有一定数量货币的愿望，因此产生的对货币的需求被称为货币的投机需求。人们之所以为了投机目的持有一定数量的货币，原因在于有价证券市场上价格变动可以使购买有价证券者获利或蒙受损失。

一般情况下，货币的投机需求量与有价证券的价格之间呈同方向变动。比如，当股票价格下跌时，持有股票有利可图，于是，人们较多地去购买股票，从而使得手边为了投机目的留有的货币数量减少；反之亦然。那么有价证券的价格又是如何确定的呢？在实际生活中，有价证券的价格与预期收益成正比，与利率成反比。即在其他条件不变的情况下，有价证券的价格一般随利率的下降而提高。

由此可见，人们对货币的投机需求取决于市场利率，这一需求与利率呈反方向变化。如果用 L_2 表示货币的投机需求，用 r 表示市场利率，则这一货币需求量和利率的关系可表示为：

$$L_2 = g(r) = u - hr$$

该式中 u 代表利率为零时的货币投机需求量；h 为利率变动对货币投机需求的影响系数，即货币投机需求的利率系数。同样，我们也可以用图形来表示货币的投机需求量和利率之间的关系，如图 12-8 所示。

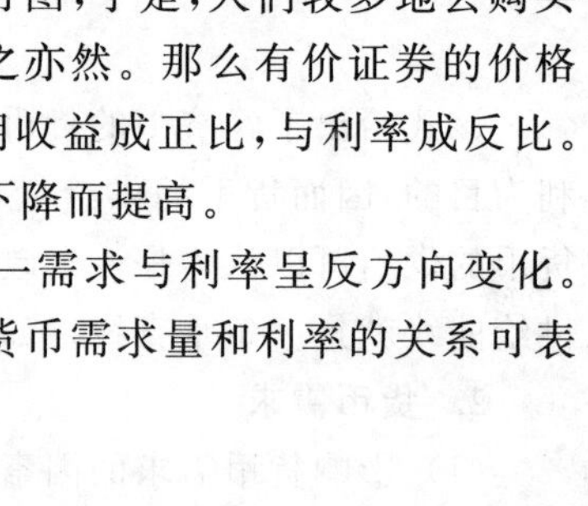

图 12-8 货币的投机需求

在凯恩斯看来，当利率极低时，人们会认为这时的利率不可能再降低了，也就是说，债券的价格不可能再上升而只会跌落，因而会将持有的债券全部换成货币。而且这时人们也决不肯再去购买债券，以免债券价格下跌时遭受损失。这种利率极低时，人们不管有多少货币都愿意持于手中的情况称为“流动性偏好陷阱”或“凯恩斯陷阱”。换言之，利率极低时，人们的货币投机需求无穷大。在图 12-8 中，利率处于极低水平 r_0 时，货币的投机需求曲线平行于横轴。

(2) 货币需求函数

货币的总需求等于对货币的交易需求（包括预防需求）和投机需求的总和。以 L 代表货币的总需求，则有：

$$L = L_1 + L_2 = f(Y) + g(r) = kY + u - hr$$

这便是货币需求函数。货币需求函数也可以用图形来表示，如图 12-9 所示。

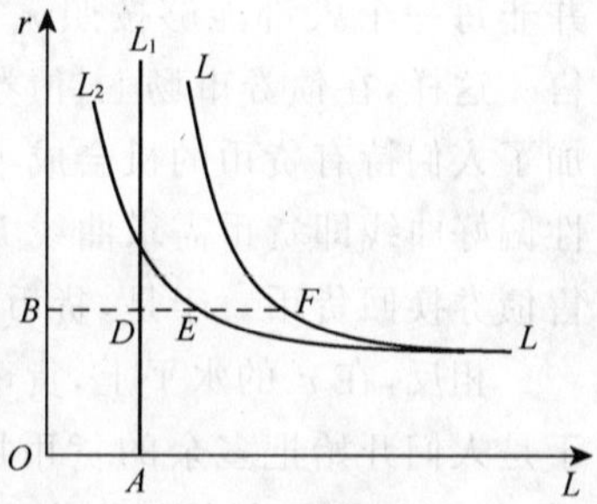

图 12-9　货币需求曲线

图 12-9 中，以横轴代表货币总需求，纵轴代表利率。AL_1为货币的交易需求曲线，它与利率无关，只取决于收入，所以在图中表现为一条垂直线，OA 为货币交易需求量。当收入水平上升时，AL_1曲线向右边平行移动，表示货币的交易需求随收入的增加而增加。

图 12-9 中，L_2曲线为货币的投机需求曲线。根据货币投机需求曲线和货币交易需求曲线，就可求得货币总需求曲线，其办法是将每一利率水平时的 L_2加上 L_1，便得到 L。如图 12-9 中的 $BF = BE + BD$，显然，$EF = BD$。不难理解，收入水平的提高会使得货币总需求曲线向右移动。

货币需求函数表达式中的 L、L_1、L_2 都是代表对货币的实际需求量，但实际货币量与名义货币量是有区别的，这两者的差异是由价格水平的变化所造成的。如果以 m、M 和 P 分别代表实际货币量、名义货币量和价格水平，则：

$$m = \frac{M}{P}$$

因此，实际的货币需求函数可写为：

$$\frac{M}{P} = kY + u - hr$$

将代表名义货币量的 M 转换为货币的名义需求量 L，则名义货币需求函数为：

$$L = (kY + u - hr)P$$

3. 货币供求均衡与利率的决定

当货币需求等于货币供给时，货币市场就达到了均衡。用函数形式可表示为：

$$M_S = M_D = (kY + u - hr)P$$

$$\frac{M_S}{P} = kY + u - hr$$

该式中，M_S表示名义货币供给量。由于货币供给量的大小是由中央银行控制的，所以在分析货币市场时，通常把货币供给看作是一个既定的外生变量。我们可以用图形来表示货币市场的均衡，如图 12-10 所示。

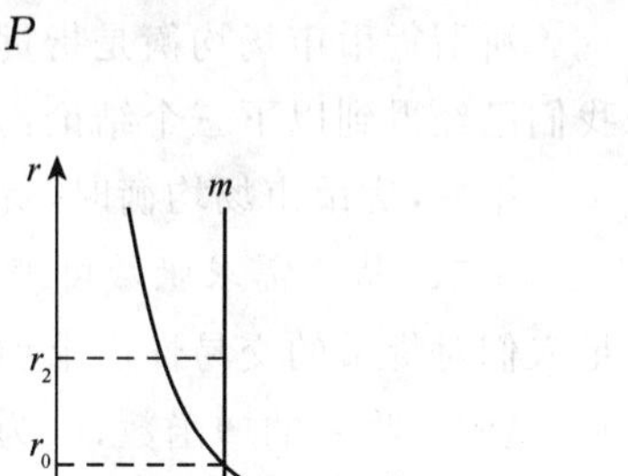

图 12-10　货币供求的均衡

在图 12-10 中，货币需求曲线 L 是一条向右下倾斜的直线，表明货币需求随着利率的增加而减少；外生的货币供给不受利率变化的影响，是一条垂直于横轴的直线。在利

率 r_0 的水平上，市场达到了均衡。现在我们来看看均衡是如何达到的。

比如利率在 r_1 的水平上，意愿的货币需求量超过货币供给量，这时存在货币超额需求。此时每个人都想把手中的债券抛出换成货币，然而，当经济中货币与债券总量一定的时候，并非每一个人都能够按照 r_1 利率水平的债券价格出售自己的债券，有人不得不以低价出售。这样，在债券市场上，债券的价格开始下降，即利率水平开始上升。利率水平的上升增加了人们持有货币的机会成本，于是人们开始减少希望持有的货币量。货币需求沿着流动性偏好曲线即货币需求曲线 L 向左上移动而减少，直到利率上升到经济中没有人再愿意出售债券换回货币。于是，货币需求就等于货币供给。

相反，在 r_2 的水平上，货币供给量超过意愿的货币需求量，此时存在超过的货币供给，于是人们开始把多余的货币用来购买债券。对一定量的债券总供给，每个人都想买债券时，总有人出高价才能买到，债券的价格会被抬高，即利率水平开始下降，从而人们开始愿意增加一些手中持有的货币。利率下降直到经济中不再有人愿意购买债券时，经济中的货币需求就重新等于货币供给。

当市场的实际货币供给量或者货币的实际需求由于利率以外的因素发生变化时，货币市场的均衡利率就会受其影响而改变，如图 12-11 所示。

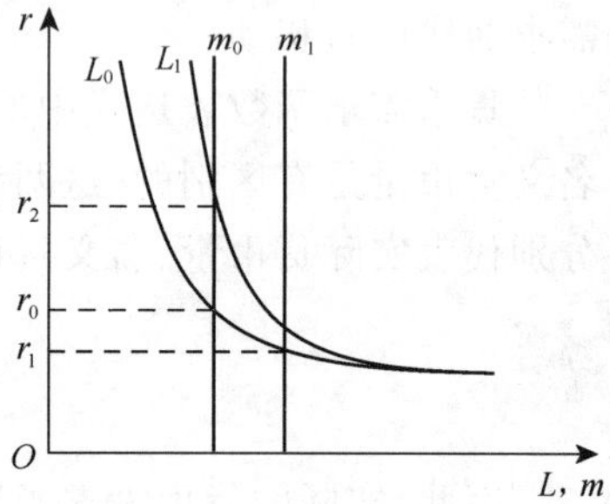

图 12-11　货币供给和需求曲线的变动

如果在一定的货币需求状况下，中央银行决定增加货币供给量，或是在一定的名义货币供给水平上，商品价格水平下降，实际货币供给曲线都会向右移动，即货币供给量由 m_0 增加到 m_1，均衡利率水平从 r_0 下降到 r_1。反之，当实际货币供给减少时，利率水平就上升。如果经济的实际国民收入水平上升，就会增加人们在每一利率水平上的货币需求，货币需求曲线就会向右移动，即货币需求曲线由 L_0 移动到 L_1，利率水平从 r_0 上升到 r_2。反之，当实际国民收入水平下降时，均衡利率就会因此而下降。

二、*LM* 曲线及推导

1. 货币市场均衡模型

所谓货币市场均衡是指货币市场上货币需求等于货币供给的状态。根据前面的分析，我们已经得到以下三个结论：

第一，货币市场均衡时，货币需求等于货币供给，即 $L=M$。

第二，货币需求函数可表示为 $L=L_1+L_2$，其中 L_1 为货币的交易需求函数，表示为满足人们对货币的交易性需求和预防性需求而引起的对货币的需求量，它依存于国民收入水平，是国民收入的增函数；L_2 为货币的投机需求函数，表示为满足人们对货币的投机性需求而引起的对货币的需求量，它依存于利率，是利率的减函数。

第三，在一定价格水平下，一定时期内的货币供给量 M 是由政府的货币政策决定的，因此，M 与利率无关，假定为一既定的常数 M_0。价格水平不变时（即 $P=1$ 时），名义货币量和实际货币量相等。在这种情况下，货币市场的均衡模型可表示为：

$$\begin{cases} L = M \\ L = f(Y) + g(r) \\ M = M_0 \end{cases}$$

即 $f(Y)+g(r)=M_0$。该模型表示了在货币市场达到均衡时，利率与国民收入之间的关系。

2. *LM* 曲线的含义及推导

根据货币市场均衡模型，我们可以推导出货币市场达到均衡时利率与国民收入之间关系的函数表达式。推导如下：

$$L = kY + u - hr$$
$$M = M_0$$

由均衡条件 $L = M$ 可得：

$$kY + u - hr = M_0$$

整理得：
$$r = \frac{k}{h}Y + \frac{u}{h} - \frac{M_0}{h}$$

该表达式表明，利率与国民收入之间存在着同方向变动的关系。原因在于，一般情况下，随着国民收入 Y 增加，货币的交易需求 L_1 将增加，在货币供给不变($M=M_0$)的条件下，为保持货币市场均衡($L=M$)，货币的投资需求 L_2 必须减少，而 L_2 是利率的减函数，L_2 要减少，利率 r 上升。因此，国民收入增加，利率必然要上升；反之，国民收入下降，利率必然也要下降。这样，才能在货币供给量既定的情况下，通过使 Y 和 r 保持同方向变化的关系来调整对货币的需求，使调整后的货币需求等于既定的货币供给，保持货币市场的均衡。所以，在货币市场均衡时，国民收入与利率之间存在着同方向变化的关系。利率与国民收入的这种同方向变动关系可以用图形表示出来。如果以纵轴代表利率，横轴代表国民收入，则可在坐标图上画出一条向右上方倾斜的直线，如图12-12所示。曲线上任一利率与收入的对应点，都符合货币市场的均衡条件 $L=M$，故此曲线被称为 LM 曲线。因此，LM 曲线是描述货币市场达到均衡时，利率与国民收入之间关系的曲线。

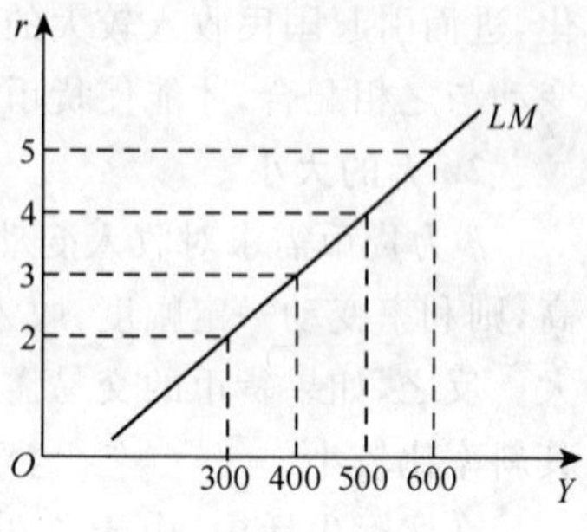

图 12-12 *LM* 曲线

三、货币市场的失衡

LM 曲线是所有货币市场达到均衡时利率与国民收入对应点的连线，因此，LM 曲线外的任一点，都代表了货币市场的失衡状态，如图 12-13 所示。

图 12-13 中，A 为 LM 曲线左边的任意一点，B 为 LM 曲线右边的任意一点，由于 A、B 两点均不在 LM 曲线上，所以为货币市场上的失衡点。

在 A 点，与 A 点对应的国民收入为 Y_1，利率为 r_1，当收入为 Y_1 时，A 点的利率 r_1 高于产品市场的均衡利率 r_2，即 $r_1>r_2$。这说明，A 点对货币的投机需求小于货币市场均衡时对货币的投机需求。在Y_1既定的条件下,A点的货币需求小于均衡时的货币需求。所以在A点有$L<M$。同理,LM曲线左边的每一点均有$L<M$,此时,货币市场出现过剩供给,在市场机制本身的作用下,将导致利率的下降,直到回复到LM曲线上的C点。

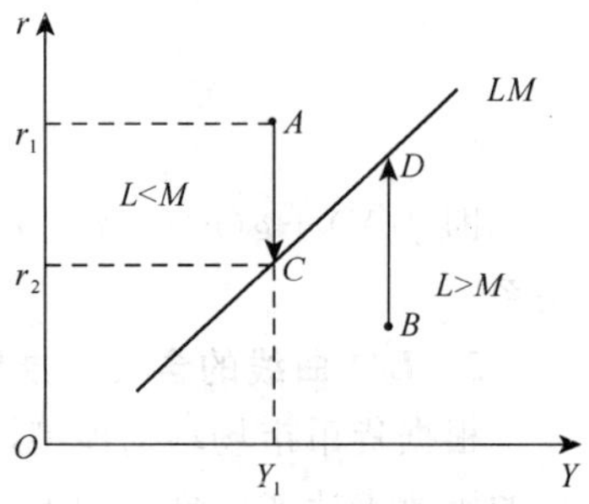

图 12-13 货币市场失衡及调整

同样,在B点,利率低于货币市场均衡利率,因此,B点对货币的投机需求大于货币市场均衡时对货币的投机需求,在收入既定的条件下有$L>M$。同理,LM曲线右边的每一点均有$L>M$。此时,货币市场上出现货币短缺,在市场机制本身的作用下,将导致利率的上升,直到回复到LM曲线上的D点。

四、LM 曲线的斜率

从LM曲线的推导过程中可以知道,利率与国民收入呈同方向变动关系,LM曲线的斜率为正值。而利率变动对国民收入的影响程度,即LM曲线斜率的大小,或LM曲线倾斜的程度,则取决于下列两个因素。

1. h 的大小

h是货币需求对利率变动的反应程度,它表示利率变动一定幅度时货币需求变动的程度,如果h的值越大,即货币需求对利率变化比较敏感,LM曲线斜率就较小,即LM曲线较平缓。这是因为,货币需求对利率较敏感时,利率的较小变动就会引起货币需求较大的变化,进而引起国民收入较大的变化,反映在LM曲线上是:利率较小变动就要求有收入较大变动与之相配合,才能使货币市场均衡。

2. k 的大小

k为货币需求对收入变动的反应程度,如果k较大,即货币需求对收入变动的敏感度越高,则利率变动一定幅度,收入只需变动较小幅度,从而LM曲线较陡峭,其斜率也就比较大。反之,如果货币的交易需求对收入的变动不敏感,即k值较小,则LM曲线就较为平缓,其斜率比较小。

在实际生活中,由于货币的交易需求比较稳定,所以一般认为LM曲线斜率主要取决于投机需求。根据不同的利率水平下货币投机需求的大小,可将LM曲线划分为三个区域,如图 12-14 所示。

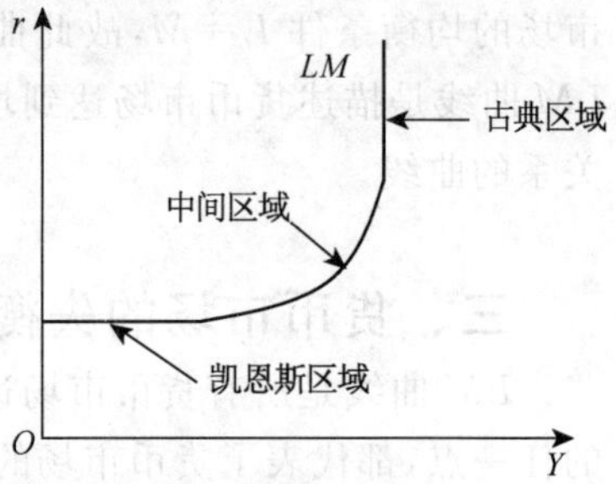

图 12-14 LM 曲线的三个区域

当利率极低时,货币的投机需求趋于无穷大,这就是"凯恩斯陷阱"或"流动性陷阱"。由于在这一极低的利率水平上货币投机需求量已趋于无穷大,因此货币的投机需求曲线成为一条水平线,这会使LM曲线也成为水平的。LM曲线上这一水平区域被称为"凯恩斯区域",也称为"萧条区域"。

另一极端的情况是,当利率极高时,货币的投机需求量将等于零,这时人们除了为完成交易还必须持有一部分货币（交易需求）外，不会为投机而持有货币。由于货币的投机需求等于零，因此，LM 曲线表现为一条垂直线。它表示不管利率再上升到多高，货币投机需求量都是零。LM 曲线呈垂直状态的这一区域被称为"古典区域"。

介于凯恩斯区域和古典区域之间的是"中间区域"。在这一区域中，货币投机需求量随利率上升而减少，于是在货币供给既定情况下，为保持货币市场均衡，交易需求量必须随利率上升而增加，即收入必须相应增加。于是，在这一区域，利率和收入必须同方向变化，才会使货币市场均衡，这使 LM 曲线在这一区域向右上方倾斜。

五、*LM* 曲线的移动

从 LM 曲线的代数表达式 $r=\frac{u}{h}-\frac{M_0}{h}+\frac{k}{h}Y$ 中可以看到，$\frac{M_0}{h}$ 是 LM 曲线截距的绝对值，因此只有 $\frac{M_0}{h}$ 的数值发生变动时，该曲线才会移动。而由于我们这里讨论的是 LM 曲线的移动，而不是 LM 曲线的转动，因此是假定 LM 曲线的斜率不变。LM 曲线斜率是 k/h，曲线斜率不变，就是假定 k 和 h 不变。因此，LM 移动就只能是货币供给量 M_0 变动。实际货币供给量是由名义货币供给量 M 和价格水平 P 决定的，因此，造成 LM 曲线移动的因素只能是以下两种。

1. 名义货币供给量的变动

在价格水平不变的情况下，名义货币供给量 M 增加，LM 曲线向右下移动。如图 12-15 所示，LM 曲线向右下移动至 LM_1；反之，名义货币供给量 M 减少，LM 曲线向左上移动，在图 12-15 中，LM 曲线向左上移动至 LM_2。

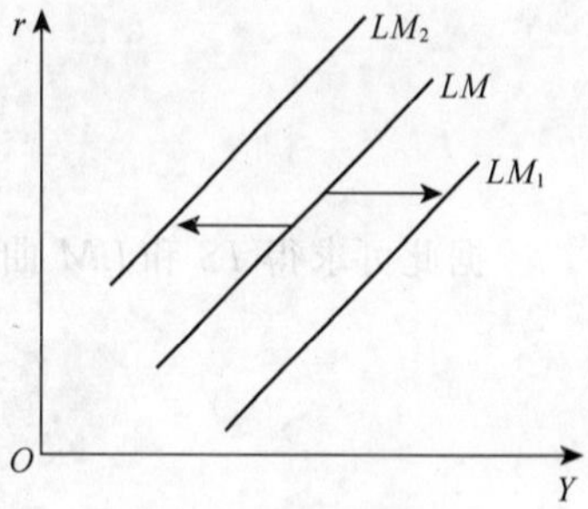

图 12-15　*LM* 曲线移动

2. 价格水平的变动

价格水平 P 上升，实际货币供给量 m 就变小，LM 曲线向左上移动；反之，价格水平下降，LM 曲线向右下移动。

第三节/两市场同时均衡分析：*IS-LM* 模型分析

前面讨论了产品市场和货币市场的均衡，在此基础上，我们将两条曲线结合起来讨论分析产品市场和货币市场同时均衡时的国民收入和利率决定。

一、均衡收入和均衡利率

前面已经讲过，IS 曲线上的任何一点代表的收入与利率组合都会使产品市场达到均衡，LM 曲线上的任何一点代表的利率与收入组合都会使货币市场达到均衡。显然，两条曲线的交点代表的收入与利率的组合，才能使产品市场与货币市场同时达到均衡。这时的收入就是均衡国民收入，这时的利率就是均衡利率。联立两部门经济中的 IS 曲线的方程式和 LM 曲线的方程式，可得：

$$\begin{cases} r = \dfrac{a+e}{d} - \dfrac{1-b}{d}Y \\ r = \dfrac{u}{h} - \dfrac{M_0}{h} + \dfrac{k}{h}Y \end{cases}$$

整理后便得到两部门经济中两个市场同时均衡时的国民收入：

$$Y = \frac{\dfrac{a+e}{d} + \dfrac{M_0}{h} - \dfrac{u}{h}}{\dfrac{1-b}{d} + \dfrac{k}{h}}$$

将求得的均衡收入值代入 IS 曲线的方程式或 LM 曲线的方程式便可计算出均衡利率。现举例来说明。

已知产品市场和货币市场的均衡模型分别为：

$$\begin{cases} I = 1\,250 - 250r \\ S = -500 + 0.5Y \\ I = S \end{cases}$$

$$\begin{cases} L = 0.5Y + 1\,000 - 250r \\ M = 1\,250 \\ L = M \end{cases}$$

据此可求得 IS 和 LM 曲线的方程式分别为：

$$IS: Y = 3\,500 - 500r$$

$$LM: Y = 500 + 500r$$

当产品市场和货币市场同时均衡时，有 $IS=LM$。因此联立这两个方程式得：

$$\begin{cases} Y = 3\,500 - 500r \\ Y = 500 + 500r \end{cases}$$

求解得：

$$\begin{cases} r = 3 \\ Y = 2\,000 \end{cases}$$

两市场同时均衡决定均衡收入和均衡利率也可以用图形来表示，如图 12-16 所示。以 IS 曲线表示产品市场均衡，以 LM 曲线表示货币市场均衡，则两个市场的同时均衡表示为 IS 和 LM 曲线的交点 E。E 点所对应的收入水平为均衡收入 2 000，对应的利率水平为均衡利率 3。只有在 E 点，现有的货币数量才能决定一个相应的利率，由此决定的投资量导致一个均衡的国民收入。

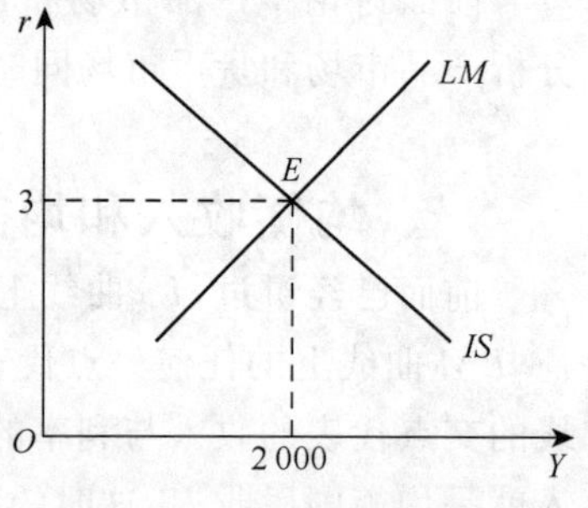

图 12-16　产品与货币市场的同时均衡

二、均衡收入的形成机制

市场不可能一开始就处于同时均衡状态，那么，市场的失衡状态是如何调整为两个市场的同时均衡状态呢？或者说，两个市场同时均衡时的国民收入是如何形成的呢？在探讨这个问题之前，我们先了解一下两个市场的失衡情况。

1. 两个市场的失衡

以上我们讨论了两个市场同时达到均衡时，其均衡点处于 IS 曲线和 LM 曲线的交点 E 上。因此，任何偏离 E 的利率和国民收入的对应点都不能达到产品市场和货币市场的同时均衡。

如图 12-17 所示，IS 曲线和 LM 曲线相交后，整个坐标平面分为四个区域，综合后可将产品市场和货币市场的失衡分为八种情况。

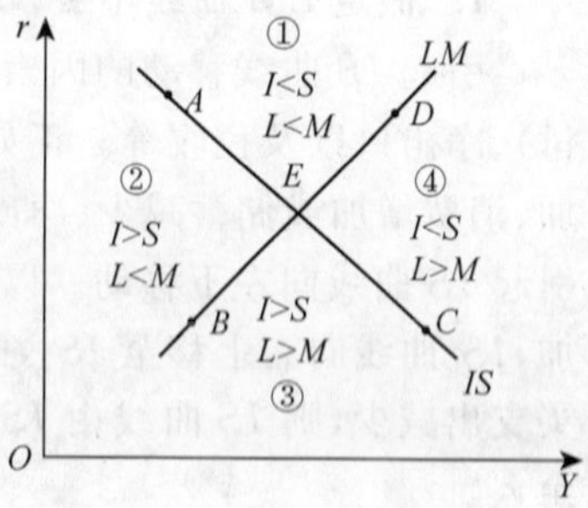

图 12-17 产品与货币市场的失衡状态

在 A 点：A 点处于 IS 曲线上，有 $I=S$，产品市场达到均衡；但 A 点处于 LM 曲线的左方，有 $L<M$，货币市场上货币需求小于货币供给，货币市场失衡。

在①区域：位于 IS 曲线右方，有 $I<S$，产品市场上总需求小于总产出；同时位于 LM 曲线左方，有 $L<M$，货币市场上货币需求小于货币供给。产品市场和货币市场同时失衡。

同理，在 B 点，$L=M$，但 $I>S$；在②区域，$I>S$，且 $L<M$；在 C 点，$I=S$，但 $L>M$；在③区域，$I>S$，且 $L>M$；在 D 点，$L=M$，但 $I<S$；在④区域，$I<S$，且 $L>M$。

2. 两市场同时均衡的形成

当经济出现以上这些失衡状态时，市场经济本身的力量将使失衡向均衡状态调整，直至恢复到均衡。从失衡到均衡的调整过程将沿着图 12-18 所示的连线进行。

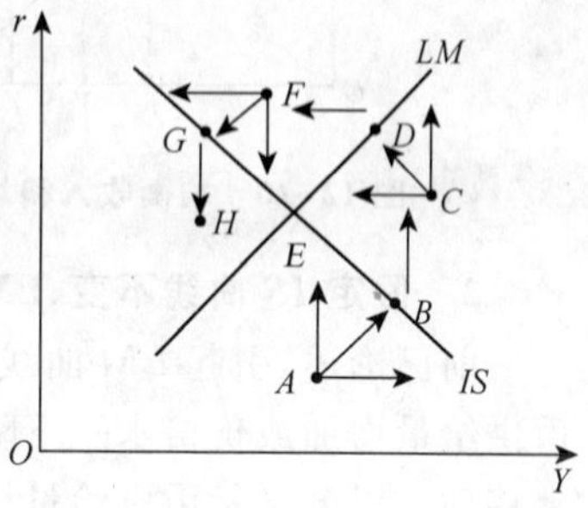

图 12-18 两市场失衡的调整过程

比如，经济的实际收入和利率的组合处于 A 点的非均衡状态。在 A 点，一方面有 $I>S$，存在超额的产品需求，导致国民收入 Y 有增加的趋势，使 A 点受到一个向右移动的水平力作用；另一方面，有 $L>M$，存在超额的货币需求，导致利率 r 有上升的趋势，使 A 点受到一个向上移动的垂直力作用。两种力量的结合，将导致收入与利率同时变动，向两种力量的对角线方向移动，到达 B 点。B 点位于 IS 曲线上，有 $I=S$，实现了产品市场的均衡，Y 不再变动；但 $L>M$ 仍然存在，利率 r 有上升的趋势，B 点仍受到一个向上移动的垂直力作用，向上移动到 C 点。在 C 点，有 $I<S$，存在超额的产品供给，导致国民收入 Y 有减少的趋势，使 C 点受到一个向左移动的水平力作用；同时 $L>M$ 仍然存在，导致利率 r 有上升的趋势，C 点受到一个向上移动的垂直力作用。两种力量的结合，使收入减少，利率上升，向两种力量的对角线方向移动，到达 D 点。D 点位于 LM 曲线上，有 $L=M$，实现了货币市场的均衡，r 不再变化；但由于 $I<S$，Y 仍将继续下降，向左平行移动到 F 点。这种变化过程持续下去，直到最后，国民收入 Y 和利率均移动到 IS 曲线与 LM 曲线的交点 E，同时达到了产品市场和货币市场的均衡。

根据上述调整过程,如果将从失衡点 A 向均衡点 E 调整的路径用光滑的连线表示,那将是图 12-19 所示的螺旋线。

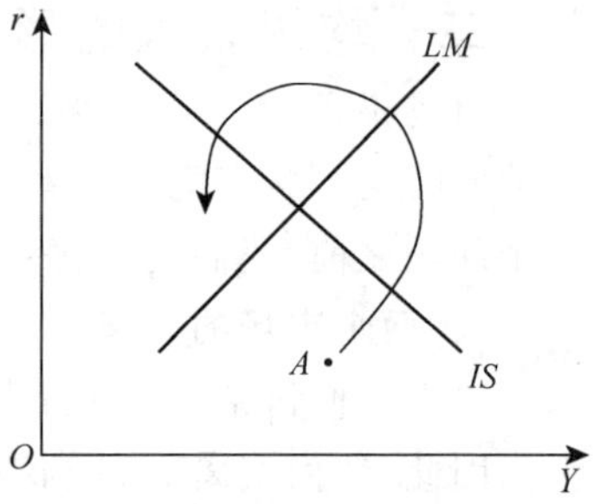

图 12-19　两市场失衡的调整过程

三、均衡收入和均衡利率的变动

当影响产品市场和货币市场的因素发生变化时,IS 曲线与 LM 曲线的位置也会发生变动,从而使得均衡的国民收入和均衡利率发生变动,如图 12-20 所示。

1. 假定 LM 曲线不变,IS 曲线移动

引起 IS 曲线移动的因素主要有投资、消费或储蓄、政府支出(包括购买支出和转移支付)、净出口以及税收等。正如前面所分析的那样,投资增加、政府购买增加或转移支付增加、消费增加或储蓄减少、净出口增加和税收减少等都会导致 IS 曲线向右上移动;反之,会引起 IS 曲线向左下移动。以政府购买支出增加为例,在图 12-20 中,由于政府购买支出增加,IS_0 曲线向右上移至 IS_1,此时收入由 Y_0 增加至 Y_1,利率由 r_0 上升至 r_1;反之,若政府购买支出减少,则 IS 曲线由 IS_0 向左下移至 IS_2,此时收入由 Y_0 减少至 Y_2,利率由 r_0 下降至 r_2。

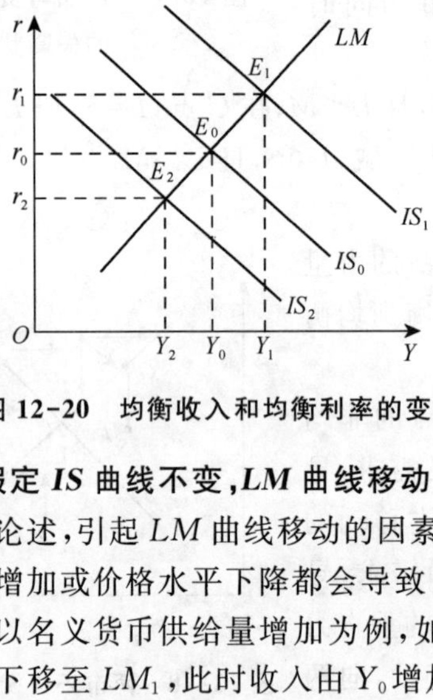

图 12-20　均衡收入和均衡利率的变动

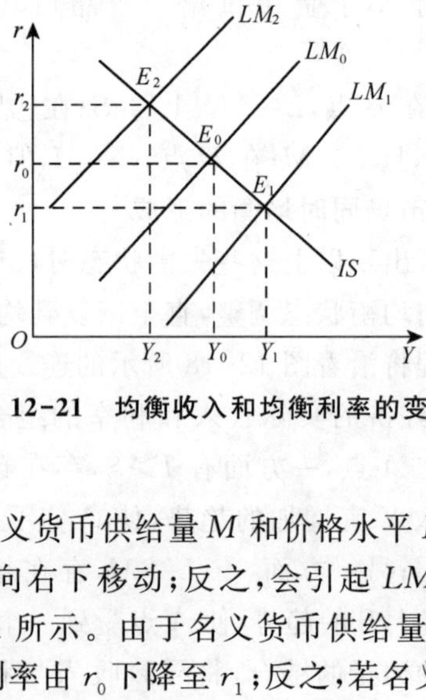

图 12-21　均衡收入和均衡利率的变动

2. 假定 IS 曲线不变,LM 曲线移动

前已论述,引起 LM 曲线移动的因素主要有名义货币供给量 M 和价格水平 P。名义货币供给量增加或价格水平下降都会导致 LM 曲线向右下移动;反之,会引起 LM 曲线向左上移动。以名义货币供给量增加为例,如图 12-21 所示。由于名义货币供给量增加,LM_0 曲线向右下移至 LM_1,此时收入由 Y_0 增加至 Y_1,利率由 r_0 下降至 r_1;反之,若名义货币供给量减少,则 LM 曲线由 LM_0 向左上移至 LM_2,此时收入由 Y_0 减少至 Y_2,利率由 r_0 上升至 r_2。

此外,IS 曲线和 LM 曲线同时变动也会使均衡国民收入和均衡利率发生变动。其变动可以从上面两种情况中推导出来。

本章小结

1. 投资不再是一个外生变量,而是一个内生变量,它是利率的减函数。

2. *IS* 曲线描述的是在产品市场均衡的条件下利率与国民收入的不同组合。在不同部门经济的假设条件下，*IS* 曲线的经济含义和代数方程式是有差异的。影响 *IS* 曲线斜率大小的因素主要有投资对利率变动的敏感程度、边际消费倾向和税率的大小。投资、消费或储蓄、政府购买支出或转移支付以及净出口的变动都会使 *IS* 曲线平行移动。

3. 利率决定于货币供给与货币需求。货币供给是由政府控制的一个外生变量，货币供给曲线是一条垂直线，与利率变动无关。货币需求可分为货币交易需求和投机需求。货币交易需求是收入的增函数，货币投机需求是利率的减函数。当利率极低时，货币的投机需求变得无穷大，由此形成流动性偏好陷阱。

4. *LM* 曲线描述的是在货币市场均衡的条件下利率与国民收入的不同组合。影响 *LM* 曲线斜率大小的因素主要有货币需求对利率变动和收入变动的敏感程度。名义货币供给量和价格水平的变动会使 *LM* 曲线平行移动。*LM* 曲线存在三个区域，即凯恩斯区域、古典区域和中间区域。

5. *IS* 曲线和 *LM* 曲线的交点决定产品市场与货币市场同时均衡的国民收入和利率。如果两个市场处于失衡状态，市场经济本身的力量将使失衡状态调整为均衡状态。随着 *IS* 曲线和 *LM* 曲线的移动，均衡收入和均衡利率也会发生变动。

关键概念

贴现率　资本边际效率　投资需求曲线　*IS* 曲线　货币需求　货币交易需求　货币投机需求　流动性陷阱　*LM* 曲线　*IS-LM* 模型

复习思考题

一、选择题

1. 下面哪一项不影响货币需求？（　　）
   A. 一般物价水平　　B. 银行利率水平
   C. 公众支付习惯　　D. 物品和劳务的价格

2. 如果人们工资增加，则增加的将是（　　）。
   A. 货币的交易需求　　B. 货币的预防需求
   C. 货币的投机需求　　D. 上述三方面需求中的任何一种

3. 当利率降得很低时，人们购买债券的风险将会（　　）。
   A. 变得很小　　B. 变得很大
   C. 可能很大也可能很小　　D. 不发生变化

4. 人们在（　　）情况下倾向于减少手持货币。
   A. 债券价格趋于下降　　B. 债券价格趋于上升
   C. 债券收益率不变　　D. 债券价格不变

5. IS 曲线表示满足(　　)关系。
A. 收入-支出模型　　B. 总供给和总需求均衡
C. 储蓄和投资均衡　　D. 以上都对

6. 自发投资支出增加 10 亿美元,会使 IS 曲线(　　)。
A. 右移 10 亿美元　　B. 左移 10 亿美元
C. 右移支出乘数乘以 10 亿美元　　D. 左移支出乘数乘以 10 亿美元

7. 净税收和政府购买支出的等量增加,使得 IS 曲线(　　)。
A. 不变　　B. 向右平移 $K_B \times \Delta G$ 单位
C. 向左平移 $K_B \times \Delta G$ 单位　　D. 向右平移 ΔG 单位

8. 假定货币供给量和价格水平不变,货币需求为收入和利率的函数,则收入增加,(　　)。
A. 货币需求增加,利率上升　　B. 货币需求增加,利率下降
C. 货币需求减少,利率上升　　D. 货币需求减少,利率下降

9. 利率和收入的组合点出现在 IS 曲线右上方、LM 曲线左上方的区域中,则表示(　　)。
A. 投资小于储蓄且货币需求小于货币供给
B. 投资小于储蓄且货币供给小于货币需求
C. 投资大于储蓄且货币需求小于货币供给
D. 投资大于储蓄且货币需求大于货币供给

10. 如果利率和收入都能按供求情况自动得到调整,则利率和收入的组合点出现在 IS 曲线左下方、LM 曲线右下方的区域中时,有可能(　　)。
A. 利率上升,收入减少　　B. 利率上升,收入增加
C. 利率上升,收入不变　　D. 以上三种情况都可能发生

11. 如果货币市场均衡方程为 $r=\frac{k}{h}Y-\frac{M}{h}$,则引起 LM 曲线变得平坦的可能原因是(　　)。
A. k 变小,h 变大　　B. k 和 h 同比例变大
C. k 变大,h 变小　　D. k 和 h 同比例变小

12. 货币市场和产品市场同时均衡出现于(　　)。
A. 各种收入水平和利率上
B. 一种收入水平和利率上
C. 各种收入水平和一定利率水平上
D. 一种收入水平和各种利率水平上

二、问答题

1. 通货膨胀会对货币需求产生什么影响?
2. 下列因素可能以何种方式影响货币需求:
(1)向支票账户支付利息;(2)信用卡更容易得到;(3)电子化的资金转账变得更为普遍。
3. IS 曲线为什么向右下倾斜?
4. LM 曲线为什么向右上倾斜?
5. 为什么政府支出增加会使收入和利率都上升,而中央银行增加货币供给会使收入增加而利率下降?

三、计算题

1. 假设(a)消费函数为 $C=50+0.8Y$,投资函数为 $I=100-5r$;(b)消费函数为 $C=50+0.8Y$,

投资函数为 $I=100-10r$；(c)消费函数为 $C=50+0.75Y$，投资函数为 $I=100-10r$（价格水平不变）。试求：

(1) (a)、(b)和(c)的 IS 曲线；

(2) 比较(a)和(b)，说明投资对利率更为敏感时，IS 曲线斜率将发生什么变化；

(3) 比较(b)和(c)，说明边际消费倾向变动时，IS 曲线斜率将发生什么变化。

2. 假设一个只有家庭和企业的两部门经济中，消费 $C=100+0.8Y$，投资 $I=150-6r$，名义货币供给量 $M=250$，货币需求 $L=0.2Y+100-4r$，价格水平 $P=1$。试求：

(1) IS 和 LM 曲线；

(2) 产品市场和货币市场同时均衡时利率和收入。

3. 假定某四部门经济中，消费 $C=300+0.8Y_d$，投资 $I=200-1\,500r$，净出口函数为 $NX=100-0.04Y-500r$，货币需求为 $L=0.5Y+200-2\,000r$，政府支出 $G=200$，税率 $t=0.2$，名义货币供给量 $M=750$，价格水平 $P=1$，试求：

(1) IS 和 LM 曲线；

(2) 产品市场和货币市场同时均衡时利率和收入；

(3) 均衡时的消费、投资和净出口。

第十三章　宏观经济政策

学习目标：

- 宏观经济政策目标
- 财政政策及其效果
- 货币政策及其效果
- 财政政策与货币政策组合分析

宏观经济学基本原理不仅分析了均衡国民收入量的决定，而且为政府干预经济活动提供了理论基础。宏观经济学不仅要说明政府为什么要干预经济活动，而且要说明政府应该如何干预经济。本章将着重讨论政府如何干预经济，即宏观经济政策。

第一节/宏观经济政策目标

西方经济学者认为，经济政策是指国家或政府为了增进社会经济福利而制定的解决经济问题的指导原则和措施。它是政府为了达到一定目的在经济事务中所进行的有意识的活动。任何一项经济政策的制定都以一定的经济目标为指针，以一定的理论为指导，以某些工具为手段。

一、宏观经济政策的目标

一般认为，宏观经济政策有四大主要目标：充分就业、经济增长、价格稳定和国际收支平衡。宏观经济政策就是为了达到这些目标而制定的手段和措施。当然，除这四大主要目标之外，政策目标还包括资源优化配置、改善收入分配和环境保护等。这里我们主要探讨四大主要政策目标。

1. 充分就业

充分就业是宏观经济政策的第一目标。根据国际劳工组织的定义，“失业”是指某个劳动年龄以上，在考察期内没有工作，而又有能力工作并且正在寻找工作的人。较高的失业率不但造成社会经济资源的极大浪费，而且很容易导致社会和政治危机，因此各国政府一般都将充分就业作为优先考虑的政策目标。所谓充分就业并不是指失业率为零，而是指劳动力市场的均衡状态。劳动力市场处于均衡状态时的失业率即称自然失业率(Natural Rate of Unemployment)。当失业率等于自然失业率时即称实现了充分就业。自然失业是由于经济中某些难以克服的原因造成的，但长期以来人们在对自然失业率的衡量及估计上存在着分歧，各国在各个时期所确定的自然失业率都不尽相同，如美国大约在3.5%～6.5%。

2. 经济增长

关于经济增长，经济学界至少有两种观点。一种观点认为，经济增长就是指国民生产总值的增加，即一国在一定时期内所生产的商品和劳务总量的增加，或者是人均国民生产总值的增加。另一种观点认为，经济增长是指一国生产商品和劳务能力的增长。如美国经济学家S.库兹涅茨(S. Kuznets)曾给经济增长下了一个经典性的定义："一个国家的经济增长，可以定义为给居民提供种类日益繁多的经济产品能力的长期上升，这种不断增长的能力是建立在先进技术以及所需要的制度和思想意识之相应的调整的基础上的。"同前一种观点相比，后一种观点更强调增长的动态效率。

世界各国由于发展阶段和发展条件的不同，在增长率的选择上往往存在差异。大多数发展中国家较发达国家更偏好于高的增长率。

3. 价格稳定

价格稳定通常是指设法促使一般物价水平在短期内不发生显著的波动，以维持国内币值的稳定。由于通货膨胀和通货紧缩对资源配置、财富分配及稳定的预期等方面造成很大的负面影响，也会对一国宏观经济造成极大的破坏，所以，各国一般都把反通货膨胀、反通货紧缩和稳定物价作为一项基本的宏观经济政策。

由于各种商品价格变化的繁杂和统计的困难，西方学者一般用价格指数来表示一般价格水平的变化。价格指数是表示若干商品价格水平的指数，可以用一个简单的百分数时间数列来表示不同时期一般价格水平的变化方向和变化程度。价格指数有消费物价指数(*CPI*)、批发物价指数(*PPI*)和*GDP*平减指数(*GDP* deflator)。

值得注意的是，价格稳定并不是指每种商品的价格固定不变，而是指价格指数的相对稳定，即不出现通货膨胀。实践表明，通货膨胀无法完全消除，因此大部分国家已把一般的轻微通货膨胀的存在，看作是基本正常的经济现象。

4. 国际收支平衡

国际收支平衡是指一国对其他国家的全部货币收入和货币支出持平、略有顺差或略有逆差。国际收支平衡可分为静态平衡和动态平衡。其中静态平衡是指以1年周期内的国际收支数额持平为目标的平衡，只要年末的国际收支数额相等，就称之为平衡；动态平衡则是指以一定时期(如3年、5年)的国际收支数额持平为目标的平衡。目前在国际收支管理中，动态平衡正受到越来越多的重视。由于国际收支状态与国内市场有着密切的关系，所以对于开放经济条件下的宏观经济而言，其政策的有效性正面临着越来越严峻的挑战。

二、宏观经济政策目标之间的关系

在实际的政策操作中，上述四项目标并非都协调一致，相互间往往存在矛盾，政策目标的选择只能是有所侧重而无法兼顾。具体而言，除经济增长和充分就业之间存在正相关关系，具有较多一致性之外，各个目标之间都有矛盾。

1. 充分就业与价格稳定之间的矛盾

失业率与价格变动率之间存在着一种此消彼长的相互替代关系。如果一个社会(或政策)倾向于高就业,为此必然要增加货币供给量、降低税率或扩大政府支出,以刺激社会总需求的增加;总需求的增加在一定程度上又将引起一般价格水平的上涨。相反,如果一个社会(或政策)更偏好于价格稳定,为此必然要缩减货币供给量、提高税率或削减政府支出等,以抑制社会总需求的增加;社会总需求的压缩,又必然导致失业率的升高。因此对决策者而言,可能的选择只有三种:失业率较高的价格稳定;通货膨胀率较高的充分就业;在价格水平上涨率和失业率的两极之间进行组合,即所谓的相机组合。

2. 价格稳定与经济增长之间的矛盾

这两者之间是否存在矛盾,西方学者观点不一。一种观点认为价格水平波动中的经济增长是经济增长的常态。另一种观点认为,在经济达到潜在产出之前,适度的价格水平上涨能够刺激投资和产出的增加,从而促进经济增长;随着经济的增长,劳动生产率的提高必然导致单位产品生产成本的降低,价格水平可能趋于下降或稳定,即价格稳定目标与经济增长目标并不矛盾。第三种观点从供给决定论出发,认为只有价格水平稳定才能维持经济长期增长的势头。

3. 经济增长与国际收支平衡之间的矛盾

国内经济的增长会导致国民收入的增加和支付能力的增强,从而增加对进口商品及国内本来用于出口的一部分商品的需求,此时如果出口贸易的增长不足以抵销这部分需求,必然会导致贸易收支的失衡。就资本项目而言,一定的经济增长需要相应的投资率加以支持。在国内资金来源不足的情况下,必须借助于外资的流入。外资的流入导致国际收支中的资本项目出现顺差,这在一定程度上可以弥补由贸易逆差造成的国际收支失衡,但并不一定就能确保经济增长与国际收支失衡协调一致,还要取决于外资的实际利用效果。

4. 价格稳定与国际收支平衡之间的矛盾

对于开放条件下的宏观经济而言,宏观经济政策常常会影响到该国的国际收支的平衡。例如,假如国内发生了严重的通货膨胀,政府为了抑制通货膨胀,有可能采取提高利率或降低货币供应量的措施。在资本自由流动的条件下,利率的提高有可能导致资本流入,资本项目下出现顺差,同时由于国内价格水平上升势头的减缓和总需求的减少,经常项目下也可能会出现顺差,这样就会导致国际收支的失衡。由此可见,价格稳定与国际收支平衡并非总是协调一致的。

第二节/财政政策及其效果

在20世纪30年代以前,西方国家一直奉行以亚当·斯密为代表的古典学派倡导的"自由放任"政策。而1929—1933年的世界性经济危机使宏观经济领域的市场失灵充分显露,"凯恩斯革命"应运而生。凯恩斯认为20世纪30年代大危机中大批工人失业的原因就在于有效需求不足,即投资需求加上消费需求的不足,应采取赤字财政政策,用政府投资弥补私人投资的不足以消除非自愿失业。虽然凯恩斯以后又涌现出了众多的宏观经济学派,他们的观点亦不断受到挑战,但世界各国政府普遍对宏观经济进行积极的干预却是不争的事实,财政政策就是其中必不可少的手段。

一、财政政策概述

由于经济社会的生产不能总是在充分就业水平上达到均衡，因此需要政府进行宏观调控以消除通货膨胀缺口（或通货紧缩缺口），实现没有通货膨胀的充分就业。财政政策就是政府进行宏观调控的重要政策之一。财政政策是政府运用支出和收入来调节总需求以控制失业和通货膨胀并实现经济稳定增长和国际收支平衡的宏观经济政策。

财政是一种分配制度，是国家为了实现其职能而采取的手段。国家财政主要由政府财政收入和财政支出两个方面构成，其中财政收入包含税收和公债，而财政支出则包括政府购买和转移支付两个部分。

1. 财政收入

税收是财政收入的主要来源，它是国家为了实现其职能按照法律预先规定的标准，强制地、无偿地取得财政收入的一种手段，因此税收具有强制性、无偿性和固定性三个基本特征。税收根据不同的标准可以做不同的分类。根据课税的对象，税收可以分为三类：财产税、所得税和流转税。财产税是对不动产或房地产即土地和土地上建筑物等所征收的税。所得税是对每个人和公司的所得征税。在西方政府的税收中，所得税占有很大比重，因此所得税税率的变动对经济活动会产生重大影响。流转税则是对流通中商品和劳务买卖的总额征税。根据税率的变动来划分，税收可分为累进税、累退税和比例税。累进税是税率随征税客体总量增加而增加的一种税。累退税则是税率随征税客体总量增加而递减的一种税。比例税是税率不随征税客体总量变动而变动的一种税。按照税负能否转嫁来划分，税收可分为直接税和间接税两类。所谓直接税是指由纳税人直接负担的各种税收。通常人们将所得税、财产税和遗产税划为直接税。所谓间接税是指纳税人能将税负转嫁给他人负担的各种税收。通常人们将商品税视为可以转嫁的间接税。此外，按照税收的计量标准分类，税收可分为从价税和从量税。从价税是以征税对象的价格作为计税依据的税收，如增值税和营业税。从量税是以征税对象的数量、质量、容积或体积为计税依据的税收，如资源税等。

公债是政府财政收入的另一个重要来源。公债是以国家为主体，即国家为债务人，与国内个人和法人以及外国发生的债务债权关系。公债是一种国家信用。从时间上来看，公债有短期（期限在 1 年以内）、中期（期限在 1 年至 5 年）和长期（期限在 5 年以上）之分。从来源来看，公债有内债和外债之分。内债是国家向国民发行的公债。本国政府向外国政府、银行、企业和个人发行的公债称为外债。从用途上来看，公债有行政公债和财政公债之分。行政公债也叫作非生产性公债，筹集的资金用于公共行政和国防经费等经常性支出，它不形成偿债能力，是消耗性支出；财政公债也称为生产性公债，它用于有货币收益的资本项目或虽无货币收益但有明显的社会效益的公共性支出，它是一种资本性支出，形成偿债能力。由于公债可以在市场上转化，因而公债数量不仅影响财政收入，而且还对货币供给产生影响。

2. 财政支出

概括来说，财政支出是指政府及其附属公共机构的开支。它与政府的诸多特性和制度密不可分。财政支出主要分为政府购买和转移支付两类。政府购买是指政府对商品和劳务的购买。例如购买军需品、机构公用品、政府雇员报酬、公共项目工程所需的支出等都属于政府购买。政府购买是一种实质性支出，有着商品和劳务的实际交易，因而直接形成社会需求和购买力，是国民收入的一个组成部分。因此，政府购买支出是决定国民收入大小的主要因素之一，其规模直接关系到社会总需求的增减。购买支出对整个社会总支出水平具有十分重要的调节作用。变动政府购买支出水平是财政政策的有力手段。

与政府购买不同，转移支付是指政府在社会福利保险、贫困救济和补助等方面的支出。这是一种货币性支出，政府在付出这些货币时并无相应的商品和劳务的交换发生，因而是一种不以取得本年生产出来的商品和劳务作为报偿的支出。因此，转移支付不能算作国民收入的组成部分。它所做的仅仅是通过政府将收入在不同社会成员之间进行转移和重新分配，全社会的总收入并没有变动。不过，既然转移支付是政府支出的重要组成部分，那么，政府转移支付也是一种重要的财政政策工具。在前面乘数理论分析中我们已经知道，它同样能够通过转移支付乘数作用于国民收入，但乘数效应小于政府购买支出乘数效应。

二、财政政策的分类

财政政策可以从多个角度进行分类。

1. 积极的财政政策和稳健的财政政策

根据财政收支活动对社会经济活动的作用，财政政策可分为积极的财政政策和稳健的财政政策。

(1) 积极的财政政策

积极的财政政策是政府根据国民经济的状况，利用财政收支活动主动干预经济活动的一种经济政策。积极的财政政策是一种非均衡的财政政策，它通过财政赤字的增减和财政盈余的增减等形式表现出来。积极的财政政策又可分为扩张性财政政策和紧缩性财政政策。扩张性财政政策，简称松的财政政策，是指通过降低财政收入或增加财政支出的政策手段以刺激社会总需求增长的政策，在 *IS-LM* 模型中往往表现为 *IS* 曲线的右移。扩张性财政政策的主要手段是减税、提高政府的购买水平和转移支付水平，它们分别通过乘数效应来进一步刺激总需求增长，以消除通货紧缩缺口，达到供求平衡。由于减收增支的结果集中表现为财政赤字，扩张性财政政策也被称为赤字财政政策。紧缩性财政政策，简称紧的财政政策，是指通过增加财政收入或减少财政支出的政策手段来抑制社会总需求增长的政策，在 *IS-LM* 模型中往往表现为 *IS* 曲线的左移。紧缩性财政政策的手段与扩张性财政政策手段相反，主要是通过增税、降低政府的购买水平和转移支付水平来抑制过旺的社会总需求增长，以消除通货膨胀缺口，达到供求平衡。由于增收减支的结果集中表现为财政盈余，所以紧缩性财政政策也被称为盈余性财政政策。

(2) 稳健的财政政策

稳健的财政政策并不是政府消极对待社会经济生活，不干预国民经济活动，而是指它以财政收支平衡为原则，通过税收和政府购买同增同减的收支动态平衡方式干预社会总供求的经济政策。所以稳健的财政政策是一种均衡的财政政策，其主要目的是为了避免由于预算赤字或预算盈余可能造成的通货膨胀或通货紧缩等不良的经济后果。这种均衡的财政政策仍有扩张或抑制社会总需求的作用，这种作用可以通过平衡预算乘数来实现。

2. 自动稳定的财政政策和相机抉择的财政政策

按照财政政策调节经济周期的方式，可分为自动稳定的财政政策和相机抉择的财政政策。

(1) 自动稳定的财政政策

自动稳定的财政政策是指现代财政体制本身就具有根据经济波动情况,自动保持稳定作用的政策,如财政的若干收支形式:个人所得税、失业救济金、失业保险金、福利计划和济贫支出等。这些财政政策工具又被称为"自动稳定器"。它们都是遵照法律规定的税收和支出制度而自动执行,财政收支的升降自动地由经济周期的波动所决定。在没有改变有关法律之前,一旦某些经济现象出现,这些财政收支就必须发生,政府不能凭借自身的权力去左右和变更这类财政收支。

自动稳定的财政政策的作用主要表现在财政收入和财政支出两个方面。从财政收入来看,个人所得税等收入形式采用的是超额累进税率,这就使得这类税收的收入在经济上升时将以比个人收入更快的速度增长,从而抑制了私人消费和投资需求增长速度,并且减缓价格和工资的螺旋式上升速度,自动地起着抑制经济发展速度的作用;反之,当经济衰退时,超额累进税率将使得这类税收产生自动更快减税的结果,从而增加私人消费和投资需求,起着自动促进经济回升的作用。这种税收的自动变更是一种稳定和缓和商业周期性波动的有利因素。

在财政支出方面,政府的支出具有自动稳定性。在政府支出中,转移支付制度的建立,是为了补充收入不足,以及缓解经济困境。失业救济金和济贫支出等,都有着因经济状况的好坏而大幅度增减的特点。在国民经济处于复苏、繁荣阶段,失业率下降,失业救济金的发放数额也就减少,同时人们的收入上升,处于贫困线下的家庭及其补助数额就相应减少;在国民经济处于萧条、衰退阶段,失业率上升,具备申请失业救济金资格的人数增加,失业救济金发放的数额也将上升,同时人们的收入下降,处于贫困线上的家庭及其补助数额也就增加,济贫支出数额上升。这些都使得经济繁荣时财政减支而经济衰退时增支,从而改变社会需求量的减增,进而抑制或促进经济的发展。因此,从财政支出来看,政府的转移支付是用一种反周期和维持经济稳定的方式将资金注入或抽出经济的。

值得注意的是,自动稳定的财政政策的作用有明显的局限性,它只能部分地减轻经济周期的波动,而不能百分之百地消除这种波动的影响。一般来说,自动稳定的财政政策是保证经济正常运转的第一道防线,仅靠它并不足以维持经济的充分稳定。

(2) 相机抉择的财政政策

相机抉择的财政政策是政府根据当时的经济形势,主动采取不同的财政手段以消除通货膨胀缺口或通货紧缩缺口,是政府利用国家财力有意识干预经济运行的行为。相机抉择的财政政策包括汲水政策和补偿性政策。

汲水政策是在经济萧条时靠付出一定数额的公共投资使经济自动恢复其活力的政策。汲水政策有四个特点:第一,汲水政策是一种诱导经济复苏的政策,是以经济本身所具有的自发恢复能力为前提的治理萧条政策。第二,汲水政策的载体是公共投资,以扩大公共投资规模作为启动民间投资的手段。第三,财政支出规模有限,不用进行超额支出,只要使私人投资恢复活力即可。第四,汲水政策是一种短期的财政政策,随着经济萧条的消失而不复存在。在20世纪30年代的世界性经济危机中,美国实施的罗斯福—霍普金斯计划(1929—1933年)、日本实施的时局匡救政策(1932年)以及纳粹德国实施的劳动振兴计划,都属于所谓的汲水政策。

补偿性政策是指政府根据对经济情况的判断而主动地调整财政收支以改变社会总需

求以达到稳定经济目的的财政政策。之所以称之为“补偿性政策”,是因为这一政策的基本立足点是:在经济繁荣时期,为了减少通货膨胀因素,政府通过增收减支等政策抑制和减少社会总需求;在经济萧条时期,为了减少通货紧缩因素,政府通过增支减收等政策来增加消费需求和投资需求,以刺激社会总需求的增长。因此,它以“逆风向行事”的办法,对总需求过旺或不足予以补偿。补偿性财政政策是凯恩斯主义的重要组成部分。

3. 广义财政政策和狭义财政政策

由于20世纪世界各国经济事务中的一个普遍特点是政府作为一种经济制度对市场制度的大范围替代,因而财政学也逐渐发展成为包含了更为丰富内容的公共经济学。而传统的财政政策概念的外延和内涵也得到了相应的扩展——今天当我们谈论财政政策的时候,我们所指的已不再是仅限于财政预算收支之内或财政部门的其他相关收支活动所体现出来的财政政策,而是包含了政府经济活动的全部方面,或者更准确地讲,是政府活动的经济侧面。于是前一种传统的对于财政政策的理解可称之为狭义财政政策,而后者可称之为广义财政政策。广义财政政策所涉及之范围除财政当局权力所及之预算内外收支外,还应包括货币政策、公共管制政策等。

4. 宏观财政政策和微观财政政策

我们通常所说的“货币政策与财政政策”“与货币政策配套的财政政策”等,所指的实际上是狭义的宏观财政政策,即财政部门的经济活动所依据的政策,其着眼点在于对宏观经济变量——总供给、总需求与经济增长速度等——造成某种预定的影响。另一类财政政策的着眼点则在于对经济中的微观因素——主要是经济人动机、经济制度、经济决策、经济结果和目标——给予影响,我们称之为微观财政政策。这两类财政政策从总体上来看应是统一的,但不可避免的是它们在某些时候又可能存在矛盾。比如当实行扩张性的财政政策时,就有可能因为改变了现存的公私物品配置结构而引发微观的非效率。举一个极端的例子,比如当增加的财政投资全部用于生产某一毫无市场销路的私人产品时,则不仅造成资源浪费,产生大量的机会成本,而且从动态上看,尽管上述的投资与生产行为可以缓解一时的失业等总需求问题,但从长期来看并无助于问题的解决。因此,我们可以有这样的结论:针对宏观经济变量的财政政策,如果在微观配置的角度考虑不周,就有可能导致总政策效应从长期来看是得少于失,因此,对于狭义的宏观财政政策的微观效应必须予以现实的充分考虑。

三、财政政策的效果

扩张性(紧缩性)财政政策能产生增加(减少)国民收入的效果。然而,财政政策效果的大小却因 *IS* 和 *LM* 曲线的斜率不同而大有差别。

1. 财政政策效果的 *IS*-*LM* 图形分析

从 *IS*-*LM* 模型看,财政政策效果的大小是指政府收支变化(包括变动税收、政府购买和转移支付等)使 *IS* 曲线移动对国民收入变动产生的影响。显然,从 *IS* 曲线和 *LM* 曲线的图形来看,这种影响的大小随 *IS* 曲线和 *LM* 曲线的斜率不同而有所不同。

首先来看在 *LM* 曲线斜率不变时,*IS* 曲线斜率的大小对财政政策效果的影响,见图13-1所示。

比较图13-1中(a)、(b)可直观地看出,(a)图 *IS* 曲线的斜率较小,即 *IS* 曲线比较平

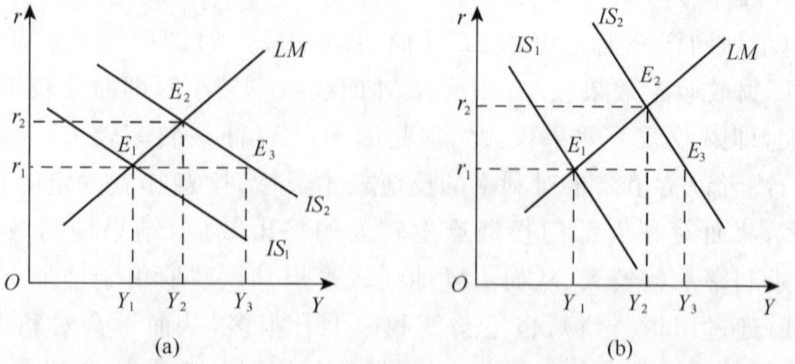

图 13-1 财政政策效果因 *IS* 曲线斜率而异

坦,(b)图 IS 曲线的斜率较大,即 IS 曲线比较陡峭。在假定增加同一笔政府购买支出 ΔG 的情况下,IS 曲线平行右移,即在图 13-1(a)、(b)中表现为平行移动同样的距离(E_1E_3),(a)图中国民收入增加的数量(Y_1Y_2)要小于(b)图中国民收入增加的数量(Y_1Y_2),即在 IS 曲线的斜率较小的情况下,财政政策的效果较小。相反,在 IS 曲线的斜率较大的情况下,财政政策的效果也较大。

为什么在增加同一数额的政府购买支出 ΔG 的情况下,会因 IS 曲线斜率的不同而出现财政政策效果的不同呢?这主要是因为财政政策的"挤出效应"所致。所谓"挤出效应",是指政府支出增加所引起的私人消费或投资减少的效果。当政府支出增加或税收减少时,货币需求会增加,在货币供给既定情况下,利率会上升,私人部门的投资会受到抑制,产生政府支出挤出私人投资的现象。如图 13-1(a)中,政府购买支出 ΔG,在利率不变的情况下,国民收入应该增加 Y_1Y_3,但利率不可能不变,因为 IS 曲线向右移动时,国民收入增加了,因而对货币的交易需求增加了,但货币供给未变动(LM 未变),因而人们用于投资需求的货币必须减少,这就要求利率上升(利率由 r_1 上升至 r_2)。利率的上升使私人投资减少,这样,国民收入会减少 Y_2Y_3。很明显(a)图中国民收入减少的量要大于(b)图中国民收入减少的量,也就是说,(a)图中财政政策的挤出效应要大于(b)图中财政政策的挤出效应。由此我们可以得出一个结论:IS 曲线的斜率越小,即 IS 曲线越平坦,财政政策的挤出效应越大,财政政策的效果越不明显;IS 曲线的斜率越大,即 IS 曲线越陡峭,财政政策的挤出效应越小,财政政策的效果越明显。

其次再看在 IS 曲线斜率不变时,LM 曲线斜率的大小对财政政策效果的影响,如图 13-2 所示。

在 IS 曲线斜率不变时,财政政策效果随 LM 曲线斜率的不同而不同。LM 曲线斜率越大,即 LM 曲线越陡峭,则移动等距离的 IS 曲线时收入的变动量就越小,即财政政策效果就越小;反之,LM 曲线斜率越小,即 LM 曲线越平坦,财政政策效果就越大。正如图 13-2 所示,假定政府购买支出增加同一数额 ΔG,IS 曲线平行向右移动同样的距离,即 IS_1 到 IS_2、IS_2 到 IS_3 和 IS_3 到 IS_4 之间的水平距离都是相同的,随 LM 曲线斜率越来越大,即 LM 曲线越来越陡峭,国民收入增加的数

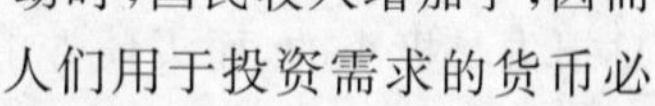

图 13-2 财政政策效果因 *LM* 曲线斜率而异

额越来越小,即 $Y_1Y_2>Y_2Y_3>Y_3Y_4$。

为什么政府增加同样一笔支出,在 LM 曲线斜率较大时即曲线较陡峭时,引起的国民收入增量较小,即财政政策效果较小;相反,LM 曲线斜率较小时即曲线较平坦时,引起的国民收入增量较大,即财政政策效果较大?这是因为,LM 曲线斜率较大,表示货币需求的利率系数(h)较小,或者说货币需求对利率的反应较不灵敏;这意味着一定的货币需求增加将使利率上升较多,从而对私人部门投资产生较大的挤出效应,结果使财政政策效果较小。相反,当货币需求利率系数较大(从而 LM 曲线较平坦)时,政府由于增加支出,即使向私人部门借了很多钱(通过出售公债),也不会使利率上升很多,从而不会对私人投资产生很大影响,这样,政府增加支出就会使国民收入增加较多,即财政政策效果较大。由此我们可以得出一个结论:LM 曲线的斜率越小,即 LM 曲线越平坦,财政政策的挤出效应就越小,财政政策的效果也就越明显;LM 曲线的斜率越大,即 LM 曲线越陡峭,财政政策的挤出效应就越大,财政政策的效果也就越不明显。

2. 凯恩斯主义极端情况下的财政政策的效果

如上所述,如果 LM 曲线越平坦,或者 IS 曲线越陡峭,则财政政策效果就越大。如果出现一种 IS 曲线为垂直线而 LM 曲线为水平线的情况,则财政政策将十分有效,而货币政策将完全无效(见第三节内容)。这种情况被称为凯恩斯主义的极端情况,如图 13-3 所示。

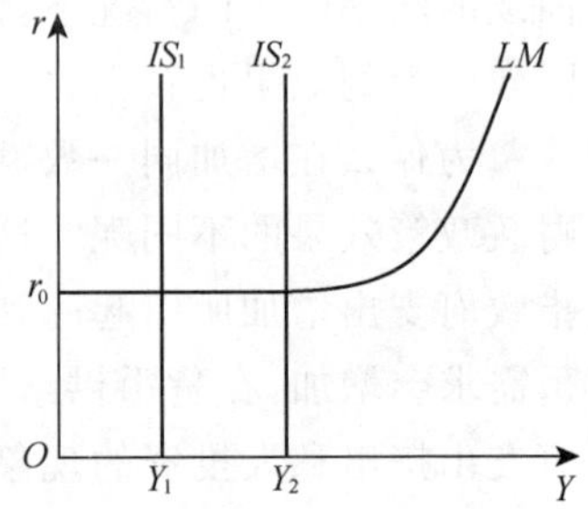

图 13-3　凯恩斯主义极端情况

为什么会出现像图 13-3 中的情况呢?原因在于:LM 曲线为水平线,说明当利率降到像 r_0 这样低水平时,货币需求的利率弹性已成为无限大。这时,人们持有货币而不买债券的利息损失是极小的,而买债券的资本损失风险极大(由于利率极低时债券价格极高,人们会认为这样高的债券价格只会下跌不会再涨,从而买债券的资本损失风险极大)。因此,这时人们不管有多少货币都只想持有在手中。这样,如果国家货币当局想用增加货币供给来降低利率以刺激投资,是不可能有效果的。水平的 LM 即前面说过的凯恩斯陷阱。这时政府用增加支出或减税的财政政策来增加总需求,则效果十分明显,因为政府实行这类扩张性财政政策向私人部门借钱(出售公债),并不会使利率上升,从而对私人投资不产生挤出效应,即挤出效应为零。这就是说,在凯恩斯陷阱中,即使 IS 曲线不垂直而是向右下方倾斜,政府实行财政政策也会十分有效,如图 13-4 所示。

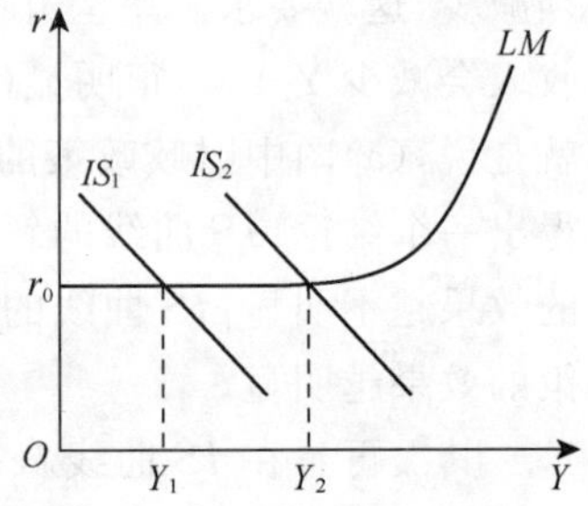

图 13-4　IS 曲线在凯恩斯陷阱中的移动

第三节/货币政策及其效果

货币政策是指中央银行通过调节和改变货币供给量,以影响利率和国民收入的一种宏观经济政策。货币政策是要通过银行制度来实现的,因此为了充分理解货币政策,了解整个银行制度是十分必要的。

一、银行体系

现代银行体系主要是由中央银行、商业银行和其他金融机构所构成。

1. 中央银行

中央银行是一个国家的最高金融管理机构，它统筹管理全国的金融活动，实施货币政策以影响经济。当今世界除了少数国家和地区，几乎所有已独立的国家和地区都设立了中央银行。比如，美国的中央银行是联邦储备局，英国是英格兰银行，法国是法兰西银行，德国是德意志联邦银行。一般认为，中央银行具有三大职能。

首先是作为发行的银行。目前几乎所有的西方国家的纸币都由中央银行发行。但也有例外，如美国、日本、德国等，硬币和辅币由财政部发行。此外，中央银行还管理着国家的黄金和外汇储备。

其次是作为银行的银行。所谓银行的银行是指中央银行的地位凌驾于一般的商业银行和金融机构之上，它一般不同工商企业和个人发生业务往来，只与商业银行和其他金融机构直接发生业务关系，在业务上和政策上起着制约和领导的作用，同时也为商业银行和金融机构提供各种服务。作为银行的银行，这是最能体现中央银行这一特殊金融机构性质的职能之一，其职能具体表现在：吸收和保管存款准备金，充当最后贷款人，对商业银行提供信贷和作为全国票据清算中心，组织全国票据清算事宜。

最后是作为政府的银行。作为政府的银行是指中央银行是管理全国金融机构的国家机关，是国家货币金融政策的制定者和执行者，是国家信用的提供者，代理管理国际财政收支并为国家提供各种金融服务。其职能具体表现为：代理国库，对政府提供信用，管理金融活动，调节国家经济和代表政府参与国际金融活动等。

2. 商业银行

在所有金融机构中，商业银行是规模最大和经营项目最广泛的机构。商业银行之所以称为商业银行，是因为早先向银行借款的人大都经营商业，现在仍冠以“商业”字样，不过是沿用旧习而已。现在的商业银行的业务不仅仅局限在简单的存贷款业务上，还包括提供金融信息服务，保管贵重物品，信用担保，甚至是包销债券等。商业银行是政府推行货币政策的主要渠道，是最重要的消费信贷和向小企业放贷的资金来源，在现代信用货币经济条件下，商业银行在国民收入增长和就业水平稳定与提高的过程中扮演着十分重要的角色。

3. 其他金融机构

在现代金融体系中，还有许多非金融机构，如保险公司、信托投资公司、邮政储蓄机构等。这些非金融机构在国民经济中扮演着越来越重要的角色。

二、存款创造与货币供给

货币供给主要涉及两个问题，即基础货币是通过哪些渠道供应到流通中去的，以及商业银行体系如何创造出更多倍的货币。下面就分析这两个问题，从而揭开货币供应和创造之谜。

1. 存款创造

在探讨存款创造过程之前，有必要先对法定存款准备金率这一概念做一下说明。法定存款准备金率是中央银行依据法律授权规定的商业银行必须保留的最低限度的库存现金占其吸纳的全部存款的比率。按照法定存款准备金率提取的库存现金就是法定存款准备金。法定存款准备金按规定须存入中央银行。

现假定法定存款准备金率为20%,再假定银行客户会将其一切货币收入以活期存款(活期存款是指不用事先通知就可随时提取的银行存款)形式存入银行。在这种情况下,甲客户将100万美元存入开有账户的A银行,银行系统就因此增加了100万美元的准备金。A银行按法定存款准备金率保留20万美元作为准备金存入中央银行,其余80万美元全部贷出,假定是借给一家公司用来买机器,机器制造商乙得到这笔从A银行开来的支票又全部存入与自己有往来的B银行,B银行得到这笔80万美元支票存款后留下16万美元作为法定存款准备金存入中央银行,然后再贷出去64万美元,得到这笔贷款的丙厂商又会把它存入与自己有往来的C银行,C银行留下其中12.8万美元作为法定存款准备金存入中央银行,然后再贷出51.2万美元。由此不断存贷下去,各银行的存款总和是:

$$
\begin{aligned}
& 100+80+64+51.2+\cdots \\
& =100\times(1+0.8+0.8^{2}+\cdots+0.8^{n-1}) \\
& =\frac{100}{1-0.8}=500(\text{万美元})
\end{aligned}
$$

而贷款总和是:

$$
\begin{aligned}
& 80+64+51.2+\cdots \\
& =100\times(0.8+0.8^{2}+\cdots+0.8^{n-1}) \\
& =400(\text{万美元})
\end{aligned}
$$

可见,商业银行的存款创造表现为商业银行不断地将存款转化为贷款,而贷款又派生存款的连续过程。

2. 存款乘数

从以上例子可见,存款总和(用D表示)同这笔原始存款(用R表示)及法定存款准备金率(用r_d表示)之间的关系为:

$$D=\frac{R}{r_d}$$

其中$\frac{1}{r_d}$被称为存款乘数。如用K_d来表示的话,则$K_d=\frac{1}{r_d}$,它是法定存款准备金率的倒数。上例中,存款乘数$K_d=5$。

由存款乘数的公式可知,存款乘数与法定存款准备金率呈负相关:法定存款准备金率越高,存款乘数就越小;反之,则越大。

上述的存款创造过程中,我们只考虑了法定存款准备金这一种漏出因素,但实际上还有其他漏出因素,下面将一一叙述。

(1) 现金漏损

前面假设顾客将所有货币收入都存入银行而不在手中保留现金,但事实上由于种种原因,顾客不会将所有收入都存入银行,而总会将部分收入以现金形式保留在手中。这种现象在银行制度不发达的国家尤为普遍。漏损出来的现金,即公众保持在手中的现金将不会参与存款的创造。如果以 r_c 表示活期存款中公众作为现金提取的比例，即 $r_c = C/D$，于是，活期存款乘数公式扩展为：

$$K_d = \frac{1}{r_d + r_c}$$

（2）超额准备

除了法定存款准备金之外，商业银行往往还自愿保留一定数量的超额准备金，或者由于找不到合适的放贷对象，或者由于企业不愿多借款也会形成超额准备金。假设银行的超额准备金对存款额之比为一固定比率，这一比率称为超额准备金率，用 r_e 来表示。于是，活期存款乘数公式进一步扩展为：

$$K_d = \frac{1}{r_d + r_c + r_e}$$

由上可见，存款创造过程中的各种漏出越多，存款乘数就会越小。

3. 货币乘数

在以上讨论的基础上，再来分析货币乘数。由以上论述可推知，如果非银行部门（个人和企业）减少其持有的货币，并将它存入银行，便会为存款扩张和货币创造提供基础。我们将商业银行的准备金总额（包括法定的和超额的）加上非银行部门持有的现金称为基础货币，货币乘数就是基础货币创造货币供给的倍数。由于基础货币具有使货币供给量成倍放大或成倍缩小的高度能力，因而又称为高能货币。

如果用 C 代表非银行部门持有的通货（现金），R_d 代表商业银行的法定存款准备金，R_e 代表商业银行的超额准备金，B 代表基础货币（或用 H 来表示），则：

$$B = C + R_d + R_e$$

我们使用 M_2 的定义，将货币定义为通货和银行存款（D）之和，即：

$$M = C + D$$

将该式两边同除以基础货币 B，有：

$$\frac{M}{B} = \frac{C + D}{C + R_d + R_e}$$

将上式右边的分子分母都除以 D，得到：

$$\frac{M}{B} = \frac{\frac{C}{D} + 1}{\frac{C}{D} + \frac{R_d}{D} + \frac{R_e}{D}} = \frac{r_c + 1}{r_c + r_d + r_e}$$

如果 $\frac{M}{B}$ 用 K 来表示，则：

$$K = \frac{r_c + 1}{r_c + r_d + r_e}$$

式中，K 表示基础货币创造的货币供给量的倍数，即货币乘数。由于 r_c 取决于公众的偏好和习惯，超额准备金 r_e 取决于商业银行的偏好及社会经济状况，因而，一定时期内的 r_c 和 r_e 都较为稳定，基本上为常数。所以，中央银行可以通过调节基础货币 B 和法定存款准备金率 R_d 来影响货币供给量。

三、货币政策工具

中央银行为了实现货币政策的目标要采取一定的措施和手段，这就是货币政策工具。就控制货币量和信贷量以稳定物价、维持就业水平、促进经济增长和平衡国际收支而论，中央银行的货币政策工具可分为一般性货币政策工具、选择性货币政策工具、直接信用控制工具和间接信用控制工具等。

1. 一般性货币政策工具

一般性的货币政策工具主要有三项。

(1) 再贴现政策

再贴现政策，是中央银行通过制定或调整再贴现利率来干涉和影响市场利率及货币市场供求，从而调节市场货币供给量的一种金融政策。

再贴现政策影响经济的途径主要有三个：一是借款成本效果。即中央银行通过提高或降低再贴现率来影响商业银行或其他金融机构向中央银行借款的成本，从而影响基础货币的投放量，影响货币供给量和经济变量。二是宣示效果。即指中央银行提高再贴现率，表示货币供给量将趋于减少，市场利率即将提高，人们为了避免因利率上升所造成的财产损失，可能会自动紧缩所需信用，减少投资和消费需求；反之亦然。三是结构调节效果。中央银行可以规定再贴现票据的种类，对再贴现的票据实行差别再贴现率，调整信贷结构，贯彻产业政策。

(2) 存款准备金政策

存款准备金政策是指中央银行在法律所赋予的权力范围内，通过规定或调整商业银行缴存的中央银行存款准备金比率，以改变货币乘数，借以控制商业银行信贷规模及其构成，间接地控制社会货币供给量，从而影响国民经济的活动。

存款准备金制度最早起源于英国。目前，世界上大多数国家都实行法定存款准备金制度。准备金制度建立的目的一方面是为了保证银行的资金流动性和现金兑付能力，防止由于流动性不足而出现现金挤兑，从而维护金融的稳定；另一方面是作为中央银行的货币政策工具控制货币供给量，即中央银行通过调整准备金的比率和结构来调节信用量。此外，它还可以为其他货币政策工具的实施构造更广阔的空间或操作平台。

存款准备金政策作用于经济的途径主要包括：第一，对货币乘数的影响。即货币乘数随着法定准备金率的高低做反向变化。第二，对超额准备金的影响。当中央银行降低法定准备金率时，整个银行系统的基础货币和总数不发生变动，而超额准备金增加，货币乘数扩大；相反，中央银行提高存款准备金率，会减少超额存款准备金和货币乘数，从而影响商业银行的贷款和投资。第三，存款准备金率的升降具有直接的宣示效果。存款准备金率上升，说明信用即将收缩，利率随之上升，为避免损失，公众会自动紧缩对信用的需求；反之亦然。

(3) 公开市场业务

公开市场业务是指中央银行通过在金融市场上买卖有价证券，来影响货币供给量和市场利率的行为。

20世纪20年代早期，美国联邦储备系统为了解决自身收入问题，在公开市场上买卖有价证券以获取收益时意外发现这一业务能非常有效地调控货币供给量，于是，从20年代至今，它成为美联储最重要的政策工具。此后，很多国家特别是发达国家也纷纷采用公开市场业务工具来调控宏观经济。公开市场业务目前已成为西方国家最重要的货币政策工具。

公开市场业务作用于经济的途径有：第一，通过影响利率来影响经济。中央银行在公开市场上买进证券，会使证券供不应求，债券价格上升，利率下降，在其他条件不变的情况下，会使投资相应增加，对经济产生扩张性影响；反之亦然。第二，通过影响银行存款准备金来影响经济。如果中央银行买进证券，而出售者是商业银行，则商业银行的证券会减少，在中央银行账户上的存款增加，即存款准备金增加，货币供给按乘数扩张，刺激经济的发展；反之，则会使商业银行的存款准备金减少，货币供给按倍数收缩，抑制经济的发展。

2. 选择性货币政策工具

选择性货币政策工具的作用对象不是针对整个信用量或货币量，而是针对某些特殊领域的信用，主要包括以下几个方面。

（1）证券市场信用控制

证券市场信用控制是指中央银行对有关证券交易的各种贷款、规定贷款额与证券交易额的百分比，特别是规定法定保证金比率以控制和调节流向证券市场的资金，维持和稳定证券市场的行市。证券市场信用控制既能有效控制证券市场资金需求，抑制过度投机，防止金融泡沫，稳定金融市场，又可以控制信贷资金流向，改进宏观金融结构，所以为很多国家所采用。

（2）消费信用控制

消费信用控制是指中央银行对不动产以外的各种耐用消费品的销售融资所予以的控制。其主要内容包括：规定用分期付款购买耐用消费品时第一次付款的最低金额；规定用消费信用购买商品的最长期限；规定可用消费信贷购买的耐用消费品种类，对不同消费品规定不同的信贷条件等。

（3）不动产信用控制

不动产信用控制是指中央银行对金融机构在房地产方面放款的限制措施，以抑制房地产投机。如对金融机构的房地产贷款规定最高限额、最长期限及首付款和分摊还款的最低金额等。

（4）优惠利率

优惠利率是中央银行对国家重点发展的经济部门或产业，如出口工业、农业、能源、交通业等所采取的鼓励措施。

（5）预缴进口保证金

预缴进口保证金，类似证券保证金的做法，即中央银行要求进口商预缴相当于进口商品总值一定比例的存款，以抑制进口的过快增长。

3. 直接信用控制工具

直接信用控制是指以命令或其他方式，直接对金融机构，尤其是商业银行的信用活动所进行的控制。这种控制不是借助于市场机制，它带有较强的行政干预特征。其内容主要包括以下几点。

(1) 利率最高限额

为防止金融业出现信用危机,特别是银行同业间竞争导致的银行破产,中央银行在一定时期规定存贷款最高利率限额,对存款利率的上限和贷款利率的下限进行限制,以防止银行抬高存款利率吸引客户和降低贷款利率争夺客户的竞争,保护金融领域的稳定。

(2) 信用配额

信用配额是指中央银行根据金融市场状况及客观经济需要,对商业银行的信用规模加以分配,限制其最高数量。这种控制手段带有严厉的强制性,是有效遏制信用膨胀的手段。信用配额最早始于18世纪的英格兰银行,目前在许多发展中国家仍然被广泛采用。

(3) 规定商业银行的流动性比率

规定流动性比率,也是限制信用扩张的直接控制手段。流动性比率是指流动性资产对存款的比重。流动性比率与收益率成反比。为保持中央银行规定的流动性比率,商业银行必须采取缩减长期放款、扩大短期放款和增加应付提现的资产等措施。

(4) 直接干预

直接干预是指中央银行直接对商业银行的信贷业务、放款范围等加以干预。如对业务经营管理不善的商业银行拒绝再贴现或采取高于一般利率的惩罚性利率等。

4. 间接信用控制工具

间接信用控制是指中央银行通过道义劝告、窗口指导等手段,间接影响商业银行的信用创造。

(1) 道义劝告

道义劝告是指中央银行利用自己在金融体系中的特殊地位和威望,通过口头和书面的方式要求银行控制信贷规模或者限制对某个行业的放款。道义劝告的优点是比较灵活,无须花费行政管理费用;其缺点则是缺乏法律约束力。

(2) 窗口指导

窗口指导的概念来自日本。日本中央银行根据产业行情、物价走势和金融市场动向,规定商业银行每季度贷款的增减额,并要求其执行。窗口指导作为一种货币政策工具曾在日本得到过广泛使用。

四、货币政策的传导机制

货币政策传导机制就是货币政策工具的运用引起中间目标变量的变动,从而实现中央银行货币政策的最终目标这样一个过程。

一般认为在市场经济条件下,货币政策通过四条途径影响宏观经济总量。以中央银行采取紧缩性货币政策为例,中央银行实行紧缩性货币政策会引起货币供给的下降,而货币供给的下降将通过以下途径进行传递。

1. 利率途径

货币供给的下降提高了流动性效应,导致利率上升,再提高资金成本效应,导致投资下降,最后引起国民收入或产出的下降。

2. 汇率途径(国际传导途径)

汇率途径实质上描述的是国际收支理论的一种标准模式,货币供给下降,导致国内利率上升,对本币的需求增加,本币升值,净出口下降,产出下降。

3. 信贷途径

货币供给下降会直接导致信贷可供量萎缩，投资下降，产出下降；同时，由于信贷市场上存在银行与企业间的委托—代理问题，在货币供给下降导致利率上升、产出下降的一系列宏观经济衰退的环境中，企业现金流量、金融资产价格和股票等非货币资产价格下降，使得逆向选择和道德风险发生的可能性增大，银行贷款量会进一步萎缩，于是投资进一步下降，产出也下降。

4. 非货币资产价格途径

非货币资产价格途径描述的是货币供给下降，通过资产选择效应导致非货币资产价格下降，这又会导致托宾的 q 项（指公司的股票市价除以其资本的重置成本）下降，使得投资下降，最终导致产出下降；同时，非货币资产价格下降导致居民财富下降，从而使消费下降，也会导致产出下降。

五、货币政策的效果

货币政策的效果是指变动货币供给量的政策对总需求的影响。若增加货币供给能使国民收入有较大增加，则货币政策效果大；反之，则小。同样，货币政策的效果也取决于 IS 和 LM 曲线的斜率。

1. 货币政策效果的 *IS-LM* 图形分析

首先我们看在 LM 曲线形状基本不变的情况下，IS 曲线斜率的不同对货币政策的影响。见图 13-5 所示。

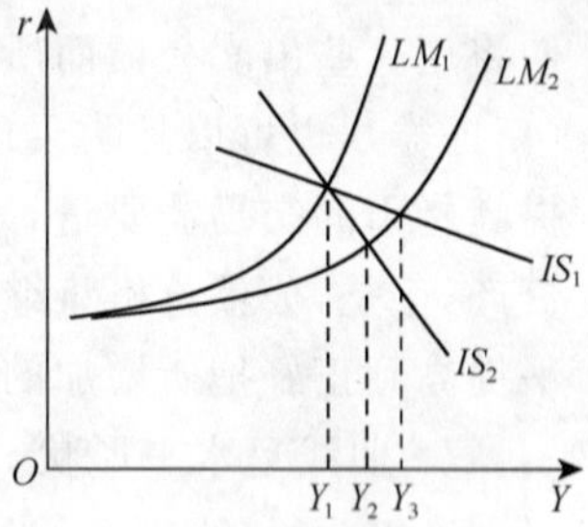

图 13-5 货币政策效果因 IS 曲线斜率而异

图 13-5 中有两条 IS 曲线，IS_1 较平坦，即 IS_1 曲线的斜率较小，IS_2 较陡峭，即 IS_2 曲线的斜率较大。现假设货币当局实行扩张性货币政策，扩大货币供给量，则 LM 曲线从 LM_1 平行右移到 LM_2。从图 13-5 可直观地看出，在 IS 曲线较陡峭时，国民收入的增量 Y_1Y_2 小于在 IS 曲线较平坦时国民收入的增量 Y_1Y_3，即在 IS 曲线的斜率较小时货币政策效果比较明显，而在 IS 曲线的斜率较大时货币政策效果不明显。

其次我们看在 IS 曲线形状基本不变的情况下，LM 曲线斜率的不同对货币政策的影响。见图 13-6 所示。

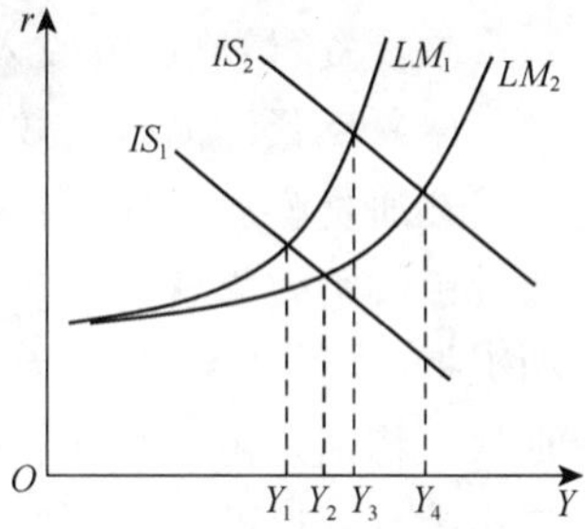

图 13-6 货币政策效果因 LM 曲线斜率而异

图 13-6 中有两条 IS 曲线，IS_1 平行于 IS_2，其区别在于 IS_1 处在 LM 曲线斜率较小的地方，IS_2 处在 LM 曲线斜率较大的地方。现假设货币当局实行扩张性货币政策，扩大货币供给量，则 LM 曲线从 LM_1 平行右移到 LM_2。从图 13-6 可直观地看出，在 LM 曲线较陡峭时，国民收入的增量 Y_3Y_4 大于在 LM 曲线较平坦时国民收入的增量 Y_1Y_2，即在 LM 曲线的斜率较大时货币政策效果比较明显，而在 LM 曲线的斜率较小时货币政策效果不明显。

2. 古典主义极端情况下的货币政策效果

与凯恩斯极端情况相反，如果水平的 IS 曲线和垂直的 LM 曲线相交，则就出现了所谓古典主义的极端情况。见图 13-7 所示。

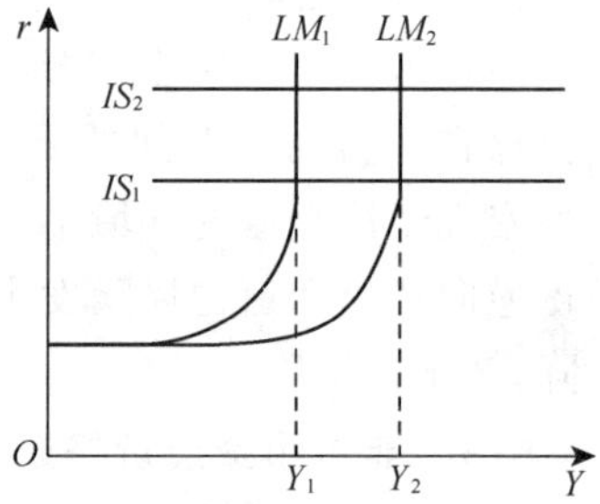

图 13-7　古典主义极端情况

当出现古典主义极端情况时，货币政策十分有效，而财政政策却完全无效，为什么呢？原因在于：

一方面，*LM* 曲线垂直，说明货币需求的利率系数（h）等于零，就是说，人们再不愿为投机而持有货币。这时，如果政府推行扩张性财政政策而要向私人部门借钱（通过发行公债）的话，政府借款利率必须高到使政府公债产生的收益大于私人投资的预期收益，这样私人才能借钱给政府。在这种情况下，政府支出的任何增加都将伴随着私人投资的等量减少。显然，政府支出对私人投资的"挤出效应"就是完全的，扩张性的财政政策并没有使收入产生任何改变。

另一方面，*IS* 曲线呈水平形状，说明投资需求的利率系数（d）达到无限大，利率稍有变动，就会使投资大幅度变动。因此，政府因支出增加或税收减少而需要向私人部门借款时，利率只要稍有上升，就会使私人投资大大减少，产生完全的"挤出效应"。

总之，在古典主义极端情况下，财政政策是完全无效的。可是，如果实行货币政策，则效果会很明显。这是因为，当货币当局准备用购买公债的办法增加货币供给量时，公债价格必须上升到足够高，人们才肯卖出公债以换回货币。由于人们对货币没有投机需求，他们将用这些出卖公债而所得的货币购买其他生息资产，这些生息资产可以是新的资本投资（新证券），也可以是购买现有的生息证券。新的资本投资将提高生产或者收入水平，从而提高货币的交易需要量，人们手中只要还有超过交易所需的闲置货币，总会竞相争购生息资产，于是，公债价格将继续上升，即利率继续下跌，直到新投资（购买生息资产）使收入水平提高到正好把所增加的货币额全部吸收到交易需求中。

IS 曲线呈水平形状，也可以说货币政策效果极大。因为 *IS* 曲线的斜率为零，说明投资对利率极为敏感，因此，当货币供给增加使利率稍有下降，就会使投资极大地增加，从而使国民收入有很大增加。

3. 货币政策的局限性

货币政策是政府宏观干预的重要手段之一，它通过影响货币供给量对利率产生影响，并影响投资，最终影响收入。但在实践中它也存在一些局限性，具体表现在以下方面。

（1）反紧缩的政策效果不明显

在通货膨胀时期实行紧缩的货币政策可能效果比较显著，但在经济衰退时期实行扩张的货币政策效果就不明显。在经济衰退时期，厂商对经济前景普遍悲观，即使中央银行松动银根，降低利率，投资者也不肯增加贷款从事投资活动，银行为了安全起见，也不肯轻易贷款。特别是由于存在着流动性陷阱，不论银根如何松动，利率都不会降低。这样，货币政策作为反衰退的政策，其效果就相当微弱。

（2）货币流通速度的改变影响货币政策的效果

从货币市场均衡的情况看，如果以增加或减少货币供给来影响利率的话，必须以货币流通速度不变为前提。如果这一前提不存在，货币供给变动对经济的影响就要大打折扣。在经济繁荣时期，中央银行为抑制通货膨胀需要紧缩货币供给，或者放慢货币供给的增长率，然而，那时公众一般会增加支出，而且物价上升快时，公众不愿把货币持在手上，而希望尽快花费出去，从而货币流通速度会加快。这时，即使中央银行减少货币供给量，也会因为货币流通速度加快而无法使通货膨胀降下来。反之亦然。

(3) 货币政策的时滞影响货币政策的效果

中央银行变动货币供给量，要通过影响利率，再影响投资，然后再影响就业和国民收入，因而，货币政策作用要经过相当长一段时间才会充分得到发挥。在这段时间内，经济情况有可能发生与人们原先预料相反的变化。比如说，经济衰退时中央银行扩大货币供给，但未到这一政策效果完全发挥出来时经济就已经转入繁荣，物价已开始较快地上涨，则原来的扩张性货币政策不是反衰退，却为加剧通货膨胀起了火上浇油的作用。

(4) 开放经济条件下国际资本的流动影响货币政策的效果

比如，一国实行紧缩性的货币政策时，利率上升，国外资金会流入，若汇率浮动，本币会升值，出口会受到抑制，进口会受刺激，从而使本国总需求比在封闭经济情况下有更大的下降。如果实行固定汇率，中央银行为使本币不升值，势必抛出本币，按固定汇率收购外币，于是货币市场上本国货币供给增加，使原先实行的紧缩性的货币政策效果大打折扣。

(5) 货币政策手段本身的局限性

变更再贴现率是中央银行间接控制商业银行准备金的重要手段，但这种手段的效果受到商业银行行为的制约。例如，当中央银行降低再贴现率时，商业银行未必增加贴现，至少不一定按照中央银行的意图增加再贴现数量。

第四节/两种政策的组合

前面分别讨论了财政政策与货币政策，本节将对它们进行综合分析。

一、两种政策组合的方式

总体而言，财政政策与货币政策的组合方式大致有：第一，扩张性财政政策与扩张性货币政策相配合。扩张性的货币政策是指通过增加货币供给来带动总需求增长的一种货币政策。这种政策组合可以有力地刺激总需求，但容易引起通货膨胀，留下后遗症。第二，紧缩性的财政政策与紧缩性的货币政策相配合。紧缩性的货币政策是指通过削减货币供给的增长来降低总需求增长的一种货币政策。这两种政策的组合可以有力地压缩总需求，但容易导致较长时期的经济衰退。所以，一般情况下不轻易采用，除非通货膨胀很严重。第三，扩张性财政政策与紧缩性货币政策相配合，或者紧缩性财政政策与扩张性货币政策相配合。这样可以使总需求扩大但又不至于引起通货膨胀，或者使总需求缩减但又不至于导致经济衰退。

二、两种政策组合的影响

这里主要是运用 *IS-LM* 模型来分析两种政策的不同组合方式对于利率与国民收入的影响。

1. 扩张性的财政政策与扩张性的货币政策

如图 13-8 所示，以增加政府购买为主要特征的扩张性财政政策使 *IS* 曲线右移，以增加货币供给量为主要特征的扩张性货币政策使 *LM* 曲线右移。扩张性的财政政策导致总需求和国民收入增加，从而对货币的需求增加，利率上升，而扩张性的货币政策导致利率下降，国民收入增加。所以，这种政策组合肯定会使国民收入增加，利率的升降则取决于两种政策的力度大小比较。图 13-8(a)显示国民收入和利率都提高了，说明财政政策的力度较大；而图 13-8(b)显示国民收入增加的同时，利率却下降了，说明货币政策的力度较大。

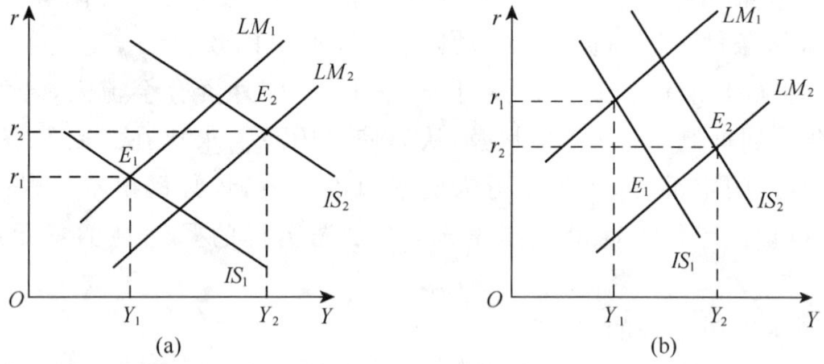

图 13-8 扩张性财政—货币政策组合的影响

当然，财政政策与货币政策的政策力度在这里除了与 *IS* 曲线和 *LM* 曲线分别移动的幅度有关外，还与这两条曲线各自的斜率有关。这一点在前面的内容中已做了详细的论述。

为简便起见，我们以 $\Delta G\uparrow$、$\Delta G\downarrow$ 分别代表扩张性与紧缩性的财政政策，以 $\Delta M\uparrow$、$\Delta M\downarrow$ 分别代表扩张性与紧缩性的货币政策，则上述内容可简明地表示为：

$\Delta G\uparrow \rightarrow IS$ 曲线右移　　　　$\Delta M\uparrow \rightarrow LM$ 曲线右移

$\Delta G\uparrow \rightarrow r\uparrow$ 和 $Y\uparrow$　　　　$\Delta M\uparrow \rightarrow r\downarrow$ 和 $Y\uparrow$

2. 紧缩性的财政政策与紧缩性的货币政策

$\Delta G\downarrow \rightarrow IS$ 曲线左移　　　　$\Delta M\downarrow \rightarrow LM$ 曲线左移

$\Delta G\downarrow \rightarrow r\downarrow$ 和 $Y\downarrow$　　　　$\Delta M\downarrow \rightarrow r\uparrow$ 和 $Y\downarrow$

图示省略，读者可自行描画。

3. 扩张性的财政政策与紧缩性的货币政策

$\Delta G\uparrow \rightarrow IS$ 曲线右移　　　　$\Delta M\downarrow \rightarrow LM$ 曲线左移

$\Delta G\uparrow \rightarrow r\uparrow$ 和 $Y\uparrow$　　　　$\Delta M\downarrow \rightarrow r\uparrow$ 和 $Y\downarrow$

4. 紧缩性的财政政策与扩张性的货币政策

$\Delta G\downarrow \rightarrow IS$ 曲线左移　　　　$\Delta M\uparrow \rightarrow LM$ 曲线右移

$\Delta G\downarrow \rightarrow r\downarrow$ 和 $Y\downarrow$　　　　$\Delta M\uparrow \rightarrow r\downarrow$ 和 $Y\uparrow$

本章小结

1. 宏观经济政策的目标主要有四个,分别是充分就业、价格稳定、经济增长和国际收支平衡。这四个宏观经济目标之间存在着矛盾。

2. 一国财政由政府收入(包括税收和公债)和支出(包括政府购买和转移支付)两个方面构成。财政对经济的调节分为自动调节和主动调节两类。自动调节即自动稳定器自动地对经济起着调节作用,但这种自动调节经济的作用是有限的;主动调节指政府有意识地实行积极的财政政策,使财政的功能从单纯地追求预算平衡到追求充分就业、价格稳定、经济增长以及国际收支平衡的转变。

3. 运用 *IS-LM* 图形分析得知,财政政策的效果因 *IS* 曲线和 *LM* 曲线的斜率不同而不同。*IS* 曲线的斜率越大,财政政策的挤出效应越小,财政政策的效果就越明显;反之,*IS* 曲线的斜率越小,财政政策的挤出效应越大,财政政策的效果就越不明显。*LM* 曲线的斜率越大,财政政策的挤出效应越大,财政政策的效果就越不明显;反之,*LM* 曲线的斜率越小,财政政策的挤出效应越小,财政政策的效果就越明显。在凯恩斯主义的极端情况下财政政策是十分有效的,而货币政策完全无效。

4. 由于 *IS* 曲线和 *LM* 曲线斜率的大小取决于投资乘数、投资需求的利率系数、货币需求的收入系数和货币需求的利率系数大小,因此,这四个变量的大小直接影响到财政政策的效果。简单地讲,投资乘数越大,财政政策的效果就越不明显;相反,投资乘数越小,财政政策的效果就越明显。投资需求的利率系数越大,财政政策的效果就越不明显;相反,投资需求的利率系数越小,财政政策的效果也就越明显。货币需求的收入系数越大,财政政策的效果就越不明显;相反,货币需求的收入系数越小,财政政策效果就越明显。货币需求的利率系数越大,财政政策的效果就越明显;相反,货币需求的利率系数越小,财政政策的效果就越不明显。

5. 货币政策是政府货币当局即中央银行通过银行体系变动货币供给量来调节总需求的政策。中央银行变动货币供给的政策工具主要有一般性的货币政策工具(包括再贴现率、法定准备金率和公开市场业务)、选择性的货币政策工具(包括证券市场信用控制、消费信用控制、不动产信用控制、优惠利率和预缴进口保证金等)、直接信用控制(包括利率最高限额、信用配额、流动性比率和直接干预)和间接信用控制(包括道义劝告和窗口指导)。货币政策工具对经济的影响途径主要有四个:利率途径、汇率途径、信贷途径和非货币资产价格途径。

6. 运用 *IS-LM* 图形分析得知,货币政策的效果因 *IS* 曲线和 *LM* 曲线的斜率不同而不同。由于 *IS* 曲线和 *LM* 曲线斜率的大小取决于投资乘数、投资需求的利率系数、货币需求的收入系数和货币需求的利率系数大小,因此,这四个变量的大小直接影响到货币政策的效果。简单地讲,投资乘数越大,货币政策的效果就越明显;相反,投资乘数越小,货币政策的效果就越不明显。投资需求的利率系数越大,货币政策的效果就越明显;相反,投资需求的利率系数越小,货币政策的效果也就越不明显。货币需求的收入系数越大,货币政策的效果就越明显;相反,货币需求的收入系数越小,货币政策效果就越不明显。货币需求的利率系数越大,货币政策的效果就越不明显;相反,货币需求的利率系数越小,货币政策的效果就越明显。

7. 根据政策调节的需要,财政政策和货币政策可以搭配使用。财政政策和货币政策的组合主要有三种方式：扩张性的财政政策与扩张性的货币政策组合，紧缩性的财政政策与紧缩性的货币政策组合，扩张性的财政政策与紧缩性的货币政策组合，紧缩性的财政政策与扩张性的货币政策组合。

关键概念

财政政策　自动稳定器　挤出效应　积极的财政政策　稳健的财政政策　相机抉择的财政政策　汲水政策　补偿性政策　货币政策　法定存款准备金率　存款乘数　货币乘数　再贴现政策　公开市场业务

复习思考题

一、单项选择题

1. 货币供给增加使 LM 曲线右移，若要均衡收入变动接近于 LM 曲线的移动量，必须（　　）。

A. LM 曲线陡峭，而 IS 曲线平坦　　B. LM 曲线陡峭，IS 曲线也陡峭

C. LM 曲线平坦，而 IS 曲线垂直　　D. LM 曲线和 IS 曲线一样平坦

2. 下列哪种情况下，增加货币供给不会影响均衡收入？（　　）

A. LM 曲线陡峭，而 IS 曲线平坦　　B. LM 曲线陡峭，IS 曲线也陡峭

C. LM 曲线平坦，而 IS 曲线垂直　　D. LM 曲线和 IS 曲线一样平坦

3. 政府购买增加使 IS 曲线右移，若要均衡收入变动接近于 IS 曲线的移动量，则必须（　　）。

A. LM 曲线平坦，而 IS 曲线陡峭　　B. LM 曲线垂直，而 IS 曲线陡峭

C. LM 曲线和 IS 曲线一样平坦　　D. LM 曲线陡峭，而 IS 曲线平坦

4. 货币供给的变动如果对均衡收入有更大的影响，是因为（　　）。

A. 私人部门的支出对利率更敏感　　B. 私人部门的支出对利率不敏感

C. 支出乘数较小　　D. 货币需求对利率更敏感

5. 在下述哪种情况下，挤出效应更有可能发生？（　　）

A. 货币需求对利率具有敏感性，私人部门支出对利率也有敏感性

B. 货币需求缺乏利率敏感性，私人支出也缺乏利率敏感性

C. 货币需求具有利率敏感性，私人支出对利率没有敏感性

D. 货币需求缺乏利率敏感性，私人支出很有利率敏感性

6. 在下述何种情况下，会产生挤出效应？（　　）

A. 货币供给的下降使利率提高，从而挤出了对利率敏感的私人支出

B. 对私人部门税收的增加引起私人部门可支配收入和支出的下降

C. 政府支出增加使利率提高，从而挤出了私人部门的支出

D. 政府支出的下降导致消费支出的下降

7. 以下何种情况不会引起收入水平的上升？（　　）

A. 增加自主性支出　　B. 减少自主性税收

C. 增加自主性转移支付　　D. 增加净税收

8. 其他条件不变，增加自主性净税收，会引起(　　)。

A. 国民收入增加　　B. 国民收入减少

C. 国民收入不变　　D. 以上几种情况都有可能发生

9. 如果政府支出的增加与政府转移支付的减少相同时，收入水平会(　　)。

A. 不变　　B. 增加　　C. 减少　　D. 不相关

10. 如果所得税税率既定不变，政府预算为平衡性的，那么增加自主性投资在其他条件不变时会增加均衡的收入水平，并且使政府预算(　　)。

A. 保持平衡　　B. 有盈余

C. 出现赤字　　D. 以上三种情况都有可能

11. 政府的财政收入政策通过哪一个因素对国民收入产生影响？(　　)

A. 增加货币量　　B. 政府购买　　C. 消费支出　　D. 出口

12. 假定政府没有实行财政政策，国民收入水平的提高可能导致(　　)。

A. 政府支出增加　　B. 政府税收增加

C. 政府税收减少　　D. 政府财政赤字增加

13. 扩张性财政政策对经济的影响是(　　)。

A. 缓和了经济萧条但增加了政府债务　　B. 缓和了经济萧条也减轻了政府债务

C. 加剧了通货膨胀但减轻了政府债务　　D. 缓和了通货膨胀但增加了政府债务

14. 商业银行之所以会有超额准备金，是因为(　　)。

A. 吸收的存款太多　　B. 未找到那么多合适的贷款对象

C. 向中央银行申请的贴现太多　　D. 以上几种情况都有可能

15. 市场利率提高，银行的准备金会(　　)。

A. 增加　　B. 减少

C. 不变　　D. 以上几种情况都有可能

16. 中央银行降低再贴现率，会使银行准备金(　　)。

A. 增加　　B. 减少

C. 不变　　D. 以上几种情况都有可能

17. 中央银行在公开市场卖出政府债券是企图(　　)。

A. 收集一笔资金帮助政府弥补财政赤字　　B. 减少商业银行在中央银行的存款

C. 减少流通中基础货币以紧缩货币供给　　D. 通过买卖债券获取差价利益

二、问答题

1. 是否边际税率越高，税收作为自动稳定器的作用越大？

2. 财政政策效果与 *IS* 曲线和 *LM* 曲线的斜率有什么关系？为什么？

3. 为什么边际消费倾向越大，边际税率越小，财政政策效果越不明显？

4. 货币政策效果与 *IS* 曲线和 *LM* 曲线的斜率有什么关系？为什么？

5. *IS* 曲线和 *LM* 曲线怎样移动才能使收入增加而利率不变？怎样的财政政策和货币政策组合才能做到这一点？

6. 在价格水平不变的条件下，为什么增加货币供给会使利率下降？

7. 为什么经济萧条时凯恩斯主义容易“走运”，而通货膨胀居高不下时货币主义容易成为“时髦”?

三、计算题

1. 假定某经济社会的消费函数为 $C=300+0.8Y_d$,私人意愿投资 $I=200$,税收函数 $T=0.2Y$(单位为亿美元)。求:

(1) 均衡收入为2 000亿美元时,政府支出(不考虑转移支付)必须是多少?预算是盈余还是赤字?

(2) 政府支出不变,而税收提高为 $T=0.25Y$,均衡收入是多少?这时预算将如何变化?

2. 假定某国政府当前预算赤字为75亿美元,边际消费倾向 $b=0.8$,边际税率 $t=0.25$,如果政府为降低通货膨胀率要减少支出200亿美元,试问支出的这种变化最终能否消灭赤字?

3. 假定货币需求 $L=0.2Y$,货币供给 $M=200$,消费函数为 $C=90+0.8Y_d$,税收 $T=50$,投资 $I=140-5r$,政府支出 $G=50$,求:

(1) 导出 IS 曲线和 LM 曲线,求均衡收入、利率和投资;

(2) 如其他条件不变,政府支出增加20,收入、利率和投资有什么变化?

(3) 是否存在“挤出效应”?

4. 假定货币需求 $L=0.2Y-10r$,货币供给 $M=200$,消费函数为 $C=60+0.8Y_d$,税收 $T=100$,投资 $I=150$,政府支出 $G=100$,求:

(1) 导出 IS 曲线和 LM 曲线,求均衡收入、利率和投资;

(2) 如果其他条件不变,政府支出增加20,收入、利率和投资有什么变化?

(3) 是否存在“挤出效应”?

5. 假定货币需求函数 $L=kY-hr$ 中的 $k=0.5$,消费函数 $C=a+bY$ 中的 $b=0.5$,再假设政府支出增加10亿美元,试问货币供给量(假定价格水平为 $P=1$)要增加到多少才能使利率不变?

第十四章　国民收入的决定：总需求—总供给模型

学习目标：

- 总需求曲线的形状及移动；
- 短期总供给曲线；
- 长期总供给曲线；
- 总需求与总供给均衡。

IS-LM 模型是在价格水平给定的条件下研究国民收入的决定。也就是说，价格水平被视为模型的外生变量，它不能由模型本身加以确定。在价格水平比较稳定（甚至固定）时，这显然不失为一种方便的研究方法。但是现实中价格水平通常是不断变动的，尤其是自20世纪60年代后期以来，通货膨胀已经成为西方国家经济生活中普遍存在的现象。因此，一个能将价格水平和国民收入同时加以确定的模型显然是更有吸引力的。总供求模型便是这样的一个模型。

第一节/总需求曲线

我们知道，单个产品的需求曲线是根据消费者在既定预算约束下的效用最大化而导出的。在其他商品价格不变的情况下，某种商品的价格下降将从两个方面导致对该商品需求的增加，即替代效应和收入效应。但是当反映所有商品及劳务价格的总体价格水平发生变化时，社会的总需求将如何变化呢？引起这种变化的机制又是什么？这就是本节所要讨论的内容。

一、总需求函数与总需求曲线

在微观经济中，市场对某产品的需求是指该市场在每一价格水平上对该产品的需求量，而这里所讲的总需求是指整个经济社会在每一价格水平上对产品和劳务的需求总量。按照总需求的定义，用 AD 代表总需求，则有：

$$AD = C + I + G + NX$$

式中，C 为消费需求，I 为投资需求，G 为政府购买需求，NX 为净出口需求即国外需求。

从总需求的定义来看,总需求衡量的是经济中各个经济部门的总支出。正如其他条件不变时,若某商品价格上升,市场对该商品需求量会下降一样,经济社会对商品的总需求也会随价格总水平的上升而下降。总需求与价格总水平之间的这种依存关系,就是总需求函数。或者说,总需求函数是指价格总水平与经济社会的均衡总支出或均衡收入之间的数量关系。总需求函数可以表示为:

$$Y = AD(P)$$

一定的价格总水平总会有与之相适应的均衡总支出或总收入量。描述总需求函数的几何图形,就是总需求曲线。一般说来,随着价格总水平的提高,总支出水平下降;反之,价格总水平下降,总支出水平提高,即经济中的总支出量与价格总水平之间呈反向变动。这说明,与单个商品的需求曲线一样,总需求曲线是一条向下方倾斜的曲线。见图 14-1 所示。

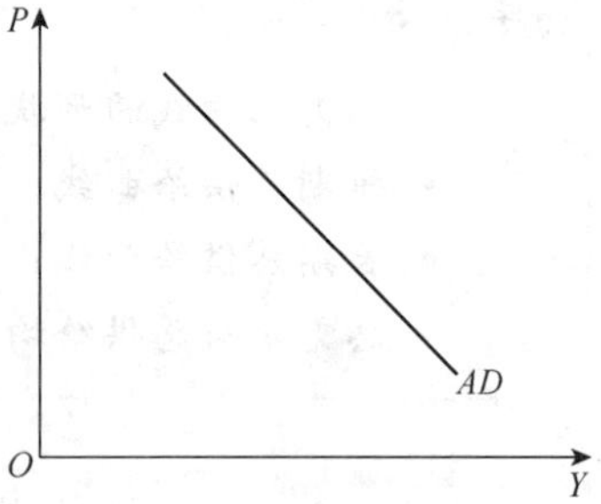

图 14-1 总需求曲线

总需求曲线为什么向右下方倾斜呢?我们先回忆一下,*GDP*(我们用 Y 表示)是消费(C)、投资(I)、政府购买(G)和净出口(NX)之和,即:

$$Y = C + I + G + NX$$

这四个组成部分的每一部分都对物品与劳务的总需求做出了贡献。现在我们假设政府支出是由政策固定的,其他三个支出的组成部分——消费、投资和净出口——取决于经济状况,特别是取决于物价水平。因此,为了了解总需求曲线为什么向右下方倾斜,我们必须考察物价水平如何影响消费、投资和净出口的物品与劳务需求量。

1. 物价水平与投资:财富效应

一方面,价格总水平上升,使人们所持有的货币及其他以货币衡量的具有固定价值的资产的实际价值降低,人们会变得相对贫穷,于是人们的消费水平就相应地减少;反之,当价格总水平下降时,人们所持有的资产实际价值上升,人们会变得较为富有,从而增加消费支出。另一方面,价格总水平上升,会使人们的名义收入增加,名义收入增加会使人们进入更高的纳税档次,从而使人们的税负增加,可支配收入下降,进而使人们的消费水平下降;相反,价格总水平下降,会使人们的名义收入减少,名义收入减少会使人们进入较低的纳税档次,从而使人们的税负下降,可支配收入相对增加,进而使人们的消费水平上升。

2. 物价水平与投资:利率效应

下面考察价格总水平对投资支出的影响。如果价格总水平上升,将导致利率上升,进而导致投资和总支出水平下降。因为,从通常的意义上看,价格总水平越高,商品和劳务越贵,所需交易的现金就越多,支付的金额就越大。可见货币的名义需求是价格总水平的增函数。如果货币供给没有变化,价格总水平上升使货币需求增加时,利率就会上升。利率上升,投资水平下降,因而总支出水平和收入水平下降。在宏观经济学中,将价格总水平变动引起利率同方向变动,进而使投资和产出水平反方向变动的情况,称为利率效应。

3. 物价水平与净出口:汇率效应

汇率效应就是物价水平通过对汇率的影响而影响净出口。影响一国汇率的重要因素就是利率，在资本自由流动的情况下，资本从低利率地区流向高利率地区。当一国利率上升，高于世界利率水平时，资本流出，这就需要把本国货币换成外国货币，这样，外汇市场上，对外国货币的需求增加，从而汇率上升，汇率上升时净出口减少。净出口是总需求的组成部分，净出口减少导致总需求减少，总需求曲线向右下方倾斜。

因此，有三个不同而相关的原因说明了为什么物价水平下降增加了商品与劳务需求量：第一，消费者更富了，这刺激了消费品的需求；第二，利率下降，这刺激了投资品需求；第三，汇率贬值，这刺激了净出口需求。由于这三个原因，使总需求曲线向右下方倾斜。

重要的是要记住，总需求曲线是在假设“其他条件相同”的情况下画出来的。特别是，我们对向右下方倾斜的总需求曲线的三个解释都假设货币供给是固定的。这就是说，我们是在假设经济中货币不变的情况下来考虑物价水平的变动如何影响对物品与劳务的需求的。

二、总需求曲线的移动

既然总需求由消费、投资、政府购买和净出口四部分组成，那么，下面将按照总需求的这四个部分来讨论总需求曲线的移动。

1. 消费需求的变动

如果消费者所拥有的资产升值了，财富增加了，则在同一价格总水平下，消费者的消费需求会增加，即 AD 曲线由图 14-2 中的 AD_0 右移至 AD_1；反之，AD 曲线则左移。

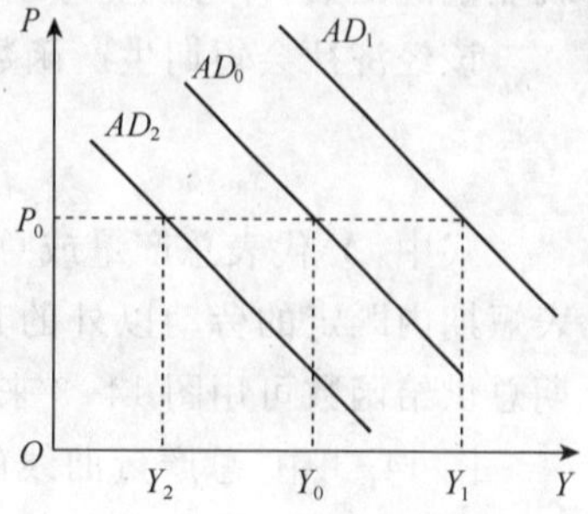

图 14-2 总需求曲线的移动

如果消费者预期经济走势趋好，自己的收入会增加，或预期今后的物价会上涨，则当前的消费需求也会增加，AD 曲线右移；反之则左移。

如果税率降低，消费者的纳税额减少，或者消费者得到的政府转移支付（如失业救济金、困难补助金、各种政府补贴等）增加，则消费者的消费需求会增加，AD 曲线右移；反之则左移。

2. 投资需求的变动

如果企业税收减少，或者预期利润提高，或者价格以外的因素引起利率下降（如货币供给增加），或者生产技术的进步等因素促使投资需求增加，则 AD 曲线右移；反之则左移。

3. 政府支出的变动

政府支出的变动取决于政府的宏观财政政策，当价格总水平未变化时，政府支出可能增加，也可能减少。当政府支出增加时，AD 曲线右移；反之则左移。

4. 净出口需求的变动

净出口增加意味着同一价格水平时的总需求扩大，AD 曲线右移；反之则左移。净出口本身则主要取决于汇率变动和外国收入的变动。如果世界经济繁荣，外国或世界主要经济体企业和消费者的收入增加，其进口一般会增加，从而导致本国或所讨论的某国的净出口增加。至于汇率变动及其经济效应在此暂不讨论。

第二节/总供给曲线

总需求曲线只是给出了价格总水平和以收入水平来表达的总需求水平之间的关系,并不能决定整个社会供求相等的价格总水平和总产量。为了说明整个经济价格总水平和总产出是如何决定的,宏观经济学需要引出另一个分析工具,即总供给曲线。这是本节所要讨论的主要内容。

一、总供给与劳动市场

为了推导出总供给曲线,有必要对总供给做出一般性说明。总供给是指经济社会在每一价格总水平上提供的商品和劳务的总量。总供给函数表示总产出量与价格总水平之间的关系。总供给曲线是表示产出量和价格总水平的各种不同组合的曲线。

总供给曲线是根据生产函数、劳动需求函数和劳动供给函数以及货币工资曲线推导而得到的。由于经济社会的总供给是该社会的总生产量,而生产量是由生产函数决定的,在短期内,资本数量是固定不变的,因此,总产量水平取决于劳动的总就业量。总产量是劳动就业量的函数,即总就业量增加,总产量也增加;反之则亦然。

该经济社会短期生产函数可以写为:

$$Y = f(N, \overline{K})$$

式中,Y 代表总产量或总供给,N 代表总就业量,$\overline{K}$ 代表短期内既定的劳动以外的其他生产要素或经济资源。短期总供给函数可用图 14-3 来表示。

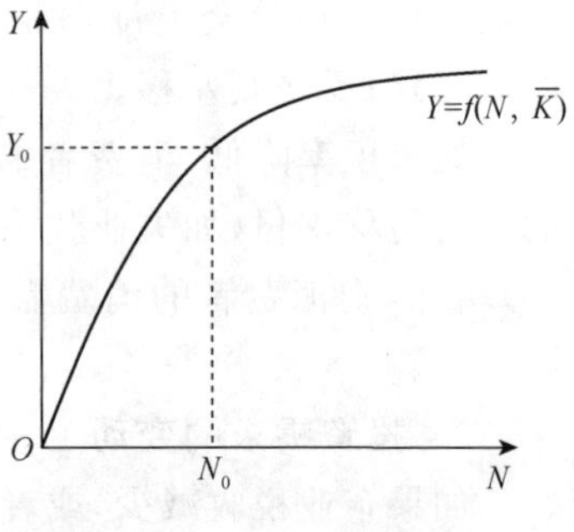

图 14-3 短期总供给函数

图 14-3 中,总产量曲线的形状表示,随着就业量 N 的增大,产量也增加,但增加的比率递减,原因是劳动的边际生产力是递减的。

劳动总就业量决定于劳动需求和劳动供给的均衡。劳动的需求决定于劳动的边际产品 MPL,是劳动的边际产品的函数。在微观经济学的生产要素价格的决定原理中,厂商对劳动的需求决定于劳动的边际产品价格(VMP)或边际收益产品(MRP)。由于劳动边际产品价值随劳动投入增加而递减,因此厂商对劳动的需求曲线是向右下方倾斜的。同样,作为厂商的劳动需求曲线总和的劳动总需求曲线也是向右下方倾斜的。在完全竞争市场上,厂商短期均衡的条件是实际工资率等于劳动的边际产品,即 $W/P = MPL$,式中,W 为货币工资率(指单位劳动时间的工资,如每小时的货币工资),P 为价格总水平,W/P 为实际工资率,MPL 为劳动边际产品。由于 MPL 随劳动数量的增加而递减,因此,只有实际工资率 W/P 下降时,企业才肯增加劳动量。这就是说,劳动需求量是实际工资率的减函数:实际工资率低,则劳动的需求量大;反之则亦然。因而劳动需求函数可以写为:

$$N_d = N_d(W/P)$$

劳动的供给也决定于实际工资率水平，是实际工资率的增函数：实际工资率低，劳动的供给量小；反之则亦然。劳动供给之所以是实际工资率的增函数，是因为实际工资率越高，劳动者不工作所放弃的实际收入就越多，即不工作（闲暇）的机会成本就越高，因而人们就越是愿意用多劳动来代替休闲。劳动的供给函数可以写为：

$$N_s = N_s(W/P)$$

把劳动的需求函数和劳动的供给函数结合起来就可以确定均衡的实际工资率水平和劳动就业水平：

$$N_d(W/P) = N_s(W/P)$$

如图 14-4 所示，劳动需求曲线和劳动供给曲线的交点决定了均衡的实际工资率水平和均衡就业量。

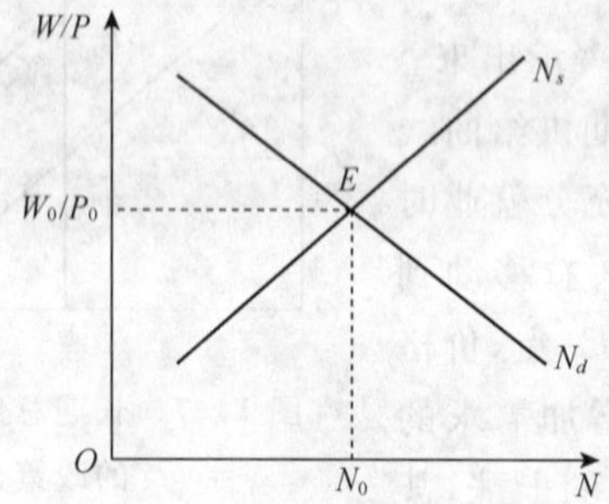

图 14-4 劳动力市场的均衡

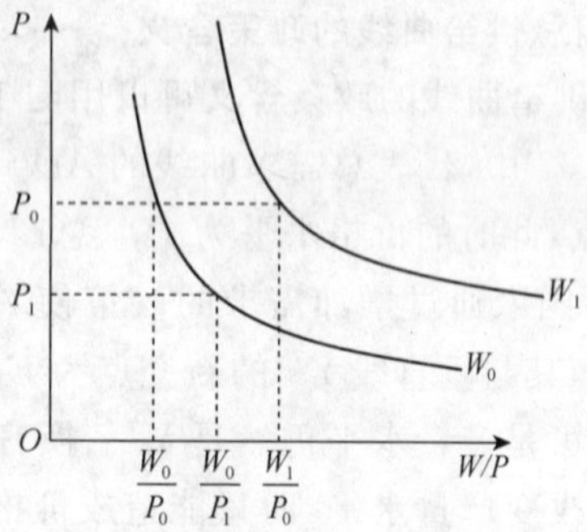

图 14-5 货币工资曲线

货币工资率 W、价格总水平 P 和实际工资率水平 W/P 的关系可用图 14-5 来表示。曲线向右下方倾斜，表示当名义工资一定时，价格总水平下降，实际工资率 W/P 上升。例如，当名义工资 W_0 一定时，若价格总水平为 P_0，则实际工资率为 W_0/P_0。如价格总水平下降为 P_1 时，则实际工资率上升为 W_0/P_1。在价格水平不变时，如果工资率上升，曲线就会向右上方平行移动；反之则亦然。例如，假定名义工资从 W_0 上升到 W_1，则价格总水平 P_0 不变时，实际工资率从 W_0/P_0 上升到 W_1/P_0。

已知总生产函数、劳动需求和供给曲线以及货币工资曲线，就可以求总供给曲线。由于西方经济学家各自依据的假定条件不同，因而对总供给曲线的形态存在不同的看法。

二、长期总供给曲线

1. 长期总供给曲线的含义

在凯恩斯以前的古典经济学中，工资、价格可以灵活变动。这样，就业量的决定就完全独立于价格水平的变化。因为价格水平上升时，名义工资会同比例上升，从而实际工资保持不变，劳动市场迅速恢复均衡，就业量也恢复到原有的水平，总产出也因此维持在原有水平。如果名义工资的上升幅度小于价格水平的上升幅度，意味着实际工资下降，那么劳动需求大于劳动供给的状况会促使名义工资继续上升，直至等同于价格水平的上升幅度。根据以上分析，社会就业量不随价格水平的变化而变化，从而由就业量决定的总产出、总供给也不随价格水平的变化而变化。因此，当工资、价格具有完全的伸缩性时，总供给曲线 AS 垂直于横轴。如图 14-6 所示。由于这种情况下的总产出是在劳动市场均衡即劳动力资源得到充分利用的条件下取得的，因而这时的总产出可以被认为是经济社会可能的最大产出即潜在产出，或充分就业产出。

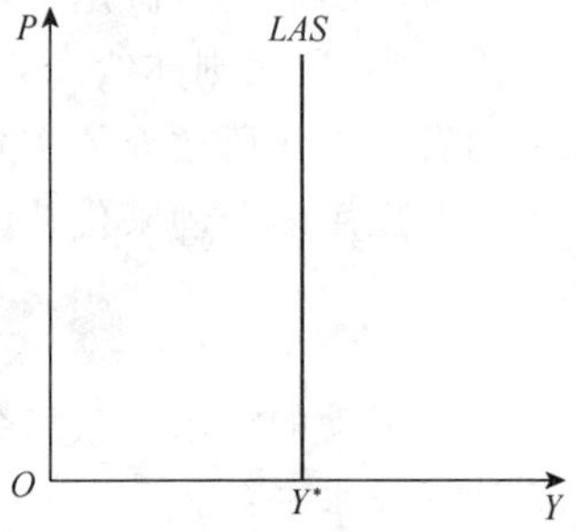

图 14-6　长期总供给曲线

在现代宏观经济学看来，古典学派的理论中关于名义工资与价格水平调整的一致性只有在时间足够长的情况下才符合实际，因此，图 14-6 中垂直于横轴的总供给曲线被认为是长期总供给曲线（LAS），它表示一个经济社会的长期的总产出不受价格变动的影响。当然，这样的总供给曲线有时也被称为古典总供给曲线。

2. 长期总供给曲线的政策含义

长期总供给曲线的政策含义可以用图 14-7 表示出来。

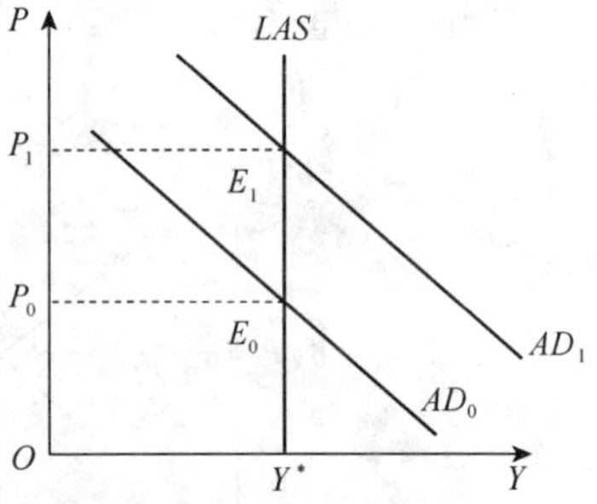

图 14-7　长期总供给曲线的政策含义

在图 14-7 中，代表总需求曲线的 AD_0 与长期供给曲线相交于 E_0 点，此时的价格水平为 P_0，总产量是充分就业时的产量 Y^*。国家通过增加需求的政策使 AD_0 向右移动到 AD_1 的位置，其与垂直线 Y^* 的新交点为 E_1。在 E_1 点，价格水平为 P_1，可是产量水平仍然是 Y^*。换言之，增加需求的政策并不能改变产量水平，而只能造成价格水平的上涨，甚至通货膨胀。

三、短期总供给曲线

古典学派关于工资和价格具有完全伸缩性（即完全弹性）的假定受到后来许多经济学家的质疑和否定，他们在这方面提出了多种理论假说，用以说明总供给曲线的形成。由于这些总供给曲线同前述的长期总供给曲线是有区别的，它是在经济社会的经济资源未得到充分利用的情况下取得的，因而带有短期性特征，所以被称为短期总供给曲线。

下面就简要地介绍几种代表性的理论假说。

1. 资本设备闲置假说

这是凯恩斯提出来的。他认为，在经济社会存在大量资本设备闲置的条件下，投资品的价格水平不会因生产的扩大而上涨，劳动投入和就业量的增加也不会带来边际产值的递减。因为这时与劳动投入量相匹配的资本设备等可以同比例增加，这也就是说，随着产出的增加，产品的生产成本保持不变，从而价格水平保持不变，即在相同的价格水平下，总供给可以一直增加，直到资本设备等全部被充分利用时为止。这种情况下的 AS 曲线表现为某一不变价格时的水平线。一旦经济资源被充分利用，AS 曲线便转变为垂直形。这样的总供给曲线也常常被称为反 L 形的总供给曲线。如图 14-8 所示。

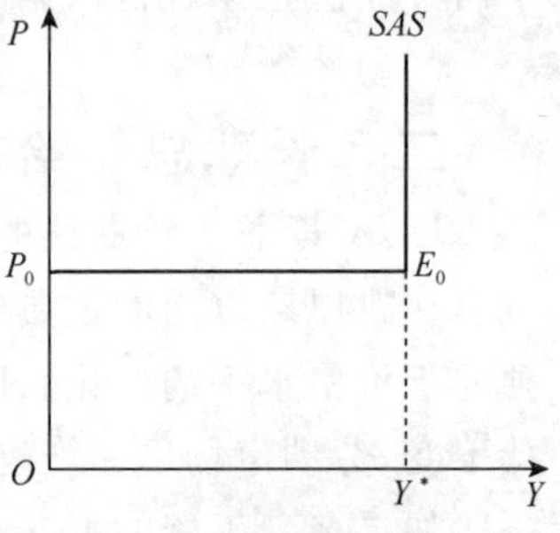

图 14-8　特殊的水平状短期总供给曲线

凯恩斯描述的这种情况是以20世纪30年代的经济大萧条为背景的。在大萧条期间，确有资本设备大量闲置、生产成本和产品价格可以短期内维持不变的情况，但这是一种不具有普遍意义的特殊情况，因而水平状的短期总供给曲线（SAS）也只是一种特殊形式。

2. 工资刚性假说

工资作为劳动力这种特殊要素的价格，其与工人大众的生活水平直接相关，因而工人对于货币工资水平特别敏感。由于行业工会的力量很强大，降低货币工资将会遭到工会的强烈反对而难以实施，因而货币工资呈现出只能提高而无法下降的特征，这就是所谓的工资刚性。

工资刚性条件下，价格水平上升，货币工资可以相应上升。但在价格水平下降时，货币工资却不下降，这意味着实际工资提高，企业减少对劳动的需求量和使用量，从而就业总量降低，总供给降低。也就是：$P\downarrow \rightarrow$ 实际工资 $\uparrow \rightarrow$ 就业量 $\downarrow \rightarrow Y\downarrow$，$SAS$ 曲线表现为向右上方倾斜。如图14-9所示。

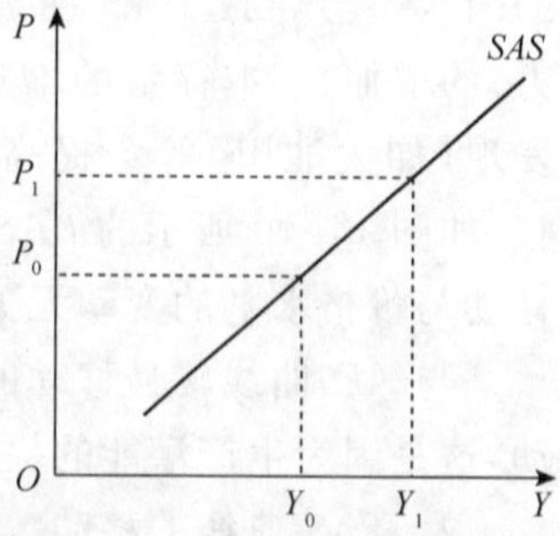

图 14-9 工资刚性条件下的短期总供给曲线

3. 工资黏性假说

工资黏性是指货币工资水平较为稳定，其变动很缓慢。工资黏性产生的重要原因就是长期劳动工资合同的存在。工资水平是由劳资双方的劳动工资合同规定的。劳动工资合同一旦签订就不可随意更改。在美国，许多劳动工资合同的有效期限一般为2～3年，除规定基本工资外，往往还带有一些附加条款，如工资的增长幅度等。但尽管如此，一旦市场环境和价格水平发生预期以外的较大幅度的变动时，名义工资的变动往往显得缓慢、迟钝。

那么，长期劳动工资合同为什么会存在呢？这是因为签订这样的合同对劳资双方都有好处。如果频繁地进行工资谈判，劳资双方都要付出大量的谈判成本和信息收集成本，而且，一旦谈判破裂，可能还会发生罢工，罢工会给劳资双方都带来损失。所以，劳资双方都倾向于签订较长期的劳动工资合同。

工资黏性对总供给的作用机制如下：

第一，工资黏性使得货币工资水平稳定，在此条件下，价格水平的上升降低了实际工资水平，劳动成本随之降低。

第二，实际工资水平和劳动成本降低促使企业增加雇佣工人，社会就业总量增加。

第三，就业总量的增加提高了总产出水平，提高了总供给，即总供给随价格水平的上升而增加，SAS 曲线向右上方倾斜。

4. 货币幻觉假说

在劳动市场上，企业与工人掌握的信息是不对称的。企业经常了解实际工资的变动情况，而工人常常并不真正了解。当价格水平提高后，劳动市场上的货币工资也常常会提高。但由于工人掌握的信息不充分，会误以为自己的工资收入发生了实质性增加，即误以为实际工资提高了，便会增加劳动供给。

而企业了解到货币工资的上升幅度实际上低于价格水平的上升幅度（这是经常发生的），即实际工资下降了，企业的实际生产成本降低了，便会增加劳动投入。所有企业或大部分企业都如此，则全社会的就业量和总供给会随价格水平的上升而增加，即 SAS 曲线向右上方倾斜。

四、总供给曲线的移动

1. *LAS* 曲线的移动

由于*LAS*曲线反映的是经济社会的潜在生产能力或可能的最大生产能力,因此,只有影响或改变这种潜在生产能力的因素才会导致*LAS*曲线的移动。经济社会中人口(劳动力)的增加、资本存量的增加、生产技术的进步和新的资源的发现(如大油田)等会提高生产潜能,也就是使*LAS*曲线右移,如图14-10所示的LAS_0移至LAS_1;反之,则相反。这种移动与价格水平的变动无关。

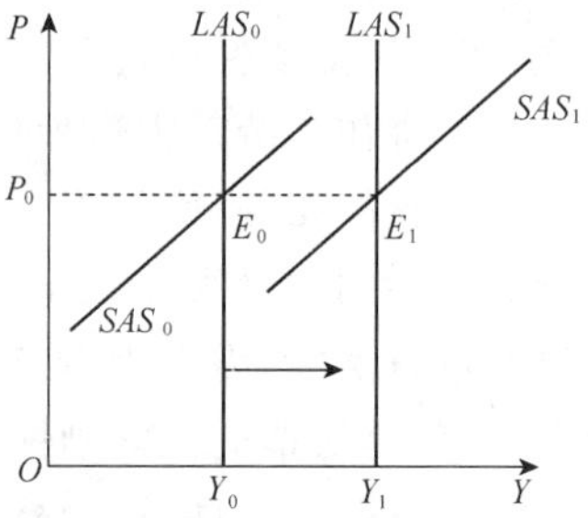

图 14-10 *LAS* 曲线的移动

与*AD*曲线较易移动的特性相比,*LAS*曲线不太容易移动,这是因为生产潜能的提高并非易事。

2. *SAS* 曲线的移动

一方面,短期总供给曲线(*SAS*)随长期总供给曲线(*LAS*)的移动而移动。因为*LAS*曲线的移动意味着生产潜能的变化,而长期总供给曲线是短期总供给曲线的基础,这必然导致*SAS*曲线的移动。如图14-10所示,在LAS_0曲线未移动时,SAS_0曲线代表的最大产量是Y_0;在LAS_0移至LAS_1后,新的*SAS*曲线代表的最大产量不可能仍是Y_0,而是Y_1,即LAS_0移至LAS_1后,使得SAS_0相应地移至SAS_1。

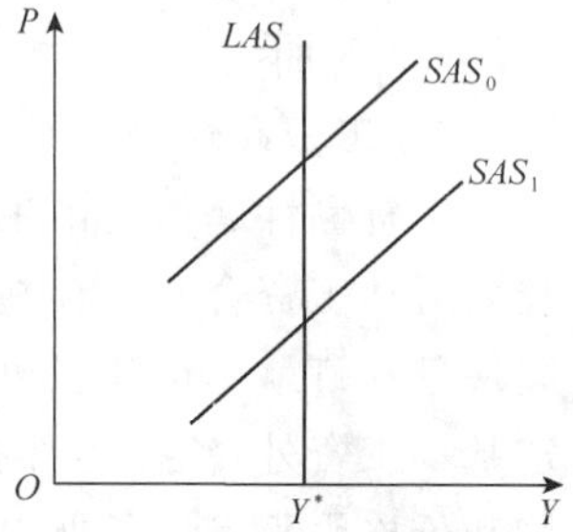

图 14-11 *SAS* 曲线的移动

另一方面,经济社会的短期总供给主要受工资及原材料价格的影响。在价格总水平(*P*)不变的条件下,如果工资水平上升(工会力量更强大)或原材料价格上涨,则所有企业愿意提供的产出减少,从而*SAS*曲线左移,如图14-11中的SAS_1移至SAS_0;反之,则相反。在这种生产成本的变化中,由于经济社会的生产潜能并未变化,故*LAS*曲线未移动。

第三节/总需求与总供给的均衡

总供给曲线表示了劳动力市场均衡或非均衡时的价格水平与国民收入之间的关系。总需求曲线表示产品市场和货币市场同时达到均衡时的价格水平与国民收入之间的关系。把总供给曲线和总需求曲线放在一个以国民收入为横轴、以价格水平为纵轴的坐标平面上,就得到总需求—总供给模型。而由总供给曲线和总需求曲线的交点可求得三个市场同时达到均衡时的国民收入和价格水平。本节在前面对总需求曲线与总供给曲线分别分析的基础上,讨论它们是如何决定均衡的国民收入的。在这里的讨论中,要引入前几章一直予以忽略的价格因素。

一、总需求变动与均衡国民收入

1. 古典情形

古典模型假设货币工资可以自由升降,因而总供给曲线是一条垂直线。其经济含义表示潜在的国民收入对价格水平变动完全缺乏弹性或者说价格水平变动对国民收入不产生影响，因此，当总需求曲线移动时，或者说总需求发生变动时，只能导致价格水平的变动，并不影响潜在的国民收入。如图 14-12 所示。

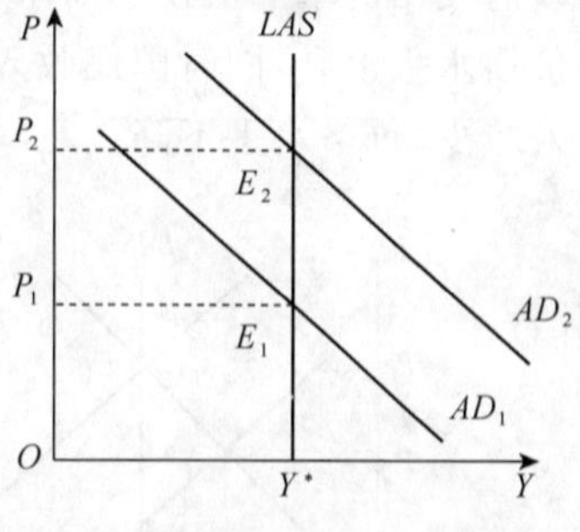

图 14-12 古典情形下的总需求变动与国民收入

在图 14-12 中，如果总需求由于某种原因（比如，政府采用扩张性财政政策或货币政策）增加了，总需求曲线由 AD_1 向右移动至 AD_2，在总供给不变并且为垂直线的状态下，AD 曲线移动的结果只是使价格由 P_1 提高至 P_2 处，但是均衡收入水平仍旧为 Y^*。这是根据古典模型关于货币工资具有完全伸缩性的假定所得到的结果。当价格水平由于总需求增加而上升时，如果工资率不变，则实际工资率就会下降，对劳动的需求增加，而劳动的供给减少，劳动供不应求使名义工资率上升，一直上升到该名义工资率和上升了的价格水平所构成的实际工资率水平等于总需求为 AD_1 时的实际工资率水平时为止。这样，就业量仍旧是原来的均衡就业量，产量和收入水平也不变。

相反，如果总需求由于某种原因下降了，则价格总水平会下降，这会导致实际工资的上升、劳动需求的下降和劳动供给的增加，从而产生失业。失业增加又会引起货币工资率的下降，从而实际工资率也会相应下降，这又使劳动供求关系变动，直到就业量回到原有水平为止，从而国民收入仍旧保持在原有水平 Y^*上。

总之，在古典总需求—总供给模型中，价格总水平会随总需求变化，而总供给不会变化。总供给对价格总水平没有弹性。总需求不会创造就业和产量。相反，总需求本身却是由总供给水平决定的。社会生产了多少商品和劳务，就创造了多少购买这些商品和劳务的收入。因此，不是需求决定供给，而是供给决定需求。

2. 凯恩斯情形

前已述及，凯恩斯情形下的总供给曲线呈水平状。如图 14-13 所示，只要国民收入或产量小于充分就业水平，那么，总需求增加，国民收入必定增加直至达到充分就业下的收入水平，并且价格总水平保持不变。在图 14-13 中，代表总需求曲线的 AD_0 与凯恩斯总供给曲线（P_0E_1）相交于 E_0 点。在 E_0 点，价格水平为 P_0，产量（Y_0）小于充分就业的产量水平。为了改善这一状态，国家可以通过增加需求的政策来使总需求曲线（AD_0）向右移动到 AD_1 的位置。这样，P_0E_1 与 AD_1 相交于 E_1 点。该点表明，此时的价格水平仍旧为 P_0，但国民收入已经达到充分就业的数量（Y_1）。

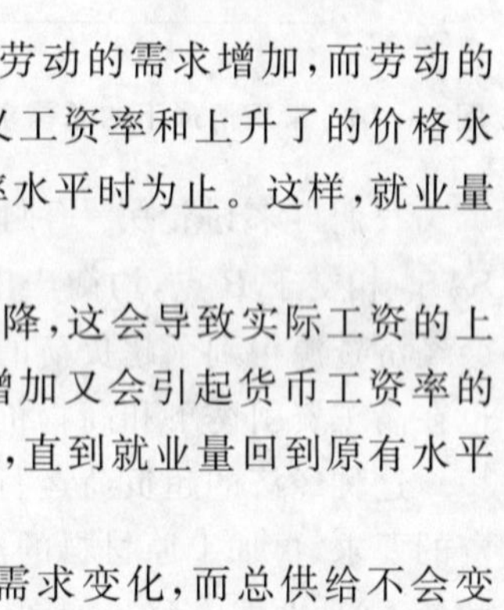

图 14-13 凯恩斯情形下的总需求变动与国民收入

3. 常规情形

水平状和垂直状的总供给曲线都是总供给曲线的特殊形式，常规的情形是总供给曲线向右上方倾斜，表示总供给随价格水平的提高而增加。

如图 14-14 所示，设既定的短期总供给曲线为 SAS_0，如果总需求提高，AD_0 右移至 AD_1，均衡国民收入由 Y_0 增加至 Y^*；同时，价格水平也由 P_0 上升至 P_1。AD_1 与 SAS_0 的交点 E_1 正好处于长期总供给曲线 LAS 上。我们在前面谈到总需求曲线的移动时，曾说到政府支出的增加会使总需求增加，AD 曲线右移。结合这里的分析，政府支出的增加，导致价格水平上升，同时国民收入也增加；反之，政府支出减少，AD 曲线左移，便会导致国民收入减少，价格水平下降。

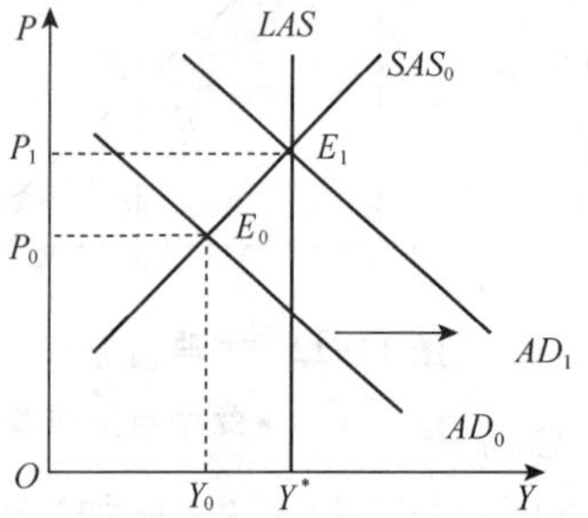

图 14-14　常规情形下的总需求变动与国民收入

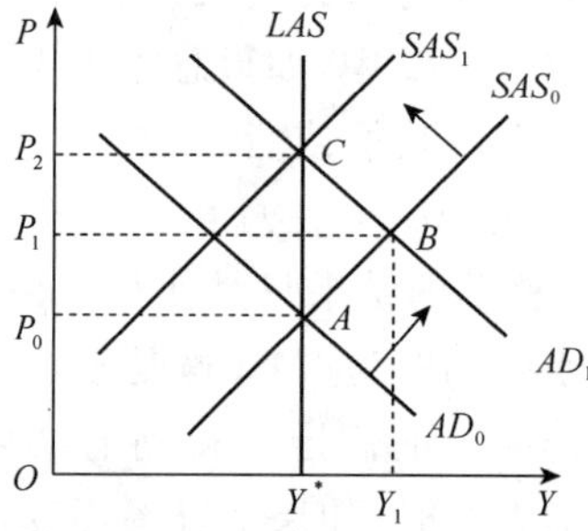

图 14-15　总需求曲线和短期供给曲线的移动

我们再来讨论另一种情况。如图 14-15 所示，当 AD_0 右移至 AD_1 时，它与原有的 SAS_0 相交于 B 点，均衡产出（收入）为 Y_1，超出了经济社会的潜在产出水平 Y^*。这表明社会经济资源得到了超负荷的利用。这种超负荷利用具体表现为工人加班加点，自愿失业者也在高工资引诱下和高物价、高生活费用逼迫下参与工作，生产设备过度使用等。

这种经济的超负荷运行不可能长久持续。如高水平的物价迟早会使工人提出增加工资的要求，再加上原材料的涨价，企业的生产成本会提高，从而企业的供给迟早会减少，也就使 SAS 曲线左移。如图 14-15 中的 SAS_0 左移至 SAS_1，与 AD_1 相交于 C 点，重新回到 LAS 曲线代表的充分就业产出水平。

另外，在 SAS 曲线左移的过程中，实际上 AD 曲线也往往会向左移动。这是因为：

第一，经济的超负荷运行及其引发的以价格上涨为表现形式的通货膨胀往往会促使政府进行干预，如减少政府支出、减少货币供给等。

第二，企业供给的减少往往伴随着投资需求的减少。

第三，随着收入自 Y_1 开始的减少，以及政府干预和企业减少生产的信息传递，消费者的消费也会减少，因为名义收入和预期收入都在减少。

SAS 曲线和 AD 曲线的相继左移，一般会使两线的交点低于图 14-15 中的 C 点。如果两线在左移过程中交于 LAS 曲线的左边，即决定的均衡收入低于 Y^*，则经济经过一定时期的调整后，国民产出或国民收入又会在 AD 曲线的右移过程中趋近或达到 Y^*。这种情况下 AD 曲线右移的可能原因是：政府支出增加、经济前景趋好引发的投资和消费增加等。

AD 曲线和 SAS 曲线的交点决定的均衡如果处于 LAS 曲线上（如图 14-15 中的 A、C 点），则可称其为长期均衡。AD 曲线和 SAS 曲线的交点决定的均衡如果处于 LAS 曲线以外（如图 14-15 中的 B 点），则可称其为短期均衡。上述的短期均衡向长期均衡的调整一般不是短时期内所能完成的，且要付出通货膨胀或经济萧条的代价。

二、总供给冲击与均衡国民收入

总供给冲击是指生产成本或生产率状况发生突变，从而使总供给发生急剧变动，导致 SAS 曲线较大幅度移动。最典型也是最具影响力的总供给冲击源于 20 世纪 70 年代初期的世界石油价格猛涨。1971—1974 年间石油的实际价格上涨了四倍，这在很大程度上导致了 1973—1975 年的经济衰退，总产出水平大幅度下降。同时，价格水平又急剧上升。下面我们以图 14-16 来说明总供给冲击及其经济影响。

假定石油涨价前，SAS_0 曲线与 AD_0 曲线相交于 A 点，石油涨价后，生产成本明显增加，SAS_0 左移至 SAS_1，产出水平由原先的 Y^* 减少至 Y_1，价格水平由 P_0 上升至 P_1。这时政府面临着两种选择：

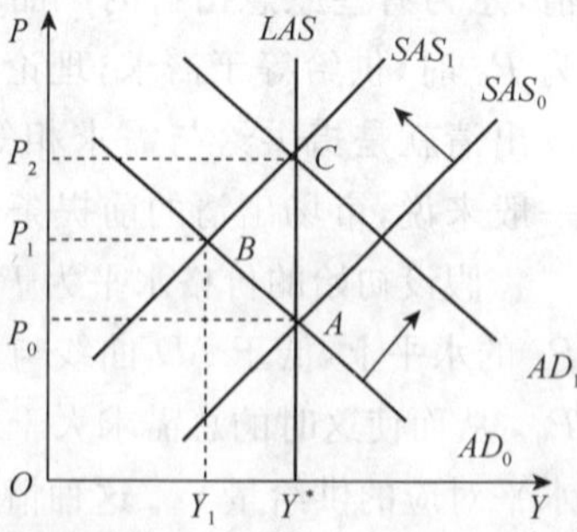

图 14-16 总供给冲击及其经济影响

一是让市场机制自行调节。石油涨价会促使人们采取节能措施和寻找替代能源，以减少对石油的依赖。石油需求的逐渐减少会使油价回落，进而企业的生产成本下降。于是，企业会扩大生产，从而使 SAS_1 右移，并回复到原先的 SAS_0 位置。当然，也可通过政治、外交等手段对石油生产国施压。这种选择的结果是要经过一段较长时期的经济衰退。

二是主动增加政府支出，扩大总需求，使 AD_0 右移至 AD_1。这样虽然可能避免长期性的经济衰退，但却要付出高通货膨胀的代价。图 14-16 显示，这时的价格水平上升至 P_2 了。

三、价格黏性与均衡国民收入

价格黏性是指产品价格的变动迟缓。大多数企业并不经常改变其产品价格，相反，产品价格往往在几周、几个月，甚至几年内不变。有的研究还发现，典型的美国企业大约一年改变一次自己产品的价格。这种价格黏性在总需求—总供给模型中会对均衡国民收入产生重要影响。下面将价格黏性纳入我们的分析框架中。

1. 价格黏性的成因

一般说来，价格黏性的成因如下：第一，企业不经常改变价格是因为改变价格有成本。调整价格的成本被称为菜单成本。这个词是从餐馆印制新菜单的成本引申而来。菜单成本包括印制新清单和目录所花费的时间、精力及货币额，把这些新价格表送给中间商和顾客的成本，为新价格做广告的成本，发现、决定和实施新价格的成本，甚至还包括处理消费者对价格变动怨言的成本等等。第二，工资黏性和原材料交易的特点为价格黏性提供了基础。企业的原材料一般都是大宗商品，如钢材、水泥、煤炭等。大宗商品的交易常采用长期合同的方式进行，合同规定的交易价格一定程度上相对稳定。这样做的好处是降低了原材料供需双方的不确定性。工资黏性和原材料价格的相对稳定一定程度上锁定了企业的生产成本，从而能使产品价格较为稳定。第三，经济社会中各个行业的主导市场类型是垄断竞争和寡头垄断，在这样的市场环境中，一家企业改变价格尤其是频繁改变价格往往会引起价格战，这也对企业的价格变动起到了牵制作用。

2. 需求约束均衡与供给约束均衡

如图 14-17，假设初始的价格水平为 P_1，如果不存在价格黏性，它将会下降到 P_0，但由于价格黏性，价格水平维持在 P_1 的水平，高于 AD 曲线与 SAS 曲线的交点决定的价格水平 P_0，从而使此时的总供给大于总需求，实际产出将等于与该价格水平对应的需求量 Y_1。因为约束产出的是需求，故这种情形称为需求约束均衡。

当价格水平为 P_1 时，总供给大于总需求，理论上一般将此类市场情况称为市场不能出清,意为有些愿意出售的产品不能被需求所消化。当价格水平为 P_0 时,供给等于需求,理论上一般称其为市场出清。所谓市场出清就是指供给与需求相等时的情形,这时没有超额供给。一般来说,市场出清的前提条件是价格富有弹性。

假设初始的价格水平为 P_2,且价格黏性使价格水平维持在 P_2 的水平上,低于 AD 曲线与 SAS 曲线的交点决定的价格水平 P_0,从而使这时的总需求大于总供给,实际产出将等于与该价格水平对应的供给量 Y_2。这种情形称为供给约束均衡,因为约束产出的是企业在既定价格水平下愿意供给的数量。

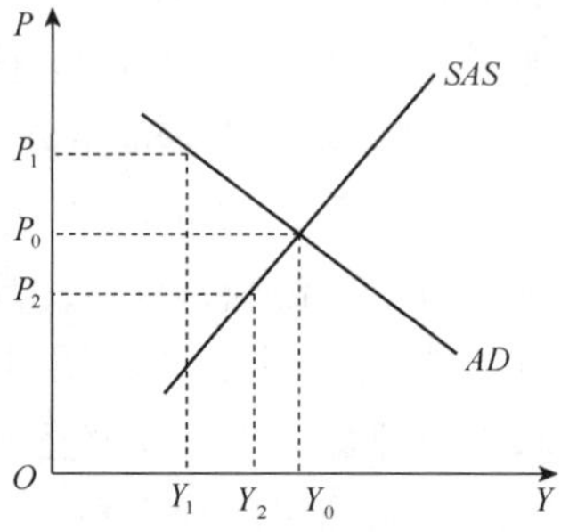

图14-17　需求和供给的约束均衡

3. AD 曲线移动的效果

如图 14-18(a),在黏性价格条件下,起初的 AD_0 曲线决定的需求约束均衡的产出为 Y_0。当 AD_0 右移至 AD_1 时,产出增加至 Y_1。这表明在需求约束均衡中,政府如果通过增加政府支出等办法提高总需求,可以提高产出和国民收入,也可以提高就业率。因为更多的生产和收入可吸纳更多的人就业。

如图 14-18(b),起初的 AD_0 曲线决定的供给约束均衡的产出为 Y_0。当 AD_0 右移至 AD_1 时,企业在既定价格水平时愿意提供的产出仍是 Y_0。这也就是说,供给约束均衡中,总需求的增加对产出和就业没有影响,只是将总需求与总供给之间的缺口从 Y_0Y_1 扩大到 Y_0Y_2。

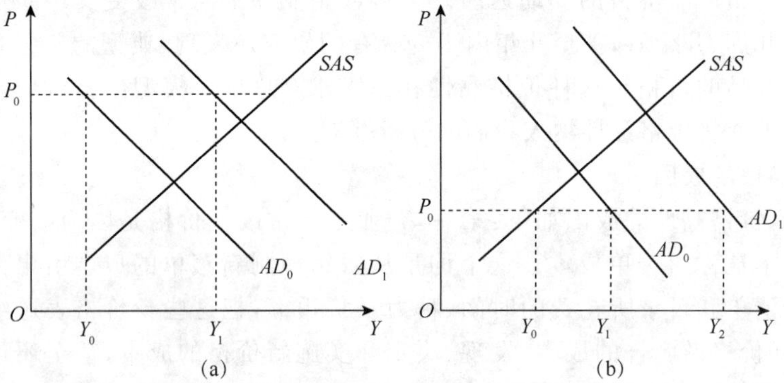

图 14-18　约束均衡中的 AD 曲线右移

再看图 14-19,假设 AD 曲线与 SAS 曲线的交点决定的均衡价格水平为 P_0,均衡产出为 Y_0,现在总需求减少使 AD_0 左移至 AD_1,如果价格是灵活的,价格水平将会下降至 P_1,产出量将从 Y_0 减少至 Y_1。但如果价格黏附在 P_0 的水平,则产出量将从原来的 Y_0 减少至 Y_2。也就是说,在黏性价格下,总需求的减少将导致产出和就业量的更大幅度的下降。因为面对总需求的减少,企业在不愿意降低价格的条件下,就会裁减工人,减少产量。

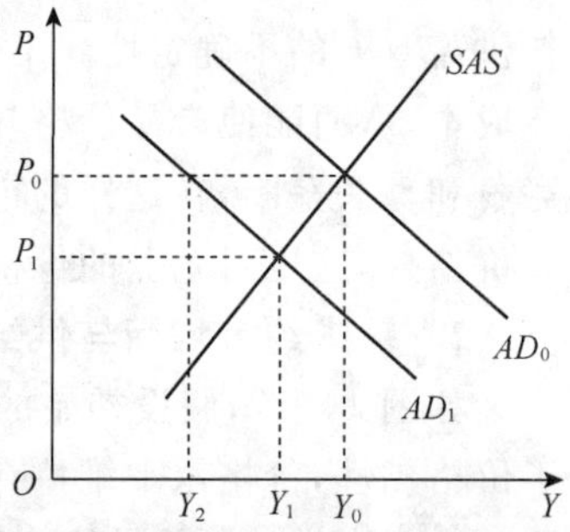

图 14-19　价格黏性下 AD 曲线左移的效果

4. SAS 曲线移动的效果

如图 14-20(a),价格水平为 P_0,产出水平为 Y_0,此时属于需求约束均衡。如果 SAS_0 右移至 SAS_1，对产出没有影响，只是扩大了供求缺口。因为这时约束产出的是需求而不是供给。

如图 14-20(b)，此时属于供给约束均衡。如果 SAS_0 右移至 SAS_1，会导致产出增加。

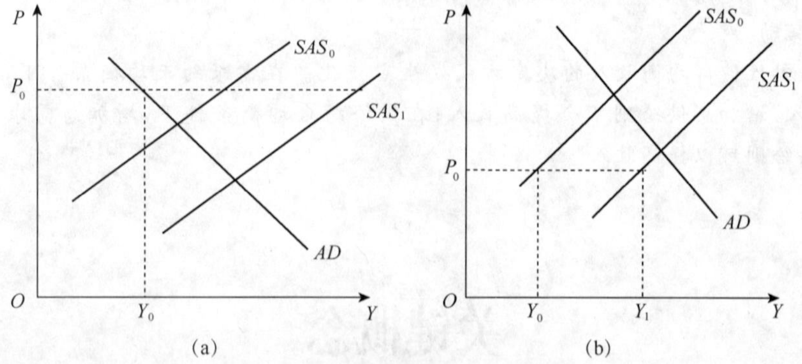

图 14-20　约束均衡中的 SAS 曲线右移

四、总需求—总供给模型的简要总结

总需求—总供给模型，即 *AD-AS* 模型，与收入—支出模型、*IS-LM* 模型虽然都说明国民收入的决定，但它们的理论内涵是有区别的。收入—支出模型说明的是产品市场上的均衡收入的决定，它未考虑货币市场，而且假定投资不变，因而是一个抽象化的简单模型。*IS-LM* 模型说明的是产品市场、货币市场共同均衡时的均衡收入和均衡利率的决定，但它假定价格水平不变，或者说未考虑价格水平。而 *AD-AS* 模型说明的是均衡收入和价格水平的决定，它取消了价格水平不变这一假定，寻求价格水平与均衡收入之间的联系机制。但 *IS-LM* 模型与 *AD-AS* 模型并非相互完全独立，本章第一节已表明，*AD* 曲线就是从 *IS-LM* 模型中推导出来的，这两个模型的理论功能是互补的。

AD-AS 模型是宏观经济学中的一个传统模型，但由于其分析框架的强大理论包容性，诸如工资黏性假说、价格黏性假说等一些较为新颖的理论内容也被纳入其中，从而进一步丰富、充实了该模型的理论内容。

本章小结

1. *AD* 曲线表示的是价格水平与总需求之间的函数关系，反映这一函数关系的总需求曲线向右下方倾斜。总需求曲线可由 *IS-LM* 模型推导而来。总需求的增加会使 *AD* 曲线右移；反之则左移。

2. *AS* 曲线反映的是价格水平与总供给之间的函数关系，反映这一函数关系的总供给曲线可分为短期总供给曲线（*SAS*）和长期总供给曲线（*LAS*）。*LAS* 曲线呈垂直状，其经济背景是工资、物价的完全伸缩性。垂直的 *LAS* 曲线意味着任何增加总需求的政策不会导致产出水平的增加，而只会引起价格总水平的上升。*SAS* 曲线虽有凯恩斯提出的特殊形态的水平状，但基本形态是向右上方倾斜。工资刚性、工资黏性和货币幻觉假说均为 SAS 曲线的这一基本形态提供了理论说明。

3. AD 曲线和 AS 曲线的交点决定总产量和价格水平。在短期，AD 曲线移动比较频繁，而总供给曲线不易移动。LAS 曲线的移动会导致 SAS 曲线的移动，但在前者不移动的情况下，后者有时也会移动。

4. 价格黏性使得均衡收入的决定方式发生了变化。在需求约束均衡条件下，增加总需求可以提高收入，增加总供给则不会提高收入；在供给约束均衡条件下，增加总需求不会提高收入，增加总供给则可以提高收入。

关键概念

总需求　总需求曲线　总供给　总供给曲线　工资刚性　价格黏性　菜单成本　市场出清　AD-AS 模型

复习思考题

一、单项选择题

1. 价格水平上升时，会(　　)。
   A. 减少实际货币供给并使 LM 曲线右移
   B. 减少实际货币供给并使 LM 曲线左移
   C. 增加实际货币供给并使 LM 曲线右移
   D. 增加实际货币供给并使 LM 曲线左移
2. 总需求曲线向右下方倾斜是由于(　　)。
   A. 价格水平上升时，投资会减少
   B. 价格水平上升时，消费会减少
   C. 价格水平上升时，净出口会减少
   D. 以上几个因素都是
3. 当(　　)时，总需求曲线更平坦。
   A. 投资支出对利率变化比较敏感
   B. 支出乘数较小
   C. 货币需求对利率变化比较敏感
   D. 货币供给量较大
4. 总需求曲线(　　)。
   A. 当其他条件不变时，政府支出减少时会右移
   B. 当其他条件不变时，价格水平上升时会左移
   C. 当其他条件不变时，税收减少时会左移
   D. 当其他条件不变时，名义货币供给增加时会右移
5. 在既定的劳动需求函数中(　　)。
   A. 产品价格上升时，劳动需求减少
   B. 产品价格上升时，劳动需求增加

C. 价格水平和名义工资同比例增加时，劳动需求增加

D. 价格水平和工资同比例增加时，劳动需求减少

6. 当(　　)，古典总供给曲线存在。

A. 产出水平是由劳动力供给等于劳动力需求的就业水平决定时

B. 劳动力市场的均衡不受劳动力供给曲线移动的影响时

C. 劳动力需求和劳动力供给立即对价格水平的变化做出调整时

D. 劳动力市场的均衡不受劳动力需求曲线移动的影响时

7. 假定经济实现了充分就业，总供给曲线是垂直线，减税将(　　)。

A. 提高价格水平和实际产出　　B. 提高价格水平但不影响实际产出

C. 提高实际产出但不影响价格水平　　D. 对价格水平和实际产出均无影响

8. 假定经济实现了充分就业，总供给曲线是垂直线，若名义货币供给增加10%，将(　　)。

A. 对价格水平没有影响　　B. 提高利率水平

C. 增加名义工资10%　　D. 增加实际货币供给10%

9. 假定经济实现了充分就业，总供给曲线是垂直线，若政府支出增加，则(　　)。

A. 利率水平上升，实际货币供给减少　　B. 利率水平上升，实际货币供给增加

C. 利率水平上升，不影响实际货币供给　　D. 对利率水平和实际货币供给均无影响

10. 假定经济尚未实现充分就业，总供给曲线有正斜率，那么减税会使(　　)。

A. 价格水平上升，实际产出增加　　B. 价格水平上升但不影响实际产出

C. 实际产出增加但不影响价格水平　　D. 实际产出和价格水平都不变

11. 假定经济尚未实现充分就业，总供给曲线有正斜率，那么增加政府支出会提高(　　)。

A. 产出和价格水平　　B. 均衡产出和实际工资

C. 均衡产出和实际利率　　D. 以上都有可能

12. 假定经济尚未实现充分就业，总供给曲线有正斜率，那么总需求曲线右移会增加(　　)。

A. 实际工资、就业量和实际产出　　B. 名义工资、就业量和实际产出

C. 劳动生产率和实际产出　　D. 劳动力需求、就业量和实际工资

13. 当总供给曲线有正斜率，大部分产品的原材料的价格上涨时，总供给曲线会移向(　　)。

A. 右方，价格水平下降，实际产出增加　　B. 左方，价格水平下降，实际产出增加

C. 右方，价格水平上升，实际产出减少　　D. 左方，价格水平上升，实际产出减少

14. 总供给曲线右移可能是因为(　　)。

A. 其他情况不变而厂商对劳动需求增加　　B. 其他情况不变而所得税增加

C. 其他情况不变而原材料价格上涨　　D. 其他情况不变而劳动生产率下降

二、问答题

1. 总需求曲线移动的因素有哪些？

2. 古典总供给曲线为什么是垂直的？

3. 降低工资对总需求和总供给有何影响？价格降低对劳动需求和供给有何影响？它们之间的相互作用对经济调整有什么含义？

4. 考虑一个厂商在看到自己生产的产品价格上升时所面临的问题，该厂商将以下面一个预期为依据，重新安排生产计划：

(1) 预期它支付的工资和投入品的价格将不上升；

(2) 预期它支付的工资和投入品的价格将以与产品价格同样的幅度上升，但这要花几年

时间；

(3) 预期它支付的工资和投入品的价格将很快以与产品价格同样的幅度上升。

根据上述哪种预期，厂商对供给数量做很小变动、较大变动？什么时候这种变动是暂时的？

三、计算题

1. 假定某经济中存在以下关系：$Y = C + I$（收入恒等式），$C = 100 + 0.8Y$（消费函数），$I = 150 - 6r$（投资需求函数），$M = (0.2Y - 4r)P$（货币需求函数）。货币供给 $M = 150$。

试求：

(1) 总需求函数；

(2) 若 $P = 1$，收入和利率为多少？

(3) 如果货币供给超过或低于 150 时，经济会发生什么情况？

(4) 若该经济的总供给函数 $AS = 800 + 150P$，求收入和价格水平。

2. 假定经济的短期生产函数是 $Y = 14N - 0.04N^2$，劳动需求函数为 $N_d = 175 - 12.5(W/P)$，劳动力供给函数为 $N_s = 70 + 5(W/P)$，试求：

(1) 在 $P = 1$ 和 $P = 1.25$ 的水平下，劳动力市场均衡的就业量；

(2) 在 $P = 1$ 和 $P = 1.25$ 的水平下经济的短期产出水平。

3. 假定产品市场上消费 $C = 90 + 0.8Y_d$，投资 $I = 150 - 6r$，税收 $T = 100$，政府支出 $G = 100$；货币市场上，名义货币供给 $M = 160$，价格水平 $P = 1$，货币需求函数为 $0.2Y - 4r$，劳动力需求函数为 $N_d = 175 - 12.5(W/P)$，劳动力供给函数为 $N_s = 70 + 5(W/P)$；古典总供给曲线为 $Y = 14N - 0.04N^2$。试求：

(1) 当 $P = 1$ 时，均衡产出、利率、就业量及名义工资水平；

(2) 在价格水平保持不变时，增税 20 美元，货币与产品市场的均衡如何变化？

(3) 计算由于增税引起的价格水平的变化，以及价格水平的变化对 LM 曲线的影响；

(4) 计算利率水平的变化；

(5) 比较在不同价格水平下 C、I、G 在国民收入中的构成；

(6) 求解不同价格水平下的名义工资和实际工资。

第十五章　失业及通货膨胀理论

学习目标：

- 失业与自然失业率的含义
- 失业的形成与代价
- 通货膨胀的含义与经济效应
- 菲利普斯曲线的含义
- 通货膨胀的治理

通货膨胀与失业是各种经济"病症"中最常见、后果最为严重的经济现象，各种经济政策主要被设计用来应对这两种经济现象，西方经济学家也对这两种经济现象做了大量的理论研究，并取得了不少成果。

第一节/失业与自然失业率

失业是当代西方经济中存在的主要问题之一。以美国为例，第二次世界大战后其失业率一直是上升的。20 世纪 50 年代，失业率平均为 4.9%，60 年代平均为 4.7%，70 年代平均为 6.4%。尤其是 70 年代初期，出现了高失业率和高通货膨胀率并存的"滞涨"局面，失业率达到百分之十几以上。进入 80 年代，尽管失业率有所下降，但并没有得到根本解决。其他西方国家也存在同样的失业问题。可以说现在失业已经成为最直接而又最严重地影响人们生活的宏观经济问题。

一、失业的定义

根据国际劳工组织(ILO)的定义，"失业"是指在某个年龄以上，在考察期内没有工作，而又有工作能力，并且正在寻找工作的人。只有以上三个条件同时成立，才能认定一个人为失业者。寻找工作指一个人必须采取明确的行动寻找工作职位，这样的行动包括在就业介绍所登记、向雇主申请、在工作场所(农场、工厂、市场等)登记、在媒体上登广告或应征广告等。我国大多数经济学教材将失业定义为"有劳动能力的人想工作而找不到工作的社会现象"。

计量失业的指标有两个：失业人数和失业率。失业人数是全部失业者的绝对数，失业率是指失业人数占劳动力人数的比例。劳动力人数是指那些有工作的人和正在寻找工作的人，即就业人数和失业人数的总和。既没有工作又没有寻找工作的人不被视为劳动力。

二、失业的分类

宏观经济学通常将失业分为三种类型，即摩擦性失业、结构性失业和周期性失业。

摩擦性失业是指在生产过程中难以避免的由于转业等原因而造成的短期、局部性失业。这种失业在性质上是过渡性或短期性的。它通常起源于劳动力的供给方，像人们换工作或找新的工作便是这种失业的例子。在这里，工作机会和寻找工作的人的匹配在经济中并不总是顺利地发生，结果一些人便得不到工作。摩擦性失业在任何时期都存在，并将随着经济结构变化的加快而有增大的趋势。但西方经济学家认为，摩擦性失业的存在与充分就业并不矛盾，也不被认为是严重的经济问题。

结构性失业是指劳动力的供给和需求不匹配所造成的失业，其特点是既有失业，又有职位空缺，失业者或者没有合适的技能，或者居住地点不当，因此无法填补现有的职位空缺。结构性失业在性质上是长期性的，而且通常起源于劳动力的需求方。结构性失业是由经济变化导致的，这些经济变化引起特定市场和区域中的特定类型劳动力的需求相对低于供给。在特定市场中，劳动力的需求相对较低可能由于以下原因：一是技术变化。尽管技术变化被认为能减少成本，扩大整个经济的生产能力，但它可能也会对某些特定市场（或产业）带来破坏性极大的影响。二是消费者偏好的变化。消费者偏好的改变在某些地区扩大了生产，增加了就业，但在其他地区减少了生产和就业。三是劳动力的不流动性。这种不流动性延长了由于技术变化或消费者偏好改变而造成的失业时间。工作机会的减少本应该引起失业者流动，但不流动性却没有使这种情况发生。

周期性失业是指在经济周期中的衰退或萧条阶段，因需求下降而造成的失业，这种失业是由整个经济的支出和产出下降造成的。在经济衰退时期，产品的生产和需求下降，因有效需求不足而使部分工人失业，这种失业是和经济的周期变化联系在一起的，它对各行业的影响是不同的。一般来说，需求的收入弹性越大的行业，周期性失业的影响越严重，即人们收入下降、产品需求大幅度下降的行业，周期性失业情况较严重。

除了上述三种失业类型外，在宏观经济学中还有一种关于失业的分类，即所谓的自愿失业和非自愿失业。自愿失业是指工人所要求得到的实际工资超过了其边际生产率，或不愿意接受现行的工作条件而未被雇用所造成的失业。这种失业在西方不被看作真正的失业。凯恩斯所提出的与此相对的失业是非自愿失业，是指具有劳动能力并愿意按目前的工资率就业，但由于有效需求不足而找不到工作所造成的失业。这种失业会因为总需求的提高而被消除。

三、充分就业与自然失业率

充分就业几乎在任何时期都是非常重要的宏观经济目标。怎样才算充分就业？充分就业是指人人都就业的一种状况吗？答案显然是否定的。实际上充分就业并不是百分之百的就业，而是仍然有一定的失业，也就是说即使有足够的职位空缺，失业率也不会等于零，也仍然会存在摩擦性失业和结构性失业。在一个日新月异的经济中，永远会存在职业流动和行业的结构性兴衰，所以总有少部分人处于失业状态。另外，经济中有些造成失业的原因(如劳动力的流动等)是难以克服的,劳动力市场总不是十分完善的。这种失业的存在不仅是必然的,而且也是必要的。因为这种失业的存在,能作为劳动力后备军随时满足经济对劳动力的需求,能作为一种对就业者的“威胁”而迫使就业者提高生产效率。此外,各种福利支出(失业补助、贫困补助等)的存在,也使得一定失业水平的存在不会成为影响社会安定的因素,是社会可以接受的。

有关充分就业的定义,西方经济学家曾提出几种说法。凯恩斯认为,如果“非自愿失业”业已消除,失业仅仅限于摩擦性失业和自愿失业的话,就是实现了充分就业。另外一些经济学家认为,如果空缺职位总额正好等于寻求就业人员的总额即需求不足型失业等于零的话,就是实现了充分就业。还有一些经济学家认为,如果再要提高就业率,必须以通货膨胀为代价的话,那么就已实现了充分就业。

与充分就业相联系的一个概念是自然失业率。自然失业率这一概念是由货币主义代表人物米尔顿·弗里德曼于1968年提出来的,是指在没有货币因素干扰的情况下,让劳动力市场和商品市场的自发供求力量起作用时,总需求和总供给处于均衡状态下的失业率。

自然失业率不仅在理解充分就业和潜在产量(或充分就业产量)方面发挥作用,在理解宏观经济学和宏观经济政策方面也发挥着重要作用。

第二节/失业的形成分析

失业形成的原因是复杂多样的,既不能仅仅简单地归于总需求过小进而导致劳动需求过小,但也不能脱离这一根本性的经济背景去做细化分析。本节主要从职业搜寻、工资特性和社会总需求方面来探讨。

一、职业搜寻与失业

职业搜寻理论是信息经济学理论在失业问题上的运用,它有如下几个基本假设前提:其一,劳动力市场的信息是不完全的,劳动力需要在市场上搜寻他所需要的信息。其二,劳动力的这种信息搜寻主要围绕着以下目的展开:什么样的职业和企业需要他这样的人?他应该就职于何种企业或从事何种职业以使自己的报酬最高?因而这种信息搜寻也就是职业搜寻。其三,信息搜寻或职业搜寻是要花费成本的,这里的成本包括货币、时间、精力等。其四,在劳动力市场上,每种职业、每家企业的单位劳动报酬是不一样的,寻职者的搜寻时间越长,信息就越充分,找到单位劳动报酬更高的工作的可能性就越大,当然,理想的单位劳动报酬以相近条件下的平均水平为参照值,而且搜寻时间的长度受到寻职者生活费用压力和劳动力市场非预期性变化的制约,因此搜寻时间不会无限地延续。其五,劳动者离职去寻找新的工作比在原岗位上边工作边寻找新的工作更有效率,因而失业是寻找更高报酬的工作的一种必需代价,或者说是寻找更高工资报酬的一种必需投资。

劳动力的寻职可通过多种方式进行,如在市场中介机构登记、发布求职广告、通过熟人及朋友介绍、查阅和收集招工信息、直接向企业询问和自荐等。虽然寻职时间越长,获得较高报酬的工作的机会就越大,但职业搜寻的预期边际收益是随着寻职时间的增加而总体上呈递减之势。因为,一般说来,职业搜寻总是从最有希望的职业或企业开始,随着搜寻时间的递进,会转向希望越来越小的职业或企业。

如果用 $W(t)$ 表示劳动力的工资水平,t 表示劳动力的寻职时间,用数学语言来表达上述内容,就是工资水平对搜寻时间的一阶导数大于零,但二阶导数小于零。即:

$$\frac{\partial W(t)}{\partial t} > 0, \quad \frac{\partial^2 W(t)}{\partial t^2} < 0$$

寻职所带来的边际成本会随着搜寻时间的增加而不断递增。这是因为,搜寻一开始常常是在自己较熟悉和了解的行业、企业中进行,或者在自己附近的区域中进行。然后越来越转向自己不熟悉或陌生的行业、企业,或越来越偏远、交通越来越不方便的区域,而且承担的心理压力越来越大,心理挫折越来越强。

如果以 $C(t)$ 表示搜寻成本,则用数学语言表达,便有:

$$\frac{\partial C(t)}{\partial t} > 0, \quad \frac{\partial^2 C(t)}{\partial t^2} > 0$$

从经济学意义上来说,理性的寻职者会在搜寻的边际收益等于边际成本时,中止他的寻职。如图 15-1,这里的 $MR = \partial W(t)/\partial t$, $MC = \partial C(t)/\partial t$。$MR$ 和 MC 曲线相交于 E 点,最优寻职时间长度为 t^*。可以将 t^* 看作是失业者自愿的失业时间或正常寻职所必须花费的时间,劳动者在搜寻工作期间所处的失业状态一般可被视作自愿性失业或摩擦性失业。

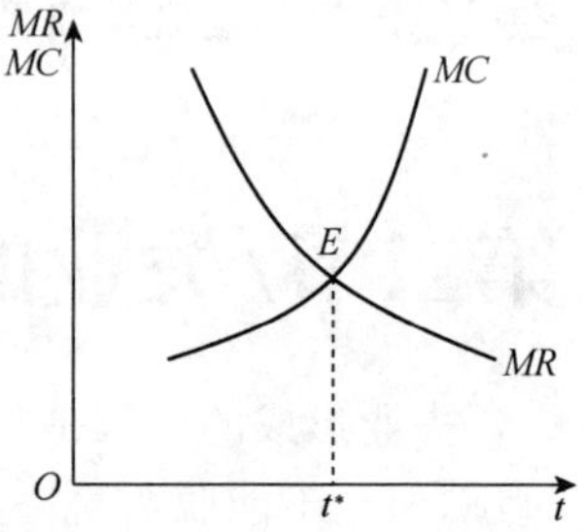

图 15-1 最优寻职时间长度的决定

下面来考虑失业保险和失业救济金对于失业本身的影响。

在职业搜寻的分析框架中,失业保险和失业救济金降低了寻职者的寻职成本及寻职边际成本,也就是使图 15-2 中的 MC 曲线移至 MC_1 曲线。为何如此呢?因为失业保险和失业救济金增加了寻职者的可支配收入,从而对于寻职者来说,单位货币的边际效用下降了,这自然也使寻职者的边际搜寻成本相应地下降。而且,可支配收入有所增加后,寻职者还可运用更有效率的寻职手段。

由图 15-2 可知,失业保险和失业救济金使自愿性失业或摩擦性失业由 t^* 增加至 t_1,即拉长了摩擦性失业的时间,增加了自愿性失业。这种现象也可解释为,由于有了失业保险和失业救济金,失业者并不急于寻找新的工作,或对新工作的工资要求更高。还有一些失业者干脆宁愿待在家里不工作。由此可见,失业保险和失业救济金虽然减轻了失业者的痛苦,有助于维护社会公平,但同时也增加了失业。

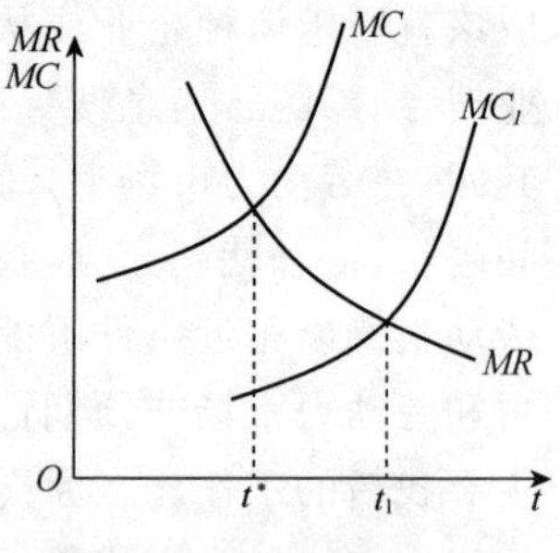

图 15-2 最优寻职时间长度的决定

相关的研究表明,享受失业保险的期限每增加一周,领取失业保险者的平均失业期长度就增加 0.16~0.20 周。

二、工资特性与失业

在前面我们也曾谈到工资刚性、工资黏性,这里再做进一步的展开分析。

1. 最低工资法

大多数国家都制定了最低工资法，其目的是保证所有的工人有一个适当的收入下限，以保障工人的基本生活得到满足。对于大多数劳动者而言，最低工资法的意义不大或没有意义，因为他们的工资水平远远高于规定的最低工资。最低工资法对于缺乏技能的青年就业者及一些接近退休年龄的就业者则是有意义的。如就我国而言，对于那些进城打工者是有意义的。

在某些市场条件下，最低工资的规定使得工资无法下降到供求均衡水平，从而使得企业会减少对弱势劳动力的需求和雇用。有的实证研究表明，最低工资每提高10%，生产经验不足、生产技能不高的青年人的失业率增加幅度从0到3%不等。还有研究认为影响低于0.75%。这也就是说，最低工资法对弱势劳动力的失业有负面影响，但影响不大。

2. 内部人—外部人模型

根据内部人—外部人模型，内部人和外部人与企业在工资问题上的谈判能力及谈判地位是不一样的。内部人要求较高的工资，企业可能会接受；外部人只要求较低一些的工资，企业可能也会雇用他们。因为对于企业来说，解雇已在岗位上的就业者即内部人和雇用外部人都是要花费成本的。譬如，解雇内部人需要根据原先的合同条款做出某些赔偿或补偿；工会组织常常会反对解雇工人等。在外部人中寻找合适的替代者需要搜寻成本和培训成本。内部人已经积累了一定的特定专业技能和生产经验，已经熟悉了工作环境，而要使外部人替代内部人必须投入大量的培训成本。

工会就工资水平与企业谈判时，只代表内部人的利益而不考虑外部人的利益。这样，工会加上企业对于内部人与外部人转换成本的考虑的双重作用，使得内部人的高工资要求也往往得到满足，失业者愿意接受比现行工资水平低的工资却依然得不到雇用。

纳入了工会作用的内部人—外部人模型更深入地说明了工资刚性，而工资刚性是失业形成的原因之一。这里以图15-3来直观地说明工资刚性对失业的影响。

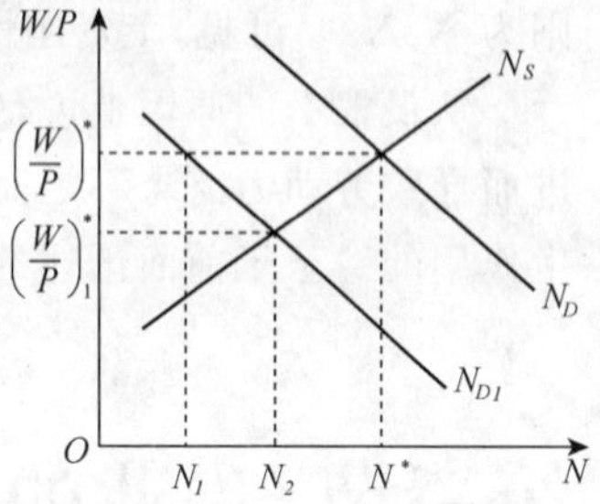

图15-3 工资刚性对失业的影响

当劳动需求曲线与劳动供给曲线分别由 N_D 和 N_S 来代表时，均衡实际工资水平为 $(W/P)^*$，就业量为 N^*。当社会总需求下降时，产品滞销，从而劳动需求左移至 N_{D1}，由于工资的刚性，$(W/P)^*$ 无法下降至 $(W/P)_1^*$，而是停留在原有水平，这时的劳动需求量也即就业量仅为 N_1，从而有 N_1N^* 的人失业。

所以，人们对工会的褒贬争议一直较大。批评者认为，工会仅仅是一个卡特尔，工会的存在减少了劳动需求，它使一些工人获益的同时，却牺牲了另一些工人的利益。当然，工会的支持者可以找到许多理由，论证工会保障了工人的权益，维护了工人的整体利益。

3. 效率工资

工会凭借它对劳动供给的一定程度的垄断可以对工资水平产生一定程度的控制。在上述的内部人—外部人模型中，内部人凭借已经就业的优势也可以对工资水平产生一定程度的控制。下面讨论的效率工资模型则是企业或雇主主动地将本企业员工的工资定在高于均衡工资的水平。

效率工资是指高于市场工资率、使企业员工勤奋工作的工资。一旦企业员工不努力工作，因偷懒而被解雇，则偷懒的成本就会相当高。因为他去别的企业工作，就不可能获得这样高的工资，只能得到市场工资。但如果大多数企业或所有企业都采用效率工资，就会导致市场工资高于原来的市场均衡工资，从而使得劳动力市场对劳动力的需求将低于劳动力供给，产生失业现象。

三、社会总需求与失业

如果经济社会的总需求小于总供给，企业生产出来的产品不能销售出去或不能全部销售出去，企业就会减少生产甚至停产，也就是对劳动力的需求会减少，从而造成大量失业。在这里，可以运用第十四章论述的 $AD-AS$ 模型来加以说明。见图 15-4 所示。

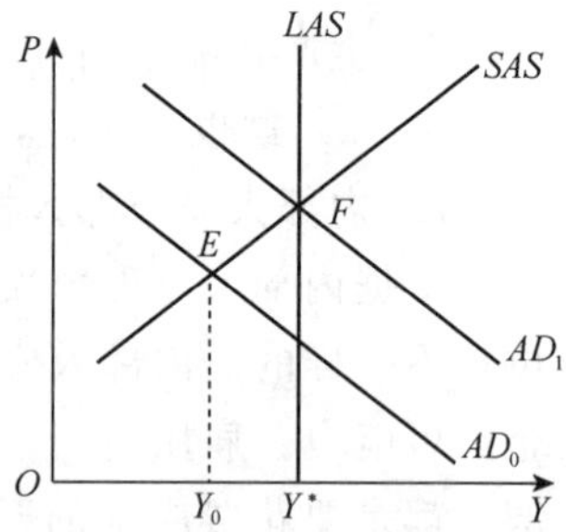

图 15-4　*AD-AS* 模型中暗含的失业

如图 15-4，当总需求由 AD_0 曲线来表示时，它与 SAS 曲线相交于 E 点，这时的均衡收入为 Y_0，小于充分就业（代表劳动力资源和所有经济资源都得到充分利用）时的国民收入 Y^*。这说明此时未达到充分就业，即存在周期性失业或非自愿性失业，从而导致收入未达到 Y^*。这时的总需求未达到充分就业产出（Y^*）所要求的总需求（AD_1 曲线代表）。

前述的图 15-3 实际上也体现了总需求过小对失业的影响。不妨假设 N^* 为充分就业量，过小的总需求决定了劳动需求也过小，由 N_{D1} 曲线代表，从而造成了 N_2N^* 的失业量。如果劳动需求曲线本来是 N_D，总需求下降使它左移至 N_{D1}，在工资刚性的条件下，失业量则为 N_1N^*。可见，工资刚性是通过总需求因素对失业产生影响的。

从最根本的原因上说，失业尤其是周期性失业或非自愿性失业主要是由于总需求不足进而导致劳动力需求不足而形成的。其他的因素是次要的，且一般都是通过总需求因素发生作用的。至于前面论述的职业搜寻理论主要是说明摩擦性失业或非自愿性失业的。

第三节/失业的代价与奥肯定律

一、失业的代价

失业会给社会和个人都带来损失，这就是社会和个人为失业而付出的代价。失业率高会使社会损失很多本来应当并且能够生产的产量。有的经济学家认为，失业率每提高 1%，实际产量会损失 3%。一个社会为失业付出的代价可以这样估算：假定某年充分就业时的自然失业率为 4%，则在该失业率水平下社会应当生产的产量就是充分就业的产量水平。然后把该年每一季度的实际产量与此产量相比，看一看差多少，由此计算出损失的大小。这些损失的产量本来是应当生产出来的，因为存在失业就没有生产出来。当然，未被利用的自然资源是可以留给将来用的，但失业中浪费的劳动力却永远丧失了。

失业给失业者本人及家庭也造成了损失。他们失去了本来用劳动可以换得的收入。

失业津贴虽然会减轻他们这方面的损失，然而毕竟弥补不了这种损失。而且对社会来说，失业津贴也是从有工作的家庭和企业所纳税金中筹得的，因而，失业津贴也加重了社会的负担。

失业工人及其家庭的地位和声望也会因失业而下降，因而身心健康也会受到摧残。在失业率很高时，社会秩序也会受到影响。经济学家和社会学家根据调查认为，在严重的经济衰退中，即失业问题尖锐时，心脏病、酒精中毒、婴儿死亡、精神错乱、虐待儿童以及自杀的比率都会上升。

为此，降低失业率，实现充分就业，一直是政府进行宏观经济管理的重要目标之一。政府要用多种政策来解决失业问题。一般说来，治理摩擦性失业，要用完善劳动市场、沟通市场信息、促进人员流动的办法来解决；治理结构性失业，要用增加人力资本投资、加强职工培训的办法来解决；治理周期性失业，需要政府用财政政策和货币政策即总需求管理的办法来应对。

二、奥肯定律

当所有的生产要素(尤其是劳动力)都被充分利用时，这时所达到的产出水平我们称之为潜在的产出水平，或者说潜在的 *GDP* 水平。由于各类经济中总是存在失业情况和其他生产要素的非充分利用情况，因此实际的产出水平(或者说实际的 *GDP* 水平)总是小于潜在的产出水平。实际达到的 *GDP* 水平与潜在的 *GDP* 水平之间的缺口我们称之为产出缺口。既然产出与就业之间存在这样密切的内在关系，那么在产出增长和失业率变化之间是否存在一条可靠的规律呢？这个规律就是以其发明人命名的奥肯定律。

阿瑟·奥肯(Arthur M. Okun)曾在 1968—1969 年担任美国总统顾问委员会主席，他根据美国的经验数据，提出了经济周期中失业率变动与产出变动的经验关系，即奥肯定律。奥肯定律的内容是，失业率每高于自然失业率 1 个百分点，实际 *GDP* 将低于潜在 *GDP* 2 个百分点。换一种方式说，相对于潜在 *GDP*，实际 *GDP* 每下降 2 个百分点，实际失业率就会比自然失业率上升 1 个百分点。

这条著名的奥肯定律描述了实际产出增长率与失业率变化之间的关系，它成为当今宏观经济学中最可靠的经验规律之一，它不仅适用于美国，而且对其他国家也适用，只是奥肯定律所描述的产出增长率与失业率下降的比率有所不同而已。奥肯定律所揭示的关系对宏观经济政策制定有着重要的意义。根据奥肯定律，可以通过失业率的变动推测或估计 *GDP* 的变动，也可以通过 *GDP* 的变动预测失业率的变动。例如，如果实际失业率为 8%，高于 6%的自然失业率 2 个百分点，则实际 *GDP* 就将比潜在 *GDP* 低 4%左右。

奥肯定律可以用下面的公式来表示：

$$\frac{Y-Y_f}{Y_f}=-\alpha(u-u^*)$$

其中，Y 为实际产出，Y_f 为潜在产出，u 为实际失业率，u^* 为自然失业率，α 为大于零的参数。

奥肯定律的一个重要结论是，实际 *GDP* 必须保持与潜在的 *GDP* 同样快的增长，以防止失业率的上升。如果政府想让失业率下降，那么，该经济社会的实际 *GDP* 的增长必须快于潜在GDP的增长。

第四节/通货膨胀的定义与测量

通货膨胀是当代经济学和日常生活中使用频率很高的词汇,普通人对此的理解也许就是“又涨价了”或“钱不值钱了”,而经济学家对通货膨胀的定义因人而异。有人做过统计,结果发现在不同意义下,通货膨胀有一百多种用法。

一、通货膨胀的定义

通货膨胀是指一般物价水平在一定时期内持续的、普遍的上升过程,或者是说货币价值在一定时期内持续的下降过程。

为正确理解这一概念,我们需要强调两点:

第一,通货膨胀不是指一次性或短期的一般价格水平的上涨。同样,不能把经济的周期性萧条、价格水平下降之后出现的周期性复苏阶段的一般价格水平上升认为是发生了通货膨胀。只有当一般物价水平持续地上涨,趋势不可逆转时,才可以称之为通货膨胀。

第二,通货膨胀也不是指个别商品价格或某个行业商品价格的上升。在市场经济体系中,商品供需平衡是偶然的个别现象,供过于求或供不应求反而是正常的现象,这表现在商品价格上就是商品价格的时涨时落。因此单个商品如大米的价格上升完全可能是市场正常的供需变化反应,不应认为是发生了通货膨胀。只有价格总水平(即所有商品和劳务价格的加权平均)的持续上涨才可以认为是发生了通货膨胀。

二、通货膨胀的测量

通货膨胀既然指的是物价水平持续上升的过程,那么如何测量一般物价水平当然是一个重大问题。目前世界上多数国家都采用以下一种或一种以上的物价指数。

1. 消费物价指数

消费物价指数(CPI)是根据具有代表性的家庭的消费开支所编制的物价指数,又被称为零售物价指数或生活费用指数,它表示的是在不同时期内为购买一篮子样本商品所支付的成本的价格指数。CPI包括私营部门的所有消费商品和劳务(包括耐用消费品)。有许多国家甚至根据不同收入阶层的消费支出形态,编制出不同的消费物价指数。这种指数的优点是资料较易收集,公布次数较为频密(通常为每月一次),因此,能够比较迅速地反映直接影响人们日常生活的物价趋势。其缺点是范围较窄,其中一个最基本的问题是:什么是生活费用?而且,它也不能正确地表现消费商品与劳务的质量改善。

2. 批发物价指数

与消费物价指数是一种零售价格指数不同的是,批发物价指数(WPI)是根据制成品和原料的批发价格编制而成的指数,它衡量的是生产或批发环节的价格水平。这一指数的优点是对商业循环较为敏感,在商业领域广为使用,但缺点是因为各种劳务并不包括在内,其范围较消费价格指数更为狭窄。

3. 国民生产总值折算指数

国民生产总值折算指数（*GNP* deflator）是一种较为特别的指数，它的定义是按当年价格计算的国民生产总值对按固定价格计算的国民生产总值的比率，所得出的是对实物的衡量。国民生产总值折算指数的优点是它的范围较为广泛，除了私营部门的消费外，也包括公营部门的消费、生产工具和资本财货（如房屋建筑、机器、设备、厂房、原料和半制成品）、进出口商品与劳务等价格在内，可以解释为 *GNP* 或 *GDP* 所有组成部分而非某些部分的价格水平，所以较能准确地反映一般物价水平的趋向。缺点是资料较难收集，公布次数不如消费物价指数频密，多数国家通常为每年一次，所以不能迅速地反映通货膨胀的程度和动向。

以上三种不同的物价指数由于计算方法不一样，所包括的范围也不一样，所以得出的结果往往大相径庭，通常要综合起来考虑，以一种指数为主，其他指数为辅。由于消费物价指数与人们的日常生活联系最为紧密，因此经常使用的是消费物价指数。

三、通货膨胀的类型

经济学家对通货膨胀的分类也有不同的观点，我们可以采用不同的划分标准来划定通货膨胀的类型。

1. 按通货膨胀率的高低划分

通货膨胀率的高低是判断通货膨胀严重程度的基本标准，根据通货膨胀率的高低可把通货膨胀分为三类：温和的或缓行的通货膨胀、疾驰的或奔腾的通货膨胀和超级通货膨胀。

（1）温和的或缓行的通货膨胀

温和的或缓行的通货膨胀（moderate inflation or creeping inflation）是指通货膨胀率低而且呈较为稳定、缓慢的上涨，一般认为这种类型的通货膨胀率应该在较长时期内维持在10%以下，货币价值每年下降得很少。这种通货膨胀下物价较为稳定，货币不会明显贬值。还有一些经济学家认为这种通货膨胀有利于刺激经济，可以作为经济增长的润滑剂。就短期而言，不容易感到物价上涨的压力，但仍有利于经济的发展；就长期而言，则有不利的影响。

（2）疾驰的或奔腾的通货膨胀

疾驰的或奔腾的通货膨胀（trotting or galloping inflation）是指年通货膨胀率为两位数，甚至三位数的通货膨胀。通货膨胀在加速之中进行，令政府不易控制，一般人对于货币的信心逐渐丧失，认为物价将日益上涨，人们为谋自卫，加速通货的流动，结果使货币流通速度加快，通货膨胀变得更加厉害。在这种情况下，通货膨胀对经济产生不利的影响，出现了较为严重的经济扭曲，但不至于引起金融崩溃和经济生活混乱。有些国家在这种情况下仍保持了经济高速增长（如 20 世纪 60 年代的巴西与以色列）。但一般来说，如果这种通货膨胀得不到及时治理，最终会对经济带来灾难性后果，甚至导致超级通货膨胀。

（3）超级通货膨胀

超级通货膨胀（hyperinflation）又称为恶性通货膨胀，是指通货膨胀率在三位数以上，物价持续狂跌，货币价值不断下降，人们对货币的信心丧失，不愿握存纸币，或抢购物资，或换成保值的外币，最终货币完全丧失了价值储藏的功能，并部分丧失了交易媒介的功能，从而对整个经济社会产生严重的不利影响，甚至使政局发生骚动。第一次世界大战后的德国、奥地利，第二次世界大战后的匈牙利、希腊、中国都发生过这种通货膨胀。记载最完全的恶性通货膨胀是发生在 20 世纪 20 年代的德意志魏玛共和国，从 1922 年 1 月到 1923 年 11 月，魏玛共和国的价格指数从 1 上升到 10 亿。假如某人在 1922 年初拥有 3 亿元的资产，那么两年后他用 3 亿元会连一块糖都买不到。

2. 按通货膨胀的原因划分

按通货膨胀的原因可把通货膨胀划分为以下几类：作为货币现象的通货膨胀、需求拉上型通货膨胀、成本推动型通货膨胀、结构性通货膨胀或部门通货膨胀、由邻国感染的通货膨胀。

(1) 作为货币现象的通货膨胀

货币数量论在解释通货膨胀方面的基本思想是，通货膨胀只是一种货币现象，是货币数量的过多造成的。为了能够清晰论述这个问题，下面先介绍货币数量论中的现金交易说。

① 现金交易说

该学说认为，货币流通量与进入流通的商品和劳务价格总额之间，必然存在等量关系。若以 P 代表平均价格水平，M 代表货币供给量，V 代表货币流通速度，T 代表一定时期内商品和劳务的交易总量，美国经济学家费雪(Fisher)提出了交易方程式为：

$$MV = PT$$

在费雪看来，短期内 V 是一个比较稳定的因素，因为它取决于银行及信用机构的组织结构和效率、工业集中程度以及人们的货币支出习惯等制度性因素。这些制度性因素短期内不可能有大的变化。式中的 T 也被认为是比较稳定的，因为它取决于资源和技术条件。这也就是说，V 和 T 可视为常数，即 V/T 为常数。由上式可得：

$$P = \frac{MV}{T}$$

所以价格水平 P 就随着货币供给量 M 的变化而变化。因此说，该学说是一种货币数量论，把价格水平的变动看作是由于货币供给量的变动造成的。

② 货币供给与通货膨胀

为了分析通货膨胀，将 $MV = PT$ 转换成 $MV = PY$。式中：Y 为产出数量，其他变量的含义不变。这里也可将 Y 视为实际 GDP，等式右边的 PY 便为名义 GDP，等式左边的 MV 反映的是经济社会的总支出。由于经济社会对商品和劳务的总支出额也就是商品和劳务的总销售值，因而方程的两边总是相等的。前已述及，V 在一定时期内是稳定的，Y 在一定时期内也可看作是由既定的经济资源总量决定的常数，这样，货币当局控制的变量 M 就决定了价格水平 P，M 的变化必将引起 P 的同比例变化。为了更好地说明这一点，对 $MV = PY$ 两边取自然对数，有：

$$\ln P + \ln Y = \ln M + \ln V$$

两边取微分，并整理得：

$$\frac{dP}{P}=\frac{dM}{M}+\frac{dV}{V}-\frac{dY}{Y}$$

式中的 dP/P 为价格水平的变化率，也就是通货膨胀率；dM/M 为货币数量的变化率，它由中央银行决定；dV/V 为货币流通速度的变化率，据上所述，它是稳定的；dY/Y 为产出的变化率，或经济增长率，根据前面的分析，它取决于既定的宏观生产函数和投入的要素量，并且是长期内受制于潜在产出的一个稳定变量。于是，通货膨胀就完全取决于货币供给的变化率。因此，货币数量论认为，中央银行的货币供给行为最终决定着经济社会的通货膨胀率。如果中央银行过多地增加货币发行量，物价就会上涨；如果中央银行能够保持货币量的稳定，则物价就会稳定。通货膨胀的产生主要是货币供给增加的结果，通货膨胀始终只是一种货币现象。

(2) 需求拉上型通货膨胀

需求拉上型通货膨胀(demand-pull inflation)是从市场上购买者对商品市场的过度需求来解释一般价格水平的上涨，所以又被称为买方通货膨胀(buyers' inflation)。这种观点认为通货膨胀的原因是总需求过度增长，总供给相对不足。当消费者的消费支出与投资者的投资支出增加，而商品与劳务的增加受到限制时，必将推动一般价格水平上升，形成所谓需求拉上型通货膨胀。至于造成市场上的商品与劳务供给受到限制或短缺的原因，可能是生产资源已经得到充分利用，达到了充分就业。这种传统的物价上涨，是由于需求过多所造成的物价上涨，也就是所谓的“过多的货币，在追逐太少的商品与劳务”。这里所讲的“追逐”实质就是需求，需求增加基本上是由于经济快速发展的结果。因而随着人们收入的不断增加，消费亦随着增加，难免使商品供不应求，促进一般价格水平上涨；而投资需求的上涨，对外贸易的增加，也都会加大对于资源需求方面的压力而促使其涨价。如果货币供给量不断增加，而商品供给不能满足需求的增加，那么一般价格水平就将开始上升，而币值亦随着下降。

凯恩斯以前的传统货币数量论者认为，货币供给量与一般价格水平之间维持一定的比例关系，货币供给量的增加将引起一般价格水平的等比例增加，通货膨胀就是因为货币过多供给而形成的。弗里德曼的现代货币数量论虽然不再认为经济总是处于充分就业的状态，货币流通速度为一个稳定的常数，但他仍然强调货币需求是稳定的，而货币供应量是外生的经济变量，物价的变动是货币供应量变动的结果，在他那里的通货膨胀纯粹是一种货币现象。通常在战时及战后政府为弥补庞大的军事支出引起财政赤字而增发纸币，财政赤字的货币化是构成此种通货膨胀最明显的例证。

在凯恩斯所处的时代，通货膨胀这一经济现象并不很普遍，对经济的影响还不十分突出。在《就业、利息和货币通论》中，凯恩斯认为货币变动对物价的影响是间接的，影响物价的因素除货币量之外，还有成本单位和就业量等多种因素，货币数量的增加是否具有通货膨胀性，要看经济体系是否达到充分就业而定，具体说有以下几点：

第一，在达到充分就业分界点以前，货币量增加，就业量随有效需求增加而增加，“因为在该点以前，货币数量每增加一次，有效需求尚能增加，故其作用，一部分在提高成本单位，一部分在增加产量”。这双重效果的原因之一是存在闲置的劳动力和生产资源，供给有弹性，增加有效需求有刺激产量增加的作用，此时货币数量增加不具有十足的通货膨胀性，而是一方面增加就业量和产量，另一方面也使物价逐渐上涨。这种情况，凯恩斯称之为“半通货膨胀”。如图 15-5 所示。

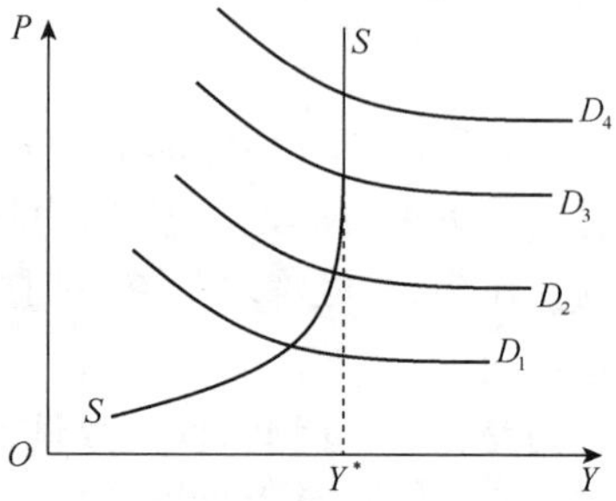

图 15-5　半通货膨胀和真正的通货膨胀

第二，当达到充分就业以后，由于各种资源已被充分利用，供给无弹性，货币量增加后有效需求增加，但“已无增加产量之作用，仅使成本单位随有效需求同比例上涨，这种情况，可称之为真正的通货膨胀”。

如图 15-5 所示，在充分就业时的产量 Y^* 点之前，总供给曲线 *SS* 具有价格弹性，向上倾斜，表示在价格上升的同时，可以诱导产量的增加。在达到 Y^* 之后，*SS* 曲线变为垂直线，短期内，物价上涨已无法刺激产量增加，需求增加只能引起“真正的通货膨胀”。

（3）成本推动型通货膨胀

成本推动型通货膨胀（cost-push inflation）是从市场上商品供给者的生产成本或利润的增加来探讨通货膨胀的成因，所以也可称之为卖方通货膨胀（sellers' inflation），即指由于原料与工资成本的价格水平连续上涨，而生产效率并未提高，从而引起一般价格水平的上涨。因为原料与工资是一般生产的主要成本，既然主要成本已经上涨，那么其所制作出来的商品的价格也自然会跟着上涨，这就是所谓的“成本推动型通货膨胀”。

成本推动型通货膨胀又可以分为两类：一类受工资的影响，即工资推动型的通货膨胀（wage-push inflation）。20 世纪 60 年代末，大多数欧洲国家的突然性工资上涨表明，工资推动也对这一时期的通货膨胀起到了作用。一方面，现代西方发达国家的工会组织具有非常大的影响力，由于存在着所谓的货币幻觉（money illusion），工会就有了要求提高工资的理由。货币幻觉是指人们对货币收入的判断仅根据其名义上的价值，而没有考虑到货币的真实购买力。在正常的价格上涨时期，人们一般都会觉得“一块钱有一块钱的用途”，因而一旦货币收入有所增加，就会认为就是实际收入与福利的增加，也就是说，人们容易产生所谓的货币幻觉。一旦他们发现“货币欺骗了他们”，货币工资增加幅度跟不上物价的上涨幅度，那么工会组织就不得不在谈判时考虑到通货膨胀的因素，所以工资易涨不易跌，造成所谓的工资刚性。另一方面，“模仿效应”也会使工人工资上涨，由于各个部门的劳动生产率不一样，不同的产业利润也就不同，因而工资在不同的产业间会有所差别，高利润产业工人工资的增加会招致低工资产业工人的不满，从而加大了工资上涨的压力。这些原因都容易造成物价水平的上涨，甚至有可能造成通货膨胀。而生产厂商一般也可以凭借其垄断力量，将所增加的工资转嫁到消费者身上，所以工资上涨之后，物价水平也可能跟着上涨。由于工人的实际收入又将减少，工人及其他生产要素的所有者又会据此要求更高的报酬，生产厂商因此而提高其产品的售价。于是工资与厂商的“市场力量”（market-power）不断相互促进，工资与物价互为因果相互推进，螺旋上升，成本推动的通货膨胀就不断出现。

另一种受利润的影响，也就是所谓的利润推动的通货膨胀（profit-push inflation），即公司利润在工资提高之前就已开始增加所引起的通货膨胀。公司利润增加可能有两个原因：一是生产要素价格的下降及生产工艺方法的改进而导致单位劳动成本下降，而拥有垄断地位的生产厂商势力强大，可以强制性地保持其产品的售价甚至会抬高售价以增加其利润。二是价格水平的上涨，公司利润因而增加，而这又会诱使工人要求提高工资。工资提高以后，单位劳动成本自然随之上升，产品单位成本的增加使厂商不得不抬高售价，以维持其利润水平，于是进一步推动了通货膨胀。

如图 15-6 所示，总供给曲线为 S_1 时，如果总需求不变，则价格水平为 P_1。当总供给曲线由于成本提高而移到 S_2，总供给曲线与总需求曲线的交点所决定的价格水平为 P_2，价格水平上升。当总供给曲线由于成本进一步提高而移动到 S_3 时，其与总需求曲线的交点所决定的价格水平为 P_3，价格水平进一步上升。

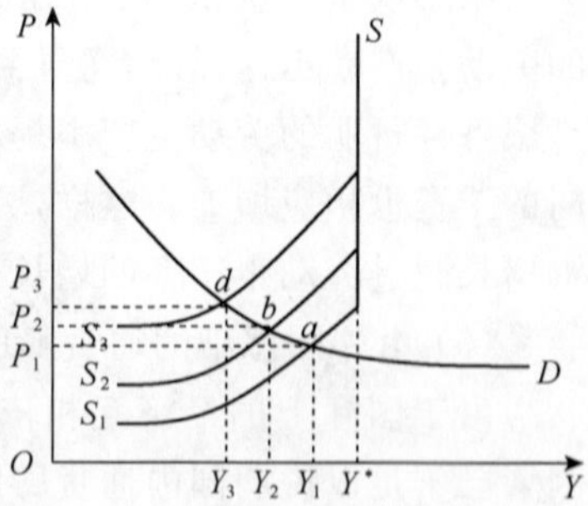

图 15-6 成本推动的通货膨胀

一些西方经济学者认为，单纯用需求拉上或成本推动都不足以说明一般价格水平持续上涨的原因，而应当同时从需求和供给两个方面以及两者的相互影响说明通货膨胀。于是又有人提出从供给和需求两个方面及其相互影响来说明通货膨胀的理论，即混合通货膨胀理论。

如图 15-7 所示，由于成本推动，总供给曲线由 S_1 上移到 S_2，如果总需求不变，则价格水平由 a 上升到 b，而产出水平由 Y^* 减少到 Y_1。政府采用扩张性财政、货币政策将总需求曲线上移到 D_2，产出虽恢复到 Y^*，但价格水平却上升到 c。为抵消通货膨胀因素，工人会进一步要求增加工资，厂商提高价格，总供给曲线上升到 S_3。如此下去，价格水平循 a-b-c-d-e 而做螺旋上升，形成所谓的“混合通货膨胀”。

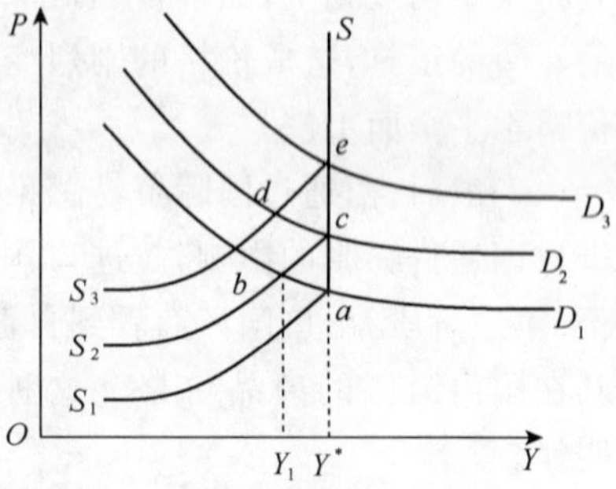

图 15-7 混合通货膨胀

(4) 结构性通货膨胀或部门通货膨胀

结构性通货膨胀或部门通货膨胀(sectoral inflation or structural inflation)是因为某些国家或地区的经济结构上存在着僵硬性，当结构的僵硬性与经济发展相冲突时，就有可能发生通货膨胀。工资与物价的变动是不对称的，工资与物价具有刚性，即工资与物价在向上提高这个方向上是有伸缩性的，而向下跌落则是刚性的或缺乏伸缩性的。也就是说，物价在需求或成本上升时提高，但需求或成本下降时并不降低，工资在生活费用或利润提高时会增加，而在相反情况下并不减少。由于这个原因，如果社会某部门的需求上升，则该产业的物价和工资也会上升。但其他产业的需求下降时，却因企业的垄断地位和工会组织的影响，其既得工资不会下跌或下跌幅度很小，也就是说，某些部门的价格上升，无法通过其他部门的价格下跌来加以抵消。所以一般说来，因为有些部门的价格上升，结果造成一般价格水平的普遍上升。这样，在一个迅速发展变化的经济中，各个产业部门的需求状况是不断变化的，经常出现有些部门的需求扩大，而另一些部门的需求减少。在需求扩大的那些产业部门，工资和物价将上升，这些部门的产品价格作为其他部门的产品的成本因素，带动物价由一个部门接着一个部门上升。与此同时，在那些需求减少的部门，工资与物价并不因需求减少而下跌，这就引起了一般物价水平随着社会经济的部门需求结构的变化，而呈现持续上升的长期趋势。结果是虽然总需求并无变化，但是因为需求内部组成部分发生了变动，造成物价和工资迅速上涨，这样再互相影响下去，自然会促成价格水平的全面上涨，造成通货膨胀。所以由此出现的通货膨胀也被称为产业(部门)结构发生变化，以及战后商品市场和劳动力市场的结构发生变化所决定的结构性通货膨胀。

第二次世界大战后，一方面，随着科学技术的迅速发展以及一个国家的重要产业部门的劳动生产率迅速提高，将导致这些部门的工资相应增加。另一方面，也有一些部门特别是服务性行业的劳动生产率提高较慢，为了保持各部门工资之间相互稳定的关系，这些部门的工资也相应增加。这样，劳动生产率增加较慢的部门的工资"攀比"(catch up)导致工资增长超过劳动生产率的增长，从而引起一般价格水平持续、温和的上涨。

(5) 由邻国感染的通货膨胀

由于国际上的经济互相依存，而货币又是国与国之间商品流通的媒介，因此一国国内因素已不足以说明国内通货膨胀的起因。邻国感染的通货膨胀大致由两种渠道引起：国际贸易和国际金融。贸易渠道是指由进出口商品所引发的，例如，当日元对美元升值，使得日本的公司不能在美国市场上倾销廉价的电视机时，日本产品竞争能力的削弱，立刻反映在美国市场上，造成不论日本或美国生产的电视机的价格均告上涨的现象。由于某些原料尤其是某些初级物资，如粮食、石油、矿砂等为少数国家所垄断或控制时，势必成为国际上政治斗争的工具，造成价格的剧烈变动，从而迫使世界上相关产品的价格均告上涨，甚至会使价格水平全面上涨。

一般而言，通过国际贸易感染的通货膨胀主要经过两个阶段：第一阶段，出口国厂商受进口国通货膨胀的影响，趁进口国商品涨价的机会，抬高他们所产商品在进口国市场的售价；第二阶段，出口国厂商看到自己的商品在进口国平均售价比国内要高得多，于是也提高其在国内销售的商品价格。这种感染性的效果，尤其是在两国间贸易关系密切时最为明显。

由国际金融渠道引起的通货膨胀，主要是指随着国际资金的跨国流动——从利率低的国家流向利率高的国家，使世界各国的货币政策相互影响，甚至出现趋同的现象。在"一价定律"的支配下，世界各国的通货膨胀率迟早会发生趋同的结果。在固定汇率下，这种倾向更为显著。通货膨胀较他国高的国家，必然引起资金的外流，从而造成国际储备的减少，而国际储备的减少又会加剧他国的通货膨胀。在这种情形下，除了储备货币发行国以外，个别国家尤其是小国，通过对货币供应量的控制，被迫从储备货币发行国"引进"通货膨胀。而现行的浮动汇率情形，很难使各国都能正确地寻求一个均衡的汇率水平。其结果是发生汇率贬值或处于均衡汇率水平以下的国家，必定趋于通货膨胀。因此通货膨胀就成为世界性的问题，货币扩张往往超出一国货币当局所能控制。随着浮动汇率的兴起，使国际货币当局短期内控制通货膨胀日益困难，个别国家更不可能。

3. 按预期的因素划分

按预期的因素来划分，通货膨胀可以分为两类：预期的通货膨胀与非预期的通货膨胀。

(1) 预期的通货膨胀

它是指一般价格水平的上升在人们的意料之中，例如价格水平年复一年地按同一百分比数上升，那么人们就可以据此预期下一年的通货膨胀率也是这一百分比数。预期的通货膨胀具有自我维持性的特点，也就是说如果没有新的异常情况发生，人们就会把预期到的通货膨胀纳入他们的日常经济生活当中，这将使预期的通货膨胀继续维持下去，因此预期的通货膨胀又称为惯性通货膨胀。在这种情况下，如果政策当局采取扩张性的货币政策，将只会使一般价格水平与货币供应量增长率按同一比例上升，扩张性的货币政策完全没有作用。

在图 15-8(a)中，总需求曲线 D_1 和总供给曲线 S_1 相交于 E_1 点(最初的均衡)，此时价格水平为 P_1。如果现在存在较高的失业率，根据以往的经验，公众预料政府会采用扩张性的货币政策，而扩张性的货币政策会导致货币供给量增加，总需求曲线会由 D_1 移至 D_2。在货币需求不变的情况下这必然会导致价格水平上升。这样，公众会在政策出台之前要求增加工资，工资的上升会导致生产成本上升，其结果是供给曲线 S_1 上移，变为 S_2，价格水平上升至 P_2。

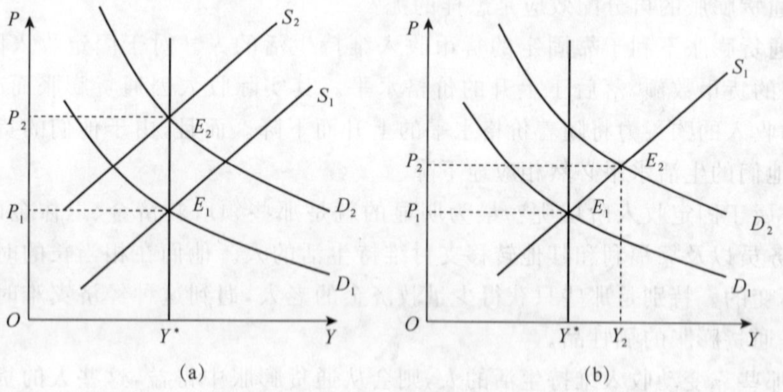

图 15-8　预期和未预期的通货膨胀

(2) 非预期的通货膨胀

它是指一般价格水平的上升速度超出了人们的预料，或者是人们对物价的上涨毫无警觉，根本就没有想到。因为人们没有预测到一般价格水平的上涨，所以就没有考虑到通货膨胀的因素。这样，货币工资率的增长会滞后于物价的上涨，从而使利润上升，至少暂时会具有一种扩大就业、扩大总产量的效应。如图 15-8(b)所示，政府推行扩张性货币政策，货币供给增加，总需求曲线 S_1 上移至 S_2，由于公众并未预测到该政策，所以总供给曲线未发生移动。这样通货膨胀水平在 P_2 水平，同时产量水平增加至 Y_2。由分析可知，预期的通货膨胀水平要比非预期的通货膨胀水平高。

当代西方经济学家十分重视预期通货膨胀与非预期通货膨胀的区别，这种区别是现代通货膨胀理论与传统通货膨胀理论相区别的一个重大分水岭。将通货膨胀分为预期和非预期的意义在于只有非预期的通货膨胀才具有真实的效应，也就是说，只有非预期的通货膨胀才可以影响就业和国民收入。

第五节/通货膨胀的经济效应

考察通货膨胀的经济效应，也就是要弄清楚通货膨胀的影响。通货膨胀是一个到处扩散其影响的经济过程，每一个公民和经济中的其他经济单位都在某种程度上受到它的影响。这里主要从两个方面来考察其效应。

一、通货膨胀的再分配效应

在现实经济中,产出和价格水平是一起变动的,通货膨胀常常伴随有扩大的实际产出。只有在较少的一些场合中,通货膨胀的发生伴随着实际产出的收缩。为了独立地考察价格变动对收入分配的影响,假定实际收入是固定的,然后去研究通货膨胀如何影响分得收入的所有者实际得到的收入的多少。在分析之前,还要区分货币收入和实际收入。货币收入就是一个人所获得的货币数量;而实际收入则是一个消费者用货币收入所能买到的物品和劳务的数量。

那么,通货膨胀的再分配效应是怎样的呢?

第一,通货膨胀不利于靠固定的货币收入维持生活的人。对于固定收入阶层来说,其收入是固定的货币数额,落后于上升的价格水平。其实际收入因通货膨胀而减少,他们接受每一元的收入的购买力将随着价格水平的上升而下降。而且,由于他们的货币收入没有变化,因而他们的生活水平必然相应地下降。

哪些人属于固定收入阶层呢?最为明显的就是那些领取救济金、退休金的人,那些工薪阶层、公务员以及靠福利和其他转移支付维持生活的人。他们在相当长的时间内所获得的收入是不变的。特别是那些只获得少量救济金的老人,遇到这种经济灾难时更是苦不堪言。他们是通货膨胀的牺牲品。

相反,那些靠变动收入维持生活的人,则会从通货膨胀中得益,这些人的货币收入会走在价格水平和生活费用上涨之前。例如,在扩张中的行业工作并有强大工会支持的工人就是这样。他们的工资合同中订有工资随着生活费用的上涨而提高的条款,或是有强有力的工会代表他们进行谈判,在每个新合同中他们都能得到大幅度的工资增长。那些从利润中得到收入的企业主也能从通货膨胀中获利,如果产品价格比资源价格上升得快的话,则企业的收入将比它的成本增长得快。

第二,通货膨胀对储蓄者不利。随着价格水平的上涨,存款的实际价值或购买力就会降低。那些口袋中有闲置货币和在银行有存款的人将受到严重的打击。同样,像保险金、养老金以及其他固定价值的证券财产等,它们本来是作为防患于未然和蓄资养老的,在通货膨胀中,其实际价值也会下降。

第三,通货膨胀还可以在债权人和债务人之间发生收入再分配的作用。具体地说,通货膨胀靠牺牲债权人的利益而使债务人获利。假如甲向乙借款1万元,一年后归还,而这段时间内价格水平上升一倍,那么一年后甲归还给乙的1万元相当于借时的一半。这里假定借贷双方没有预期到通货膨胀的影响。但是,如果一旦预期到通货膨胀,则上述的再分配就会改变。实际研究表明,第二次世界大战以来,西方国家的通货膨胀从居民手中把大量再分配的财富带到公共部门。原因有二:第一,政府负债累累,而大量的债券被掌握在居民手中。也就是说政府是债务人,而居民是债权人。于是,战后的通货膨胀就经常表现为将财富从居民那里转移到政府方面。第二,一般政府所得税是累进的。所以,在通货膨胀期间,人们要多缴些税。这不但因为他们的货币收入提高了,而且还由于他们进入较高的纳税级别。因此,要支付他们收入的较大百分比给政府,必然出现这样的收入再分配结果。所以,有些西方经济学家认为,很难希望政府会努力去制止通货膨胀。

最后,还必须指出两点:一是由于个体往往同时是收入的获得者、金融证券的持有者和实际财产(不动产)的所有者,因而通货膨胀对他们的影响可以相互抵消。例如,某家庭既有固定价值的货币资产,如储蓄、债券、保险等,这些会因通货膨胀而削减其实际价值,但同时通货膨胀又会增加他的财富,如增加房产、土地的价值。总之,许多居民同时因通货膨胀得益,又因通货膨胀受损。二是通货膨胀的再分配效应是自发的,它本身并未存心从谁的手中拿一些收入给其他人。

二、通货膨胀的产出效应

以上是假定国民经济的实际产出固定,而实际上,国民经济的产出水平是随着价格水平的变化而变化的。下面考虑可能出现的三种情况。

第一种情况:随着通货膨胀的出现,产出增加。这就是受需求拉上型的通货膨胀的刺激,促进了产出水平的提高。许多经济学家长期以来坚持这样的看法,即认为温和的需求拉上型通货膨胀对产出和就业将有扩大的效应。假设总需求增加,经济复苏,造成一定程度的需求拉上型通货膨胀。在这种情况下,产品的价格会跑到工资和其他资源的价格的前面,由此而增加了企业的利润。利润的增加就会刺激企业扩大生产,从而产生减少失业、增加国民产出的效果。这种情况意味着通货膨胀的再分配后果会由更多的就业、增加产出所获得的收益所抵消。例如,对于一个失业工人来说,如果他唯有在通货膨胀条件之下才能得到就业机会,显然,这受益于通货膨胀。

第二种情况:成本推动型通货膨胀引致失业。这里讲的是由通货膨胀引起的产出和就业的下降。假定在原总需求水平下,经济实现了充分就业和物价稳定。如果发生成本推进型通货膨胀,则原来总需求所能购买的实际产品的数量将会减少。也就是说,当成本推动的压力抬高物价水平时,既定的总需求只能在市场上支持一个较小的实际产出。所以,实际产出会下降,失业率会上升。美国 20 世纪 70 年代的情况就证实了这一点。1973 年末,石油输出国组织把石油价格翻了两番,成本推动型通货膨胀的后果使 1973—1975 年的价格水平迅速上升,与此同时,美国失业率从 1973 年的不到 5%上升到 1975 年的 8.5%。

第三种情况:超级通货膨胀导致经济崩溃。首先,随着价格水平持续上升,居民和企业会产生通货膨胀预期,即估计物价会再度升高。这样,人们就不会让自己的储蓄和现行的收入贬值,而宁愿在价格上升前把它花掉,从而产生过度的消费购买。这样,储蓄和投资都会减少,使经济增长率下降。其次,随着通货膨胀而来的生活费用的上升,劳动者会要求提高工资。他们不但要求增加工资以抵消过去价格水平的上升,而且还要求补偿下次工资谈判前可以预料到的通货膨胀带来的损失。于是企业增加生产和扩大就业的积极性就会逐渐丧失。第三,企业在通货膨胀率上升时会力求增加存货,以便在稍后按高价出售以增加利润,这种通货膨胀预期除了会鼓励企业增加存货外,还可能鼓励企业增加新设备。然而,企业的这些行为到无法筹措到必需的资金(增加存货和购买设备都需要资金)时就会停止,银行会在适当时机拒绝继续为企业扩大信贷,银行利率也会上升,企业贷款会越来越难。此时企业被迫减少存货,生产就会收缩。第四,当出现恶性通货膨胀时,情况会变得更糟。当人们完全丧失了对货币的信心时,货币就再也不能执行它作为交换手段和储蓄手段的职能。这时,任何一个有理智的人将不愿再花精力去从事财富的生产和正当的经营,而会把更多的精力用在如何尽快地把钱花出去上,或进行种种投机活动。等价交换的正常买卖、经济合同的签订和履行、经营单位的经济核算,以及银行的结算和信贷活动等,都无法再实现,市场经济机制也无法再正常运行,经济不再增长,此时大规模的经济混乱也就不可避免了。

第六节/通货膨胀与失业——菲利普斯曲线

通货膨胀与失业是短期宏观经济运行中的两个主要问题。如果经济决策者的目标是低通货膨胀和低失业,则他们会发现低通货膨胀和低失业的目标往往是冲突的。我们可以利用总需求和总供给模型来理解。假设决策者想用货币或财政政策扩大总需求,在理论上,这种政策将使经济沿着短期总供给曲线变动到更高产出和更高价格水平的一点上。较高的产出意味着较低的失业,因为当企业生产更多的产品时,它们需要更多的劳动力。而较高的价格水平则意味着较高的通货膨胀。因此,当决策者使经济沿着短期总供给曲线向上移动时,他们降低了失业率而提高了通货膨胀率。相反,当决策者紧缩总需求并使经济沿着短期总供给曲线向下移动时,失业增加而通货膨胀率下降了。因此,有必要从理论上探讨失业和通货膨胀之间的关系。在宏观经济学中,失业和通货膨胀的关系主要是由菲利普斯曲线来说明的。

一、菲利普斯曲线

1958 年,当时在英国伦敦经济学院工作的新西兰经济学家菲利普斯(A. W. Phillips)通过整理英国 1861 年至 1957 年的近一个世纪的统计资料,发现在货币工资增长率和失业率之间存在一种负相关的关系,这种关系可表示为:

$$\Delta W_t = f(U_t)$$

ΔW_t 表示 t 时期的货币工资增长率,U_t 表示 t 时期的失业率。两者具有负相关的函数关系。

把这样一种关系用曲线的形式反映出来就是菲利普斯曲线。该曲线见图 15-9。图中横轴表示失业率,左面的纵轴表示通货膨胀率,右面的纵轴表示货币工资增长率。在图中,菲利普斯曲线(PC)自左上方向右下方倾斜,表明货币工资上涨率或通货膨胀率越低,失业率越高;反之亦然。

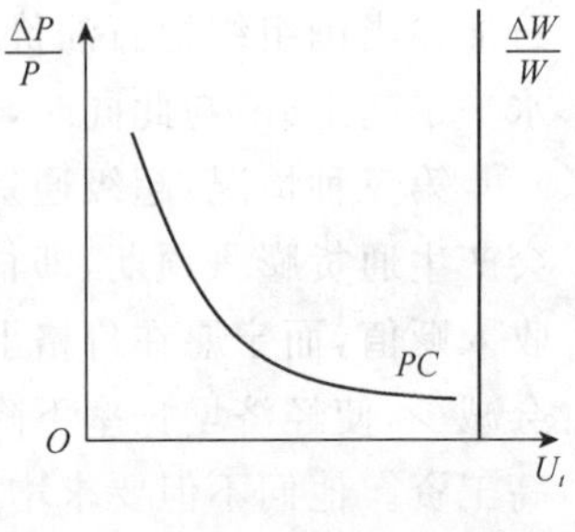

图 15-9　菲利普斯曲线

失业率之所以与货币工资上涨率负相关,英国经济学家利普赛(Lipsey)从理论上解释说,货币工资上涨率是劳动力市场超额需求程度的函数,而失业率是劳动力市场超额需求的一个负指数,对劳动力的需求越是超过供给,失业率越低,由于存在超额需求,雇主之间的竞争会驱使货币工资率上升;反之,失业率越高,劳动力市场上越是供过于求,货币工资率上涨就越少。

菲利普斯曲线本来只描述失业率与货币工资上涨率之间的关系,但西方经济学家认为,工资是成本的主要构成部分,从而也是产品价格的主要构成部分。因此他们把菲利普斯曲线描述的那种关系延伸为失业率与通货膨胀的替代关系:失业率高时,通货膨胀率就低;反之亦然。当然,通货膨胀率与货币工资上涨率并不是同一的,两者的差额为劳动生产率的增长率。假定劳动生产率的年增长率为 3%的话,货币工资也上升 3%,则不会引起物价上涨。如果货币工资上涨率超过劳动生产率的增长时,物价就会随着货币工资的上升而上涨。

菲利普斯曲线提供的失业率与通货膨胀率之间的关系为政府实施干预、进行总需求管理提供了一份可供选择的菜单。它意味着可以用较高的通货膨胀率为代价，来降低失业率或实现充分就业；而要降低通货膨胀率和稳定物价，就要以较高的失业率为代价。

菲利普斯曲线与标准的凯恩斯理论是有差异的。标准的凯恩斯理论认为，失业和通货膨胀两者是不会并存的，在未达到充分就业时增加总需求并不会引起通货膨胀，只有在充分就业后再增加总需求才会引起通货膨胀。而菲利普斯曲线却表明失业和通货膨胀可以并存，两者为负相关，可以此消彼长，只有高失业率和高通货膨胀率才不会并存。

二、附加预期的菲利普斯曲线

西方国家自20世纪70年代以来，菲利普斯曲线所描述的失业率和通货膨胀率的交替关系发生了新的变化，即菲利普斯曲线向右上方移动了，表现为，只有用比过去更高的通货膨胀率为代价，才能把失业率降到一定水平，假如以前用3%的通货膨胀率就能把失业率降到3%，那么，现在必须用7%的通货膨胀率才能做到这一点。这可以从图15-10中看出。在该图中有两条菲利普斯曲线，PC_2 为移动之后的菲利普斯曲线，这条菲利普斯曲线被称为附加预期的菲利普斯曲线。

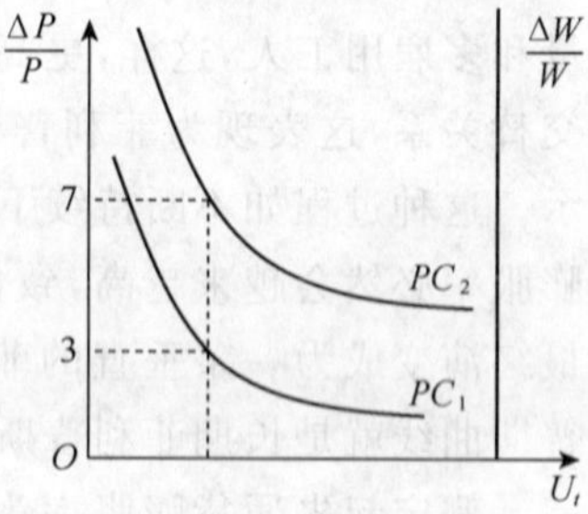

图 15-10 附加预期的菲利普斯曲线

为什么菲利普斯曲线会向上方移动呢？西方经济学家认为，原来的菲利普斯曲线 PC_1（或称为简单的菲利普斯曲线）反映的是通货膨胀预期为零时的失业率与通货膨胀率之间的此消彼长的关系。如果通货膨胀率连年上升，特别是政府利用菲利普斯曲线进行相机抉择，用高通货膨胀换取低失业率的话，就会形成一种通货膨胀预期。如果通货膨胀已被预期到了，工人就会要求提高货币工资以避免生活水平受通货膨胀侵蚀。如果人们预期通货膨胀会以5%的速度增加，那么，货币工资率上升7%时，人们会认为实际工资只上升2%。因此，如果以往货币工资率上涨2%便能使失业率下降到3%的话，那么现在要使失业率下降到3%的话就必须使货币工资率上涨7%，即以往的货币工资率上涨2%加上5%的通货膨胀预期。

凯恩斯主义者认为，附加预期的菲利普斯曲线依然表现出失业和通货膨胀之间的交替关系，只不过现在的交替关系为用更高的通货膨胀率来换取一定的失业率。附加预期的菲利普斯曲线可以用公式表示如下：

$$\Delta W_t = f(U_t) + \alpha p_t^e$$

其中 ΔW_t 表示 t 时期货币工资上涨率，U_t 表示 t 时期的失业率，p_t^e 表示 t 时期的通货膨胀预期。

货币主义者反对上述观点，他们认为，菲利普斯曲线所表示的失业与通货膨胀之间的此消彼长的关系，只有在短期内才存在，在长期，菲利普斯曲线变成一条垂直线，通货膨胀率与失业率之间不存在相关关系。

三、短期与长期菲利普斯曲线

为什么短期内通货膨胀率与失业率之间会存在交替关系呢？货币主义者认为，如果工资契约是在不存在通货膨胀预期的情况下订立的,那么,物价上涨会导致实际工资下降,因而厂商愿意扩大产量,增加就业。当工人发现实际工资下降时,他们会要求增加货币工资,但货币工资的增长总是滞后于物价上涨。弗里德曼用适应性预期的概念来解释人们的行为。所谓适应性预期,是指人们在形成价格预期时,会考虑到上一期的误差,当上一期的预期价格高于实际价格时,对下一期的预期价格要相应减少;反之,则相应增加。

按照适应性预期的理论,当工人预期物价要涨5%时,便会要求增加货币工资,把5%的适应性预期写入工资合同,这样一来,厂商就不愿意增加产量和多雇用工人了,失业率又回到原来水平;而政府为降低失业率,采取了刺激性更强的、超过5%的通货膨胀政策,使工资的增长再次滞后于物价上涨,使厂商因实际工资提高慢于物价上涨而再次愿意增加产量和多雇用工人,这样,更高的通货膨胀率与失业率又存在交替关系,这表现为菲利普斯曲线向右移动,如图15-11所示。这种过程如不断持续下去,那么换取一定失业率的通货膨胀率必然会越来越高,致使菲利普斯曲线不断向右移动,最终演变成为一条垂直的菲利普斯曲线。这条垂直的菲利普斯曲线就是长期菲利普斯曲线(LPC)。

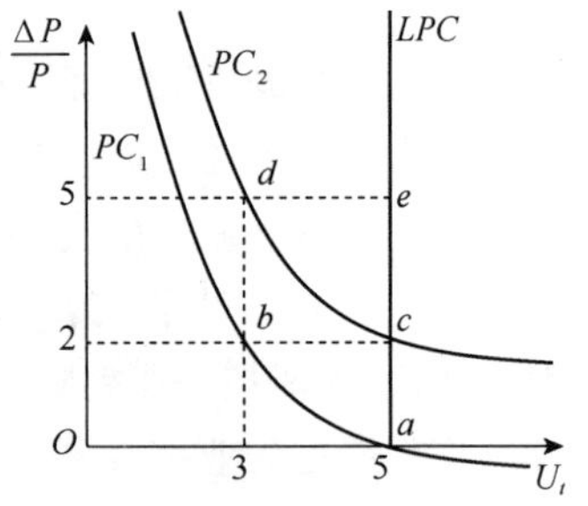

图15-11 短期与长期菲利普斯曲线

假定起先通货膨胀率为零,人们没有通货膨胀预期,经济运行在图15-11中的a点。现在假定总需求突然增加(由于政府实行扩张性政策等原因),使通货膨胀率上升到2%。由于人们事先没有预期到有通货膨胀,因此经济沿着菲利普斯曲线PC_1变动到b点,失业率从5%下降到3%,通货膨胀率上升到2%。这就是通货膨胀与失业在短期内的交替关系。

假定通货膨胀率不是突然上升,而是经常上升,比方说是2%,则人们就会形成2%的通货膨胀预期。工人们会要求增加工资,假定要求名义工资上升与预期的通货膨胀率同步,则企业会感到物价上涨时工人实际工资没有降低,因而企业的雇用人数又回到原来5%的水平,从而经济达到c点。现在,这2%的通货膨胀率就成为自然失业率水平的通货膨胀率,而原先自然失业率水平上的通货膨胀率是零。如果这时政府再把失业率下降到自然失业率以下的3%,则经济沿着菲利普斯曲线PC_2变动到d点,这时通货膨胀率为5%。如果5%的通货膨胀率成为人们预期的通货膨胀率,人们就会把5%的通货膨胀率放入下一轮工资谈判中。一旦这样做了,企业劳动使用量又会回到原先的自然失业率水平,经济达到e点。这样的过程不断重复,形成一条垂直的菲利普斯曲线。这就是长期菲利普斯曲线。

短期菲利普斯曲线不断右移,不但会形成垂直的菲利普斯曲线,甚至可能形成向右上倾斜的正相关的曲线。这样,就会产生通货膨胀与失业并发的"滞胀"局面。

四、滞胀

通货膨胀与失业是经济中的一对恶魔,以往在人类经济社会中尚未同时出现,但到20世纪70年代初期,这对恶魔不仅孪生而且连体,即所谓的"滞胀",经济增长停滞和通货膨胀同时并存,这是过去未曾出现的。1972年初,先是国际上的初级原料如小麦、棉花、黄豆的价格升高2~3倍,接着1973年10月石油危机发生,$OPEC$国家以能源为武器,使油价突升3.5倍以上,成为世界物价上涨的主要原因,迫使通货膨胀随即加剧。与以往情形完全不同的是，紧接着又发生了整个西方国家的经济衰退，失业率上升，由此构成了经济衰退与通货膨胀同时并存的局面，也就是通常所谓的“膨胀性的衰退”或“衰退性的膨胀”，这种经济衰退和通货膨胀同时发生的现象，导致了西方经济面临着20世纪30年代以来最大的经济危机。结果一方面是货币供应量的增加，造成通货膨胀现象；另一方面是物价飞涨，失业率增加及经济停滞甚至出现负增长，即通货膨胀率与失业率齐头并进，而不像以往那样是背道而驰。正是“滞胀”的出现，才引发了凯恩斯主义的信任危机。

这种滞胀的继续存在，使政府实施经济稳定政策进退两难。如果采取紧缩性的货币政策或(与)紧缩性的财政政策，以抑制通货膨胀，经济萎缩就会加剧；反之，如果采取放松银根的货币政策或(与)赤字支出的财政政策来疏解经济衰退，通货膨胀又会加剧。过去，当经济衰退和失业率上升时，物价就会下降，因此这种两难困境不会存在，抑制衰退或萧条的政策，只不过是使物价下降减轻或停止下降而已，或最多也不过是导致一般价格水平的轻微上升。

五、降低通货膨胀的代价

短期菲利普斯曲线表明，要降低较高的通货膨胀率，就必然会经历失业率的上升及产量的减少。

如图15-12所示，设经济一开始处于A点，这时的通货膨胀率高。政府采取减少支出或减少货币量的政策，从而使社会总需求减少，企业生产收缩，就业量减少，即失业率提高。经济由A点沿SPC_0曲线移至B点。B点代表了较高的失业率与较低的通货膨胀率，实际上也代表了较低的产出。

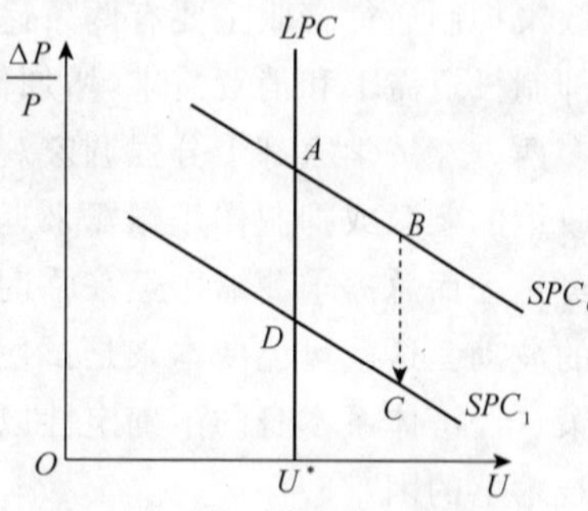

图15-12　降低通货膨胀率的过程与代价

随着时间的推移，人们预期通货膨胀会进一步下降，从而会减少消费和投资，因为未来的物价会更低，未来购买消费品和投资品更合算。未来产品价格的下降使未来投资收益率的预期下降也是当前投资减少的一个重要原因。这样，总需求的减少会使SPC_0曲线向下移动至SPC_1曲线。这样，B点便转换为同一失业率水平的SPC_1曲线上的C点。

在C点，由于大量工人被解雇，企业的生产成本压力减轻，经过一定时期的恢复、调整，企业慢慢地又开始扩大生产，经济运行到D点。这样，同起始的A点相比，D点表示通货膨胀率降低了，失业率又回到自然失业率水平。也就是说，经济从高通货膨胀率的A点运行到低通货膨胀率的D点，经过了B点和C点所代表的高失业率和低产出的痛苦时期。

政府在决定是否实行降低通货膨胀率的政策时，必须了解政策实施过程中产出下降、失业率提高的代价，并以此来衡量降低通货膨胀率的收益和成本。这种衡量通常借助于牺牲率来进行。牺牲率(Sacrifice Ratio)指的是反通货膨胀时期通货膨胀每下降1%所需要付出的总产出(实际GDP)减少的比率。即：

$$牺牲率=\frac{实际\ GDP\ 年下降比率}{通货膨胀率年下降\ 1\%}$$

在美国，牺牲率的经验估算值为5。即通货膨胀率每下降1%，需要付出实际GDP下降

5%的代价。根据奥肯定律,失业率每提高1%,实际 *GDP* 会下降2%。因此,降低1%的通货膨胀率,就会使失业率上升2.5%。

第七节/通货膨胀的治理

通货膨胀破坏正常的经济秩序,增加不确定性,一般民众对它都持反对态度,有时将其视为需要解决的头号问题。在发生严重通货膨胀时,货币功能丧失,经济面临崩溃,危及政府统治,因此各国政府都非常重视通货膨胀的治理。

一、需求政策

如果通货膨胀主要是由于总需求过度膨胀引起的,那么采取紧缩需求的政策就能取得明显的效果。减少总需求的途径主要有紧缩货币和紧缩财政两种政策措施。

1. 紧缩性的货币政策

紧缩性货币政策即我们通常意义上的紧缩银根。按照凯恩斯主义者的观点,运用货币政策抑制通货膨胀主要有两条途径:一是减少货币供给量,以压抑总需求;二是提高利率以抑制投资需求和消费需求,增加储蓄。*IS-LM* 模型中表现为 *LM* 曲线的向左移动。但是许多西方经济学家都十分强调宏观经济政策的时滞效应,货币政策的这种时滞可能导致货币政策的刺激或抑制作用姗姗来迟,试图抑制总需求的紧缩性货币政策可能在总需求扩张已经过去而总需求萎缩已经来临时才起作用,这就刺激了经济活动的紧缩作用,加剧了经济的波动。这就可能使本来是试图稳定经济的政策,变得适得其反,成了加剧经济波动的政策。经济体系本身的不确定性以及预期心理的作用,给反经济周期波动的货币政策带来了技术上的困难。

2. 紧缩性的财政政策

它主要是指凭借政府财政收支的变动来影响经济活动。政府采取紧缩性的财政政策也能发挥抑制通货膨胀的作用。财政政策包括政府支出和收入两个方面,政府支出包括购买支出和转移支出,政府收入主要包括税收和公债。紧缩性的财政政策意味着政府购买支出的减少或税收增加,即减少政府支出,增加政府收入,从而抑制总需求,*IS-LM* 模型中表现为 *IS* 曲线的向左移动。

在现代各国财政制度中,有许多可以发挥"内在稳定器"力量的措施,这些措施随着社会经济的变化而自动发挥其功能,例如累进所得税制。当经济不景气时,国民收入将减少,税收就会自动地减少,因为税收的减少,使财政预算发生赤字,这种赤字就会自动地产生一种力量,可以刺激总需求的增加;反之,如果国民收入增加,税收会自动增加,政府预算会出现盈余,人们的消费需求和投资需求就会受到抑制,从而抑制总需求的增加。

二、管制政策

在通货膨胀比较严重的时候,政府宣布在一定时期内对工资和物价进行强制性的冻结,以硬性规定的方式来限制工资和物价的上涨,即政府采取管制政策抑制工资与物价,这不失为一种可行的方法。一些经济学家认为:"任何有效的反通货膨胀计划,必须包括强制性的工资、物价管制。"例如托宾主张:"通货膨胀可以用工资及价格管制来予以削减。"但有人对此强烈不满,认为经济问题应当以经济的方法来解决,管制措施会阻止经济活动的正常运行,因而使失业率上升;而且自由市场与管制市场之间也会产生冲突,其最大影响是造成自然资源配置的低效率。管制政策是一种政治方法,容易引起劳动领袖和经济学家的反对。但也有很多经济学家认为,对经济中垄断因素所造成的成本推动型通货膨胀,采取管制措施是必要的,而且没有管制就不能打破工资和物价的恶性循环影响,也就需要更多的失业和更深的经济衰退才能抑制通货膨胀。不过,大多数经济学家都认为如果对工资、物价非管制不可时,那么管制时间应当尽量地短,管制范围也不能太宽。在控制成本推动型通货膨胀和结构性通货膨胀的条件下,管制工资和物价可能是比较有效的。

三、收入指数化政策

弗里德曼强烈反对对工资和物价进行管制,与此相关的是他提出的收入指数化政策方案。收入指数化政策一般被当作一种适应性的反通货膨胀政策。所谓收入指数化政策是指将工资、利息等各种名义收入与消费者物价指数联系起来,名义收入随着物价指数的变化而变化,从而可以抵消通货膨胀对收入分配的影响。收入指数化的主要目的在于维持原有的利益格局,克服通货膨胀时期由于物价上涨或税收制度的变动而造成的分配不公,同时也是为了维持社会各阶层原有的实际生活收入水平不会由于通货膨胀而降低,可以减少人们对通货膨胀的恐慌心理和降低人们的通货膨胀预期。但是,弗里德曼同时也认为,这种方案只能限制和减轻通货膨胀,而不能彻底解决通货膨胀。要从根本上解决通货膨胀,只有实行他的"单一规则"货币政策。

四、供给政策

上述几种政策都是基于调节总需求的"需求管理政策",其政策重心是注重对需求方面的管理。而与之相反,供给学派则认为,政府推行宏观经济政策应该着重于经济的供给方面,解决通货膨胀的根本出路也在于增加供给,我们称之为"供给管理政策"。它主要包括下面几项内容:

第一,减税。在实行累进税制的情况下,边际税率会随着收入的增加而上升,通过降低边际税率,可以提高人们的劳动积极性和投资积极性,从而能够扩大社会的总供给。

第二,削减社会福利支出。如果政府的福利支出开支过高,一方面由于道德风险的存在,将使自愿失业人数增加;另一方面也迫使企业抬高工资,增加成本,从而使总供给曲线左移。在这种情况下,削减社会福利支出有利于增加就业,刺激企业的投资需求,结果将使总供给得到扩张。

第三,减少政府对私人企业的干预。这项措施同样可以激发企业的投资积极性。

第四,技术进步。在现代经济增长中技术起着越来越大的作用。促进技术进步的政策措施主要有:国家对全国的科学技术发展进行规划和协调;对重点科技工作,国家进行直接投资;采取鼓励科技发展的措施;加强科技人才的培养;等等。

第五,实施相应的人力政策。人力政策,又称为就业政策。经济增长中劳动力的增加既是重要的因素又是增长的关键,对经济的增长、供给的扩张具有特别重要的意义。人力政策的主要内容有:增加对国民的教育和技术上的投资,增加教育经费和制定开发人才的战略,建立一套科学、高效的人才建设模式和策略,为失业者提供专业培训,制订相应的人才培养、开发、智力投资的计划和规定。

与需求管理政策相比,供给管理政策见效慢、周期长,但风险小。

五、非常政策措施

这种政策方式在一般情况下很少使用,往往是在常规的反通货膨胀政策措施不能见效的时候才被采用。当一国通货膨胀走向恶性阶段时,必然严重地打击人们对本币的信心,人们都不愿持有货币,甚至会引发金融恐慌,造成资金外流,所谓的货币替代也多在这种情况下发生,严重时甚至会导致政治危机。恶性通货膨胀发展到这一步,只有运用政府权力,实行下列两种方法,才能稳定经济。

其一是实行币制改革,废弃旧币,发行新币。例如巴西应对恶性通货膨胀的方法之一是改换钞票,每换一次,就在钞票面额上删除几个"0"或者是改换币名,自1976年以来,已改换了5次。苏联解体后,俄罗斯应对恶性通货膨胀的改革措施是以新卢布换取旧卢布。币制改革的目的是增强人们对货币的信任,使货币恢复其原有的功能。但是发行新币后,如果通货膨胀仍得不到有效的遏制,反而继续恶化,新币的出台也将以失败告终。

这种政策方式的风险很大,搞好了可以使一国经济运行很快趋于正常,弄不好将使一国经济陷入困境甚至崩溃的边缘。所以,采取这一政策措施要相应地搞好决策与实施,不到万不得已的时候不能贸然使用,这方面是有深刻教训的。

其二是实行货币法定贬值。在恶性通货膨胀与物价飞涨的情形下,将会使本国商品的价格相对于国外商品的价格差别被极度地夸大,本国商品的价格变得高不可攀,结果是进口急剧增加,出口急剧减少,国际收支进一步恶化。这时,只有通过货币法定贬值,增加出口,并减少进口,以刺激生产,才有利于国际收支的平衡。

总之,政府在制定和实施反通货膨胀政策的过程中,不能单纯地运用一种经济政策,要注意各种经济政策的搭配与协调,乃至采用一些非常规的政策措施。

本章小结

1. 失业是现代经济社会各国政府面临的普遍性问题之一。失业率是衡量失业的技术性指标。各国统计失业人数和失业率的方法是有差别的。

2. 失业可以从不同角度被区分为摩擦性失业、结构性失业、周期性失业、自愿性失业、非自愿性失业等。有些失业类型之间是难以截然分开的。

3. 自然失业率是一个国家能够长期持续存在的最低失业率,与它相应的就业状态就是充分就业。充分就业意味着社会经济资源的充分利用。充分就业并不是完全就业。决定自然失业率高低的根本因素有人口因素、最低工资、部门差异、失业保险、工会力量、劳动所得税以及失业的滞后等。

4. 造成失业的因素有很多,并且比较复杂。职业搜寻理论、工资特性(工资刚性特征)以及社会总需求理论等很好地解释了失业的形成机制。

5. 失业会付出严重的社会代价。奥肯定律给出的实际 *GDP* 与失业率变动之间的相关性是一种有价值的经验规律。

6. 尽管对通货膨胀有许多不同的解释,但公认的一种解释是:通货膨胀是一般价格水平的持续上涨过程。

7. 可以从不同角度将通货膨胀区分为温和的通货膨胀、奔腾的通货膨胀与超级通货膨胀;作为货币现象的通货膨胀、需求拉上型的通货膨胀、成本推动型通货膨胀、结构型通货膨胀、由邻国感染的通货膨胀;预期的通货膨胀与非预期的通货膨胀;公开性的通货膨胀与隐蔽性的通货膨胀;平衡的通货膨胀与非平衡的通货膨胀。

8. 通货膨胀会产生再分配效应和产量效应。再分配效应表现为:通货膨胀不利于靠固定的货币收入维持生活的人;通货膨胀对储蓄者不利;通货膨胀还可以在债权人和债务人之间发生收入再分配的作用。产出效应表现为:随着通货膨胀的出现,产出增加;成本推动型通货膨胀引致失业;超级通货膨胀导致经济崩溃。

9. 菲利普斯曲线有短期和长期之分。短期菲利普斯曲线表明短期内通货膨胀与失业之间存在替代关系,长期菲利普斯曲线则显示通货膨胀与失业之间不存在替代关系。根据短期菲利普斯曲线,降低通货膨胀率的政策实施会带来实际 *GDP* 下降,这给政策决策者造成了困难。

10. 通货膨胀的治理措施主要有需求政策、管制政策、收入指数化政策、供给政策和非常政策等。

关键概念

失业　失业率　摩擦性失业　结构性失业　周期性失业　自然失业率　充分就业　效率工资　奥肯定律　通货膨胀　通货膨胀率　消费价格指数　超额通货膨胀　预期的通货膨胀　非预期的通货膨胀　需求拉上的通货膨胀　成本推动型通货膨胀　结构性通货膨胀　菲利普斯曲线　按预期扩大的菲利普斯曲线　牺牲率　滞涨

复习思考题

一、单项选择题

1. 某人正在等待着某项工作,这种情况可归类于(　　)。

A. 就业　　B. 失业　　C. 非劳动力　　D. 就业不足

2. 由于经济萧条而形成的失业属于(　　)。

A. 摩擦性失业　　B. 结构性失业　　C. 周期性失业　　D. 永久性失业

3. 如果某人刚刚进入劳动力队伍尚未找到工作,这是属于(　　)。

A. 摩擦性失业　　B. 结构性失业　　C. 周期性失业　　D. 永久性失业

4. 由于劳动者自身素质较差而导致的失业是(　　)。

A. 摩擦性失业　　B. 结构性失业

C. 需求不足型失业　　D. 自愿失业

5. 下列人员哪类不属于失业人员?(　　)。

A. 调动工作的间歇在家休养者　　B. 半日工

C. 季节工　　D. 对薪水不满意而待业在家的大学毕业生

6. 自然失业率(　　)。

A. 恒为零　　B. 依赖于价格水平

C. 是经济处于潜在产出水平时的失业率　　D. 是没有摩擦性失业时的失业率

7. 当经济只存在(　　)时,该经济被认为实现了充分就业。

A. 摩擦性失业和季节性失业　　B. 摩擦性失业和结构性失业

C. 结构性失业和季节性失业　　D. 需求不足型失业

8. 关于自然失业率的说法哪一个是正确的?(　　)。

A. 自然失业率是历史上最低限度水平的失业率

B. 自然失业率与一国经济的效率之间关系密切

C. 自然失业率恒定不变

D. 自然失业率包含摩擦性失业

9. 通货膨胀是(　　)。

A. 货币发行量过多而引起的一般物价水平普遍持续的上涨

B. 货币发行量超过流通中的黄金量

C. 货币发行量超过流通中商品的价值量

D. 以上都不是

10. 在充分就业的情况下,下列哪一因素最可能导致通货膨胀?(　　)。

A. 进口增加　　B. 工资不变但劳动生产率提高

C. 出口减少　　D. 政府支出不变但税收减少

11. 已知充分就业的国民收入是10 000亿美元,实际国民收入是9 800亿美元,边际消费倾向是0.8,在增加100亿美元的投资以后,经济将会发生(　　)。

A. 需求拉上型通货膨胀　　B. 成本推动型通货膨胀

C. 结构性通货膨胀　　D. 需求不足的失业

12. 在下列引起通货膨胀的原因中,哪一个最可能是成本推动型通货膨胀的原因?(　　)。

A. 银行贷款的扩张　　B. 预算赤字

C. 世界性商品价格的上涨　　D. 投资增加

13. 当经济处于充分就业均衡状态时,政府支出增加会使(　　)。

A. 总需求曲线右移一段时间

B. 总需求曲线永久性右移

C. 总需求曲线和总供给曲线永久性右移

D. 总需求曲线右移,在连续几个时期后,新的均衡位于更高的通货膨胀率水平上

14. 在经济处于充分就业均衡时,名义货币供给增长率的上升会(　　)。

A. 使总需求曲线右移,使均衡水平位于更高的通货膨胀率和产量水平上

B. 使总需求曲线和总供给曲线右移,使均衡水平位于更高的通货膨胀率和产量水平上

C. 使总需求曲线和总供给曲线左移,使均衡水平位于更高的通货膨胀率和产量水平上

D. 使总需求曲线和总供给曲线左移,使均衡水平位于更高的通货膨胀率上而产量不变

15. 通货膨胀的收入分配效应指( )。

A. 收入结构变化　　B. 收入普遍上升

C. 收入普遍下降　　D. 债权人收入上升

16. 紧缩通货的需求管理政策( )。

A. 会实现较低的通货膨胀率而不会引起产量下降

B. 会降低产量,但开始时对通货膨胀没有影响

C. 要求政府支出增加

D. 要求降低名义货币增长率

17. 抑制需求拉上型通货膨胀,应该( )。

A. 控制货币供给量　　B. 降低工资

C. 减税　　D. 三种政策都可以

18. 收入政策主要是用来对付( )。

A. 需求拉上型通货膨胀　　B. 成本推动型通货膨胀

C. 需求结构性通货膨胀　　D. 成本结构性通货膨胀

19. 菲利普斯曲线说明( )。

A. 通货膨胀导致失业　　B. 通货膨胀是由行业工会引起的

C. 通货膨胀率与失业率之间呈负相关　　D. 通货膨胀率与失业率之间呈正相关

20. 长期菲利普斯曲线说明( )。

A. 通货膨胀和失业之间不存在相互替代关系

B. 传统菲利普斯曲线仍然有效

C. 在价格很高的情况下通货膨胀与失业之间仍有替代关系

D. 离原点越来越远

21. “滞涨”理论用菲利普斯曲线表示即( )。

A. 一条垂直于横轴的菲利普斯曲线　　B. 一条长期存在的斜率为正的直线

C. 短期菲利普斯曲线的不断外移　　D. 一条不规则曲线

22. 长期菲利普斯曲线说明( )。

A. 政府需求管理政策无效　　B. 政府需求管理政策只在一定范围内有效

C. 经济主体存在货币幻觉　　D. 自然失业率可以变动

二、问答题

1. 摩擦性失业是不是一种自愿性失业?为什么?
2. 摩擦性失业与结构性失业相比,哪一种失业问题更严重些?
3. 哪些失业是可以消除的,哪些失业是无法消除的?为什么?
4. 能不能说有劳动能力的人都有工作做了才是充分就业?
5. 政府大力削减用于培训失业工人的资金,对自然失业率会有何影响?
6. 高价格和通货膨胀的区别是什么?
7. 如果你的房东说:“工资、公用事业费以及别的费用上升都太快了,我只得提高你的房租。”这是属于什么类型的通货膨胀?如果店主说:“可以提价销售,别愁卖不出去,店门口排队争购的人多着哩。”这是属于哪种类型的通货膨胀?

8. 为什么发生恶性通货膨胀时，人们宁愿坐出租车而不愿坐公交车？

9. 工资上涨会导致消费增加，试问工资推进型通货膨胀可否也看作是需求拉上型通货膨胀？

三、计算题

1. 如果失业率与 GDP 之间满足奥肯定律：$(Y-Y^*)/Y^*=-3(u-u^*)$，其中 u 是失业率，u^* 是自然失业率，Y 是 GDP，Y^* 是潜在 GDP。又假定 1991、1992、1993 和 1994 年的失业率分别为 5%、4%、5%和 6%。求：

   (1) 当自然失业率 $u=6\%$ 时 1991—1994 年各年失业率所对应的 GDP 缺口；

   (2) 比较四年中实际 GDP 和潜在 GDP 的关系；

   (3) 如果 1993 年的实际 GDP 为 2 000 亿美元，计算当年的潜在 GDP。

2. 设劳动力供给方程为 $N_s=100+2W/P$，劳动力需求方程为 $N_d=200-8W/P$，求：

   (1) 均衡状态下的实际工资和就业水平；

   (2) 假定劳动力需求有所下降，其方程变为 $N_d=190-8W/P$，问均衡工资下降多少？就业减少多少？解释为什么工资下降的百分数要比就业下降的百分数大？

3. 假定货币供给 (M)、产量 (Y)、货币流通速度 (V) 和价格水平 (P) 之间存在以下关系：$MV=PY$。试问：

   (1) 若 V 不变，M 每年增长 8%，Y 每年增长 3%，年通货膨胀率为多少？

   (2) 若 V 每年下降 2%，M 和 Y 每年分别增长 8%和 3%，年通货膨胀率是多少？

4. 若 1991—1994 年的消费价格指数 CPI 分别为 400、440、462、462，求：

   (1) 1992 年、1993 年和 1994 年的通货膨胀率；

   (2) 假定一组工人签订了从 1993 年开始为期 2 年的合同，其工资率增长率为 $\Delta W/W=0.1$。在现有的 CPI 水平下，其实际工资如何变化？

   (3) 假定工资率依据下面公式计算：$\Delta W/W=0.05+0.5\Delta CPI/CPI$，其实际工资又如何变化？

   (4) 如果 $\Delta W/W=\Delta CPI/CPI$，其实际工资又如何变化？

第十六章 经济增长理论

学习目标：

- 经济增长的含义与特征
- 哈罗德—多马模型
- 新古典经济增长模型
- 内生经济增长模型

我们的收入比我们的曾祖辈有了惊人的增长，工业国的人民比不发达国家的人民富裕得多。事实上，美国和欧洲国家的人民在一个世纪前的收入就比现今的穷国国民的收入还要高。如何解释这些巨大的差异呢？是什么决定着我们未来的生活水平呢？经济增长理论可以回答这些问题。

第一节/经济增长与经济发展

经济学家经常使用两个概念来分析国民经济运行的长期过程，即经济增长(Economic Growth)和经济发展(Economic Development)。这是两个既相互联系又不完全相同的概念。

一、经济增长

经济增长被定义为本时期的国民总产出相对于上一个时期的总产出所增加的百分比，通常我们以年度为计量单位。这样经济增长率就可以表示为：

$$G_t = \frac{\Delta Y}{Y} = \frac{Y_t - Y_{t-1}}{Y_{t-1}}$$

理解上述经济增长的定义，首先需要注意的问题是时间。增长必须在两个时点基础上才能进行比较，而这两个时点的长短对增长幅度有决定意义。其次，经济增长通常用国内生产总值或国民收入的变动率作为衡量指标。但是需要注意的是，国内生产总值是经济的总产量与价格变动的综合反映，而经济增长只关注实际产品数量的增长。所以衡量经济增长所使用的国内生产总值或国民收入是以不变价格测算的，从而使得物价变动对国内生产总值的变动不产生影响。

此外，衡量经济增长不仅要看经济活动总量增加多少，而且还要看某一时期平均每人生产的产量增加多少,因此,还要按人口增长的情况校正实际国内生产总值。这样就得到了在很多场合反映经济增长的另一个指标——人均意义上的经济增长率,其公式可以表示为:

$$g_t = \frac{\Delta y}{y} = \frac{y_t - y_{t-1}}{y_{t-1}}$$

二、现代经济增长的特征

美国经济学家 S. 库兹涅茨(S. Kuznets)曾给经济增长下了一个经典性的定义:“一个国家的经济增长,可以定义为给居民提供种类日益繁多的经济产品能力的长期上升,这种不断增长的能力是建立在先进技术以及所需要的制度和思想意识之相应的调整的基础上的。”从这个定义出发,库兹涅茨总结了经济增长的六个特征:

第一,按人口计算的产量、人口和资本形成的高增长率。

第二,生产率本身的增长也是高速的。这反映了由于技术进步所引起的生产效率的提高。

第三,经济结构的快速变革。包括由农业转向非农业,由工业转到服务业,生产规模的变化,单个私人企业转向全国性或跨国公司,以及消费结构和进出口结构的改变等等。

第四,社会结构和意识形态的迅速改变,表现在社会城市化和移风易俗上。

第五,增长在世界范围内的迅速扩大,经济发达国家要向其他国家争取市场和原料。运输和通信的发展促进了这种扩大。

第六,世界各国的经济增长是不平衡的,先进国家和落后国家之间人均产出水平有很大的差距。

三、经济发展

如果说经济增长是一个单纯的“量”的概念,它只计算国民总产值逐年增长的百分比,那么经济发展就是一个比较复杂的“质”的概念。经济发展不仅包括经济增长的速度、增长的平稳程度和结果,而且还包括国民的平均生活质量,如教育水平、健康卫生标准等,以及整个经济结构、社会结构等的总体进步。从经济学所强调的观点来看,经济发展是经济持续增长的结果。国民生活水平的提高,经济结构、社会形态等的进步也都在很大程度上依赖于经济增长,因而保证经济持续增长可能是一个国家经济发展走上现代化之路的最重要条件。单从经济增长的角度来说,经济学家提出了一个“转折点”(Turning Point)的概念来度量经济发展的程度,即一个国家的国民总产出的增长速度稳定地超过了该国的人口增长速度时,该国就有可能从发展中国家转变成发达国家。转折点概念中强调的是“稳定地超过”,这就排除了由于经济过热或其他特殊原因形成的几年经济高速增长的情况。日本在20世纪初通过了这个转折点,由一个落后的农业国跻身于工业化国家的行列。自20世纪80年代以来,亚洲“四小龙”经济也达到了转折点的位置,如果它们能将现状持续若干年,也就成为发达国家和地区了。现在中国、墨西哥和东南亚一些国家也在努力向转折点冲刺,如果这些国家能保证经济持续增长而不出现大的波折,也都有可能渡过转折点。

经济发展是用来比较一个国家总体发展水平的综合分析概念,它把世界上的国家大致分为以下几类：发达国家，即北美、西欧、北欧、澳洲和日本等工业化国家；发展中国家，包括中国、泰国、马来西亚、墨西哥等正在由农业国向工业化过渡的国家；不发达国家，包括许多像乍得、苏丹、尼泊尔那样的以传统的农业经济为主导的国家。由于各国经济发展的经济基础、历史背景、社会结构和政治体制都大不相同，经济发展的时期和结果也有很大差异，因此在经济学里有一门专门研究经济发展的学科，叫作"发展经济学"。在这门学科里将集中分析各国经济发展成败得失的具体原因。在宏观经济学里，我们则重点分析经济增长的一般规律。如果说经济发展是讨论一个国家的经济怎样发生"质变"的话，那么在这里我们要讨论的则是引起这种质变的最重要因素——"量变"，即经济增长。

第二节/经济增长的源泉

一、经济增长源泉的核算

在过去的40多年间，美国的实际 *GDP* 平均每年增长3.2%。用什么来解释这种增长呢？在这里我们提出一种称为增长核算的技巧，它把产出的增长分为三个不同的来源：资本增加、劳动增加以及技术进步。这种划分为我们提供了一种衡量技术变动率的指标。

1. 生产要素的增加

我们首先考察生产要素的增加如何引起产出增加。为了这样做，我们开始时假设没有技术变动，从而使得产出 Y 和资本 K 与劳动 L 的生产函数一直不变：

$$Y = F(K, L)$$

在这种情况下，产出变动仅仅是由于资本量或劳动量的变动而引起的。

首先考虑资本量的增加。如果资本量增加 ΔK 单位，产出增加多少单位呢？根据资本的边际产量定义，我们可得出产出的增加量为：$MPK \times \Delta K$。

其次考虑劳动的变动。如果劳动量增加 ΔL 单位，产出增加多少呢？同样根据劳动的边际产量定义，我们也可得出产出的增加量为：$MPL \times \Delta L$。

最后我们要考虑生产要素都变动的更现实的情况。假如资本量和劳动量分别增加 ΔK 和 ΔL，则产出的增加量就可以表示为：

$$\Delta Y = (MPK \times \Delta K) + (MPL \times \Delta L)$$

括号中的第一项是资本增加所引起的产出增加，括号中的第二项是劳动增加所引起的产出增加。这个式子表明，有多少增加归因于每一种生产要素。下面我们通过对该式进行整理，可得出下面一个公式：

$$\frac{\Delta Y}{Y} = \frac{MPK \times K}{Y} \times \frac{\Delta K}{K} + \frac{MPL \times L}{Y} \times \frac{\Delta L}{L}$$

这种等式的形式把产出增长率与资本增长率和劳动增长率联系在一起。由于资本的边际产量就是其实际租赁价格，因此 $MPK \times K$ 就是资本的收益，而 $(MPK \times K)/Y$ 就是资本在产出中的份额。同样，$(MPL \times L)/Y$ 就是劳动在产出中的份额。这样我们就可以把上述公式进一步表示为：

$$\frac{\Delta Y}{Y}=\alpha\times\frac{\Delta K}{K}+(1-\alpha)\times\frac{\Delta L}{L}$$

这里 α 就是资本的份额,而 $1-\alpha$ 就是劳动的份额。这个公式的含义是,在一个规模报酬不变和没有技术进步的经济中,产出的增长率是资本和劳动增长率的加权总和。

假如劳动得到75%而资本得到25%的国民收入,劳动供给每年增长1%,而资本供给每年增长3%,则产出的增长率为:

$$\frac{\Delta Y}{Y}=25\%\times3\%+75\%\times1\%=1.5\%$$

2. 技术进步

在至今为止对增长源泉的分析中,我们一直假设生产函数未变。当然,实际上技术进步改善了生产函数。在任何一种既定的投入量时,我们现在比过去得到了更多的产出。现在我们把分析扩大到允许考虑技术进步。这样生产函数可以表示为:

$$Y=AF(K,L)$$

在这里,A 是全要素生产率的现期技术水平的衡量指标。现在产出不仅是由于资本和劳动增加,而且还由于全要素生产率的提高。考虑到技术变动时,我们计算经济增长的等式又增加了另一项,变为:

$$\frac{\Delta Y}{Y}=\frac{\Delta A}{A}+\alpha\times\frac{\Delta K}{K}+(1-\alpha)\times\frac{\Delta L}{L}$$

即:产出增长=资本的贡献+劳动的贡献+全要素生产率提高

这就是增长核算的关键公式,它告诉我们,产出的增长可以由三种力量(因素)来解释,即劳动量变动、资本量变动和全要素生产率提高(技术进步)。换句话说,经济增长源泉可以被归结为生产要素的增长和全要素生产率的提高。

由于全要素生产率无法直接观察,所以需要间接地衡量。根据上式,我们可得:

$$\frac{\Delta A}{A}=\frac{\Delta Y}{Y}-\alpha\times\frac{\Delta K}{K}-(1-\alpha)\times\frac{\Delta L}{L}$$

$\Delta A/A$ 是全要素生产率提高,是不能用投入变动解释的产出变动率。因此,全要素生产率的增长是作为一个余量计算出来的——这就是说,作为我们考虑了可以衡量的增长决定因素后留下的产出增长量。实际上,$\Delta A/A$ 有时称为索罗剩余,以纪念第一个说明如何计算这个量的罗伯特·索罗。

二、经济增长的经验估算

在了解了经济增长的源泉之后,现在来看看有关经济增长的数据。表16-1给出了美国从1950年到1996年之间的经济增长核算的有关数据。

该表表明,从1950年到1996年,美国实际 *GDP* 增长平均为每年3.2%,其中的0.9%是由于资本存量的增加,1.2%是由于劳动投入的增加,而1.1%是由于全要素生产率的提高。

表16-1还表明,20世纪70年代,美国全要素生产率的增长明显放慢了。如果把劳动力生产率定义为按劳动力人数平均的 *GDP*,即劳动力人均 *GDP*,则有关的数据显示,在同

一时期，不仅美国，而且世界上其他发达国家也都出现了这种生产率的下降。为此，许多西方学者从数据衡量方面给出解释，认为实际上生产率并没有放慢，只是因为数据有缺陷而表现在数据上。还有一些人认为，1973 年和 1979 年两次石油价格的大幅度上升是导致生产率下降的主要原因。然而，有关生产率下降原因的种种分析都还没有对此提出一个系统而全面的解释。

表 16-1 美国经济增长的核算①

年份	产出增长 $\Delta Y/Y$	增长源泉		
		资本	劳动	全要素生产率
		$=\alpha\Delta K/K+$	$(1-\alpha)\Delta L/L+$	$\Delta A/A$
1950—1960	3.5	1.1	0.8	1.6
1960—1970	4.1	1.2	1.3	1.7
1970—1980	3.1	0.9	1.6	0.5
1980—1990	2.9	0.8	1.3	0.8
1990—1996	2.2	0.6	0.8	0.8
1950—1996	3.2	0.9	1.2	1.1

第三节/古典经济增长理论——哈罗德—多马模型

在 1776 年出版的《国富论》(Inquiry into the Nature and Causes of the Wealth of Nations)中，亚当·斯密(Adam Smith)就注意到了使得一个国家的潜在产出水平提高的基本要素包括由于劳动力的分工，以及由于资本的积累和技术的进步所导致的效率提高。到了 19 世纪初，大卫·李嘉图(David Ricardo)又进一步发现在给定土地和其他资源的情况下，不断追加资本和劳动力的投入会导致回报递减的效果(Diminishing Returns)。因而为了保证经济增长，不仅需要劳动力的增加和资本的积累，技术进步更是必不可少的条件。从今天的分析角度看，他们所提出的观点仍然是整个经济增长理论的核心内容。从这个意义上来说，古典经济增长理论和现代经济增长理论并无本质上的不同。所谓现代经济增长理论，只不过是从一些细节上具体讨论劳动力、资本和技术进步等因素对经济增长的影响而已。在后面的章节里，我们就用现代经济学的语言，即模型，把古典经济增长理论(哈罗德—多马模型)表达出来，然后在此基础上，讨论新古典经济增长理论以及内生经济增长理论的要点。

一、哈罗德—多马模型的基本假设

哈罗德—多马模型是由英国经济学家 R·哈罗德(Harrod. Roy Forber)和美国经济学家 E·多马(Dormar. Evsey David)在 20 世纪 40 年代分别提出来的，他们所提出的模型和结论基本相似，因而被称为哈罗德—多马(Harrod-Dormar)模型。哈罗德—多马模型是在

① 资料来源：[美]曼昆：《宏观经济学》(第四版)，中国人民大学出版社 2000 年版，第 118 页。

一系列严格的假设条件的基础上得到的。这些假设条件主要有:第一,全社会只生产一种产品,这种产品既可以作为消费品,也可以作为资本品;第二,生产过程中只使用两种生产要素,即劳动 L 和资本 K,这两种生产要素之间相互不能替代,每单位产量所需要的生产要素数量保持不变;第三,生产规模收益不变;第四,储蓄率不变(储蓄在国民收入中所占的份额);第五,劳动力按照一个固定不变的比率增长;第六,不存在技术进步,也不存在资本折旧问题。

二、哈罗德—多马模型的基本公式

根据上述假定条件,哈罗德认为,一个经济社会的资本存量 K 和总产出 Y 之间存在一定比例,即:

$$K = vY$$

其中 v 被称为资本—产出比。生产过程中所使用的劳动和资本数量不能相互替代,因而每单位产出所消耗的资本量保持不变,因而资本—产出比 v 是一个常数。

随着社会资本的增长,产出按原有的比例增长,即:

$$\Delta K = v\Delta Y$$

其中 ΔK 是资本存量的改变量,而 ΔY 则是产出的改变量。根据假定条件,由于不存在资本折旧,因而资本存量的改变量就等于经济中的投资,即:

$$\Delta K = I$$

于是,上式可以表示为:

$$I = v\Delta Y$$

在两部门经济中,当经济处于均衡时,投资 I 等于储蓄 S,这是基本均衡条件。把 $I = S$ 代入上式可以得到:

$$S = v\Delta Y$$

根据假定条件,经济中储蓄占收入的比率保持不变,于是,定义经济的储蓄率 s 为:

$$s = \frac{S}{Y}$$

根据此公式可得到:储蓄 $S = sY$。把这一条件代入 $S = v\Delta Y$ 可得:

$$sY = v\Delta Y$$

即:

$$G = \frac{\Delta Y}{Y} = \frac{s}{v}$$

该式便是哈罗德—多马模型的基本公式。它表明,当经济处于均衡时,国民收入增长率等于该社会的储蓄率除以资本—产出比。

哈罗德—多马模型反映了经济增长率与储蓄率和资本—产出比之间的关系。在资本一产出比既定的条件下，如果要获得一定的增长率，就必须维持一定的能为投资所吸收的储蓄率；反之，若将一定的储蓄率所形成的储蓄全部为投资所吸收，经济就必须保持一定的增长率。在资本一产出比不变的条件下，储蓄率越高，经济的增长率也越高；反之，储蓄率越低，经济增长率也就越低。

三、稳态分析

哈罗德—多马模型还用实际经济增长率、有保证的经济增长率和人口增长率来说明经济稳定增长的条件。

实际经济增长率 G_A 是指经济中实际实现的增长率，它由实际的储蓄率与实际的资本一产出比所决定的，其公式表示为：

$$G_A = \frac{s}{v_A}$$

其中 v_A 是实际的资本—产出比。

有保证的经济增长率 G_W 又称为意愿的经济增长率，是指经济中的储蓄被资本家意愿的投资全部吸收时所能实现的增长率，即有保证的增长率是由实际的储蓄率与资本家意愿的资本一产出比所决定的，其公式表示为：

$$G_W = \frac{s}{v_W}$$

其中 v_W 是资本家意愿的资本—产出比。在经济社会中，投资者对投资的数量有一个理想的考虑，从而决定一个理想的资本存量与产量的比例。由此决定的经济增长率就是有保证的经济增长率。

人口增长率由 G_n 表示，它反映了经济所需要的劳动力增长的情况，通常被假定为不变的常数。

根据哈罗德等人的分析，经济实现稳定增长的条件是实际经济增长率、有保证的经济增长率和人口增长率三者相等，即：

$$G_A = G_W = G_n$$

首先考察实际经济增长率等于人口增长率。由于生产过程中资本与劳动不能相互替代，因而当实际经济增长率超过人口增长率时，劳动力就会构成经济增长的制约，经济就不可能长期稳定增长；反之，当实际经济增长率小于人口增长率时，劳动力出现过剩，从而出现失业。因此，只有当实际经济增长率等于人口增长率时，经济才可能在充分就业状态下运行。

其次考察实际经济增长率等于有保证的经济增长率。在经济活动中，投资的多少取决于投资者，所有投资者意愿的投资对实际经济增长率产生影响。当投资者认为现有的投资并非意愿投资时，就会变动投资，引起产出量变动，从而影响经济增长率。只有当实际的资本一产出比决定的投资恰好等于按投资者的意愿决定的投资时，经济增长率才会保持不变。如果实际经济增长率大于有保证的增长率，在储蓄率既定的条件下，实际的资本—产出比小于资本家意愿的资本—产出比。这说明，从投资者的角度来看，实际投资小于意愿投资,从而投资者会增加投资。增加投资的结果是国民收入增加,实际增长率进一步提高。由此可见,当实际经济增长率高于有保证的经济增长率时,经济增长率不仅不会下降,反而还会继续增加。上述扩张只有遇到资源和劳动力约束时才能终止。反之,若实际经济增长率小于有保证的经济增长率时,则实际的资本—产出比大于投资者意愿的资本—产出比。投资者将根据意愿的资本存量进一步减少投资,国民收入减少,从而实际经济增长率更趋于下降,经济将继续收缩。

由以上分析可以看到,只有当 $G_A = G_W$ 时,投资才会按照维持不变的增长率所需要的数量进行。一旦出现 $G_A \neq G_W$,结果要么是无限的扩张,要么是无限收缩。由于实现充分就业稳定增长的条件过于严格,没有理由认为在实际中三个增长率能够自动保持相等,因而经济学家形象地把这一稳定增长路径称为“刀锋”。

第四节/新古典经济增长理论

鉴于哈罗德—多马模型得出的结论过于悲观,并且经济经常会出现不稳定增长的结论与第二次世界大战后西方国家实际经济波动并不完全相符,因而许多西方经济学家开始建立新的经济增长模型。1956 年,美国经济学家索罗(Robert Solow)对古典经济增长理论做出了非常有意义的修正。在索罗的分析里,他探讨了长期增长均衡点的存在性和稳定性问题,并分析了在均衡增长条件下的消费、投资、劳动力工资率、资本回报率的关系。他的这些研究结论不仅使他本人后来荣获诺贝尔经济学奖(1987 年),也为新古典经济增长理论模型奠定了理论基础。由于其经济增长模型采用了新古典理论的一些假设,同时又建立在凯恩斯理论框架之中,故该模型被冠以“新古典增长模型”的名称。

一、基本假定和思路

新古典增长模型的基本假设条件包括以下几个方面:第一,全社会只生产一种产品;第二,生产过程中只使用两种生产要素,即劳动 L 和资本 K,这两种生产要素之间可以相互替代,因而每种要素的边际产量服从递减规律;第三,生产过程处于生产规模收益不变阶段;第四,储蓄率不变(储蓄在国民收入中所占的份额);第五,劳动力按照一个固定不变的比率增长;第六,不存在技术进步。

与哈罗德—多马模型的假定相比较不难发现,新古典增长模型的关键性假定是生产要素之间的替代性特征。正是这一假定使得新古典增长模型得出了与哈罗德—多马模型完全不同的结论。

在不考虑技术进步的情况下,设经济的生产函数为:

$$Y = F(K, L)$$

同时由于规模报酬不变,所以上述生产也可表示为:

$$\lambda Y = F(\lambda K, \lambda L)$$

如果令 $\lambda = 1/L$,则生产函数又可写为:

$$Y/L = F(K/L, 1)$$

从该函数形式可知人均产量 Y/L 只取决于人均资本 K/L。如果用 y 表示人均产量，用 k 表示人均资本，则生产函数可表示为人均形式：

$$y = f(k)$$

该形式的生产函数可以用图 16-1 加以说明。

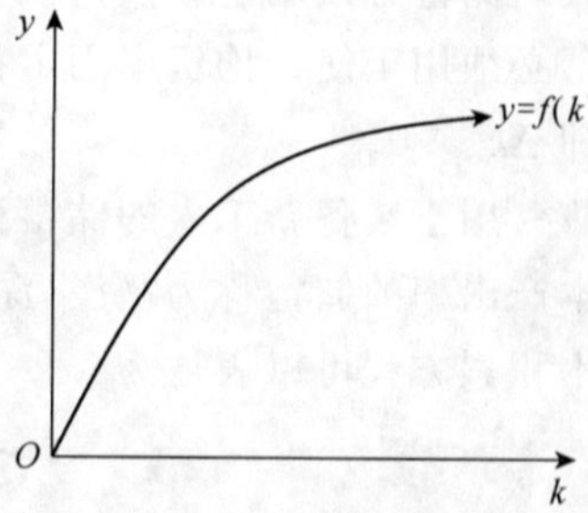

图 16-1 人均生产函数曲线

从图 16-1 中可以看出，随着人均资本的上升，即 k 的增加，人均产量也在增加，但由于规模报酬递减规律，人均产量增加的速度是递减的。

二、新古典增长模型的建立

正如索罗论文中所描述的那样，我们所研究的简单经济与其他国家不开展贸易，因此，国内投资等于国内储蓄，即：$I = S$。

资本存量的变化等于投资减去资本折旧。当资本存量为 K 时，我们假定折旧是 K 的一固定比率 $dK(0 < d < 1)$。那么资本存量的变化就等于投资减去资本折旧，即：

$$\Delta K = I - dK$$

由于我们也假定储蓄是产量的一个固定部分，因而 $I = S = sY$，所以就有：

$$\Delta K = sY - dK$$

等式两边同时除以劳动力数量 L，可以得到：

$$\Delta K/L = sy - dk$$

假定人口按固定比率 n 增长，n 由模型以外的因素所决定，人口增长率假定等于劳动力的增长速度，因此，$\Delta L/L = n$。最后，由于 $k = K/L$，所以 k 的比例增长率为：

$$\Delta k/k = \Delta K/K - \Delta L/L = \Delta K/K - n$$

因此：

$$\Delta K = (\Delta k/k)K + nK$$

现在，在等式两边同时除以 L，则有：

$$\Delta K/L = \Delta k + nk$$

我们用这一表达式代换等式 $\Delta K/L = sy - dk$ 中的 $\Delta K/L$，可以得到资本积累的基本方程式：

$$\Delta k = sy - (n + d)k$$

这个关键等式表明，每个工人占有的资本的增长率 Δk 等于人均储蓄率 sy 减去 $(n + d)k$ 项。现在让我们仔细分析一下最后一项，劳动力的增长率为 n，一定量的人均储蓄必须用于装备新工人，每个工人占有的资本为 k，这一用途的储蓄为 nk。同时，一定量的人均储蓄必须用于替换折旧资本,这一用途的储蓄为 dk。因此,总计为 $(n+d)k$ 的人均储蓄必须用于使人均资本固定在 k 的水平上,超过 $(n+d)k$ 的储蓄导致了人均资本的上升,即 $\Delta k>0$。

用于装备新工人的储蓄称为“资本的广化”(广化是指劳动人口的膨胀)。用于提高资本产出率的储蓄称为“资本深化”(深化是指单位劳动占有的资本的增加)。因此,基本的资本积累方程可以表述为:

$$\text{资本深化}=\text{人均储蓄}-\text{资本的广化}$$

三、新古典增长模型的稳定条件分析

现在我们引入“稳定状态”这一概念,它指的是长期均衡状态。在稳定状态中,单位工人占有的资本达到均衡值并维持在均衡水平不变,结果,人均产量也达到稳定状态(注意,这里我们忽略了技术变化)。因此,在稳定状态,k 和 y 达到一个持久性的水平。要实现稳定状态,人均储蓄必须正好等于资本的广化,即 $\Delta k=0$,用数学式表示,我们必须有:

$$sy=(n+d)k$$

虽然稳定状态意味着 k 和 y 的值固定,但这并不是说增长为零。实际上,在稳定状态中,产量增长率为一正值 n。要理解这一点必须牢记劳动人口以速度 n 增长,因此,由于人均资本固定,所以就有 $\Delta k/k=\Delta L/L=n$。故而,资本存量也按 n 增长。既然 L 和 k 都按速率 n 增长,所以产量也就按速率 n 增长。

经济均衡可以借助于图形来表示。我们从生产函数入手,就像图 16-1 一样。现在我们定义一条新的曲线 sy,它表示人均储蓄。由于储蓄是产量的一个固定部分 s $(0<s<1)$,所以这一曲线具有和生产函数同样的形式。但是,其在纵轴上的值应为 s 乘以生产函数的值。由于 $0<s<1$,所以新曲线位于生产函数的下方。我们也可以画出直线 $(n+d)k$,它从原点开始,斜率为 $(n+d)$。见图16-2所示。

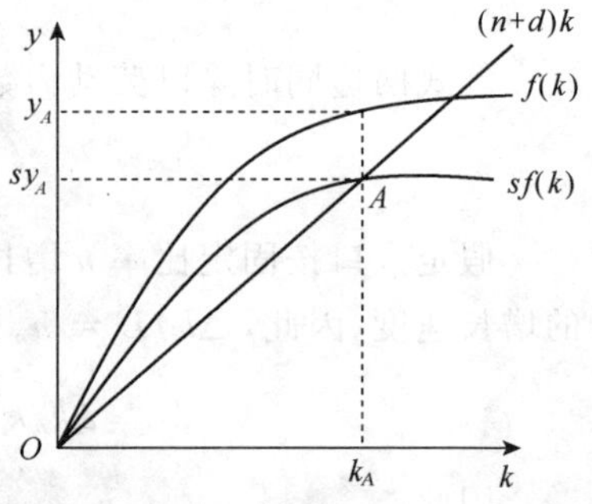

图 16-2　经济增长的稳定均衡

在稳定状态中,因为 $sy=(n+d)k$,所以 $(n+d)k$ 线和 sy 曲线必定相交,在图 16-2 中交点为 A。当人均资本为 k_A 时,人均产量为 y_A,此时储蓄恰好等于资本的广化需要,即 $sy_A=(n+d)k_A$,人均储蓄正好为不断增长的人口提供资本和替换折旧资本,而不会引起人均资本的变化(这里,稳定状态只是对变量人均而言。在稳定状态中,经济中的总体变量——产量、劳动和资本皆按速率 n 增长)。

在 A 点以左,sy 曲线比 $(n+d)k$ 高,这表明储蓄高于资本的广化需要。结果,当经济运行于 A 点左侧时,就存在着资本深化。资本深化意味着每个工人占有的资本存量上升,即 $\Delta k>0$。因此,在 A 点以左,k 有上升趋势。在 A 点以右,情况正好相反,储蓄不足以提供资本的广化所需。因此,我们会发现 $\Delta k<0$,所以在 A 点右边,k 有下降的趋势。

如果一个经济起始于一个远离稳定状态的点,情况会怎样呢?假设这个国家处于经济发展的早期阶段,人均资本较低,如图 16-3 中的 k_A 点,初始人均产量也很低,在 y_A。由于资本存量较低，几乎不需要耗费储蓄用于资本的广化，即 $(n+d)k_A$ 较小。因此，国民储蓄（sy_A）大于资本的广化需要，资本存量增加。随着资本存量的增加，经济沿着生产函数向 A 点右方移动。随着时间的推移，k_A 向 k_B 靠拢，表现为资本深化。随着资本存量深化，最终用于资本的广化所需的资本数量增加到这样一点，在这一点上，所有的储蓄都仅用于保持 k 不变，经济达到稳定状态。

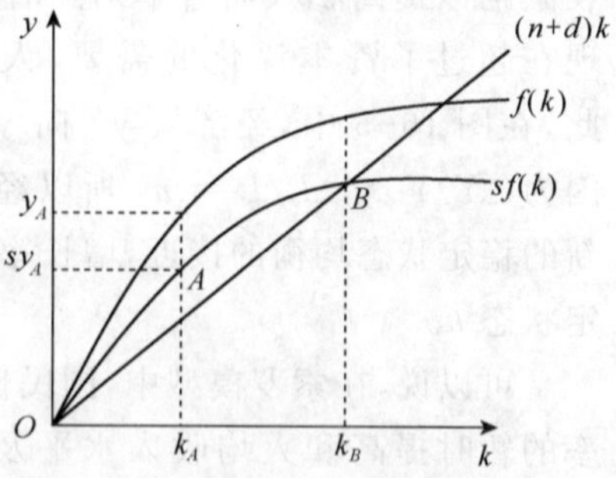

图 16-3 假想国的经济发展

在向稳定状态过渡的时期里，经济增长率为多少呢？当经济处于资本深化阶段时，y 和 k 会逐渐上升。就是说，y 和 k 向其稳定状态接近。如果 y 上升，那么 Y 就会增长得比 L 快。因而，$\Delta Y/Y > \Delta L/L = n$。这表明在资本深化阶段，产量增长率高于其稳定状态值。或者，更简单地说，我们可以预期到（在其他条件相同的情况下），资本贫乏国家的增长快于资本丰裕的国家。随着资本存量的深化，增长率会慢下来。

我们能够很容易地证实这一点，当 k 大于 k_B 时，每个工人的资本占有量会下降到稳定状态水平。国民储蓄不足以使每个工人的资本占有量保持不变。如果资本丰裕国家的人均资本下降，那么产量增长率就会下降到 n 以下。

我们已经指出，当经济偏离稳定状态时，无论每个工人占有资本过多还是过少，都存在某种力量使其恢复到长期稳定均衡。索罗的这一特征极为重要。它不仅表明稳定状态是 y 和 k 都不变的点，而且表明经济会自然地向稳定状态点移动。变量会自然地向稳定均衡移动的动态体系叫作“稳定”体系。因此，索罗增长模型展示了一个稳定的动态增长过程。

四、储蓄率对收入和增长的影响

加快经济增长速度的一个流行方案是提高储蓄率。高储蓄率一定会导致更快的经济增长速度吗？答案是“既是又不是”。也许令人吃惊的是，储蓄率对索罗模型中的稳定状态增长率无影响。无论 s 为何值，长期中经济都按 n 的速率增长，但储蓄率会影响短期增长率和长期稳定状态中的人均收入水平。

我们以图 16-4 来说明这一点。这里以两个国家为例，它们的储蓄率分别为 s_A 和 s_B，并且 $s_A > s_B$，具有同样的人口增长率和资本折旧率。两个国家的差异表现为储蓄曲线同资本的广化曲线的交点不一致。从图 16-4可以看出：具有更高储蓄率的国家在稳定状态中具有更高的人均收入水平和人均资本。两种情况下，稳定状态中的增长率却是相同的，等于劳动人口增长率。

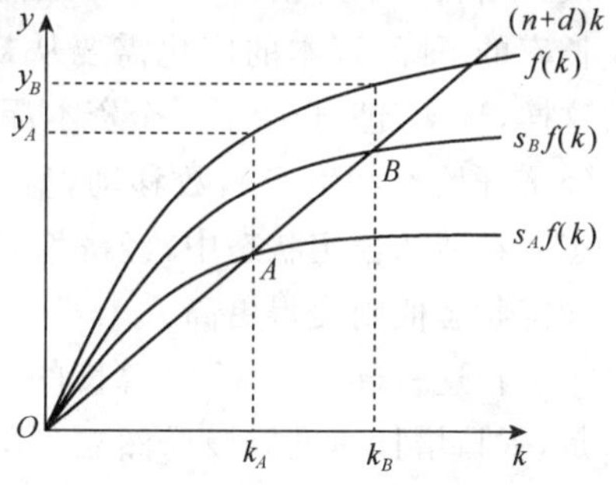

图 16-4 不同储蓄率对人均 GDP 的影响

现在考虑当一个国家的储蓄率上升时会发生的情况。例如，假设一个处在稳定状态均衡中具有低储蓄率的国家（见图 16-5），政府政策使私人储蓄率从 s 上升到 s'（这样的政策可能包含公共储蓄率上升，或者税收激励以提高私人储蓄率),随着储蓄率上升,国民储蓄现在超过了资本深化的需要,人均资本开始上升。因此,在图 16-5 中,经济从 y_0^* 向 y_1^* 移动。在过渡时期,因为 $\Delta Y/Y > \Delta L/L = n$,所以经济增长率超过 n。随着新的稳定状态均衡的接近,增长率再次放慢,最终达到稳定状态 n。

可以说,在索罗模型中,国民储蓄的上升引起了增长率的暂时提高和人均收入水平及人均资本的持久性上升。可是,稳定状态增长率不受储蓄增加而增加的影响,因为稳定状态增长率必须等于劳动力的增长率。

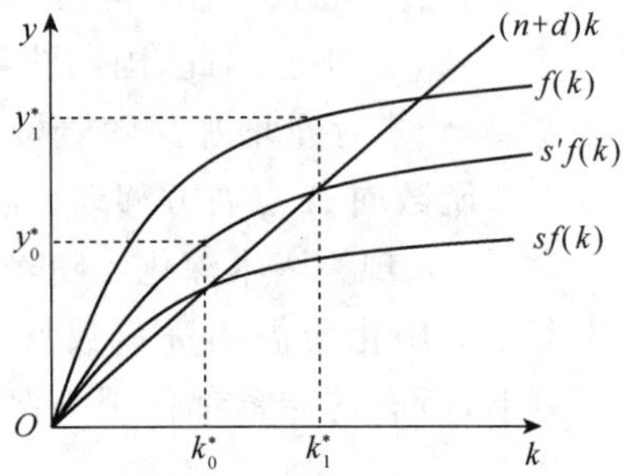

图 16-5 储蓄率上升的影响

五、更高的人口增长率的影响

经济增长和人均收入的另一关键决定因素是人口增长率(在我们的模型中它等于劳动力增长率)。如果经济处于稳定状态,人口增长率受两个基本因素的影响。

第一,由于在长期均衡中所有的总体变量都按人口增长率增长,所以更高的人口增长率会引致更高的稳定状态增长率。

第二,人口增长率决定必须用于资本的广化的储蓄份额。因为随着劳动力的增长,一定量的资本必须用于装备新工人,以使新老工人占有的资本保持一致。资本的广化等于 nk。当人口增长率上升后,更多的储蓄就必须用于满足这一要求,而这就导致稳定状态下人均收入水平下降,即其他情况相同时,更高的人口增长率会导致稳定状态下人均收入下降。

我们仍用图形来说明这些论点。在图 16-6 中,我们描绘出了两个不同的人口增长率 n 和 n' 且 $n' > n$ 情况下的一国的经济均衡。这两种情况的唯一差异是在人口增长更快的情况下,资本的广化曲线更陡。可以看出,这一直线越陡,均衡状态中的人均收入水平就越低。

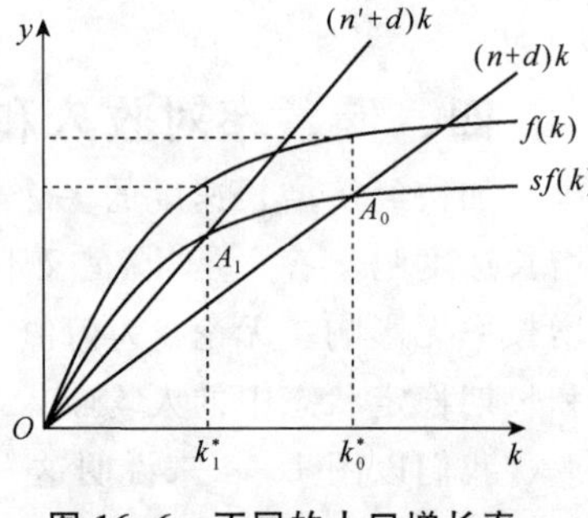

图 16-6 不同的人口增长率对经济的影响

现在考虑人口增长速度放慢对经济的影响。见图16-7所示,近几十年中在发达国家里我们可以看到这种情况。人口增长率下降使 $(n+d)k$ 线向右下移动。随着人口增长率的下降,资本的广化需要从初始的稳定状态中下降。这样,从 k_0 起,开始了一个资本深化过程,$\Delta k > 0$。因此,经济开始沿着生产函数移动,直至达到一个新的稳定状态。在新的稳定状态中,经济增长率降低,而人均收入的稳定状态值则变得更高。

在这一转变途径中增长的情况如何呢?有意思的是,人口增长速度放慢虽然立刻降低了经济的总增长率,但却提高了人均增长率。这也就是说,在人口增长速度放慢时,$\Delta Y/Y$ 下降,而 $\Delta y/y$ 上升。当然,在稳定状态中,$\Delta Y/Y$ 持久较低,而 $\Delta y/y$ 则等于零。

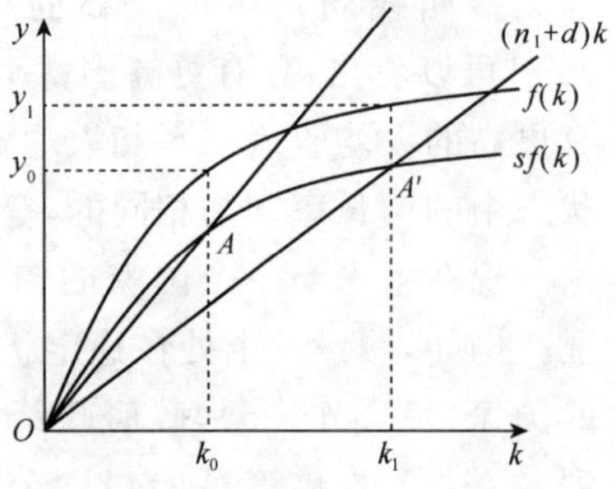

图 16-7 人口增长率下降的影响

六、资本的黄金分割律

前面我们介绍了新古典增长模型的基本内容，这里，我们再来探讨在各种可能的增长途径中，哪一种最好。从前面的分析得知，一个国家的长期经济增长趋势线受储蓄率 s 和劳动力增长率 n 的影响。在这种情况下，应怎样选择储蓄率从而使得该国处于“最佳”长期增长途径？在回答这个问题之前，首先让我们来探讨一下什么是“最佳”。不同国家在不同的时期曾有不同的经济发展目标。现代经济学家普遍认为，提高一个国家的人均消费水平才是一个国家经济发展的根本目的，因而“最佳”经济增长的途径应该是使得人均消费水平最高的途径。由于经济增长是一个长期的动态过程，因而政策制定者不应该要求人们遏制消费去单纯追求经济增长。所以，我们把保证人均消费最高的均衡增长途径定义为“最佳”。

为了确定“最佳”的人均消费，我们从国民收入核算恒等式开始：

$$y = c + i$$

把它重新整理为：

$$c = y - i$$

由于稳定状态产量是 $f(k^*)$，稳定状态投资是 $(n+d)k^*$，所以，我们可以把稳定状态的消费表示为：

$$c = f(k^*) - (n+d)k^*$$

为使稳定状态的人均消费最大，我们令：

$\frac{dc}{dk^*} = 0$，即：

$$f'(k^*) = n + d$$

这便是资本的黄金分割律的表达式。其基本的含义是，在稳定状态下，要达到人均消费最大(最佳)，资本的边际产量等于资本折旧率加人口增长率(劳动力增长率)。

七、索罗模型中的技术变化

到目前为止，我们的模型仅仅分析了三个增长源泉中的两个：劳动和资本，而没有包括技术进步。幸运的是，它可以较直接地纳入索罗增长模型中。这样我们就有了一个相当灵活有力的经济增长分析框架。虽然我们得不到数学结论，但我们可以用语言陈述关于增长与技术进步关系的主要结论。

将技术变化融入模型的办法是采用一种简单的分析方式来介绍它。具体地说，我们假定技术变化是“劳动增加”，意谓每个工人提供的劳动投入量会随时间的推移而趋于增加，这可能是由于对工作的了解增加和受到更好的教育等缘故。它可以表示为这样的生产函数：

$$Y = F(K, TL)$$

即技术变化参数 T 直接乘以劳动投入的数量。更高水平的技术进步——用更大的 T 值来表示——表示 L 提供的投入增加，即每个工人在工作时间内生产更多的劳动和服务。

劳动投入的总量 TL 有时被称为"有效劳动投入"或"有效劳动"，记为 L_e（e 表示有效的）。

我们假定技术进步率为一固定比率 θ，即 $\Delta T/T=\theta$。在这种情况下，有效劳动增长率等于 $n+\theta$，就是说，有效劳动的增加有两个原因——人口增长和每个工人更高的劳动生产率。有效劳动增长率为这两个增长率之和。因而，技术进步增加了经济在稳定状态的增长率，提高了以有效单位表示的劳动力增长率。这样，包含技术进步的新古典增长模型的基本方程变为：

$$\Delta k = sy-(n+d+\theta)k$$

这样，在稳定均衡增长时，就有：

$$sy=(n+d+\theta)k$$

在这一扩展框架中，有可能得出技术进步对经济增长的影响。主要的结论是：在劳动增加型的技术进步率为正时，稳定状态的均衡产量按 $n+\theta$ 的速率增长——劳动力增长加技术进步率。在稳定状态中，每一有效的工人生产的产量和占用的资本是不变的。每个实际工人生产的产量和占用的资本则按技术进步率 θ 增长。所以，技术进步率决定稳定状态的人均收入增长率即人均产量增长率。

第五节/内生经济增长理论

由于新古典经济增长理论圆满地解释了我们在这个世界上所观察到的许多现象，而且它在数学上也是精致的，因此它得以统治经济思想长达 30 年。然而在 20 世纪 80 年代后期以前，人们在理论和经验两方面都对该理论产生了不满。新古典经济增长理论将长期增长归因于技术进步，但未能解释决定技术进步的经济因素。它对经济增长与储蓄率在稳定状态时应是无关联的预言出现经验性的偏差——数据明显显示，各个国家的储蓄率与经济增长是正相关的。

为了充分理解增长的过程，人们需要超越新古典经济增长理论，并建立解释技术进步的模型，这种使增长率内生化的理论探索被称为内生增长理论。下面就简要介绍这一领域的情况。

一、基本模型

为了说明内生增长理论的内在思想，我们从一个特别简单的生产函数开始：

$$Y=AK$$

在这里，Y 是产出，K 是资本存量，而 A 是一个常量，衡量一单位资本所生产的产出。要注意的是，这个生产函数并没有反映出资本收益递减的性质。无论资本量是多少，额外的一单位资本都生产 A 单位额外产出。不存在资本收益递减是这个模型和索罗模型之间的关键差别。

现在我们看看这个生产函数说明了经济增长的什么内容。与以前一样，我们假设收入中的一个比例 s 用于储蓄和投资。因此，我们用一个与以前所用的相似的式子来描述资本积累：

$$\Delta K = sY - dK$$

这个式子表明，资本存量的变动 ΔK 等于投资 sY 减去折旧 dK。把这个式子与生产函数 $Y = AK$ 结合在一起，进行调整之后我们得到：

$$\Delta Y/Y = \Delta K/K = sA - d$$

这个式子表明哪些因素决定产出增长率 $\Delta Y/Y$。要注意的是，只要 $sA > d$，即使没有外生技术进步的假设，经济的收入也一直增长。

因此，生产函数的简单变动就可以从根本上改变对经济增长的预测。在索罗模型中，储蓄引起暂时增长，但资本收益递减迫使经济达到增长只取决于外生技术进步的稳定状态。与此相比，在这种内生增长模型中，储蓄和投资会引起长期增长。

但放弃资本收益递减的假设合理吗？回答取决于我们如何解释生产函数 $Y = AK$ 中的变量 K。如果我们接受传统观点，即 K 只包括经济的工厂与设备存量，那么，假设收益递减就是自然而然的。给每个工人 10 台电脑并不会使工人的生产率是只有一台电脑的 10 倍。

但是，内生增长理论的支持者认为，如果对 K 做出更广义的解释，资本收益不变（而不是收益递减）的假设就更为合理。也许对内生增长模型最好的支持是把知识作为一种资本。显而易见，知识是经济生产中的一种重要投入——无论是它生产的物品与劳务还是它提供的新知识。但是，与其他形式的资本相比，假设知识表现出收益递减的性质就不太合理了。实际上，过去几百年来科学与技术创新增长的速度使一些经济学家认为存在知识的收益递增。如果我们接受了知识是一种资本的观点，那么，假设资本收益不变的内生增长模型就更合理地描述了长期经济增长。

二、两部门模型

虽然 $Y = AK$ 模型是内生增长最简单的例子，但该理论已经大大超越了这种情况。研究思路是努力建立一个以上生产部门的模型，以便对支配技术进步的力量提供更好的描述。为了说明我们从这种模型中可以了解到什么，我们简单举一个例子。

经济有两个部门，我们把这两个部门称为制造业企业和研究性大学。企业生产物品和劳务，这些物品与劳务用于消费和物质资本投资。大学生被称为“知识”的生产要素，然后这两个部门免费利用知识。企业的生产函数、大学的生产函数，以及资本积累公式描述了这个经济：

$$Y = F[K, (1-u)EL] \quad \text{（制造业企业的生产函数）}$$

$$\Delta E = g(u)E \quad \text{（研究性大学的生产函数）}$$

$$\Delta K = sY - dK \quad \text{（资本积累）}$$

在这里，u 是在大学的劳动力的比例，$1-u$ 是制造业的劳动力比例，E 是知识存量，$g(u)$ 是表明知识增长如何取决于在大学的劳动力比例的函数。其他符号是标准符号。正常情况下，假设制造业企业生产函数是规模收益不变的。如果我们使制造业物质资本量 K 和制造业中效率工人的数量，即 $(1-u)EL$ 翻一番，那么，物品与劳务产出 Y 也会翻一番。

这个模型与 $Y=AK$ 是同一类模型。最重要的是，只要把资本广义地定义为包括知识，这个经济就表现出资本收益不变（而不是递减）的性质。特别是，如果我们使物质资本 K 和知识 E 都翻一番，那么，我们就可以使这个经济中两个部门的产出都翻一番。因此，与 $Y=AK$ 模型一样，这个模型也可以在不假设生产函数中有外生变动的情况下引起长期增长。在这里，长期增长是内生地产生的，因为大学的知识创造不会放慢。

但是，这个模型同时也与索罗增长模型类似。如果在大学的劳动力比例 u 是不变的，那么，劳动效率 E 就按不变的比率 $g(u)$ 增长。这种劳动效率以不变的比率增长是以前有技术进步的索罗模型所做出的假设。而且，这个模型的其余部分——制造业生产函数和资本积累方程——也与索罗模型的其余部分相同。因此，对于任何一个既定的 u 值，这种内生增长模型也和索罗模型一样发挥作用。

在这个模型中有两个关键的决策变量——正如在索罗模型中一样——用于储蓄和投资的产出比例 s 决定了稳定状态的物质资本存量。此外，大学中劳动力的比例 u 决定了知识存量的增长。尽管只有 u 影响稳定状态的收入增长率，但 s 和 u 都影响收入水平。因此，这个内生增长模型在说明哪一种社会决策决定技术变革率方面只是迈出了一小步。

第六节/促进经济增长的宏观经济政策

那么，是什么决定产量增长呢？一方面，索罗模型指出，只有更高的人口增长和更快的技术进步才能使经济增长率有持久性的提高；另一方面，更高的储蓄和投资可暂时提高增长率，而人均产量却有一个持久性的增加。新理论假定存在投资外部性，更高的储蓄率能持久性地提高经济增长率。一般来说，更快速度的经济增长要求资本存量和劳动投入的增加及技术的进步。现在我们要问，通过提高储蓄和投资率、劳动力增长或更快的技术进步，政府政策能否促进增长？毫无疑问，最重要的政策措施中包括微观经济手段——保护私有产权、维护一个稳定的政策环境和通过自由贸易政策促进国际一体化。但是就我们的主题，我们将注意力集中于可能的宏观经济措施上。

一、储蓄和投资

在一个封闭的或者是没有国际信贷的经济中，增加投资的唯一措施是增加储蓄。在这种情况下，很明显地存在一个替代关系：通过更快的资本积累促进增长意味着当期消费减少。当然，政府不应不顾一切地追求储蓄率最大化，因为这会伤害当期消费者。虽然无法衡量，但还是存在一个由社会的时间偏好率——社会对将来消费和当期消费的评价——决定的最佳储蓄率。如果投资项目产生的报酬使放弃当期消费合算，那就应该实施这些项目。根据最佳储蓄率理论，当资本的边际生产率（MPK）等于时间偏好率加上人口增长率时，就能在现期和未来之间取得最佳平衡，这一著名关系称为“修正的黄金规则政策”。

在一个资本可自由流动的开放经济中，因为这个国家可以在国际市场上按世界利率借贷，从而可以积累经常项目赤字，所以投资和储蓄不必恰好相等。对国内投资重要的是，国内投资项目必须产生足够的报酬以支付国际贷款利率。在这种情况下，世界利率决定国内投资，而国内储蓄决定国民收入（GNP）而不必是国民产出（GDP）的增长率。更高的国内储蓄不一定能产生更高的国内投资，但会减少国际净借贷。

但是，如果这个国家断绝同世界资本市场的联系，较高的国内储蓄会引致较高的国内投资。在这种情况下，政府可以通过刺激私人储蓄，如通过减免利息收入税来鼓励资本形成。据称，日本的高私人储蓄率在一定程度上是由优惠的利息收入税造成的。然而，关于税收政策对提高储蓄的有效性的实证证据尚未达成最终结论。

前面的讨论只是针对私人储蓄而言。然而，国家的储蓄也可以通过增加政府储蓄来增加，或者如果政府出现预算赤字，则通过减少入不敷出而得到。例如，美国政府赤字在20世纪80年代巨额增加。于1986年达到顶峰2 200亿美元后，1987年下降到1 500亿美元。随后赤字又开始上升，在1992年又一次达到2 200亿美元。政府动用的储蓄中的赤字部分为*GDP*的4.1%，如果私人储蓄增加不足以补偿低水平的公共储蓄，那么就会降低整个国家的储蓄率。削减赤字会提高一个国家的储蓄率。

为了刺激资本形成，政府可以选择其他措施直接影响投资。投资税收减免可以提高整个经济的投资水平，如果这一政策不会在引起某些类别投资增加的同时，使其他类别投资减少的话。政府可以直接增加它自身的投资支出，尤其是对基础设施的投资。有越来越多的证据表明政府对基础设施的投资对经济增长率有明显的影响，就是说基础设施投资可能有较高的社会报酬。

二、劳动服务

政府采用哪些措施可以增加劳动服务供给呢？一个可能是降低劳动收入税率。降低这一税率可以提高税后实际工资，提高实际工资会增加劳动供给。然而在对劳动收入减免税收、对储蓄减免税收或提高投资补贴的情况下，一个棘手的问题便是如何弥补政府税收的减少。几乎所有税收都具有扭曲效应，但这并不意味着应该取消税收，毕竟税收可以为政府服务提供资金，因为政府服务是具有价值的。因此，我们的目标是在一定政府收入上，使税收体制尽可能地具有效率，同时使税收的边际扭曲成本等于政府支出增加带来的边际收益。增加劳动服务的另一个办法是通过下面讨论的人力资本的增加来提高工人的劳动生产率。

三、劳动生产率

设计有效的政策以提高劳动生产率是件棘手的事情。但是如果新增长理论正确，即技术进步和资本形成相联系，投资有显著的正的外部性，那么就有充分的理由鼓励投资。因为通过这样做政府就会促进技术进步，从而提高增长潜力。

在卢卡斯提出的新增长理论中，生产力增长同人力资本投资而不是实物资本投资密切相关。卢卡斯认为，一个人的人力资本投资不仅能提高他自己的劳动生产率，也会提高他人的劳动生产率。换句话说，人力资本投资具有正的外部性。按外部性的弹性为0.4计算，这样人力资本的外部性每提高10%，产量就会增加4%。他的结论认为，教育、在职培训和其他增加人力资本的行动应该由政府“补贴”，补贴程度也许应高于现在的水平。

研究和开发对劳动生产率也有影响。为估计研究和开发对产量的影响，经济学家一般把研究和开发视为另一类型的资本，作为一个变量包含在生产函数中。利用这一方法，对美国的实证研究估计产量对研究和开发资本的弹性在 0.06 到 0.1 之间变动。因而研究和开发资本存量增加 10%，产量增长 0.6% 到 1%。税收减免可能是增加研究和开发支出的主要办法，但是，税收减免和政府服务收益之间的替代必须小心权衡。

本章小结

1. 经济增长被定义为本时期的国民总产出相对于上一个时期的总产出所增加的百分比。经济增长不同于经济发展，如果说经济增长是一个单纯的“量”的概念，它只计算国民总产值逐年增长的百分比，那么经济发展就是一个比较复杂的“质”的概念，经济发展不仅包括经济增长的速度、增长的平稳程度和结果，而且还包括国民的平均生活质量，如教育水平、健康卫生标准等，以及整个经济结构、社会结构等的总体进步。

2. 经济增长来源于资本增加、劳动增加以及技术进步。

3. 哈罗德—多马模型是以 $I=S$ 为基础的。它论证了只有在 G_A、G_W、G_N 这三种增长率相等的条件下，经济才会出现长期、稳定的均衡增长。

4. 新古典增长模型取消了哈罗德—多马模型中资本系数不变的假定，论证了实现经济增长的稳定条件为：$sy=(n+d)k$。根据均衡条件，储蓄率和人口增长率（劳动力增长率）影响人均经济的增长水平。最佳的经济增长应该满足黄金分割律，即在稳定状态下，要达到人均消费最大（最佳），资本的边际产量等于资本折旧率加上人口增长率（劳动力增长率）。

5. 新古典经济增长理论将长期增长归因于技术进步，但未能解释决定技术进步的经济因素。内生经济增长理论对此进行了探讨，指出人力资本、技术、知识、制度都是经济增长的内生因素，因此，促进经济增长不应仅仅单纯地加大资本和劳动的投入。

6. 促进宏观经济增长的政策主要有增加储蓄和投资、增加劳动服务和劳动供给等。

关键概念

经济增长　经济发展　索罗剩余　哈罗德—多马模型　新古典增长模型　黄金定律

复习思考题

一、单项选择题

1. 经济增长的标志是（　　）。

A. 失业率的下降　　B. 先进技术的广泛应用

C. 社会生产能力的不断提高　　D. 城市化速度加快

2. 经济增长在图形上表现为(　　)。
   A. 生产可能性曲线内的某一点向曲线上移动
   B. 生产可能性曲线向外移动
   C. 生产可能性曲线外的某一点向曲线上移动
   D. 生产可能性曲线上某一点沿曲线移动
3. 下列各项中(　　)项属于生产要素供给的增长。
   A. 劳动者教育年限的增加　　B. 实行劳动专业化
   C. 规模经济　　D. 电子计算机技术的迅速应用
4. 下列各项中(　　)项不属于生产要素供给的增长。
   A. 投资的增加　　B. 就业人口的增加
   C. 人才的合理流动　　D. 发展教育事业
5. 根据哈罗德—多马模型的定义,有保证的增长率与实际增长率之间可能有的关系是(　　)。
   A. $G_W > G$　　B. $G_W = G$
   C. $G_W < G$　　D. 以上各项均有可能
6. 根据哈罗德的分析,如果有保证的增长率 G_W 大于实际增长率 G_A,经济将(　　)。
   A. 持续高涨　　B. 长期萧条　　C. 均衡增长　　D. 不能确定
7. 根据哈罗德的分析,如果有保证的增长率 G_W 大于自然增长率 G_N,经济将(　　)。
   A. 持续高涨　　B. 长期萧条　　C. 均衡增长　　D. 不能确定
8. 如果实现了哈罗德的自然增长率,将使(　　)。
   A. 社会资源得到充分利用　　B. 实现均衡增长
   C. 实现充分就业下的均衡增长　　D. 经济持续高涨
9. 在哈罗德增长模型中,已知有保证的增长率 G_W 小于实际增长率 G_A,如果合意的储蓄率等于实际储蓄率,那么合意的资本—产出比率将(　　)。
   A. 小于实际的资本—产出比率　　B. 大于实际的资本—产出比率
   C. 等于实际的资本—产出比率　　D. 以上都有可能
10. 在哈罗德增长模型中,已知合意的储蓄率小于实际储蓄率,合意的资本—产出比率等于实际的资本—产出比率,那么有保证的增长率(　　)。
   A. 小于实际增长率　　B. 大于实际增长率
   C. 等于实际增长率　　D. 两者的关系不能确定
11. 当合意的资本—产出比率大于实际的资本—产出比率时,厂商的反应是(　　)。
   A. 增加投资　　B. 减少投资　　C. 保持原投资水平　　D. 不能确定
12. 下列(　　)项是新古典经济增长模型所包含的内容。
   A. 均衡的增长率取决于有效需求的大小
   B. 要实现充分就业的均衡增长,要使 $G_W = G_A = G_N$
   C. 通过调整收入分配,降低储蓄率,可以实现充分就业的均衡增长
   D. 从长期看,由于市场的作用,经济总会趋向于充分就业的均衡增长

二、问答题

1. 在哈罗德增长模型中,有保证的增长率、实际增长率和自然增长率的含义是什么?三者不相等时社会经济将出现什么情况?

2. 在新古典增长模型中，稳定增长或稳定状态的条件是什么？
3. 在新古典增长模型中，储蓄率变动对经济增长有什么影响？
4. 在新古典增长模型中，人口增长对人均收入有何影响？
5. 经济增长的源泉是什么？

三、计算题

1. 假定资本增长率为2%，劳动增长率为0.7%，产出或收入增长率为3%，资本占国民收入份额$\alpha=0.25$，劳动产出占国民收入份额$\beta=0.75$，在以上假设条件下，技术进步对经济增长的贡献是多少？
2. 已知经济增长率为4%，资本—产出比率为3，按照哈罗德—多马模型，储蓄率应该是多少才能保证经济有这一增长率？
3. 在新古典经济增长模型中，若生产函数为$y=2k-0.5k^2$，人均储蓄率$s=0.3$，人口增长率$n=3\%$，求：

(1) 不考虑折旧时经济均衡增长的k值是多少？

(2) 不考虑折旧时黄金分割率所要求的k值是多少？

第十七章　经济周期理论

学习目标：

- 经济周期的含义及分类
- 凯恩斯主义的经济周期理论
- 非凯恩斯主义的经济周期理论

1825年，英国爆发了资本主义历史上第一次生产过剩性经济危机，以后每隔10年左右就有一次这样的危机。因为危机时期生产锐减、物价暴跌、社会动荡、人心不安，所以人们将这种危机称为“恐慌”或冠以其他一些令人生畏的名称。同时，也有一些经济学家冷静地分析这种现象。就在大多数经济学家仍把危机作为一种孤立的现象时，法国一位原来行医的学者C.朱格拉(C. Juglar)提出，危机并不是一种独立的现象，而是经济中周期性波动的一个阶段。从那时以来，经济周期(Business Cycle)就成为宏观经济学的主题之一。

现代宏观经济学把经济周期(和经济增长)作为以国民收入为中心的经济活动的波动。经济周期是由于总需求变动而引起的国民收入短期波动(而经济增长则是由于总供给变动引起的国民收入长期增长)。经济周期(与经济增长)是国民收入决定理论的延伸与发展，也是国民收入决定理论的长期化和动态化。

第一节/经济周期的含义及阶段

一、经济周期的含义

经济周期有时也称为经济波动，是指总体经济活动扩张和收缩交替反复出现的过程。对此，有两种不同的解释：早期经济学家对经济周期的定义是建立在实际*GDP*或总产量绝对量的波动基础之上的，认为经济周期是指*GDP*上升和下降的交替过程。这一定义被称为古典的经济周期定义。现代关于经济周期的定义是建立在经济增长率变化的基础上的，认为经济周期是经济增长率上升和下降的交替过程。根据这一定义，衰退不一定表现为*GDP*绝对量的下降，只要*GDP*的增长率下降，即使其值不是负数，也可以称之为衰退，所以，在西方有增长率性的衰退之说。

二、经济周期的阶段特征

如果不同的商业周期没有重要的共同特征，每一个周期都应作为一个独特的现象对待,任何使其一般化的努力(对一个理论来说这是至关重要的)都将注定失败。幸运的是,尽管每个经济周期并非完全相似,但它们有一些重要的一般特征,这使得对它们进行系统性研究成为可能。

最早努力弄清美国经济周期模型的是阿瑟・伯恩斯(Arthur Burns)和威斯利・米契尔(Wesley Mitchell),他们的研究是美国国家经济研究局一个历时数十年的大型研究项目的一部分,其成果概括在一部重要的著作《测定经济周期》(也译作《测定商业周期》)中,他们给经济周期做出了一个经典定义:“经济周期是一种基于一国总体经济活动的波动(在这些国家中企业经营基本上是自主的),一个周期包括许多经济活动同时扩张,然后同时衰退、收缩和复苏,复苏是下一轮周期扩张阶段的前奏;这一变化次序是重复发生的,但不是阶段性的;从时间上说经济周期从 1 年到 10 年或 12 年不等,它们无法被划分成具有同样特征同样波幅的若干个短周期。”

变量可以分为顺周期性、逆周期性和无周期性三类。顺周期性变量是指那些在经济扩张时上升、在经济收缩时下降的变量;逆周期性变量是指在衰退时上升、在扩张时下降的变量;无周期性变量是指其变动与经济周期无关。表 17-1 是根据关键的宏观经济变量对经济周期的特征进行的分类。

表 17-1　宏观经济变量和它们的经济周期特征①

顺周期变量		逆周期变量	无周期变量
与周期高度一致	与周期完全不一致		
总产量	非耐用品生产	产成品存货	出口(美)
部门产量 总体上看	农产品和自然资源的生产	生产投入的库存	—
工商业利润 货币总量	农产品和自然资源的价格	失业率	—
货币流通速度 短期利率 物价水平	长期利率	破产	—

伯恩斯和米契尔详细地研究了美国 19 世纪中期到 20 世纪中期的经济周期。他们观察到每一次周期都是从低谷或经济活动的一个低水平开始,随后是扩张阶段,最后经济达到巅峰即经济周期的最高点,随后又进入收缩期,一段时间以后,经济跌入另一次低谷,此后开始又一个扩张时期。因此,一个完整的经济周期是从低谷到低谷,其中经历一次顶峰,所有周期都相互联系,因为这一次的结束是下一次的开始。

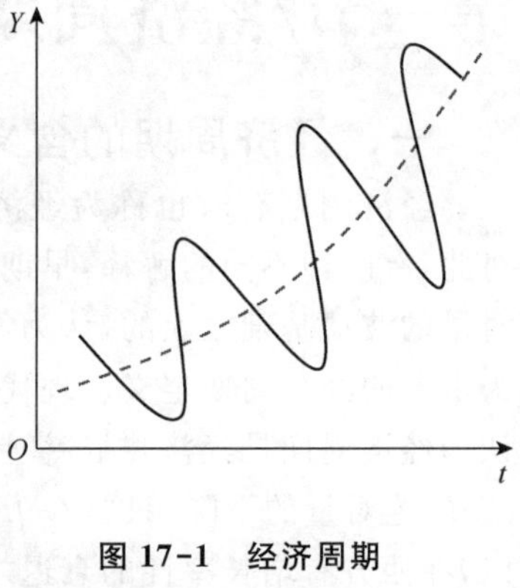

图 17-1　经济周期

图 17-1 便勾画出了经济周期的模式。若以虚线表示经济的长期稳定的增长趋势,实线部分则用来表示经济活

① 资料来源:杰弗里・萨克斯,费利普・拉雷恩著,费方域等译:《全球视角的宏观经济学》,上海人民出版社 1997 年版,第 744 页。

动围绕“长期趋势”上下波动的实际水平。从图形可以看出，经济周期波动有三个重要的特征：第一，每个经济周期都包括谷底、经济活动水平扩张、峰顶和衰退四个阶段。扩张和衰退是相互交替的，在交替中有两个不同的转折点。如果经济是由扩张转向衰退或者收缩，则转折点是峰顶；如果经济由衰退或者说经济活动水平由收缩转向扩张，那么，转折点就是谷底。由于扩张和衰退是相互交替的，谷底与峰顶也是相互交替的。第二，虽然经济周期的四个阶段从逻辑上肯定这个顺序排列，但它们在每次周期中的长度和实际形态将会有很大的差异。例如，一次周期的谷底或峰顶可能仅仅维持几周，也可能持续几个月。第三，在一定时期内，存在着生产能力的增长趋势。所以，在某一谷底阶段中，其实际的生产和就业水平，有可能出现比以前周期的峰顶时期还要高的状况。

第二节/经济周期的分类

西方经济学家不仅分析了经济周期波动的阶段，而且还分析了经济活动中长短各异的波动现象，并根据经济周期波动的时间把经济周期划分为不同的类型，即短周期（短波）、中周期（中波）和长周期（长波）。

世界上第一次生产过剩性危机于1825年发生于英国，以后经济学家就注意并研究了这一问题。但是，他们大多把危机作为一种独立的事件来研究。1860年法国经济学家C.朱格拉在他的《论法国、英国和美国的商业危机及其发生周期》一书中提出，危机与恐慌并不是一个独立的现象，而是经济社会不断面临的三个连续阶段中的一个。这三个阶段是繁荣、危机与清算。这三个阶段反复出现形成周期现象。他对较长时期的工业经济周期进行了研究，确定了经济中平均每一个周期为9至10年，以国民收入、失业率和大多数经济部门的生产、利润和价格的波动为其标志。这便是所谓的中周期（Intermediate Cycles），又称为“朱格拉周期”（Juglar Cycles）。美国经济学家A.汉森把这种周期称为“主要经济周期”，并根据统计资料计算出美国1795—1937年间共有17个这样的周期，其平均长度为8.35年。

1923年，美国经济学家J.基钦（Joseph Kitchen）在《经济因素中的周期与趋势》一书中研究了1890—1922年间美国与英国的物价、银行结算、利率等指标，认为经济周期实际上有中周期和小周期两种。小周期平均长度约为40个月，中周期则是小周期的总和。一个中周期可包括两个或三个小周期。这种小周期也可称为短周期，因为它是由基钦提出的，又称为“基钦周期”（Kitchen Cycles）。短周期的长度大致为中周期的一半，两个周期的高峰经常出现于两个中周期的高峰之间。美国经济学家A.汉森根据统计资料计算出美国1807—1937年间共有37个这样的周期，其平均长度为3.51年。

1925年，苏联经济学家康德拉捷夫（N. D. Kondratief）在《经济生活中的长期波动》一书中研究了美国、英国、法国和其他一些国家长期的序列资料，认为，经济有一种较长的循环，平均长度为50年左右。这种50年左右的长周期，是以各时期的主要发明、新资源的利用、黄金的供求等作为其标志的。它也跟发现者的名字相联系，被称为“康德拉捷夫周期”（Kondratief Cycles）。“康德拉捷夫周期”属于长周期。

1930年，美国经济学家库兹涅茨（Simon Smith Kuznets）在《生产和价格的长期运动》一书中着重研究了美国、英国、法国、德国、比利时等国家从19世纪初叶和中叶到20世纪中叶 60 种工农业主要产品的产量和 35 种工农业主要产品的价格波动的时间序列资料,以及有关序列的长期过程,提出了在主要资本主义国家存在长度从 15 年到 22 年不等,而平均长度为 20 年的周期的论点。这也是一种长周期,被称为"库兹涅茨周期"(Kuznets Cycles)。

第三节/凯恩斯主义的经济周期理论

经济周期的变动特征及其每一周期的长度是宏观经济运行周期性变动的外部特征。那么,造成经济周期的原因何在呢? 对此,西方经济学家做了种种不同的说明和解释。大致说来,现代西方经济周期理论可分为凯恩斯主义经济周期理论和非凯恩斯主义经济周期理论。关于前者,本节将重点加以论述。关于后者,则又分为凯恩斯之前(第二次世界大战之前)的理论和凯恩斯之后(第二次世界大战之后)的理论,这部分内容将在下一节加以说明。

一、乘数—加速数模型

乘数—加速数原理是新古典综合派用动态分析方法建立起来的解释经济周期波动的一个重要理论,它的特点在于将凯恩斯的乘数论和西方经济学中的加速数原理结合起来,通过对政府支出、个人消费和私人投资等主要经济变量相互关系的分析,来说明经济周期波动的原因和幅度。关于乘数原理,前面章节已有论述。下面就从加速数原理入手,随后介绍乘数—加速数原理的基本内容。

1. 加速数原理

加速数原理,最早是由法国经济学家阿夫塔里昂在 1913 年发表的《生产过剩的周期性危机》一书中提出来的。美国经济学家 J. M. 克拉克在 1917 年发表的"商业的加速和需求规律"一文中也提出了同样的理论。以后,哈罗德在 1936 年出版的《经济周期》一书中也把它作为决定经济周期波动的三个动态因素之一。加速数原理根据现代机器大生产采用耐用性固定资本设备的生产方法这一技术特点,说明收入水平或消费需求的变动将会引起投资量更为剧烈的变动,而且这种由收入或消费变动引起的"引致投资"的变动不仅取决于收入或消费的绝对量,而且取决于收入或消费变动的比率(增加或减少的百分率)。

为了把这一原理表述清楚,先来说明资本—产出比这一概念。

一般说来,要生产更多的产量需要更多的资本,进而需要用投资来扩大资本存量。在一定的限度内,企业有可能用现有的资本通过集约的使用来生产更多的产品,但在任何时候,企业总认为有一个最优的资本对产量的比率。这个比率不仅在行业和行业之间差别很大,而且还随着社会技术和生产环境的变动而发生变动。在宏观经济学中,为了减少复杂性,通常假定这个比率在一定时间内保持不变。

若以 K 代表资本存量,Y 代表产量水平,v 代表资本—产出比率,即一定时期每生产单位货币产量所要求的资本存量的货币额,则有:

$$K = vY$$

注意到 K 是存量而 Y 是流量,所以,在一般情况下,$v > 1$。假定 $v = 3$,则知若要生产 200 元的 Y,就需要有 600 元的 K。

引入时期的概念，则（$t-1$）时期的 K 和 Y 的关系可写为：

$$K_{t-1}=vY_{t-1}$$

如果产量从 Y_{t-1} 变动到 Y_t，则资本存量也将从 K_{t-1} 变动到 K_t，即：

$$K_t=vY_t$$

于是资本存量的增加量是 K_t-K_{t-1}。为了增加资本存量，需要投资支出净额。设 I_t 是时期 t 的投资净额，即净投资，则有：

$$I_t=K_t-K_{t-1}$$

进而有：

$$I_t=vY_t-vY_{t-1}=v(Y_t-Y_{t-1})$$

该方程式表明，t 时期的净投资额决定于产量从（$t-1$）到 t 的变动乘以资本—产出比率。如果 $Y_t>Y_{t-1}$，则表明在时期 t 有正的净投资；如果 $Y_t<Y_{t-1}$，则在时期 t 有负的净投资。该方程式告诉人们，净投资取决于产量水平的变动。变动的幅度大小取决于 v 的数值。资本—产出比 v 在这里通常被称为加速数。

由于总投资由净投资和重置投资（或更新投资）构成，如果将重置投资视为折旧，则在上面的方程式两边同时加上折旧，便有：

$$t\text{ 时期总投资}=v(Y_t-Y_{t-1})+t\text{ 时期的折旧}$$

由方程式所表示的加速数原理说明，如果加速数为大于 1 的常数，资本存量所需要的增加必须超过产量的增加。应当指出，加速数原理发生作用是以资本存量得到了充分利用，且生产技术不变，从而资本—产出比率固定不变为前提的。

2. 乘数—加速数模型的基本思想

乘数—加速数模型在试图把外部因素和内部因素结合在一起对经济周期做出解释的同时，特别强调投资变动的因素。假设新发明的出现使投资的数量增长，投资数量的增长会通过乘数作用使收入增加。当人们的收入增加时，他们会购买更多的物品，从而整个社会的物品销售量增加。通过上面所说的加速数的作用，消费量的增加会促进投资以更快速度增长，而投资的增长又使国民收入增加，从而消费量再次上升。如此循环反复，国民收入不断增加，于是，社会便处于经济周期的扩展阶段。

然而，社会的资源是有限的，收入的增加迟早会达到资源所能容许的峰顶。一旦经济达到经济周期的峰顶，收入便不再增长，从而销售量也不再增长。根据加速数原理，销售量增长的停止意味着投资量下降为零。由于投资的下降，收入减少，从而销售量也因之而减少。又根据加速数原理，销售量的减少使得投资进一步减少，而投资的下降又使国民收入进一步下降。如此循环往复，国民收入会持续下降。这样，社会便处于经济周期的衰退阶段。

收入的持续下降使社会最终达到经济周期的谷底。这时，由于在衰退阶段的长时期所进行的负投资，即生产设备的逐年减少，所以仍在营业的一部分企业会感到有必要更新设备。这样，随着投资的增加，收入开始上升。上升的国民收入通过加速数的作用又一次使经济进入扩展阶段。于是,一轮新的经济周期又已经开始。

3. 乘数—加速数模型

美国经济学家汉森和萨缪尔森认为,凯恩斯的乘数理论只说明了一定的投资如何引起收入和就业的变化,而没有说明收入(或消费)的变动又如何反过来引起投资的变化。只有将加速数原理和乘数原理结合起来,考察这两者在动态序列中的相互作用,才能说明经济周期的累积性扩张或收缩的过程。萨缪尔森在汉森的提示下,在1939年发表的"乘数分析与加速数原理的相互作用"一文中,将乘数理论与加速数原理结合在一起,提出了下述"乘数—加速数原理"的动态经济模型,以解释经济周期波动的原因和波动幅度。

令 Y_t 代表 t 时期的国民收入,G_t 代表 t 时期的政府支出,C_t 代表 t 时期的消费支出,I_t 代表 t 时期的私人引致投资,则:

$$Y_t = C_t + I_t + G_t$$

令 b 代表边际消费倾向 $(\Delta C/\Delta Y)$,Y_{t-1} 为 t 的上一时期的国民收入,根据汉森的假设:$C_t = bY_{t-1}$,即 t 时期的消费支出是 $(t-1)$ 时期国民收入和边际消费倾向的乘积。

令 v 代表资本—产出比率或加速数,则 t 时期私人引致投资是 t 时期的消费支出与 $(t-1)$ 时期消费支出 C_{t-1} 之差和 v 的乘积,即:

$$\begin{aligned} I_t &= v(C_t - C_{t-1}) \\ &= v(bY_t - bY_{t-1}) \\ &= vb(Y_t - Y_{t-1}) \end{aligned}$$

令 $G_t = 1$,并将 G_t、C_t、I_t 各式代入 $Y_t = C_t + I_t + G_t$ 得:

$$Y_t = 1 + b(1+v)Y_{t-1} - bvY_{t-2}$$

该方程式表明,当期(t 时期)国民收入水平是由前两个时期的国民收入水平和一定的乘数 $1/(1-b)$ 与加速数 (v) 决定的。萨缪尔森根据 b 和 v 的各种不同假定数值,按照上述方程计算出政府在9个时期连续支出1美元所将引起的国民收入变动序列表,如表17-2所示。

表17-2 政府支出1美元所引起的国民收入变动序列①

时期 Y_t	$b=0.5$ $v=0$	$b=0.5$ $v=2$	$b=0.6$ $v=2$	$b=0.8$ $v=4$
1	1.00	1.00	1.00	1.00
2	1.50	2.50	2.80	5.00
3	1.75	3.75	4.84	17.80
4	1.875	4.125	6.352	56.20
5	1.937 5	3.437 5	6.625 6	169.84
6	1.968 8	2.031 3	5.303 7	500.52
7	1.984 4	0.914 1	2.595 9	1 459.592
8	1.992 2	−0.117 2	−0.691 8	4 227.704
9	1.996 1	0.214 8	−3.360 3	12 241.161 6

① 资料来源:蒋自强,史晋川等:《当代西方经济学流派》(第二版),复旦大学出版社2001年版,第45页。

根据对表 17-2 中数列的分析，萨缪尔森得出如下论点：

第一，$b=0.5$（乘数 $K=2$），$v=0$（没有加速数的作用，只有乘数对国民收入起作用）时，政府支出引起的国民收入增量为政府支出的两倍，国民收入逐渐增加并向新的均衡水平（见图 17-2 中 Y_e）趋近，不呈现任何波动。

第二，$b=0.5$（乘数 $K=2$），$v=2$，这时，政府若在各个时期连续支出 1 美元，由于乘数和加速数的作用，使各时期的国民收入呈上下波动，但波动的幅度是日益削弱的，称之为收敛性波动（或削弱性波动）（见图 17-3）。

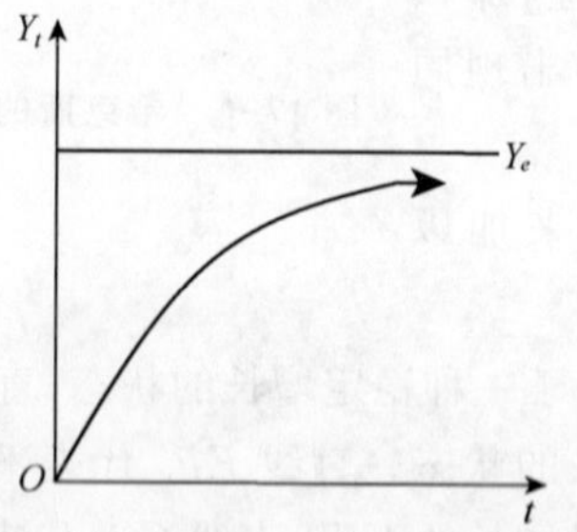

图 17-2

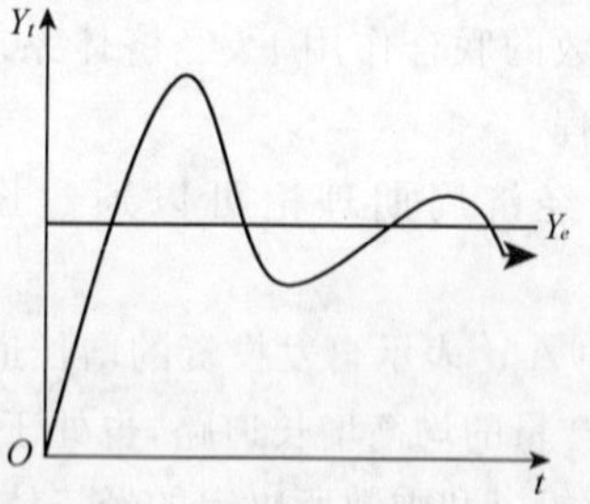

图 17-3

第三，$b=0.6$（$K=2.5$），$v=2$，这时政府在各个时期连续支出 1 美元，由于乘数和加速数的作用，使国民收入呈现上下波动，但波动的幅度日益增大，称之为发散性波动（或爆炸性波动）（见图 17-4）。

第四，$b=0.8$（$K=5$），$v=4$，这种情况下，由于 b 和 v 的数值都很大，国民收入不再呈现上下波动，而是以巨大的增长率猛烈增加，在第 9 个时期竟达到 12 241.121 6 美元。这时，国民收入也不向均衡水平收敛，随着时间急剧增加，最终可能造成严重的通货膨胀局面（见图 17-5）。

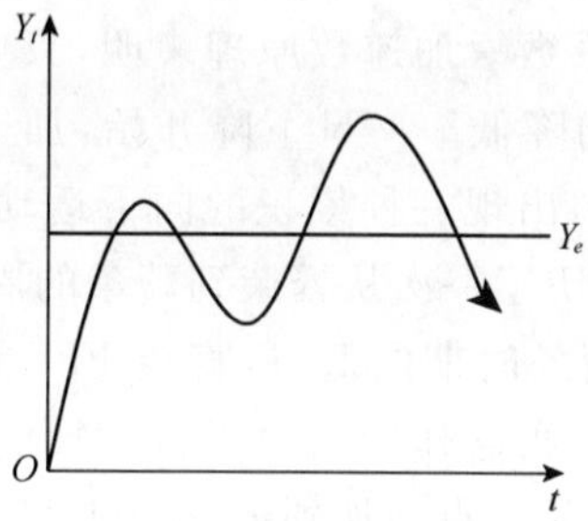

图 17-4

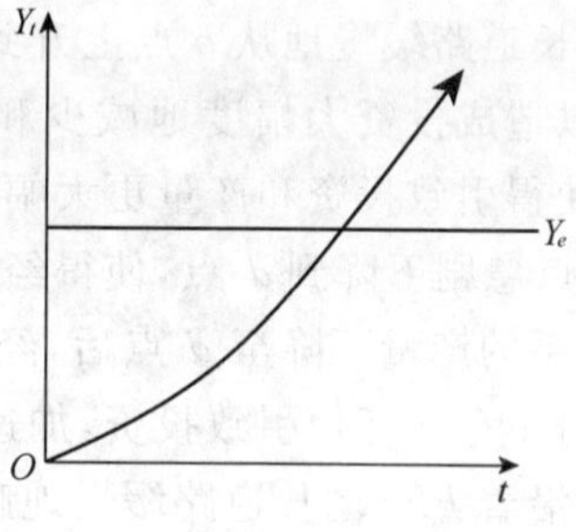

图 17-5

二、希克斯的经济周期理论

希克斯也是通过乘数—加速数原理的相互作用来解释经济周期问题的，直到现在为止，一些西方经济学家仍然认为，“在某种意义上说，希克斯的模型保留了经济周期理论的权威性的语言”。

根据凯恩斯经济理论，宏观经济均衡的条件是投资等于储蓄。希克斯将投资划分为自发投资和引致投资。希克斯认为，在只存在自发投资而没有引致投资的情形下，经济体系一般是按照一条均衡道路增长的。因为自发投资大部分是长期投资,投资者只期望它在长期内带来报酬,所以它是比较稳定的。而引致投资是由于前一时期的消费量或产量变化直接或间接地引起的投资,在一般情况下它构成净投资额的很大部分,并且极易受需求及产量变化的影响。引致投资是导致经济体系失衡的主要原因,根据加速数原理可知,加速系数愈大,引致投资变化幅度愈大,经济体系失衡的可能性也就愈大,如果再考虑乘数原理,那么在乘数—加速数的联合作用下,经济体系就必定会出现周期性的波动过程。

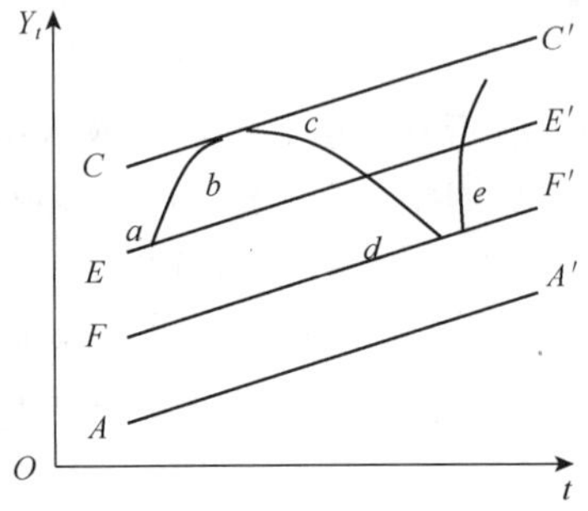

图 17-6　希克斯的经济周期模型

希克斯的经济周期理论可以通过图 17-6 来加以说明。

图 17-6 中 AA' 表示自发投资的增长道路,它处于一种稳定增长的状态;直线 EE' 为自发投资所决定的产量的均衡增长道路,也处于稳定增长的状态。直线 FF' 代表不存在任何引致投资时,由自发投资和乘数所决定的经济体系的产量增长的下限;直线 CC' 代表整个经济体系的产量增长的上限("天花板"),或称为充分就业条件下所能产生的最高产量的增长道路。

假定分析的起点是经济开始处于由自发投资所决定的产量均衡增长道路 a 点。这时,由于出现了新的技术发明等因素,引起自发投资的增长,根据乘数—加速数相互作用原理的解释,经济体系开始一种累积的向上运动过程,产量从 a 点提高到 b 点,这时虽然最高产量也在随着时间不断地提高(CC' 直线向右上方倾斜),但是由于实际产量的增长率超过了最高产量的增长率,所以实际产量的增长率会因为受到最高产量上限的限制而放慢。正如希克斯所指出的,"当这条增长路线碰到上限时,(一段时间后)它必定会离开上限,开始转向向下的方向运动。这种向下运动是不可避免的"。这样,繁荣碰上了充分就业的"天花板"而被扼杀了。由于实际产量的增长受最高产量增长的限制,经济体系的增长率开始放慢,沿着最高产量增长道路缓慢地从 b 点上升到 c 点。乘数—加速数原理表明,只要产量的增长率放慢,就足以造成投资大幅度地减少和总产量的降低。一旦下降开始,加速数就在相反方向起作用,使得引致投资和产量更大幅度地减少,出现一种累积的向下运动过程,经济体系的产量从 c 点急剧下降到 d 点,使得经济体系经历了一次从繁荣到萧条的周期性变动。

当经济体系的产量下降至 d 点后,经济处于萧条时期的低谷,直线 FF' 是经济体系的产量下限,这时不存在任何引致投资,加速数也就不再起作用。由于自发投资仍然存在,经济体系的产量沿着 FF' 增长道路缓慢地爬出低谷,从 d 点增加到 e 点,于是随着自发投资和产量的不断增加,又会引起引致投资的增加,在乘数和加速数的相互作用下,经济体系又可能经历一次从繁荣到萧条的周期性波动。

第四节/非凯恩斯主义的经济周期理论

一、第二次世界大战之前的非凯恩斯主义的经济周期理论

第二次世界大战以前一段较长的时期中,西方学者曾经提出许多理论来对经济周期进

行解释。当时的国际联盟(联合国的前身)指定著名经济学家哈伯勒撰写一本名为《繁荣与萧条》的著作来对以往的各种理论进行总结。

在西方经济学家看来,在众多的非凯恩斯主义的经济周期理论中,比较有名的有以下七种理论。

1. 消费不足理论

消费不足理论是一个历史比较悠久的理论,主要用于解释经济周期中危机阶段的出现及生产过剩的原因,并没有形成解释经济周期整个过程的理论。这种理论的早期代表人物是英国经济学家马尔萨斯和法国经济学家西斯蒙第,近期代表人物是英国经济学家J. 霍布森。这种理论认为,经济中出现萧条与危机是因为社会对消费品的需求赶不上消费品的增长,而消费品需求不足又引起对资本品需求的不足,进而使整个经济出现生产过剩性危机。消费不足的根源则主要是由于国民收入分配不平等所造成的穷人购买力不足和富人储蓄过度。这种理论属于内生经济周期理论。

2. 投资过度理论

这是一种用生产资料的过多投资来解释经济周期的理论。这种理论认为,无论是什么原因引起了投资的增加,这种增加都会引起经济繁荣。这种繁荣首先表现在对投资品(即生产资料)需求的增加以及投资品价格的上升上。这就更加刺激了对资本品的投资。资本品的生产过度发展引起了消费品生产的减少,从而形成经济结构的失衡。而资本品生产过多必将引起资本品过剩,于是出现生产过剩危机,经济进入萧条。

3. 纯货币理论

这种理论认为,经济周期是一种纯货币现象。经济中周期性的波动完全是由于银行体系交替地扩大和紧缩信用所造成的。在市场经济中,流通工具主要是银行信用。商人运用的资本主要来自银行信用。当银行体系降低利率、扩大信用时,商人就会向银行增加借款,从而增加向生产者的订货。这样就引起生产的扩张和收入的增加,而收入的增加又会引起对商品需求的增加和物价上升,经济活动继续扩大,经济进入繁荣阶段。但是,银行扩大信用的能力并不是无限的。当银行体系被迫停止信用扩张,转而紧缩信用时,商业得不到贷款,就减少订货,由此出现生产过剩的危机,经济进入萧条阶段。在萧条时期,资金逐渐回到银行,银行可以通过某些途径来扩大信用,促进经济复苏。根据这一理论,其他非货币因素也会引起局部的萧条,但只有货币因素才能引起普遍的萧条。

4. 创新理论

这是一种用技术创新来解释经济周期的理论。由熊彼特(Joseph Schumpeter)提出,属于外生经济周期理论。创新是指对生产要素的重新组合,例如,采用新生产技术、新的企业组织形式,开辟新产品、新市场等。这种理论首先用创新来解释繁荣和衰退,即创新提高了生产效率,为创新者带来了利益,引起其他企业效仿,形成创新浪潮。创新浪潮使银行信用扩大,对资本品的需求增加,引起经济繁荣。随着创新的普及,盈利机会消失,银行信用紧缩,对资本品的需求减少,这就引起经济衰退。直至另一次创新出现,经济才再次繁荣。

5. 心理周期理论

这种理论强调心理预期对经济周期各个阶段形成的决定作用。这种理论认为,预期对人们的经济行为有着决定性的影响,乐观与悲观预期的交替引起了经济周期中繁荣与萧条的交替。当任何一种原因刺激了投资活动,引起高涨之后,人们对未来预期的乐观程度一般总会超过合理的经济考虑下应有的程度。这就导致过多的投资,形成经济过度繁荣。而当这种过度乐观的情绪所造成的错误被察觉以后,又会变成不合理的过分悲观的预期。由此过度减少投资,引起经济萧条。

6. 太阳黑子理论

这种理论用太阳黑子来解释经济周期。这种理论认为,太阳黑子的活动对农业生产影响很大,而农业生产的状况又会影响工业及整个经济。太阳黑子的周期性决定了经济的周期性。具体地说,太阳黑子活动频繁就使农业生产减产,农业的减产影响到工业、商业、工资、购买力、投资等方面,从而引起了整个经济萧条。相反,太阳黑子活动的减少则使农业丰收,整个经济繁荣。他们用长期中太阳黑子活动周期与经济周期基本吻合的资料来证明这种理论。这种理论把经济周期的根本原因归结为太阳黑子的活动,是典型的外生经济周期理论。

7. 政治周期理论

该理论认为,政府交替执行扩张性政策和紧缩性政策的结果,造成了扩张和衰退的交替出现。政府企图保持经济稳定,实际上却在制造不稳定。为了充分就业,政府实行扩张性财政和货币政策。但是,在政治上,财政赤字和通货膨胀会遭到反对。于是,政府又不得不转而实行紧缩性政策,这就人为地制造经济衰退。这是政府干预经济所造成的新型的经济周期,其原因在于充分就业和价格水平稳定之间存在着矛盾。

上述七种类别的理论又可以被区分为外部因素论和内部因素论两大类。前者认为,造成经济周期的原因来自经济制度之外,如战争、科技新发明、资源的新发现等。后者强调经济制度的内部原因,如投资的波动、利息率的高低、货币流通速度的快慢等,它可用来对经济周期的四个阶段进行解释。

二、第二次世界大战之后的非凯恩斯主义的经济周期理论

20 世纪 70 年代初以来,西方宏观经济学发生了巨大变化。凯恩斯主义独领风骚的历史已经结束,代替它的是新古典宏观经济学和新凯恩斯主义经济学论战的新局面。新古典宏观经济学是由 20 世纪 70 年代出现的理性预期学派发展而来的,其理论的建立是从经济周期理论开始的。理性预期学派从一开始就对经济周期问题给予了特别关注。卢卡斯在 70 年代提出了货币周期模型,其理论在西方学界的影响很大。进入 80 年代以来,该模型同时陷入了理论上和经验上的困境。在理论上,人们认识到信息障碍在实际中似乎并不特别重要,货币经济周期模型对包含货币与产出之间因果关系的经济周期没有做出令人能够接受的解释。在经验方面,尽管在早期该模型取得了一些成功,但支持预期到的货币是中性的这一主张的证据并非那么有力。在这种情况下,从 20 世纪 80 年代初期开始,对总产量不稳定的新古典解释主要集中到实际冲击而非货币冲击上。这就是所谓的实际经济周期理论。现分别就货币周期模型和实际经济周期理论加以论述。

1. 货币周期模型

货币周期模型是卢卡斯在 20 世纪 70 年代提出的。卢卡斯的基本观点是,货币冲击加上不完全的信息在短期内会引起实际变量的周期波动。在长期中,由于人们逐渐搜集到完整的信息,货币冲击的影响会消失,经济将回到自然率的水平上。

具体地说,假设中央银行增加货币供给,而公众没有察觉。对于随之而来的价格水平

上涨，厂商和工人们必须判断它是局部性的还是全局性的。若价格水平以前一直比较稳定，则此次的变化更多地被看作是局部的；若价格水平长期以来起伏很大，则当前的价格水平上涨更可能被看作是全局性的。在这种情况下，人们增加产出和工作量。但这只是暂时的。人们一旦发现价格水平上涨是由总需求变化引起的，就会调整他们的预期，将产量和劳动供给恢复到自然率水平。同理，价格水平反方向变化时，厂商误以为对自己的产品需求下降，因而减产；工人们也自愿地减少劳动供给。当然，最终公众会发现实情，经济将恢复到自然率水平。

现假设一个经济由下述总需求—总供给模型描述：

$$Y = k_0 + k_1\left(\frac{M}{P}\right)$$

$$Y = Y^* + \alpha(P - P^e)$$

假定经济在潜在的水平上运行（即 $Y = Y^*$），如图 17-7 中的 E^* 点所示。

若这时中央银行增加了货币供给，即 M 增加了，则总需求曲线变为 AD_1。假如公众对此没有察觉，也就是总供给曲线没有发生变动，总产出会由 Y^* 变化到 Y_1。如图 17-7 中的 E_1 点所示。但总供给曲线 $Y = Y^* + \alpha(P - P^e)$ 中包含有公众的预期，按照理性预期假说，货币供给的增加所引起的价格水平的变化能够被预期到。随着预期 P^e 的增加，总供给曲线就会向左上方移动，如图 17-7 中的 AS_1 所示。这时，经济的均衡点由 AD_1 和 AS_1 曲线的交点 E_2 给出。可以看出，在理性预期的情况下，被预期到的货币供给的增加不会引起总产出的变化，它只会引起与货币供给增加相对应的价格水平的上升。换句话说，被预期到的货币政策是无效的。

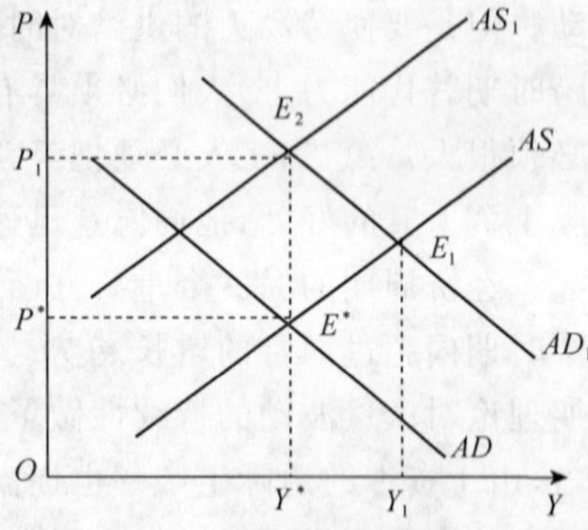

图 17-7 货币周期模型

2. 实际经济周期理论

最近建立经济周期的古典模型的另一个尝试源于这样一种观点：技术变化是导致经济波动的最重要的经济扰动因素，这一理论被称为“实际经济周期模型”，它建立在 20 世纪中期伟大的经济学家熊彼特的学说基础上。熊彼特认为，资本主义处于“创造性破坏”浪潮中，新技术的不断出现使原有企业不断倒闭。实际经济周期理论认为，周期性波动源于对技术的随机冲击，这一理论的倡导者中，有影响力的有约翰·朗(John Long)、查尔斯·普洛瑟(Charles Plosser)和爱德华·普瑞斯科特(Edward Prescott)。

实际经济周期模型的两个主要假设是：第一，技术变化是经济冲击的最重要的来源；第二，这些技术冲击在完全竞争的市场中传导。当然，后一假设与卢卡斯的不完全信息理论相同，但前一假设不是。实际经济周期理论的倡导者们明确地抛弃了需求冲击或政策冲击(如货币供给变化是经济波动的主要原因)的观点。

为了了解实际经济周期理论如何运作，我们来研究一下正向的技术冲击。一旦经济遭受这样的冲击，工人的劳动生产率会上升，企业就会增加对劳动力的需求，即使就业不发生变化，产量也将增加。因为技术进步使每个工人的产量增加。然后，为了扩大就业，工人必须愿意提供更多的劳动,就是说,劳动力供给曲线必须向上倾斜。正如前面的章节所述,工资提高会产生两个不同的结果:一是收入效应,它导致工人消费更多的闲暇(从而供给较少的劳动力);二是替代效应,它使得闲暇变得更加昂贵,因而激励工人增加供给。当替代效应大于收入效应时,存在向上倾斜的劳动力供给曲线,实证研究也支持这种情况。

然而,这一理论面临着一个主要问题:在经济周期中,实际工资的一个"轻微"变化和产量与就业的大幅度波动同时发生,要发生这种情况,不仅劳动力供给曲线必须向上倾斜,而且劳动力供给对工资增加的反应必须非常显著。但是,如此大的反应会发生吗?实际经济周期理论的倡导者认为,如果对劳动力供给的反应有正确的理解,那么,答案是肯定的。在他们看来,劳动对实际工资的轻微变化做出的巨大反应,是劳动跨时期替代的结果。

该理论认为家庭随时间调整他们的劳动供给。当实际工资暂时上升时,工人就工作更多的时间;当实际工资暂时下降时,工人就工作较少的时间。在这种情况下,家庭在特定的时期内,并不进行劳动和闲暇的替换。相反,他们用一个时期的劳动替换另一个时期的劳动。但是要使劳动力的供给对时间工资反应灵敏,必须满足两个条件:第一,在进行劳动的跨时期替代能力上,人们必须具有高度弹性(在技术上,劳动和闲暇之间的跨时期替代弹性必须很大);第二,工人必须把经济周期中的工资增加视为暂时的,因而为了获取暂时的实际工资上升的好处,他们愿意迅速地调整劳动的供给。

经济周期的另一个重要方面是在一个冲击之后,产量会连续几个时期而不仅仅是在一个时期内超过通常的增长趋势。正确的经济波动理论必须能对此做出解释。实际经济周期理论对产量波动的持续性做了如下的解释:考察一个使产量增加的正向的劳动生产率冲击,由于资本的边际生产率也提高了,所以企业会增加投资。更高的投资使资本存量增加,更高的资本存量通过对生产函数的影响,使产量增加持续地高于先前的趋势。

虽然所有的实际经济周期模型都把技术冲击视为波动的主要原因,但也有一些模型包含了某些其他冲击,如政府支出的变化引起的经济波动。但这些冲击在经济中的传导机制跟凯恩斯模型中的完全不同,如财政扩张对产量的影响现在取决于劳动供给的跨时期调整,而不是凯恩斯模型中的总需求的变化。在某些实际经济周期模型中,暂时的财政扩张使利率升高,从而使家庭现在多工作,将来少工作。事实上,由于利率升高,家庭决定在将来消费更多的闲暇,现在消费较少的闲暇——对高利率的一种储蓄反应形式。这样,当财政支出暂时增加时,当期产量也就增加。

实际经济周期理论的一个重要假设是认为生产率冲击可以是正向的,也可以是反向的。也就是说,技术可能进步,也可能招致许多怀疑,先进技术通常要持续使用到它被一个更为先进的技术所取代的时候。这使得技术水平会后退的观点显得相当奇怪。但是,如果没有反向的技术冲击,这个理论只能解释经济周期性的扩张,而不能解释周期性的衰退。

本章小结

1. 经济周期是指总体经济活动扩张和收缩交替反复出现的过程。在经济周期波动的过程中,存在着生产能力的增长趋势。所以经济周期曲线表现为螺旋上升的形态。经济周期有短周期、中周期和长周期之分。

2. 经济周期理论主要分为凯恩斯主义经济周期理论和非凯恩斯主义经济周期理论。凯恩斯主义经济周期理论主要有乘数—加速数模型和希克斯经济周期理论。非凯恩斯主义经济周期理论又主要分为第二次世界大战前的非凯恩斯主义经济周期理论和第二次世界大战后的非凯恩斯主义经济周期理论。二战前的非凯恩斯主义经济周期理论主要有消费不足理论、投资过度理论、纯货币理论、创新理论、心理周期理论、太阳黑子理论和政治周期理论七种;二战后的非凯恩斯主义经济周期理论主要有货币周期模型和实际经济周期理论。

关键概念

经济周期　乘数—加速数原理　货币周期模型　实际经济周期理论

复习思考题

一、单项选择题

1. 经济波动周期的四个阶段依次为(　　)。

A. 扩张、峰顶、衰退、谷底　B. 峰顶、衰退、谷底、扩张

C. 谷底、扩张、峰顶、衰退　D. 以上都对

2. 当某一社会经济处于经济周期的扩张阶段时,(　　)。

A. 经济的生产能力超过它的消费需求　B. 总需求逐渐增长,但没有超过总供给

C. 存货的增加与需求的减少相联系　D. 以上都对

3. 朱格拉周期是一种(　　)。

A. 短周期　B. 中周期　C. 长周期　D. 不能确定

4. 基钦周期是一种(　　)。

A. 短周期　B. 中周期　C. 长周期　D. 不能确定

5. 康德拉捷夫周期是一种(　　)。

A. 短周期　B. 中周期　C. 长周期　D. 不能确定

6. 导致经济周期性波动的投资主要是(　　)。

A. 存货投资　B. 固定资产投资　C. 意愿投资　D. 重置投资

7. 加速数原理断言(　　)。

A. *GDP* 的增加导致投资数倍增加　B. *GDP* 的增加导致投资数倍减少

C. 投资的增加导致 *GDP* 数倍增加　D. 投资的增加导致 *GDP* 数倍减少

8. 在一个达到均衡增长的经济中,(　　)。

A. 没有资本品的生产　B. 净投资不可能为零

C. 净投资超过总投资　D. 重置投资超过总投资

9. 如果在某一时期内国民收入增加,则净投资肯定是(　　)。

A. 持续增加　　B. 持续减少　　C. 大于零　　D. 小于零

10. 如果某一时期内国民收入增加，但增长率趋于下降，则(　　)。

A. 净投资持续增加　　B. 净投资持续下降

C. 总投资持续增加　　D. 重置投资持续下降

11. 如果国民收入在某个时期内保持稳定，则净投资很可能(　　)。

A. 为零　　B. 持续增加　　C. 持续下降　　D. 不稳定

12. 如果国民收入在某个时期趋于下降，则(　　)。

A. 净投资大于零　　B. 总投资大于零

C. 净投资小于零　　D. 总投资小于零

13. 经济之所以发生周期性波动，是因为(　　)。

A. 乘数作用　　B. 加速数作用

C. 乘数和加速数的交织作用　　D. 外部经济因素的变动

14. 当国民收入在乘数和加速数的作用下趋于下降时，其减少将受到下述哪项因素而放慢(　　)。

A. 失业增加　　B. 边际消费倾向下降

C. 加速系数上升　　D. 总投资为零

二、问答题

1. 乘数原理和加速数原理有什么联系和区别？
2. 按照乘数—加速数模型，政府应如何采取措施对经济波动实行控制？
3. 经济的周期性波动能否被完全熨平？为什么？
4. 简要叙述实际经济周期理论。

三、计算题

1. 如果某国经济中 t 年的国民收入 $Y_t = 1\,000$ 亿元，资本—产出比率 $v = 2$，重置投资 D_t 每年 200 亿元，年初资本存量 $K = 1\,800$ 亿元，以后三年的国民收入分别为 1 120 亿元、1 180 亿元和 1 150 亿元，请分别计算连续四年的净投资 I 及总投资 G。
2. 假定某国经济的边际消费倾向 $b = 0.75$，加速数 $V = 2$，每期的自发投资为 900 亿美元，1992 年国民收入水平为 6 000 亿美元，比上一年增加 400 亿美元，求 1993 年和 1994 年的总投资和国民收入水平。

参考答案

第一章

一、CBDBD

第二章

一、DCBBC AAB

三、(1) 均衡价格为 13,均衡产量为 21;

(2) 新的均衡价格为 15,均衡产量为 25;

(3) 新的均衡价格为 14,均衡产量为 38。

第三章

一、ACCAD C

三、1. $Em=1/2$。

2. (1) 需求减少 3.6%;(2) 需求增加 6%。

3. (1) 4 元和 6 元间的价格弧弹性为$-5/3$。

(2) $P=4$ 时,需求价格点弹性为-1。

4. (1) 8 元和 24 元之间的供给弧弹性为 4/3。

(2) $P=8$ 时,供给价格弹性为 2。

第四章

一、BDDAD CAABC

三、1. 80

3. (1) $x=y=9$;(2) $I=45$

4. $X_1=9$, $X_2=12$, $TU=3\,888$

5. (1) 当 $X=4$ 的时候,$\frac{\mathrm{d}y}{\mathrm{d}x}=-X^{-0.5}=0.5$,则表明无差异曲线 $Y=20-2X^{0.5}$ 在点(4, 16)处的斜率为-0.5。

(2) 当 $X=9$ 的时候,$\frac{\mathrm{d}y}{\mathrm{d}x}=-X^{-0.5}=-\frac{1}{3}$,则表明无差异曲线 $Y=20-2X^{0.5}$ 在点(9, 14)处的斜率为$-1/3$。

(3) 由于 $MSR_{xy}=-\frac{\mathrm{d}y}{\mathrm{d}x}=X^{-0.5}$, $X^{-0.5}$ 的一阶导数为负数,所以 MRS_{xy} 是递减的。

6. 根据消费者均衡条件可以得到 $\frac{MU_x}{MU_y}=\frac{P_x}{P_y}$,也即 $\frac{1.5YX^{0.5}}{X^{1.5}}=\frac{3}{4}$。再加上预算线方程 $3X+4Y=100$,可以求出 $X=20$, $Y=10$。

第五章

一、DBDBA BCABB

三、1. (1) $AP = 10 - 0.5L - 32/L$ $MP = 10 - L$

(2) 当总产量达到极大值时，厂商雇用的劳动为10；

当平均产量达到极大值时，厂商雇用的劳动为8；

当边际产量达到极大值时，厂商雇用的劳动为0。

2. (1) 200； (2) 30； (3) 0.4

3. 解：$MP_{工人} = 40 - 30 = 10$（m^3/小时）

$MP_{技改} = 48 - 30 = 18$（m^3/小时）

$P_{工人} = 3.2$（元）

$P_{技改} = 8\,000 \div 300 \div 8 = \frac{10}{3}$（元）

所以，$\frac{MP_{工人}}{P_{工人}} = \frac{10}{3.2}$，$\frac{MP_{技改}}{P_{技改}} = \frac{18}{10/3} = 5.4$

由于$\frac{MP_{工人}}{P_{工人}} < \frac{MP_{技改}}{P_{技改}}$

所以，实行技术改造合算。

4. 已知 $TFC = 10\,000$，$AVC = 100$，求产量 Q。

$AC = AFC + AVC$ $500 = TFC/Q + 100$ $Q = 25$

第六章

一、CBCBC DDBAD ABDCB A

三、1. (1) $Q = 20$；利润 $\pi = 790$。

(2) 所以短期（反）供给函数为 $P = 0.3Q^2 - 4Q + 15$（其中 $Q \geqslant 10$）。

2. $Q = 30$，$P = 890$，利润 $\pi = 18\,000$

3. (1) $Q = 3\,900$，$P = 6$； (2) $N = 78$。

4. (1) $Q = 360 - 20P$，得 $P = 18 - 1/20Q$。

则 $MR = 18 - 0.1Q$

而 $MC = (TC)' = 6 + 0.1Q$

$MR = MC$，$Q = 60$

所以 $P = 18 - 1/20 \times 60 = 15$

利润 $= TR - TC = P \times Q - TC = 15 \times 60 - (6 \times 60 + 0.05 \times 60 \times 60) = 360$。

(2) 限价达到完全竞争的产量有 $P = MC$

即 $18 - 1/20Q = 6 + 0.1Q$ 得 $Q = 80$

$P = 18 - 1/20 \times 80 = 14$

利润 $= TR - TC = 14 \times 80 - (6 \times 80 + 0.05 \times 80 \times 80) = 320$。

(3) 收支相抵 $TR = TC$

$(18 - 1/20Q)Q = 6Q + 0.05Q^2$

得 $Q = 120$

$P = 18 - 1/20 \times 120 = 12$。

5. 解：(1) 由题知，$P = 0$ 时，$Q = 900$，据古诺模型，两厂商利润极大时的产量 $Q = Q_1 + Q_2 = 300 + 300 = 600$，将此产量代入需求函数得 $P = 30$。

(2) 由题知，$P = 90 - 0.1Q = 90 - 0.1(q_1 + q_2)$。

$$TR_1 = P \times q_1 = [90 - 0.1(q_1 + q_2)]q_1。$$

$$TR_2 = P \times q_2 = [90 - 0.1(q_1 + q_2)]q_2。$$

两厂商的利润

$$\pi_1 = TR_1 - TC_1 = [90 - 0.1(q_1 + q_2)]q_1 - (0.1q_1^2 + 30q_1)。$$

$$\pi_2 = TR_1 - TC_1 = [90 - 0.1(q_1 + q_2)]q_2 - (0.2q_2^2 + 30q_2)。$$

又 $d\pi_1/dq_1 = 60 - 0.4q_1 - 0.1q_2 = 0$

$d\pi_2/dq_2 = 60 - 0.6q_2 - 0.1q_1 = 0$

得出 $q_1 = 130.8$， $q_2 = 78.2$

$Q = q_1 + q_2 = 130.8 + 78.2 = 209$。

$P = 90 - 0.1Q = 69.1$。

第七章

一、ACDDA CB

三、1. 收入效应大

2. 0 和 500 元

3. 解：已知：$P = 0.1, W = 4.80$

(1) 利润极大时有：$W = VMP = P \times MP$

即 $4.80 = 0.1 \times (-0.03L^2 + 2L + 36)$

得 $L = 60$。

(2) $\pi = TR - TC = P \times Q - (FC + VC)$

$= P \times Q - (50 + W \times L)$

$= 0.1 \times (-0.01 \times 60^3 + 60^2 + 36 \times 60) - (50 + 4.80 \times 60)$

$= 360 - 338$

$= 22$(美元)。

第八章

一、ADDCD

第九章

一、BBABD B

第十章

一、BACDA BCBDD

三、1. (1) 生产法计算：40 万美元；

(2) 增值法计算 *GDP*：开矿阶段生产 10 万美元。银器制造阶段生产 30 万美元(40 万美元 − 10 万美元)，两阶段共增值 40 万美元；

(3) 收入法计算 *GDP*：生产活动中工资共计 $7.5 + 5 = 12.5$ 万美元，利润共计 $(10 - 7.5) + (30 - 5) = 27.5$ 万美元。

2. (1) A 的价值增加为 $5\,000 - 3\,000 = 2\,000$，B 的价值增加为 $500 - 200 = 300$，C 的价值增加为 $6\,000 - 2\,000 = 4\,000$，合计增加为 $2\,000 + 300 + 4\,000 = 6\,300$；

(2) 最终产品价值为 $2\,800 + 500 + 3\,000 = 6\,300$，式中 2 800、500、3 000 分别为 A、B、C 卖给消费者的最终产品。

(3) 国民收入为 6 300 − 500 = 5 800。

3. (1) 储蓄:300 亿美元; (2) 投资:200 亿美元; (3) 政府购买支出:1 100 亿美元。

4. (1) 国内生产总值 400 元; (2) 国民生产净值 350 元; (3) 国民收入 320 元; (4) 个人收入 220 元; (5) 个人可支配收入 150 元。

第十一章

一、CABAB CDCDB BD

三、1. (1) $Y = 750$(10 亿美元)、$C = 700$(10 亿美元)、$S = 50$(10 亿美元)。

(2) $\Delta Y = 250$(10 亿美元)。

(3) $Y = 1\,500$(10 亿美元)、$C = 1\,450$(10 亿美元)、$S = 50$(10 亿美元);$\Delta Y = 500$(10 亿美元)。

(4) 乘数从 5 变为 10

2. (1) $Y = 1\,000$(亿美元)。

(2) $K_I = 2.5$、$K_G = 2.5$、$K_T = -2$、$K_{TR} = 2$。

(3) $Y = 1\,000$(亿美元) 对外贸易乘数:2.22。

第十二章

一、DABAD CBAAD AB

三、1. (1) (a):$r = 30 - 0.04Y$; (b):$r = 15 - 0.02Y$; (c):$r = 15 - 0.025Y$。

(2) d 越大,IS 曲线斜率越小。

(3) b 越大,IS 曲线斜率越小。

2. (1) IS:$Y = 1\,250 - 30r$; LM:$Y = 750 + 20r$。(2) $Y = 950$, $r = 10$

3. (1) IS:$Y = 2\,000 - 5\,000r$; LM:$Y = 1\,100 + 4\,000r$;

(2) $Y = 1\,500$, $r = 10$;

(3) $C = 1\,260$, $I = 50$, $NX = -10$。

第十三章

一、ACAAD CDBBB BBADB BC

三、1. (1) $G = 220$ (亿美元), $BS = 180$ (亿美元);

(2) $Y = 1\,800$ (亿美元), $BS = 230$ (亿美元)。

2. 能消灭赤字。

3. (1) IS:$Y = 1\,200 - 25r$, LM:$Y = 1\,000$, $r = 8$, $I = 100$;

(2) $Y = 1\,000$, $r = 12$, $I = 80$;

(3) 存在完全“挤出效应”。

4. (1) IS:$Y = 1\,150$, LM:$Y = 1\,000 + 50r$, $Y = 1\,150$, $r = 3$, $I = 150$;

(2) $Y = 1\,250$, $r = 5$, $I = 150$

(3) 不存在“挤出效应”。

5. $\Delta M = 10$ (亿美元)。

第十四章

一、BDADB CBCAA ABDA

三、1. (1) 总需求函数:$Y = 500 + \dfrac{450}{P}$。

(2) $Y = 950$,$r = 10$。

(3) $M > 150$ 时，产出增加，价格水平下降；$M < 150$ 时，产出减少，价格水平上升。

(4) $Y = 950$，$P = 1$。

2. (1) $P = 1$ 时，$N = 100$；$P = 1.25$ 时，$N = 100$。

(2) $Y = 1\,000$。

3. (1) $Y = 1\,000$，$r = 10$，$N = 100$，$M = 6$。

(2) $Y_1 = 968$，$r_1 = 8.4$。

(3) $P_2 = 0.937\,4$，$LM(P_2)$：$Y = 853.4 + 20r$。

(4) $r_2 = 7.33$。

(5) $P = 1$ 时，$C = 810$，$I = 90$，$G = 100$；$P = 1.25$ 时，$C = 794$，$I = 106$，$G = 100$。

(6) $P = 1$ 时，$W = 6$；$P = 1.25$ 时，$W = 5.62$。

第十五章

一、BCABB CBDAD ACADA DABCA AA

三、1. (1) 1991:3%;1992:6%;1993:3%;1994:0。

(2) 1991、1992、1993 年实际 *GDP* 都高于潜在 *GDP* 水平;1994 年缺口消除。

(3) $Y^* = 1\,941.75$ 万美元。

2. (1) $W/P = 10$；$N = 120$；

(2) 均衡工资下降 10%，就业量下降 1.67%。工资下降的百分数大于就业下降的百分数，是因为此模型中劳动供给曲线的斜率较大，从而导致劳动供给对实际工资变动不敏感，也就是实际工资下降或上升很多时，就业减少或增加得不多。因此，当实际工资变动时，就业变动幅度就较小。

3. (1) 5%。 (2) 3%。

4. (1) 10%;5%;0。

(2) 实际工资与名义工资同比例增长。

(3) 实际工资在 1993 年增加了 7.5%，1994 年增加了 5%。

(4) 实际工资维持原有水平。

第十六章

一、CBACD BBABA AD

三、1. 1.975%。 2. 0.12。 3. (1) $k = 3.8$。(2) $k = 1.97$。

第十七章

一、DBBAC BABCB ACCD

三、1. $I_t = 200$(亿元)，$G_t = 400$(亿元)；$I_{t+1} = 240$(亿元)，$G_{t+1} = 440$(亿元)；$I_{t+2} = 120$(亿元)，$G_{t+2} = 320$(亿元)；$I_{t+3} = -60$(亿元)，$G_{t+3} = 140$(亿元)。

2. $I_{93} = 1\,500$(亿美元)，$Y_{93} = 6\,000$(亿美元)；$I_{94} = 900$(亿美元)，$Y_{94} = 5\,400$(亿美元)。

参考文献

微观经济学部分

[1] [美]曼昆.经济学原理.5版.梁小民,译.北京:北京大学出版社,2010.

[2] [美]约瑟夫·E.斯蒂格利茨,卡尔·E.沃尔什.经济学.3版.黄险峰,张帆,译.北京:中国人民大学出版社,2005.

[3] [美]平狄克,鲁宾费尔德.微观经济学.4版.张军,等译.北京:中国人民大学出版社,2000.

[4] [英]迈克尔·帕金.微观经济学.8版.张军,译.北京:人民邮电出版社,2009.

[5] [美]萨缪尔森,诺德豪斯.经济学.17版.萧琛,译.北京:人民邮电出版社,2004.

[6] [美]哈尔·R.范里安.微观经济学:现代观点.8版.曹乾,译.上海:格致出版社、上海三联书店、上海人民出版社,2011.

[7] [美]约瑟夫·E.斯蒂格利茨.《经济学》小品和案例.王景山,肖倩,等译.北京:中国人民大学出版社,2006.

[8] [美]麦克南,布鲁伊.经济学:原理、问题与政策.李绍荣,等译.北京:中国财经出版社,2004.

[9] [美]保罗·克鲁格曼.微观经济学.顾晓波,等译.北京:中国人民大学出版社,2006.

[10] 石良平,杨继波,蔡庆.微观经济学.北京:高等教育出版社,2008.

[11] 叶德磊.微观经济学.2版.北京:高等教育出版社,2004.

[12] 叶德磊.中级微观经济学.上海:上海财经大学出版社,2005.

[13] 石良平.管理经济学与公司治理.上海:上海财经大学出版社,2003.

[14] 梁小民.西方经济学教程.北京:中国统计出版社,2001.

[15] 尹伯成.西方经济学.上海:复旦大学出版社,2002.

[16] 杨君昌.微观宏观经济学.上海:立信会计出版社,2004.

[17] 刘凤良.经济学.北京:高等教育出版社,1999.

[18] 黄亚钧.微观经济学教程.上海:复旦大学出版社,1996.

[19] 高鸿业.西方经济学(微观部分).5版.北京:中国人民大学出版社,2011.

[20] 袁志刚,陈钊,陆铭.微观经济学.北京:高等教育出版社,2008.

[21] Joseph E Stiglitz. Principles of Microeconomics. Oversea Publishing House, 2002.

[22] Hubbard. Economics. Pearson ESL, 2010.

宏观经济学部分

[1] [美]多恩布什,费希尔.宏观经济学.王志伟,译.北京:中国人民大学出版社,1997.

[2] [美]曼昆.宏观经济学.4版.梁小民,译.北京:中国人民大学出版社,2000.

[3] [美]萨缪尔森,诺德豪斯.经济学.17版.萧琛,译.北京:人民邮电出版社,2004.

[4] [美]约瑟夫·E. 斯蒂格利茨. 经济学. 北京:中国人民大学出版社,1997.
[5] [美]萨克斯,拉雷恩. 全球视角的宏观经济学. 费方域,等译. 上海:上海三联书店、上海人民出版社,1997.
[6] [美]查尔斯·琼斯. 经济增长导论. 舒元,译. 北京:北京大学出版社,2002.
[7] [美]奥利维尔·布兰查德. 宏观经济学. 2版. 钟笑寒,等译. 北京:清华大学出版社,2003.
[8] 黄亚钧,袁志刚. 宏观经济学. 北京:高等教育出版社,2000.
[9] 高鸿业. 西方经济学(宏观部分). 4版. 北京:中国人民大学出版社,2007.
[10] 石良平. 宏观经济学. 2版. 北京:高等教育出版社,2004.
[11] 厉以宁. 西方经济学. 北京:高等教育出版社,2000.
[12] 蒋自强,史晋川等. 当代西方经济学流派. 2版. 上海:复旦大学出版社,2001.
[13] 尹伯成. 现代西方经济学习题指南(宏观经济学). 4版. 上海:复旦大学出版社,2003.
[14] 叶德磊. 宏观经济学. 北京:高等教育出版社,2005.
[15] 尹伯成. 西方经济学简明教程. 5版. 上海:复旦大学出版社,2006.
[16] 刘凤良. 西方经济学. 北京:中国财经出版社,2004.
[17] 梁小民. 西方经济学基础教程. 北京:北京大学出版社,1999.
[18] 吴易风,刘凤良,吴汉洪. 西方经济学. 北京:中国人民大学出版社。2002.
[19] 黄泽民. 货币银行学. 上海:立信会计出版社,2001.
[20] John B Taylor, Imad Moosa. Macroeconomics. Houghton Mifflin Company, 2001.
[21] Barro. Macroeconomics. 5th Ed. MIT Press, 1998.
[22] R. Gordon. Macroeconomics. 6th Ed. Harper Collins, 1993.
[23] Turnovsky. Macroeconomics Analysis and Stablization Policies. Cambridge University Press, 1997.
[24] Chiang. Fundamental Methods of Mathematical Economics. 3th Ed. Mc-Graw-Hill Inc, 1984.